1日1話

教養と感動のショートストーリー365

木平木綿 編

Gakken

目次

カバーイラスト　yomunashi
カバーデザイン　館森則之（module）
執筆協力（順不同）　内田暁、岡本梨紅、真山知幸、小林良介、亜夷舞モコ、谷脇慎哉、阿佐木れい、内田匠海、海野遠香、皐月五月、新井淳平、倉松知さと、沢辺有司、越智屋ノマ
編集協力　原郷真里子、黒澤鮎見、相原彩乃、北村有紀、舘野千加子、藤巻志帆佳、関谷由香理
DTP　四国写研

内容に関する注意・補足

【エピソード・セリフ・描写について】

- 本書のタイトルには、「１年」をイメージする数字として、「365」を使っていますが、本書には、「２月29日」を含めた、「366」の物語を収録しています。
- 本書中の物語で描かれたエピソードには、諸説ある場合があります。
- また、それらの中の登場人物のセリフなどは、実際に発言したものや、その口調などを正確に再現したものではありません（方言を標準語にしたりもしています）。その人物の性格や出来事をわかりやすくするための省略や脚色をしている場合もあります。

【名前・地名について】

- 人物の名前が複数ある場合、一般的によく知られている名前を採用し、必要に応じてその他の名前を補足しています。（その人物の人生の中で、まだその名で呼ばれていなかった場合も、読者の混乱を避けるため、「一般的によく知られた名前」で表記している場合があります）
- たとえば、「５月２日『たけくらべ』を著した、作家・樋口一葉が誕生」などは、本来的には、「５月２日その後、『たけくらべ』を著し、『樋口一葉』として作家デビューする樋口奈津が誕生」が正しい表現ですが、簡潔さを優先したタイトル表現にしています。
- 人物の名前の多くは、教科書などで採用されている表記を採用しておりますが、その原則にのっとらない人物名表記もあります。
- その人物が生まれた地名や活躍した地名が、現在では使われていないものもあります。
  本書の中では、読者のわかりやすさを重視して、旧地名、現在の地名を使い分けています。

【暦、生没年・年月日・年齢について】

- 本書では、見出しに掲げている「暦（年月日）」を、すべて新暦にもとづいて設定しております（旧暦で表示されることがあるものも、旧暦と新暦が混ざることでの混乱を避けるため、新暦での表記にしております）。
- 旧暦の年月日を知っていただきたいものについては、タイトル横に適宜補足しております。
- 人物の生没年については、諸説ある場合がありますが、一般的によく知られているものを採用しています。
- 年号は、西暦で表しています。基本、グレゴリオ暦をもとにしていますが、ユリウス暦をもとにしたものも混ざっています。
- 年齢については、基本的に「満年齢」で表しています。

4月の物語

スティーブ・ジョブズがアップル社を創業

「一家に1台、いや、1人1台、パソコンが必要となる時代が必ずくる！」

そう確信したスティーブ・ジョブズが、仲間とともにアップル社を創立したのは、1976年4月1日のこと。彼らの会社は、ジョブズの家のガレージからスタートしたともいわれている。

ジョブズが世界を変える経営者になるとは、幼少期の彼を知る人は誰も想像しなかった。

なにしろジョブズは、教室に蛇を放ったり、爆発騒ぎを起こしたりと、小さい頃から問題児だったからだ。仲のよい友だちもおらず、スポーツは苦手。唯一、夢中になったのが、機械いじりだった。

「ここを改造すれば、無料で電話ができるんじゃないか？」

高校生になったジョブズは、5歳年上のエンジニア、スティーブ・ウォズニアックと出会い、意気投合した。2人は、無料で長距離電話ができる機械を発明し、販売。その初めてのビジネスは大成功した。

「ウォズとなら、世界を変えられるかもしれない！」

その思いから、ジョブズはアップル社を立ち上げた。ジョブズは、コンピュータ作りに異様なほどこだわった。特に執着したのが、デザインだ。

第1弾のパソコンは木箱のなかに基盤を収めただけのものだったが、次はプラスティックケースに入れ、さらに、工業デザイナーに美しいフォルムを作らせた。

ジョブズは、マシンの中の部品も美しく並ぶように、現場に要望した。それは、現場の人間にとって、不必要に手間のかかることに思えた。

「誰が、マシンの中を開けてまで、中を見るのですか？」

現場がそう不満をもらすと、ジョブズは答えた。

「誰が？　僕がのぞくのさ！」

こだわりが強すぎたジョブズは、その後、親友のウォズニアックとも決別。自分で作った会社からも追い出されてしまうが、その尽きることのないアイデアで復活をとげる。

iPodで音楽の聴き方を変え、iPhoneで携帯電話の使い方も変えてしまったジョブズ。彼の伝説は、アップル社を創業した4月1日から始まったのだ。

小《こ》泉《いずみ》八《や》雲《くも》、『怪談』を刊行

「芳《ほう》一《いち》！　芳一！」

妻が強い調子で物語の一説を語っている。

「私は盲目です。どなたでございますか？」

声色を変え、妻はまた語り出す。夫はその話を素早く原稿用紙に書き留める。語り部の妻と作家の夫。この夫婦の共同作業から、怪異文学の傑作が生まれようとしていた。

夫の名は小泉八雲、本名ラフカディオ・ハーン。彼は1890年4月、39歳のときに来日した。アイルランド人とギリシャ人の血を引き、イギリス国籍を持つ作家だった。

島根県の松江で英語教師を務め、そのとき地元の没落士族の娘だった小泉セツと結婚した。息子の誕生を機に日本への帰化を決意し、「小泉八雲」という日本人になった。

八雲は、西洋文明とはまるで違う価値観をもつ日本の文化を愛し、日本神話への憧れを抱いていた。

あるときセツが、古くから伝わる「鳥取の布団」という怪談を聞かせてくれた。それを短編にした八雲は、他の昔話も書き留めたいと思った。

「大学を出て英語ができれば、もっとお役に立てたのに」

セツは嘆いたが、八雲は気にしなかった。

「学問のある女性ならば、幽霊やお化けの話などバカにして、語ってもくれないはずだ。それに、セツには語り部の素晴らしい素養があるよ」

1896年9月、八雲は家族と上京する。

セツは、神田の古本屋に通い、面白い話を見つけては、それを夫に語って聞かせるのが日課となった。怪談を話すときは部屋の明かりを暗くし、二人で物語の世界に没入した。八雲は妻と対話しながら、物語の世界観を深めていった。

こうして「耳なし芳一」や「雪女」などを収めた怪異文学集『怪談』が生まれる。日本各地に伝わる伝説や幽霊の話を題材とした「再話文学」であるが、妻の語りを通すことで、物語の筋が際立ち、読み応えのある文学作品となった。

『怪談』は1904年に出版された。そのわずか数ヵ月後、八雲は心臓発作で亡くなる。

英語で書かれていた『怪談』は、明治の末には翻訳版が出る。戦後は児童向けに翻案され、教科書にも掲載されると、多くの日本人に親しまれるようになった。

4/3 1790年

長谷川平蔵《はせがわへいぞう》の提案によって、人足寄場が設置される

旧暦寛政2年2月19日

老中・松平定信《まつだいらさだのぶ》は、腕を組んで眉間《みけん》にしわを寄せながら、うなるように言った。

「ううむ。また盗みか……ここのところ、連日じゃな。火事も起きていると聞く」

長谷川平蔵こと長谷川宣以《のぶため》は、「はっ」と即座に頭を下げつつ、今の惨状を語った。

「こたびの大飢饉にて、町は深刻な食糧不足です。盗みをせずには生きてゆけぬ者も大勢います。火災は、宿がない者が寒さをしのぐために、たき火を行っているがゆえ……」

天明の大飢饉——。のちにそう呼ばれる大飢饉によって、1つの藩だけで数万人が亡くなるほどの悲劇が起きていた。

食糧を求め、東北から江戸へ人が押し寄せてきたことも、事態を悪化させた。宿がない「無宿者」があふれて、あちこちで強盗が発生していたのである。

平蔵は「火付盗賊改方《ひつけとうぞくあらためかた》」という放火犯や窃盗犯を取り締まる役職の長官に就いていた。このままにしておくわけにはいかない。

「松平様、私に1つ考えがございます」

そう切り出して、平蔵が自分の考えを述べると、定信はしばらく考え込んでから、口を開いた。

「そなたの案を実現できれば、町の混乱をおさめることができるというのじゃな……うむ、よかろう」

許しを得た平蔵は1790年4月3日、犯罪者が更生するための施設「人足寄場《にんそくよせば》」を設置。宿がない人たちを積極的に受け入れた。

また、これまでは、犯罪をした無宿者たちを入れ墨やムチ打ちの刑に処して釈放していたが、社会で受け入れられなければ、また罪を犯すしかなくなる。

そのため、平蔵は人足寄場で働く人々に対し、きちんと給与を支払い、退所後も社会復帰のための支援を行ったのだ。目的は刑罰ではなく、立ち直らせること——この方針は、現在の刑務所制度の根幹を形作った。

江戸の治安を回復するとともに、犯罪者の更生に乗り出した平蔵。平蔵をモデルにして、小説家の池波正太郎《いけなみしょうたろう》が書いたのが、『鬼平犯科帳』である。庶民のヒーローとして、平蔵は江戸の町を駆け抜けた。

4/ 1884年

4 海軍軍人・山本五十六《やまもといそろく》が誕生

1884年4月4日、新潟県に生まれた海軍軍人の山本五十六は、小さい頃から負けず嫌いだった。

その性格は、海軍軍人になってからも存分に発揮された。アメリカとの太平洋戦争で山本がこだわったのが、ハワイ真珠湾基地への奇襲攻撃である。

だが、空母6隻をすべて送り込むという山本の作戦は、あまりにも危険が多く、周囲からは反対された。もし、その間に攻撃を受けたら、日本は太平洋での制空権を完全に失ってしまうからだ。

それでも山本は、絶対に折れなかった。

「この作戦が受け入れられないなら、辞めます！」

それほどの覚悟で臨んだ奇襲攻撃によって、停泊中のアメリカ海軍の艦船は次々と大破。メディアが戦果を書き立てて、山本は一躍、英雄となった。

しかし、山本の気持ちは浮かなかった。目標だった米空母は出払っており、石油タンクや軍需工場も攻撃できなかった。

やはり、この戦争には勝てないと、山本は思った。

「もし、日本がアメリカと戦争をすれば、どんな結果になると思うか？」

開戦前に内閣総理大臣の近衛文麿《このえふみまろ》から問われたときに、山本は即座にこう答えている。

「言語道断です。自分は戦艦で命を落とすことになり、東京や大阪は丸焼けにされてしまうでしょう」

かつてアメリカを視察し、国力の差を実感した山本。一戦を交えれば、負けるのは明らかだった。

山本はなんとか開戦を止めようとするが、その思いと裏腹に、世論は戦争へと盛り上がりを見せる。ならば、せめて早期に終わらせる。そのためには、奇襲攻撃で相手の戦意をそいでしまうしかない――。

山本にとってこの作戦は、戦争に勝つためではなく、戦争を終わらせるためのものだった。山本は友人にその悲壮な決意を語っていた。

「自分の個人とはまったく正反対のほうへ、邁進《まいしん》しなければならない」

国を思い、最後まで望みを捨てなかった山本は、戦場で命を落とし、日本は敗戦を迎える。

4/5 1958年

「ミスタージャイアンツ」――巨人の長嶋茂雄《ながしましげお》がデビュー

1958年4月5日、後楽園球場には、4万5000人ものファンが詰めかけた。

彼らのお目当ては、長嶋茂雄。

高校時代は無名だった長嶋が注目されたのは、大学野球でプレーしていた時だった。立教大学に進学し、東京六大学野球で、2度も首位打者を獲得。5シーズン連続で、ベストナインに選出された。

六大学リーグの通算新記録となる8本塁打を放つという打撃力もさることながら、守備力や俊足もスカウトから高く評価された。当初は入団先として南海ホークスが有力視されていたが、長嶋は巨人を選ぶ。大学時代に父を亡くした長嶋は、母親の「せめて地元に近い東京の球団に」という願いをくんだのだ。

長嶋はプロでも通用するのか――。

ファンたちは、固唾《かたず》をのんで、黄金ルーキー長嶋の打席を見守った。対決するピッチャーは、国鉄(現在のヤクルト)の絶対的なエース、金田正一《かねだまさいち》である。

3番の長嶋の第1打席は、初回ツーアウトで訪れた。観客の期待が高まるなか、金田の渾身《こんしん》のストレートを前に、長嶋は空振り三振に倒れる。

続く第2、第3打席も三振し、ついにやってきた最後の第4打席。フルカウントから、金田の放つカーブに、長嶋のバットは空を切った。4連続三振。だが、観客は、今後が楽しみになったことだろう。なにしろ、どの三振も豪快なフルスイングだ。見ていて気持ちがよいほどの惨敗だった。

長嶋は、見た目にもこだわり、わざとサイズの合わないヘルメットをかぶっていたことでも知られる。フルスイングで空振りしたとき、ヘルメットが脱げ落ちて、豪快に見えるように演出したのだ。長嶋は、ボールを飛ばすことだけでなく、ヘルメットを飛ばすことも考えていた。

長嶋は、のちにこう振り返っている。

「あの日、金田さんからプロの洗礼を浴びたことで、私のプロ野球人生がスタートした」

長嶋はその後も、全力でフルスイングしながら、スターダムを駆け上っていく。時には、ヘルメットが脱げ落ちるほどの三振で観客をわかせながら。

4/6 1520年

ルネサンス絵画の巨匠、ラファエロがこの世を去る

レオナルド・ダ・ヴィンチとミケランジェロ。ルネサンス期を代表する2人の巨匠が、競って壁画を描く。そんなぜいたくな戦いが、1505年のフィレンツェで繰り広げられていた。

2人の天才が描く下絵を、じっと見つめる青年。彼こそが、ラファエロ・サンティだ。

「2人の画風を自分の絵に取り込んでしまおう」

この大胆不敵な野望を、ラファエロは現実のものとする。ルネサンスの巨匠たちの作品の要素をうまく自分の絵に取り入れながら、独自のスタイルを追求し始めた。

彼は明確な構図と優美な表現で、画家としての地位を確立する。後世には「盛期ルネサンス三大巨匠の一人」として、ダ・ヴィンチやミケランジェロと並んで数えられるほど、高い評価を得た。

ラファエロは、職人肌のダ・ヴィンチのように1枚の絵に何年もかけることもなければ、気難しいミケランジェロのように弟子とトラブルを起こすこともなかった。ラファエロは自分の工房で学ぶ50人以上の弟子たちにうまく仕事を割り振って、多くの名画と呼ばれる作品を残した。ローマでは教皇に重用され、当時の画家にとって最高の名誉を手にした。さらにナイトの爵位も与えられ、地位も名誉も、すべてを手にしたかに見えた。

だが、ラファエロの一番の望みはかなえられなかった。ローマのパン屋の娘、マルガリータ・ルティとの結婚である。

マルガリータに一目ぼれしたラファエロ。思いが通じ、交際には至ったものの、身分違いの恋は周囲から強く反対され、人生をともにすることはできなかった。

「せめて、絵の中だけでも彼女と結婚したい」

ラファエロは彼女をモデルに「ラ・フォルナリーナ」という作品を描く。彼女の指に、結婚指輪をそっと描き込んで……。しかし、指輪は絵の完成時に、弟子たちによって消されてしまう。

1520年4月6日、絵の完成を見届けることなく、ラファエロはこの世を去る。奇しくもその日は、ラファエロの37歳の誕生日だった。

4/7 1952年

手塚《てづか》治虫《おさむ》の『鉄腕アトム』、連載開始

つぶらな瞳に、角のような髪形。姿かたちは少年のようだが、実は身体は弾力性のあるプラスチック製。つまりは、この少年はロボットである。製作者は、子どもを失った博士。博士は悲しみを紛らわすため、自分の子どもに似せたロボットを作った。だが博士は、ロボットが成長しないことに腹を立てて、売り払ってしまうのだった——。

この漫画は、そんな哀切なエピソードで幕を開ける。その作者の手塚治虫は、デスクにかじりつくように身をかがめ、目の前の白い紙に、ポップな絵柄ながら心に痛みを伴う物語を、一心不乱に描いていった。博士が大好きなのに、意味も分からず拒絶され、あまつさえサーカスに売り飛ばされてしまうロボットの悲しみは、手塚治虫が少年時代に体験した、ある出来事が下地にある。

それはまだ、第二次世界大戦終戦から間もない頃。日本各地には、アメリカの進駐軍《しんちゅうぐん》が滞在していた。手塚の故郷の、兵庫県宝塚市も例外ではない。ある日、手塚少年が町を歩いていると、酔っ払った数人の米軍将校がすれ違いざまに、何か言葉をかけてきた。英語は学校で習ってはいたが、戦争が始まると〝敵性語〟として使用を禁じられたこともあり、何を言われたか分からない。「ホワット？　ホワット？」と聞き返すと、たちまち殴られ、地面へと叩きつけられた。

「なぜ殴られたんだろう？　なにがいけなかったんだろう？」

悔しさと地面に叩きつけられた全身の痛みで、彼は起き上がることもできない。歯を食いしばると、両眼から零れ落ちた涙が、地面に黒いシミをつくった。去り行く米兵たちは、ワハハと声を上げて笑っている。

言葉が通じないもどかしさ、意志疎通のできぬ恐怖、そして、暴力を振るわれる痛み——。自分が味わったそれらの不条理な思いを、今の子どもたちには、絶対に味わわせたくない！　その思いが、手塚にペンを走らせていた。

「科学が発展した未来は、明るい時代であってほしい！」

そんな祈りと警句を込め、彼は少年のロボットに、原子を意味する「アトム」と名付けた。『鉄腕アトム』は1952年4月7日に連載開始されてから現在に至るまで、私たちに手塚のメッセージを伝え続けている。

4/8 1820年

ミロのヴィーナスが発見される

「何だ、これは?」

農夫のヨルゴスは、自分の目を疑った。

エーゲ海に浮かぶミロス島。この島で暮らすヨルゴスは、雨宿りに立ち寄った洞窟で、2つの大理石を見つけた。ヨルゴスが周囲を探すと、さらに4つの大理石が見つかった。6個の大理石の断片をつなぎ合わせてみると、思わぬ姿が現れた。

「女神の像だ!」

これが、後に「ミロのヴィーナス」と呼ばれ、世界有数の芸術品として名を馳せることになる。

誰にも知られるわけにはいかない。ヨルゴスは大理石を隠そうとするが、トルコの官吏に見つかり、没収されてしまう。

そして、意外にも、ミロのヴィーナスは国境を越え、フランスへと渡る。フランス海軍提督ジュール・デュモン・デュルヴィルが、フランス政府に頼み込み、トルコ政府から買い上げたのだ。類まれなる芸術作品だということは、ジュールの目には明らかだった。

その後、ヴィーナス像は修復され、フランス国王のルイ18世のもとへと献上される。女神像に目を奪われたルイ18世だったが、ある注文をつけた。

「なんという美しさだろうか。だが、残念なのは、両腕がないことだ。一流の彫刻家たちに依頼して、この女神にふさわしい腕を作らせよ」

彫刻家たちの手によって、ヴィーナスにふさわしい腕がさっそく作られたが、どれもしっくりとこない。かえって不自然になってしまうのだ。

そうか、両腕がないからこそ、観る人の想像力を刺激し、理想のヴィーナスとなるのだ——。

そのことに気づいたルイ18世は、決断する。

「この像は、腕の先がないままのほうがよい」

ルイ18世は腕のないまま、ミロのヴィーナス像を、パリのルーブル美術館へと寄贈《きぞう》。女神像は今も発見当時の状態のまま、世界中の人を魅了している。

1820年4月8日。この日、農夫が大理石を偶然に発見しなければ、ミロのヴィーナスは今もまだ、誰の目にも触れないままだったかもしれない。

4/9 1865年

アメリカ最大の内戦、南北戦争が終結

2021年9月、アメリカ南部に位置するバージニア州で、1人の将軍の銅像が撤去された。その名をロバート・エドワード・リー将軍という。

1492年、コロンブスがアメリカ大陸を〝発見〟してから、ヨーロッパから多くの移民がアメリカ大陸に渡った。そしておよそ300年後、アメリカ合衆国が建国された。

この頃、南部のバージニア州をはじめとする諸州では、タバコの栽培が盛んに行われていた。その農作業を担っていたのは、奴隷としてアフリカ大陸から連れてこられた大勢の黒人たちだ。

やがて綿花が大量に栽培されるようになると、奴隷人口も激増。19世紀のはじめには約90万人程度であったのが、半世紀後には約400万人にまで膨れ上がり、南部の産業は黒人奴隷に頼る形となった。

一方、近代工業化の進んだ北部では、奴隷制廃止の動きが広まっていた。そんな折、奴隷制反対の立場のエイブラハム・リンカーンが大統領に就任。危機感を募らせた南部の州は合衆国を脱退し「アメリカ連合国」として独立を宣言。さらにバージニア州を含む4州が追随した。また、貿易に対する方針の違いもあり、これに相前後して、南北戦争が勃発したのだった。

この時、南部連合国軍の大将となったのが、リー将軍だ。リーは、武力で勝る北軍を相手に南軍を指揮し、意表をつく攻撃によって敵を翻弄《ほんろう》した。しかし、装備や兵の数など、物量的に優位な北軍に徐々に押され、やがて防戦一方となる。

1865年4月9日。リーはついに降伏。一部の将官はゲリラ戦を継続するよう進言したが、リーはそれを退け、おとなしく投降するように呼びかけた。北軍の勝利によってアメリカ史上最大の内戦は終結し、やがて黒人奴隷制度は廃止された。

高性能なライフル銃など、武器の性能が飛躍的に発展した時期とも重なって、南北戦争は多くの犠牲者を出した。約4年間の戦争で、死者の数は50万人とも60万人とも言われる。

今なお、黒人に対する差別はなくなってはいない。そして、リーをはじめ南部の英雄とされた人物の銅像には賛否があり、撤去する動きも生まれている。

4/10 1657年

水戸藩主・徳川《とくがわ》光圀《みつくに》が、『大日本史』編纂《へんさん》に着手

旧暦明暦3年2月27日

テレビの時代劇「水戸黄門」としても知られる、水戸藩の徳川光圀。1661年に父の頼房《よりふさ》が亡くなると、光圀は第2代藩主となり、領民に新たな政策を打ち出した。

「農民の暮らしを豊かにする」
「領内に水道を建設する」
「雑税のいくつかを廃止する」

どれも領民の暮らしを助ける、よい施策《しさく》だ。そのなかに、ひときわ異彩を放つ政策があった。

「『大日本史』の編纂を続行する」

歴史書の編纂は、4年前に29歳の光圀が、多くの学者とともに開始した事業だ。

多くの予算が使われていることから、批判の声も上がっていたが、光圀はこの大事業にこだわった。これこそが、自分が自分でいられる原点だからだ。

「父上が私をなきものにしようと……」

光圀が、父は自分が生まれたらすぐに殺すつもりだったと知ったのは、まだ彼が少年の頃だった。光圀の母は正式な側室ではなかったため、父はトラブルを恐れたのだ。

周囲の気遣いで、なんとか殺されずに済んだが、その秘密を知った光圀が、大きなショックを受けたのは言うまでもない。ヤケになり、奇抜な服装で江戸の街を歩き回って、周囲を呆れさせた。

そんななか、小野角右衛門《おのかくえもん》というしつけ役だけが、光圀を見捨てずに、注意することをやめなかった。初めはそんな小野をうとましく思った光圀だったが、だんだんと心を許していく。

やがて光圀は『史記』という歴史書に出会い、中国古代の兄弟愛の話に心を動かされる。光圀にもまた兄がいた。自分と同じく、父に殺されかけた兄だ。光圀は心を入れ替え、民を治めるための勉学に励む。

「歴史には学ぶことが多いのではないか」

そう考えた光圀は、自分を変えてくれた『史記』の、日本史版を作ろうと決意する。

1657年4月10日。光圀は『大日本史』の編纂に着手。その事業は光圀の死後も200年以上にわたって続けられ、明治時代に完成した。

アインシュタインが、「ラッセル＝アインシュタイン宣言」に署名

「なんてことをしてしまったんだ、私は……」

天才物理学者、アインシュタインは、１通の手紙に署名したことを深く後悔していた。手紙の宛先は、アメリカ大統領のフランクリン・ルーズベルトだ。

物理学者レオ・シラードに署名を依頼された手紙には、こう書かれていた。

「大量のウランによる核連鎖反応が有望になってきたので、極めて強力な新型の爆弾の製造につながるかもしれません」

手紙は、原子爆弾の開発を大統領に提案するものだった。

アインシュタインが、こんな手紙に署名したのには、理由があった。ヒトラー率いる、ナチスドイツの台頭である。

アインシュタインはナチスが支配するドイツを離れて、アメリカに渡っていた。それは、彼がユダヤ系のドイツ人であったためでもある。アメリカで、ナチスドイツの科学者たちが核分裂を発見したことを知ったアインシュタインは、強い危機感を覚える。

「ナチスが原子爆弾を先に開発してしまったら、世界が終わってしまう！」

あわてたアインシュタインは、あくまでも平和のために、アメリカに原子爆弾を先に開発してもらおうと考えたのだ。

シラードがアインシュタインに署名を頼んだのは、科学者としての彼の影響力を考えてのことだった。この手紙が、原爆の開発「マンハッタン計画」へとつながる。

だが、ドイツは原子爆弾の開発に失敗。アメリカが原子爆弾を戦争に使用することを心配して、アインシュタインは再び手紙を出すが、大統領は急死し、手紙が読まれることはなかった。そして、原子爆弾は１９４５年、広島、そして長崎へと投下される。

「ドイツが原子爆弾の製造に成功しないと知っていたら、私は指１本動かさなかった……」

１９５５年４月11日、アインシュタインは、哲学者ラッセルとともに、戦争根絶《こんぜつ》を訴えた「ラッセル＝アインシュタイン宣言」に署名する。

１週間後に、アインシュタインは死去。この宣言が最期のメッセージとなった。

日本の最高学府の象徴、東京大学が設立される

「泰平の眠りを覚ます上喜撰《じょうきせん》たつた四杯で夜も眠れず」――。

１８５３年、ペリー提督率いる黒船が江戸の要所である浦賀湾に来航。江戸っ子たちは、上を下への大騒ぎとなった。

それも無理はない。江戸幕府は長く鎖国体制を敷き、外国との交易を断っていた。人々の間には、天狗のような顔をしたペリーの顔を描いた瓦版が飛び交い、初めて体験する外国の脅威に恐れおののいた。幕府もまたあわてふためいたことは、言うまでもない。

そんな中、アメリカ大統領の親書の翻訳という大役を任せられたのが、洋学者の箕作阮甫《みつくりげんぽ》である。同じ年に、ロシアから海軍軍人プチャーチンがやってきたときも、箕作が長崎へ派遣されて対応している。まさに時代が求めた国際人だった。

「もう鎖国の時代は終わった。西洋の学問を研究し、教育する機関を作らなければならん。世界で活躍する人材の育成に力を入れようではないか」

江戸幕府内では、自然とそんな機運が高まっていった。

１８５６年に蕃書調所《ばんしょしらべしょ》という洋学所が設立されると、箕作が首席教授に任命された。ちなみに、設立メンバーには、オランダ語に長けた勝海舟《かつかいしゅう》も名を連ねている。蕃書調所は、翻訳事業や欧米諸国との外交折衝なども担っていく。

だが、江戸幕府が直面していたのは、外交問題だけではなかった。伝染病である天然痘が猛威を振るい、多くの人が命を落としていたのだ。

その天然痘の予防と治療を行う施設として設立されたのが、お玉ヶ池種痘所《たまがいけしゅとうしょ》である。そこでも中心となったのが、箕作だった。お玉ヶ池種痘所は、西洋医学の学校兼病院として、医師を育成して患者を治療した。

箕作が深く関与した、蕃書調所とお玉ヶ池種痘所。ともに、迫りくる難題に立ち向かうべく、必要に迫られて設立された機関である。学問とは、時代の要望に応えるかたちで、発展していくものなのだろう。

それぞれの機関は、明治維新後も引き継がれ、１８７４年に東京開成学校と東京医学校に改称。そして３年後の１８７７年４月12日に、両校は合併した。これこそが、現在の東京大学である。

4/ 1912年

13

貧苦の中に生きた歌人、石川《いしかわ》啄木《たくぼく》が没する

とうとう、石川啄木が結婚式場に現れることはなかった。親族や友人たちが気を遣ってくれることが、節子《せつこ》には申し訳なかった。

「まったく、なんて男だ！　いったいどこをほっつき歩いてるんだか……」

それでも節子は信じていた。きっと彼は戻って来る、と。その手に1冊の詩集を携《たずさ》えて。

そんな節子の思いが通じたのか、啄木はふらりと姿を現した。結婚式をすっぽかされたにもかかわらず、不思議と節子に怒りはなかった。ただ安堵して、これからの結婚生活に胸を膨らませたのだった。

一方の啄木のほうは、責任で押しつぶされそうになっていた。啄木は狭い部屋に寝転がって、天井を見つめた。

「俺が結婚か……」

啄木とて、節子を愛していないわけではなかった。いや、むしろ、中学の頃に出会い、アプローチをかけたのは、啄木のほうだ。啄木は中学を中退している。節子の親から猛烈な反対を受けながらも貫いた愛。それでも啄木には、結婚生活を支えていく自信が、どうしてももてなかった。

「詩集の出版、おめでとう」

「ああ、なんとか出せたよ」

出版したばかりの詩集『あこがれ』を掲げる節子。啄木は、2年かけて作ったこの詩集を出すために、盛岡から上京したのだった。

詩集を出せば、詩人として生計が立てられる……そう期待したが、実際は刊行すらも難しいことを知り、打ちのめされた。ようやく自費出版をして、印刷までこぎつけたが、出版できたくらいでは喜べず、結婚式へと足を向けることができなかったのだ。

「これからは小説も書こう」

自分の才能を信じて、生涯をともにしたいという女性がここにいる。その事実が、啄木をいくばくか強くした。

１９１２年4月13日、26歳の若さで病死するまで、啄木は創作活動をやめなかった。貧苦に苦しみながらも、その短い生涯の中で生み出された彼の詩や短歌は、現在に至るまで、多くの人の共感を呼んでいる。

4/14 1603年

五街道の起点、日本橋が開通する

旧暦慶長8年3月3日

東京都中央区に架かる、日本橋。

もともとは木橋のこの橋は、1603年4月14日に、徳川《とくがわ》家康《いえやす》の命によって架けられたものだ。

家康は徳川幕府を開くと、東海道、中山道、日光街道、奥州街道、甲州街道の五街道を整備した。

「これで、全国の支配は盤石なものになるのう。この日本橋を、五街道の起点として定めよう」

日本の中心となり、人々が集う場所になってほしい――。日本橋の名前には、そんな思いが込められているという。

その願いどおりに、陸路だけではなく、船入り運河の中心地として、日本橋は大賑わい。「朝昼晩　三千両の　おちどころ」という川柳も詠まれたほどだった。

老朽化や火事によって、何度か架け替えられた日本橋は、1873年に反り橋から西洋式の木桁橋に改架。さらに、1911年には、江戸からずっと木造だった日本橋が、初めて石造りの橋へとその姿を変える。日本橋の上には、路面電車が走るようになった。

日本橋が20代目を迎えた当時、「憲政の神様」と呼ばれ、当時の東京市長を務めていた尾崎行雄《おざきゆきお》は、あることで頭を悩ませていた。それは、誰に日本橋の銘板を書いてもらうか、ということだ。

「書道家でもよいが、どうもピンとこない……」

江戸幕府の始まりと同時に架けられた橋が生まれ変わろうとしているのだから、ふさわしい人物に書いてもらいたいという思いが、尾崎にはあった。

「そうだ！　あの方に書いてもらおう」

ひらめいた尾崎はさっそく、お目当ての相手を訪ねて、願い出た。

「ぜひ、日本橋の銘板に、揮毫《きごう》をお願いしたいのです」

突然の話に、相手はとまどいを隠さなかった。

「いや、私はもう年だから、そんな大役は……」

だが、尾崎の熱心さに、彼もついに折れた。

引き受けたその人物は、徳川幕府の最後の将軍を務め、今は隠居して余生を過ごしている、徳川慶喜《よしのぶ》であった。

家康から慶喜へとつながった日本橋。その銘板に現在も、慶喜の筆遣いを味わうことができる。

4/15 1912年

大西洋上で氷山に衝突し、タイタニック号が沈没

世界最大級の豪華客船タイタニック号が、1912年4月15日に沈没した。当時の最新テクノロジーを搭載し、「不沈船」と呼ばれたにもかかわらずだ。

タイタニック号はその前日の4月14日、イギリスのサウサンプトンからニューヨークへ出発した。天候もよく、乗客はみな船旅に心を躍らせていたに違いない。乗客・乗員は合わせて2200人以上。救命ボートは1178人分しか積まれていなかったが、まさかこの船が沈むなどとは、誰も考えなかった。

異変が起きたのは、出発日の夜中のこと。乗客が寝静まるなか、監視役のフレデリック・フリートが鐘を3回鳴らして、航海士ジェームズ・ムーディに電話をした。

「ぜ、前方に氷山が！」

フリートは23時30分、前方にかすかな霧があることには気づいていた。それから約10分後、進行方向にあるのが、実は氷山だったと気づいたのだ。

急いで方向転換し、舳先《へさき》が正面衝突することは避けられたが、船体が斜めに氷山と衝突。船のエンジンが停止する。そして、深夜0時、4月15日を迎えた頃には、船の裂け目から浸水が始まっていた。

「このままでは、船が沈んでしまう！」

ボードデッキでは、乗員たちが救命ボートを用意。しかし、乗客たちへの説得は困難を極めた。

「小さなボートよりも、ここのほうが安全だよ」

「寒いし、私はここで救助を待つわ」

救命ボートの数がもともと不足しているうえ、乗員たちもパニック状態で、救助活動はスムーズにはいかなかった。

どんどん傾き、沈んでいく船。乗客たちが事の重大さに気づいたときには、もう遅かった。

深夜の2時には、最後の救命ボートが出発。次から次に海に飛び込んでいく乗客たち。乗船していた8人の楽団たちは演奏を続け、そのまま船上で死ぬことを選んだ。曲は「主よ、御許に近づかん」。

午前2時20分、タイタニック号は海底へ消えた。

犠牲者は1500人以上。のちに楽団長のバイオリンが発見され、婚約者のもとへ届けられたという。

4/16 1877年

「少年よ、大志を抱け」——クラーク博士がアメリカに帰国

1876年7月、札幌農学校（現在の北海道大学）に、1人の教師がアメリカからやってきた。

「クラーク博士」の愛称で知られる、ウィリアム・スミス・クラークだ。クラーク博士は、北海道開拓使の招きにより来日。札幌農学校の初代教頭となり、事実上の創設者となった。

クラーク博士は学生の自主性を重んじて、校則を撤廃《てっぱい》。その代わりにこう宣言した。

「札幌農学校の教員と学生は、タバコ、酒、賭け事を、いかなるかたちでも禁じる」

クラーク博士は、それ以外は何もルールを決めなかった。つまり、クラーク博士は「最低限のルールは守れ」というスタンスだった。驚くべきことに、クラーク博士自身も、日本にいる間は、飲酒や喫煙をしなかったという。

物事にはいつも全身全霊で取り組み、自分に厳しかったクラーク博士。校則をなくしたからといって、学生への指導が甘かったわけではない。たとえ、北海道の厳しい寒さのなかでも、学生がポケットに手を入れて歩いていると、その尻にカチカチの雪球を思いっきり投げつけたという。

厳しくても学生たちから慕われていたのは、彼らがクラーク博士の指導に愛を感じたからだろう。

1877年4月16日。クラーク博士が任期を終えて、アメリカに帰国する日を迎えた。教員と学生たちは、名残惜しそうに、札幌から約20キロ離れた島松まで見送りをした。

そのとき、クラーク博士が学生たちに投げかけたのが、この言葉である。

「ボーイズ・ビー・アンビシャス（少年よ、大志を抱け）」

心が奮い立つこの言葉。「しかし、金を求める大志であってはならない」と続くという説もあれば、「まあ、がんばれよ」くらいのニュアンスで言ったにすぎないとする説もあるが、クラーク博士が若者たちに期待して、時代を託したことには変わりない。

この言葉は、少年たちだけでなく、大人たちにも勇気を与えた。大きな志を持てば、誰もが少年少女に戻って、夢を追うことができるのだ。

4/17 1970年

アポロ13号が、奇跡の生還を果たす

1970年4月11日13時13分、アポロ13号が月に向かって出発した。

9ヵ月前にアポロ11号が初めての月面着陸に成功。続いてアポロ12号も月面へと到着した。早くも月着陸は、当然果たされるべきプロジェクトと見なされはじめ、人々の関心も薄れつつあった。その分、関係者は大きなプレッシャーを抱えていた。

アポロ13号も、打ち上げは無事に成功。順調に飛行して、月に向かう軌道に乗った。

よし、今回もうまくいきそうだ――。

地上にいる管制官たちが胸をなで下ろした、その時だった。地球から33万キロメートル離れた地点で、異変が起きる。

「バーン!」

支援船の第2酸素タンクで爆発が発生。外壁の一部が吹き飛び、内部も損傷した。宇宙船は前後にふらつき、操縦を自動から手動に切り替えた。

「問題発生だ!」

3人の宇宙飛行士が対応に追われる中、管制室のスタッフは「計器の故障だろう」と事態を重くみなかった。事態の深刻さに気づいたときには、すでに状況は悪化していた。

「あと2時間で酸素はなくなり、真っ暗になります!」

電力の担当者が、管制室で、絶望的な見通しを報告する。このままでは、宇宙飛行士たちは助からない。月面着陸の予定を変更し、Uターンして地球を目指すことになった。問題は酸素、水、そして、電気だ。

宇宙船内の温度は低下し、3人の宇宙飛行士は、寒くて眠ることすらできない。徐々に体力が奪われていく。

だが、地上の管制官たちは決してあきらめず、一致団結しながら万全のサポートを行った。宇宙飛行士たちも、その姿に気力を奮い立たせた。

ジェームズ・ラベル船長は、のちにこう語った。

「常に成功を信じること。我々には限られた道具と管制室の支えしかなく、とにかく、彼らのことを信じ続けるしかなかったんだ」

そして4月17日、アポロ13号は生還を果たす。この奇跡を人はこう呼んだ。「最も成功した失敗」と。

4/18 1771年

杉《すぎ》田《た》玄《げん》白《ぱく》、前《まえ》野《の》良《りょう》沢《たく》らが、『ターヘル・アナトミア』の訳を決意

旧暦明和8年3月4日

1771年4月18日、罪人たちが処刑される小塚原刑場に、3人の男が集まった。蘭学者の中《なか》川《がわ》淳《じゅん》庵《あん》と前野良沢、そして、蘭学医の杉田玄白である。

「蘭学」とは、オランダの学問のこと。鎖国政策がとられた江戸時代では、オランダ語の書物を通じてしか、西洋の学術や文化を学ぶことができなかった。

この日、杉田らは、医学研究のために、罪人の解剖に立ち会うことが許された。そして死体の腹が切り裂かれると、3人は驚きの声を上げた。

「これが体の中とは！　この本と同じじゃないか！」

肝臓、胃、小腸、心臓……初めて目にした人体の臓器。そして筋肉や骨。その形状や並び方は、まさに3人が手にしていたオランダ語の医学書と同じだ。それまで漢方医学として学んできた人体とは、まるで違う世界が広がっていた。

「よし、この本の日本語訳を出そう！」

本の名前は『ターヘル・アナトミア』。のちに『解体新書』として、歴史に名を刻むことになる。

死体解剖の翌日から、良沢の家に集まった3人。しかし、翻訳作業は困難を極めた。みな蘭学を学んではいたが、オランダ語は解読できなかったのだ。

「かじのない船で大海に乗り出すようだ」

杉田玄白がそう言ったのも無理はない。言葉がわからないながらも、一つずつ地道に訳語をあてはめていく。

「鼻はフルヘッヘンドしている……なんだろう？」

手元にあるオランダの簡単な国語辞典で調べてみると「掃除をしたら、ゴミがフルヘッヘンドする」という例文を発見。玄白はひらめいた。

「わかったぞ！【うず高い】という意味だ！」

鼻は顔の中でうず高くなっているもの――。

こうして一文一文を訳していき、3人は実に4年もの歳月をかけて『解体新書』の発刊を実現。内容の不完全さから良沢は自分の名前を本に載せなかったが、その意義の大きさに変わりはない。

「神経」「動脈」「軟骨」「十二指腸」などの用語は、このときに生み出され、現在まで使われている。難産だった『解体新書』は、日本の医学を大きく前進させた。

4/19　1951年

GHQ最高司令官、ダグラス・マッカーサーが退役

約6年にわたった第二次世界大戦は、1945年に日本がポツダム宣言を受諾して終結を迎えた。だが、無条件降伏を素直に受け入れた者ばかりではなかった。

「国民諸君、我々とともに戦え！」

厚木航空隊の小園《こぞの》安名《やすな》大佐はそんなビラをまいて、10日後にやってくるアメリカの占領軍に対して、隊員たちとともに敵意をむき出しにした。陸軍は小園を監禁して騒ぎを抑えたものの、占領下に置かれる不安は、国民の間にもうずまいていた。

そんな中、厚木海軍飛行場に、1人の長身の男がコーンパイプをくわえて、司令官機のタラップから悠然と下りてきた。連合国軍最高司令官総司令部（GHQ）の最高司令官、ダグラス・マッカーサーである。

身の危険もある中で、マッカーサーは、将校たちにこんな命令を出していた。

「拳銃を持つな。略奪は決して行ってはならない」

さらにマッカーサーは、厚木から横浜へと向かうときに、その護衛を日本側に任せている。

征服するのではない。統治するのだ——。

そんなマッカーサーの姿勢が、厳しい占領政策が行われるのではないかとおびえていた日本国民の心を少しずつ解きほぐしていく。

一方のマッカーサーにとっても、驚きがあった。天皇が会見で「全責任は自分にある」ときっぱりと言い切ったことだ。

「てっきり命乞いするものだと思ったが……」

マッカーサーはこの会見以降、天皇を「サー」と呼び、敬意を表した。

そんなマッカーサーを、日本国民たちは「マ元帥」と慕い、その人気は、約50万通もの手紙がマッカーサーのもとに寄せられるほどだった。マッカーサーが帰国する際には、羽田空港に、別れを惜しむ日本人が詰めかけたという。

1951年4月19日、帰国したマッカーサーは、ワシントンで退役の演説を行い、次のような名フレーズを放った。

「老兵は死なず、ただ消え去るのみ」

すでに70歳を超えていたマッカーサー。大勢の市民に祝福されながら、その花道を飾った。

東海道新幹線の起工式が行われる

1959年4月20日、東海道新幹線の起工式が、新丹那トンネルの熱海側入口で行われた。

国鉄総裁で「新幹線の父」と呼ばれる十河信二《そごうしんじ》と、国鉄技師長の島秀雄《しまひでお》のもと、一大プロジェクトがここにスタートすることになった。

だが、「スタート」までの道のりは平坦ではなかった。

鉄道の高速化については、第二次世界大戦の敗戦からわずか4ヵ月後には、すでに検討が始められていた。当時、運輸省鉄道総局に勤めていた島は、鉄道技術研究所の松平精《まつだいらただし》に、こんな相談を持ちかけている。

「今の電車は振動がひどいし、音もうるさい。とても長時間、お客さんに乗ってもらえるものではない。この振動問題を解決しよう」

島と松平は、「高速台車振動研究会」を開催。意見を戦わせながら、まずは台車がいかに振動するのか、その理論を確立させてから、改良を重ねていった。戦前の台車に使われていた板バネをやめて、コイルバネを開発。さらに空気バネへと発展させ、高速電車用の台車の開発に成功した。

そんな島を、新幹線建設のための技師長に引き上げたのが、第4代の日本国有鉄道総裁に就任した、十河信二である。

その頃、島は桜木町駅構内で発生した列車火災事故の責任をとり、国鉄をすでに辞職していた。固辞《こじ》する島を説得して、十河はこう言った。

「おれが金と政治は全部やるから、きみは新幹線に存分に力を発揮してくれ」

政治力の十河、技術の島――。

2人はまさに両輪となり、新幹線の実現へ向けて走り出す。高速化にあたり、レールの幅は従来よりも広くなった。狭軌から広軌への改軌は簡単なことではなかったが、狭いレールの制限の中で改良を進めてきた島にとっては、むしろ追い風となった。

「狭軌でさんざん苦労してきた私たちは、新幹線車両の設計が、技術的にそう困難に感じなかった」

島と十河の最強タッグは、世界最速、最先端の東海道新幹線の実現を、短期間、低予算で成しとげたのだった。

4/21 1989年

任天堂《にんてんどう》の携帯ゲーム機「ゲームボーイ」が発売

何事もプロローグとも言える物語がある。世界で最も有名な携帯ゲーム機誕生のストーリーは、1970年代後半の某日、キャデラックの静かな車内から始まる。

「なんで第一開発部の俺が、運転手をせなあかんのや……」

ハンドルを握る、横井軍平《よこいぐんぺい》は思わず心の中で独りごちた。当時横井は、玩具メーカーであった任天堂で、アーケードゲームなどの開発に取り組んでいた。社長の専属運転手が病欠したこの日、横井に白羽の矢が立ったのは、単に彼が左ハンドル車に慣れていたからである。社長と二人きりの車内は、空気が重く落ち着かない。

「勤め人が通勤中の電車などで遊べる、電卓サイズのゲーム機があったら面白いですよね」

横井が思いつきを口にしたのは、単に沈黙に耐えがたかったからだ。その数日後、横井は社長室に呼び出される。

「先日話していた電卓サイズのゲーム、あれを作るぞ」

社長のこの一言で、新たなプロジェクトがスタートした。

商品コンセプトは明確ではあるが、問題は液晶だ。コンパクト化とコストダウンを考えれば、画面は小さいほうが良い。だが小さすぎては、ゲームプレーに支障をきたす。そのバランスに悩んでいたある日、横井の目は、週刊誌のグラビアを飾る女性の写真に止まった。もっとも横井が注目したのは、女性ではなく、彼女が手にしていた本である。それはサイズにすれば、切手大ほど。それでも横井は、本の表紙の絵柄まではっきり認識できたのだ。

「2㎝角ほどの大きさでも、人間の目は十分に解析できる！」

この発見こそが、任天堂の大ヒット商品「ゲーム＆ウォッチ」開発の鍵となった。

ゲーム＆ウォッチの大成功から、8年後——。「複数のソフトが一台でプレーできる、カートリッジ型携帯ゲーム機を作ろう」という社長の命が、横井に下った。ベースとなるのはゲーム＆ウォッチの技術とコンセプト。液晶は、ゲーム＆ウォッチとほぼ同サイズとなった。

1989年4月21日、「贅肉を極限まで削ぎ落とした」と横井が自負《じふ》する商品が、世に放たれる。このゲーム界の革命児は、「ゲームボーイ」と名付けられ、世界中で約7千万台を売り上げる大ヒットとなった。

4/22 1724年

近代哲学の祖となる、哲学者・カントが誕生

1724年4月22日、イマヌエル・カントは、現在のドイツにあたるプロイセン王国の都市・ケーニヒスベルクで生まれた。16歳のときに、地元のケーニヒスベルク大学に入学。ここでカントは、自然哲学を学び、やがて母校の哲学教授として働き始めたのだった。

カントは、規則正しい生活を好んだ。

朝は5時に起きて、大学へ出勤。学生たちに2時間の講義をした後、執筆。13時から昼食をとり、時に友人を招いて哲学談義をした後は、健康のため必ず散歩をしていた。その時間があまりにも正確だったため、人々はカントが家の前を通るのに合わせて時計の針を直していたという。そして、夜はきまって22時に就寝した。

かといって堅物ではなく、カントの講義はユーモアを交えながら語りかけるような授業で、学生たちからも人気だったと伝えられている。また社交的な性格で、彼の昼食会には各界から多くの人が競って参加した。

彼の人柄を示す、こんな言葉が残っている。

「笑いは消化を助ける。胃散《いさん》よりはるかに効く」

また一方では自分を厳しく律し、ビールなどを口にすることはなかった。

「わたしが生きている間、ずっと幸せである必要はない。しかし、生きている限りは立派に生きるべきである」

カントは日々思索にふけりながら、立派に生きようとしていたのだ。旅行に行くことも、結婚することもなく、単調で規則正しい生活を彼は愛していた。

彼がその生涯を捧げた哲学の歴史は古く、紀元前に活躍した古代ギリシアのソクラテスやプラトンなどにさかのぼる。しかしカントは、従来の哲学を根本から作り直し、真理の基準そのものを変えたとされる。「カント以前の哲学はすべてカントに流れ込み、カント以後の哲学はカントから流れ出る」と言われるほど、その存在は大きい。中でも『純粋理性批判』に始まる3冊の書物、三批判書は有名で、多くの哲学者に影響を与えた。その功績から、カントは「近代哲学の祖」とも呼ばれている。

79歳でこの世を去るとき、カントは「これでよい（Es ist gut）」と、末期の言葉を残したという。

4/23 1920年

ムスタファ・ケマルを議長とする大国民議会開催

1914年、第一次世界大戦が勃発すると、オスマン帝国はドイツ側につき敗北。領土の大部分をイギリスに奪われ、小アジアもギリシアに占領された。

「このままでは、オスマン帝国は解体されてしまう」

将軍のムスタファ・ケマルは、戦勝国によって祖国が切り刻まれることに、強い危機感を覚えた。そんなケマルのもとに、残ったトルコ軍や民衆が、同じ思いを抱いて集まった。

戦勝国が、首都のコンスタンティノープルも支配下に置くと、国民の我慢も限界を迎える。

1920年4月23日、トルコ大国民議会がアンカラで開催され、初代議長は全会一致で、ケマルが選出された。

「首都が外国人の手にあるかぎり、トルコの運命を彼らが握ることになるだろう！」

ケマルはアンゴラを去り、サカリア川へ。8月14日、ギリシア軍が攻めてくると、戦線に復帰した。

この地は、オスマン帝国の発祥の地。700年前、トルコ部族の英雄エルトゥールルは、初めて小アジアの地に降り、サカリア川の岸辺で宣言した。

「ここが、お前たちの故郷となるだろう」

今、その故郷が失われようとしている。絶対に負けるわけにはいかない――。

しかし、ギリシア軍の激しい砲火《ほうか》を浴びると、トルコ軍は大打撃を受けて、8割近い兵を失ってしまう。それでもケマルは、兵たちを励まし続けた。

「確保するのは防御線ではない、防御《面》だ！　面とは、つまり国家全体のことだ！」

何度も戦線は破られそうになるが、死力を尽くすケマルの姿に後押しされ、何とか持ちこたえるトルコ軍。一方のギリシア軍には、疲れが見えてきた。

そしてついに、ギリシア軍は撤退。民衆たちは大勝利にわいた。その後、共和国が樹立され、ケマルはオスマン帝国の初代大統領に就任。「アタテュルク（父なるトルコ人の意）」の姓を議会から贈られた。

運命の会議が開催された4月23日は「国家主権と子どもの日」として、現在でも祝われている。

4/24 1942年

『赤毛のアン』の作者、モンゴメリが没する

「ああ、これはあのときに書いた……」

1907年のある日、ルーシー・モード・モンゴメリは探し物の途中で、2年前に書き上げた原稿を見つけた。出版社に持ち込んだが、どこからもよい返事がもらえなかった原稿である。

その当時モンゴメリは、カナダの新聞社に勤めながら、短編小説や連載小説を書いていた。

いつか自分の書いたものを1冊の本にまとめたい——。そんな思いを持ちながらも、なかなか挑戦できずにいたのだ。そんなとき、アイデアノートを読み返すと、短いメモが目に飛び込んできた。

「年寄り夫婦が手伝いの少年を孤児院に依頼するが、手違いがあって、来たのは女の子」

主人公の名前はアン。見る見るうちに想像が膨らみ、モンゴメリは仕事の後にコツコツと書き進めていった。1年半かけて完成させたが、どこの出版社に送っても相手にされず、帽子箱にしまったまま、これまで忘れていたのだ。

あれから2年が経った今、改めて自分が書いた長編小説を読み返して、モンゴメリはこう思った。

「やっぱり、このストーリーは面白いわ」

ダメでもともとだ。モンゴメリはL・C・ペイジ社に原稿を送付。すると思わぬ返事がきた。

「原稿を本にして出版させてください」

1908年6月、ついにモンゴメリの夢がかなう。

出版された本のタイトルは、『グリーン・ゲイブルズのアン（邦題：赤毛のアン）』。もちろん、売れることなんて期待していない。ただ、自分が創り上げた作品が世に出たことが、うれしくて仕方がなかった。

「た、大変な売れ行きですよ！」

出版社からそんな電話がきても、モンゴメリはしばらく何が起きているのか、理解できなかった。

1942年4月24日、モンゴメリは67才でこの世を去った。『赤毛のアン』は世界的なベストセラーとなり、今なお子どもたちに読み継がれている。

4/25 1945年

各国の代表がアメリカに集結、サンフランシスコ会議が始まる

20世紀はまさに、戦争の世紀であった。

１９１４年から始まった第一次世界大戦には、世界の大国の多くが参戦した。この戦争による死者は、軍人が９００万人以上、民間人が７００万人以上と言われている。

１９３９年からの第二次世界大戦では、大型の飛行機による大規模な空爆や新たな爆弾など、兵器の目覚ましい発達によって、死者の数も激増。世界中で軍人２５００万人以上、民間人３７００万人以上が亡くなったとされているが、詳しい数字は今も不明である。

一度目の大戦を受け、世界平和の維持と国際協力の促進《そくしん》を目的に、最多時には58ヵ国が加盟した国際連盟。だが、その理念とは裏腹に、二度目の大戦を防ぐことはできなかった。

その反省をふまえ、世界は新たに国際的な平和機構を作る必要があった。そのために、１９４５年４月25日から約２ヵ月にわたって行われたのが、サンフランシスコ会議だ。

アメリカ、イギリス、ソ連、中国の４ヵ国を中心に、50ヵ国が参加したこの会議では、もうすぐ終結を迎える第二次世界大戦の戦後処理と、国際平和問題について話し合われた。もっとも大切なのは、二度にわたって勃発してしまった世界的な戦争、その過ちを繰り返さないようにすることだ。この会議において、国際連合憲章が作成された。

「われら連合国の人民はわれらの一生のうちに二度まで言語に絶する悲哀を人類に与えた戦争の惨害から将来の世代を救い（中略）、善良な隣人として互に平和に生活し、国際の平和及び安全を維持するため（中略）、ここに国際連合という国際機構を設ける」

こうして、アメリカ・サンフランシスコでの会議を経て51ヵ国で設立したのが、現在まで続く国際連合だ。日本は１９５６年に加盟が実現し、２０２１年９月現在で１９３ヵ国が加盟している。

しかしその後も世界各国で戦争や内戦は幾度も繰り返され、多くの犠牲者や難民を生み出している。

第三次世界大戦を防ぎ、平和を実現するため、国連は今後も重要な役割を果たしていくだろう。我々も今一度、二度と悲惨な戦争を起こしてはならないという先人たちの思いを、肝に銘じなければならない。

4/26 1954年

黒《くろ》澤《さわ》明《あきら》監督の傑作映画、「七人の侍」の上映がはじまる

「世界のクロサワ」と呼ばれる映画界の巨匠、黒澤明。数々の名作のなかでも、「七人の侍」は、ジョージ・ルーカスやスティーブン・スピルバーグなど、世界の映画人にも大きな影響を与え、世界映画の最高傑作とさえ評されている。

だが、その撮影は困難を極めた。黒澤の細部へのこだわりは尽きることなく、秋に公開する予定が、冬になっても撮影が終わらない。もはや予算は8月の時点で使い果たしている。とうとう映画会社から制作の中止を打診されて、撮影がストップしてしまった。

周囲が不安に駆られる中、黒澤は言った。

「資本家というものは、いったん出した金は必ず回収する。まあまあ、釣りでもしてろ」

実は黒澤は、各場面の細部に時間をかけながら、最後の山場である合戦のシーンだけは撮影しないようにしていた。案の定、映画会社の重役たちがやってきて、撮影済みのところまでで試写会が行われると、野武士たちがやってきていよいよ合戦、というところで終わってしまう。

文句のつけようがない映画の出来栄えに、重役たちも「続きを存分に撮ってくれ」と言うしかなかった。黒澤の計算通りである。

そうして2月、極寒の空のもと「どしゃぶりの雨の中の合戦」の撮影が行われた。野武士と百姓たちの壮絶な戦いは、まさに死に物狂いの撮影となった。

1954年4月26日、ついに「七人の侍」の上映がはじまる。3時間27分という超大作は大評判を呼び、その年で15億の興行収入を叩き出した。

これは、2億1000万という製作費の7倍にあたる。もっとも、この映画が後世に与えた影響を考えれば、興行収入的な成功も些細なことだろう。

1990年、第62回アカデミー賞で特別名誉賞が贈られると、黒澤はこう言った。

「私はまだ、映画がよくわかっていない」

どれだけ追求してもまだその先がある。映画を作る奥深さを誰よりも知っているからこそ、黒澤は作品作りで、一切の妥協《だきょう》を許さなかった。

4/ B.C.399年

27

「無知の知」を説いた、哲学者・ソクラテスが刑死

2400年前のアテナイで、哲学者のソクラテスは街で行き交う人をつかまえては、さまざまな問いを投げかけていた。それが、相手の考えを引き出すための手法だったのだ。

「すみません、今おっしゃった『正しい』って、どういう意味でしょう?」

そんな質問を浴びせたこともあった。相手が、「それはみんなが幸せになることだよ」と答えれば、「幸せって何ですか?」と質問を続ける。そのうち相手が答えに窮《きゅう》すると、ソクラテスはこう言うのだった。

「答えられないなら、あなたは、それについて知らないんですね」

ソクラテスは、この独特の「問答法」で、「無知の知」つまり「自分は知らないということを知る」ことを民衆に広めていった。ソクラテスの斬新な問答は若者から人気を呼んだが、言い負かされたほうは、ソクラテスに恨みを抱く。中には、復讐を考える者も現れた。

「ソクラテスは、青年たちを堕落させている!」

ある日、ソクラテスはそんな理由で公開裁判にかけられてしまう。それでもソクラテスは裁判で「自分は社会貢献をしているに過ぎない」として、こう言い放った。

「私は死刑になるどころか、迎賓館《げいひんかん》でもてなされるべきである」

この反抗的な態度が決定打となり、ソクラテスには死刑が命じられた。

「今のうちに逃げてください!」

死刑までの間、ソクラテスのもとには友人や弟子たちが訪れ、牢屋から逃亡するよう説得した。しかし、ソクラテスは、こう言って逃亡を拒否した。

「私は単に生きるのではなく、善く生きる」

死刑当日の、紀元前399年4月27日。ソクラテスは涙に暮れる友人たちと、いつもと同じように、議論しながら談笑をした。夕方になると、毒をぐいっと飲んで、ベッドに横たわったという。

彼は、最期にこう言い残して生涯を閉じた。

「そうだ、アスクレピオス神にニワトリの供え物をするのを忘れていた。忘れずに供えてくれたまえ」

4/28 1967年

モハメド・アリが徴兵拒否を理由にタイトルを剥奪《はくだつ》される

「カシアス・クレイ！　前に出なさい」

1967年4月28日、テキサス州ヒューストン市――。米国軍入隊式会場に、上官の高圧的な声が響いた。その場にいた全員が、続く「イエス！」の声を待つ。入隊式で名を呼ばれた者が、入隊に応じる返事をするのは、投げた石が地面に落ちるのと同じくらい、自明の理だ。ところが……この時に会場を満たしたのは、静寂だった。

「カシアス・クレイ！　返事をしろ！」

痺《しび》れを切らした上官が再び叫ぶが、またも返ってきたのは、沈黙だ。会場に集まった入隊者が、「まさか入隊を拒否するのか?」とささやき合う。

「カシアス・クレイ！　貴様、ここで返事をしないということは、貴様は懲役5年、罰金1万ドルの重罪を犯しているのだぞ！」

それでもなお、返事はない。3度目の沈黙――それは入隊拒否という、声なき確固たる主張だった。

その日の夜、カシアス・クレイ……、いや、モハメド・アリは、ボクシング・ライセンスを剥奪された。

1960年台半ばにアメリカが軍事介入したベトナム戦争は、すでに泥沼状態に陥っていた。焦るアメリカ政府は、若者たちを次々に徴兵しては、戦場へと送り出していく。それは、世界チャンピオンとて例外ではない。アリは、識字障がいのため一度は「兵士不適合」となっていたが、3年後に再び招集が掛かる。だがその時点で、アリの入隊拒否の覚悟は固まっていた。彼は自ら会見を開くと、記者たちを前に、次のように従軍せぬ理由を説明した。

「ニグロと呼ばれ、差別されてきた私が、どうして茶色の肌の色の人々に爆弾を落とさねばいけないのか？　私を攻撃したことのない無実の人々を傷つけるために、1万マイル（約1万6千キロ）も離れた土地に行けと言うのか!?　そんな要求には、私は『NO』と明言する！」

4年後の1971年6月、連邦最高裁はアリへの有罪判決を破棄した。同時期、アメリカ国内では、若者を中心に反戦運動が活発化し、アリを支持する人も増えていた。ボクサーライセンスはなくとも、アリは偉大なるファイターであり、チャンピオンであり続けた。

4/29

1907年

夭折《ようせつ》の詩人・中原中也《なかはらちゅうや》が山口県で生まれる

お猪口で酒を飲んでいた青年に、店主が声をかける。

「お客さん、ちょっと飲み過ぎじゃないですか？」

「いいんだ。だって今日は、俺の誕生日だからな！」

そう言って笑う青年の名前は、中原中也。1907年4月29日、山口県で生まれた詩人である。

「その本は、誕生日の贈り物かい？」

「いや、俺は詩人でね。これは、俺の詩集さ」

「ほう、詩人さんか。さぞかし頭がいいんだろうねぇ」

そう言って、店主は厨房に入っていった。

中也はテーブルに頬づえをつきながら、子どもの頃のことを思い浮かべた。

開業医の名家の長男として生まれた中也は、跡取りとして医者になることを期待され、子どもの頃は、勉強づけの毎日を送っていた。中也は成績もよく、神童《しんどう》とまでいわれていたが、一方で、自由に友人と遊ぶことも許されていなかった。

「にいちゃ～ん」

「亜郎《つぐろう》！」

そんな日々の中で、純粋に自分を慕ってくれる弟の亜郎の存在だけが、中也に安らぎを与えてくれた。しかし数年後、愛する亜郎が、4歳でこの世を去る。

「亜郎！　どうして、どうしてお前が死ななくちゃいけないんだ！」

中也は頭の中に浮かんだ詩を、一心不乱に書きつづった。その悲しい出来事が、中也が文学界に足を踏み入れるきっかけとなったのだ。


「おい中也、店じまいだ。起きろ！」

酔いつぶれた中也を迎えにきた、親友の小林秀雄《こばやしひでお》の肩を借りながら、帰路に着く中也。中也は小林に言った。

「俺は絶対に有名な、それこそ歴史に名を残す詩人になってみせる！」

「あぁ、互いに頑張ろうな」

その後、中也は妻子を得るも、息子の文也《ふみや》は2歳で亡くなり、中也も30歳の若さで亡くなった。だが、彼の詩は今もなお、多くの人に愛されている。

ジョージ・ワシントンが、アメリカの初代大統領に就任

１７８９年４月30日、アメリカ合衆国のニューヨーク州で就任式が行われ、ジョージ・ワシントンは初代アメリカ合衆国大統領となった。

　ワシントンといえば、有名なのが、桜の木のエピソードだろう。それは、次のようなものだ。

　ある日、ワシントンは叔父から斧を借りて、ためし切りがしたくなったので、庭にある１本の桜の木で切れ味を試してみた。

　それを帰ってきた父親が発見し、「だれだ、あの桜の枝を切ったのは！」と大激怒。そして、息子にこう尋ねた。

「お前だね。桜の枝を切ったのは」

　それに対して、ワシントンは正直にこう答えた。

「お父さん、僕は嘘をつくことができません！　あの桜は、僕がこの斧で切りました」

　怒られることを覚悟したワシントンに、父はこんな言葉をかけたという。

「ジョージ、お前のしたことは悪いことだ。切られた木はもとに戻らないからね。でもね、私は、お前が正直に言ってくれて、とてもうれしいよ。私は、これ以上、お前を責めることはないよ」

　だが今では、この話は事実ではなく、後世の創作だったことがわかっている。

　ジョージ・ワシントン財団が、ワシントンが少年時代を過ごした住居跡を東部バージニア州で発見。調査した結果、そこには桜の木や斧、そして桜の木の切り株さえもなかった。

　実は、『逸話《いつわ》で綴るワシントンの生涯』という彼の伝記の中で創作されて、それが広く伝わったらしい。

　だが、こんな逸話が信じられるほど、ワシントンは正直な性格で知られていた。ワシントンが本当に言った名言には、次のようなものがある。

「悪口に対するもっともよい返答、それは黙々と自己の義務を守ることである」

　たとえ見当はずれな批判をされても、いちいち相手にせず、自分のやるべき仕事を黙ってやる――。

　そんな冷静かつ実直な姿勢で、ワシントンはアメリカ合衆国という連邦国家の基盤を築いたのだった。

1日1話

教養と感動のショートストーリー365

5月の物語

5／1　1457年

「山吹伝説」で知られる太田道灌《おおたどうかん》、江戸城を完成させる

旧暦康正3年4月8日

かつての東京の中心で、現在は皇居へと姿を変えた江戸城。265年も続いた江戸時代を支えた、徳川幕府の象徴だ。その一角に「道灌壕」と名づけられた堀が残る。戦国時代の遺構にその名が刻まれた太田道灌こそ、この江戸城を築城した人物である。

道灌は、「関東不双の案者（知恵者）」と称えられた戦国武将、太田道真《どうしん》の子として生まれた。幼い頃から学問に打ちこみ、成長すると扇谷上杉家《おうぎがやつうえすぎけ》の家臣となる。

室町時代の中期、関東一帯で多くの勢力が戦いを続けるなか、道灌は江戸城を築城。1457年5月1日に完成したと伝えられている。

造った城の出来ばえがよく、道灌は「築城名人」と呼ばれ、それからも城造りにかかわるようになったのだった。

武将としても、城の造り手としても有能だった太田道灌はまた、歌人としても優れていた。晩年、道灌が歌道に精進していくきっかけとなった、こんな逸話が残されている。

ある日、鷹狩りに出かけた道灌はにわか雨にあってしまい、みすぼらしい家に駆け込んだ。

「蓑《みの》を貸してもらえぬか」

道灌がそう声をかけると、家から出てきたのは、若い娘であった。その娘が黙って差し出したのは、蓑ではなく、山吹の花一輪だけ。

「花が欲しいのではない」

怒った道灌は雨の中を帰ったが、その夜、部下に話すと、こんなことを言われたという。

「後拾遺和歌集《ごしゅういわかしゅう》の兼明親王《かねあきらしんのう》が詠まれた歌に、〝七重八重 花は咲けども山吹の み（実）のひとつだに なきぞかなしき〟という歌があります。その娘は、蓑ひとつさえない貧しさを、山吹に例えて伝えようとしたのではないでしょうか」

娘の気持ちに気づけなかった道灌はこれを恥じて、歌を学ぶようになったという。山吹を差し出した紅皿《べにざら》という名の娘を城に招いて、歌の友としたという逸話も残されている。これが「山吹伝説」だ。

道灌は54歳の時、敵勢力に暗殺された。紅皿は、尼となって道灌の菩提《ぼだい》を弔ったという。

5/2 1872年

旧暦明治5年3月25日

『たけくらべ』を著した、作家・樋口《ひぐち》一葉《いちよう》が誕生

1872年5月2日。この日、樋口奈津《なつ》（一葉）は東京に生まれた。だが、まさか彼女が15歳の年に兄を、そのわずか2年後に父を病気で亡くす運命にあるとは、思ってもいなかっただろう。

彼女は、17歳という若さで樋口家を背負い、母と妹を養わなくてはならなくなったのだった。着物の洗濯や下駄づくり、針仕事などをして働くが生活は苦しく、借金だけが膨らんでいく日々。そんな中、奈津はひとつの決意を固める。

「和歌を習っていた頃の塾の先輩が、小説を出版して大金を稼いだとか……。よし、私も小説家になろう！」

父が亡くなるまでは比較的裕福な家であったため、奈津は和歌を習ったり、古典文学を学んだ経験があった。また彼女は、小学校時代の成績もよく、もともと本が大好きな少女でもあった。

奈津は、新聞の専属作家として活躍中の半井桃水《なからいとうすい》の元を訪れ、彼の指導の下で小説を書き始める。そして半井が創刊した同人誌「武蔵野」で、初めての小説を発表する。筆名は「一葉」とした。

すぐにでも新聞で小説を連載し、お金を得たい一葉であったが、簡単に採用はされなかった。そこで彼女は下町に居を移して、雑貨屋を始める。

その一方で、小説も書き続け、少しずつ雑誌などにも掲載されるようになった彼女に、とうとう新聞社から執筆の依頼がきた。

「よし、私は自分のことを書こう」

こうして書かれた自伝的小説『にごりえ』は評判を博し、さらに『たけくらべ』は、江戸の情緒を残す下町を舞台に、子ども時代の淡い恋心を美しく描いた名作として、さらに大きな話題となった。

名作を次々と生み出したこの時期を、人は「奇跡の14ヵ月」と呼ぶ。だが、一葉がこれ以上執筆活動を続けることはなかった。彼女は24歳という若さで生涯を終えてしまったからだ。父、兄と同じ病気、肺結核《はいけっかく》だった。

一葉自身はさんざんお金に苦労したが、自らの死後108年が経ってから、彼女は五千円札の肖像画になった。このことを知ったら、彼女は苦笑いするかもしれない。

5/3 1868年

勝《かつ》海《かい》舟《しゅう》と西《さい》郷《ごう》隆《たか》盛《もり》の会談により、江戸城が無血開城

旧暦慶応4年4月11日

関ヶ原の戦い、8千人。大坂夏の陣、2万5千人。日本史上有名な合戦における死者の数だ。資料により異なるため確実な数字ではないが、ひとつ言えるのは、戦争に死者はつきものだということである。

265年もの間続いた江戸時代。その江戸幕府を倒し、新たな政府を興そうとする薩長連合と、これに対抗する幕府軍との戦いは、鳥羽伏見の戦いを機に、戊辰戦争へと発展した。

徳川家康《とくがわいえやす》に始まる江戸幕府を代々引き継いできた15代将軍・慶喜《よしのぶ》は、武力による倒幕を避けるため、大政奉還を行う。国政を朝廷に返した上で、天皇のもとで要職に就こうとしたのだ。

しかし、幕府を廃止したにもかかわらず、強大な権力を持ち続けていた慶喜ら旧幕府勢力に反発した新政府は、徳川征《せい》討《とう》にのり出す。当時、人口100万とも150万とも言われた世界最大規模の都市である江戸の町が、戦場になろうとしていた。

そこで、両軍の話し合いが行われた。旧幕府軍の命を受けたのは、徳川家に仕えた幕臣・勝海舟。勝は新政府軍の攻撃を中止させようと、この会談に臨んでいた。一方、西郷隆盛率いる新政府軍は、すでに江戸城総攻撃を予定していた。2人の男が向き合って座る。会談が始まると、まず勝が言った。

「慶喜様は、故郷の水戸で隠居すると言っている。どうか攻撃は見合わせていただきたい」

これに対し、西郷は条件を出した。

「それならば、江戸城を即刻渡されたし」

2人は旧知の仲であり、互いに相手のことを尊重しあう間柄でもあった。

「お渡し申す」

江戸城を明け渡すという勝の答えに、西郷は沈黙した。ここまで折れた相手を攻撃したとあっては、自分たちの大義がなくなってしまう。

「分かり申した。明日の江戸総攻撃は中止いたす」

これによって、1868年5月3日、江戸幕府の象徴だった江戸城が明け渡された。

勝と西郷の、日本の将来を見通す優れた知見によって、多くの人命が守られたのである。

4

「永遠の妖精」と称された女優、オードリー・ヘップバーンが誕生

「この私が、あのグレゴリー・ペックさんと共演できるなんて……！」

１９２９年5月4日、ベルギーの首都・ブリュッセルに、のちの名女優、オードリー・ヘップバーンが生まれた。

彼女は、バレリーナになるという夢をあきらめ、生活のためにモデルや映画の端役などをして働いていたが、22歳の時、大作映画のヒロインを選ぶオーディションに合格する。当時、圧倒的な人気と知名度を誇っていた俳優、グレゴリー・ペックの相手役に大抜擢《だいばってき》されたのだ。

「チャンスなんて、そうたびたびめぐってくるものではないわ。その機会が訪れたのだから、精一杯、頑張らなくては！」

その映画のタイトルは、「ローマの休日」。一国の王女がその身分を隠し、外遊先のローマで新聞記者の男性と恋に落ちる物語だ。

もともとはグレゴリー・ペック主演というふれこみで撮影が始まったが、いくつかのシーンを撮った後で、彼は言った。

「彼女を、助演ではなく、自分と同じ主演として扱うべきだ」

そして彼は、この指示を渋るスタッフに対し、こう言ったという。

「彼女は、この初めての主演で、アカデミー賞をとるぞ。私と同じ主演の扱いにしなくては、後で恥をかくことになる！」

その言葉通り、オードリーはこの映画でアカデミー主演女優賞のほか、数々の賞を受賞し、その名を一気に世界中に広めた。

「私は無名で自信も経験もなく、やせっぽちでした。だから全身全霊で努力しました。その点では、自分をほめることができます」

まったく無名の新人女優だった彼女は、この作品をきっかけに「永遠の妖精」「神から遣わされた天使」など、惜しみない賛辞《さんじ》をもって称されることとなった。

その後もオードリーは、「麗《うるわ》しのサブリナ」「ティファニーで朝食を」など、数多くの映画に出演し、その人気を不動のものとする。

１９９３年、彼女は63歳の若さで亡くなってしまったが、その魅力は永遠に色あせることはないだろう。

5/ 1891年

5

鉄鋼王の妻への贈り物、カーネギーホール開場

ニューヨーク、マンハッタンの7番街——。道に迷った観光客が、男に尋ねた。

「カーネギーホールにはどうやって行けばいいですか?」

男は言った。

「練習、練習、練習」

これは、カーネギーホールに伝わる有名なジョークである。音楽の殿堂・カーネギーホールへの近道はない。練習を重ね、ひたすら努力するしかないことを諭している。

このホールを建てたのは、アンドリュー・カーネギーという大富豪だ。富豪ではあるが、彼も努力の人だった。

カーネギーは、スコットランドの移民だった。1848年、12歳のときに家族とともに渡米し、ピッツバーグの紡績工場で父とともに働きはじめた。1日12時間労働だったが、弱音を吐くことはなかった。電報配達人を務めた後、ペンシルベニア鉄道の電気通信士となると、瞬く間に昇進し、25歳のときには重要な部門を任されるまでになった。

貯金ができたカーネギーは投資を始めた。

「これからは線路や鉄橋の素材となる鉄や鋼が必要になる」

鉄鋼業を中心に投資すると、投資先の企業は成長を遂げ、大きな利益をつかんだ。35歳になる頃には自ら鉄鋼会社を設立し、「鉄鋼王」と呼ばれる大富豪になった。

ただ、彼は富豪になりたかったわけではない。「富は世の中に分配すべき」という考えを実践し、各地に図書館を設立したり、財団を通して社会活動や慈善活動に力を入れた。

そんな彼に悲劇が襲ったのは、1886年のこと。父はすでに亡くなっていたが、母とたったひとりの弟が相次いで亡くなり、自身もチフスの療養を余儀なくされ、孤独と不安に苛《さいな》まれた。そんなとき彼を支えてくれたのが、ルイーズという女性だった。ルイーズとは翌年の4月、結婚する。

「私が幸せになったのは、ルイーズのおかげだ」

カーネギーは、その幸せな気持ちを形にしたいと考えた。ルイーズは音楽を愛する人だった。彼は、マンハッタンに演奏会場を作った。それがカーネギーホールだった。

1891年5月5日、こけら落とし公演——。指揮をしたのは、大作曲家チャイコフスキーだった。それ以来、このホールでは数々の名演が生み出されている。

5/6 1889年

「鉄の魔術師」が設計したエッフェル塔公開

「今度の万博はフランス革命100周年の記念万博だ。前代未聞のセンセーショナルなモニュメントを作るのだ！」

万博を取り仕切る商工相のエドワール・ロクロワは、首相シャルル・ド・フレシネの言葉を思い起こし、ため息をついた。いったい、どんなモニュメントにすればいいのか？

「彼ならなんとかしてくれるかも……」

ロクロワは、建築家ジュール・ブールデを呼び出し、アイデアを提案してもらおうと考えた。彼には、前回の万博でトロカデロ宮殿を設計した実績がある。

果たして、ブールデから提出された案は、「36メートルの石造りの塔（太陽の塔）」という古めかしい建物だった。一方、ある新聞が独自のアイデアを掲載する。それは「高さ300メートルのピラミッド型の鉄の塔」というものだった。

「我々が求めていたものは、まさにこれだ！」

考案したのは、鉄橋の建設を得意とし「鉄の魔術師」の異名をとる、ギュスターブ・エッフェル。ロクロワはエッフェルを呼びだし、ブールデとアイデアを競わせた。

「3階建ての塔はエレベータで上昇でき、展望台からはパリの街を一望のもとに見下ろすことができます……」

エッフェルのプレゼンに審査員全員が聞き入り、完全に魅了された。満場一致で「鉄の塔」に決まった。

1887年1月28日、工事がはじまる。

多くのパリジャンは「鉄の塔」の出現を心待ちにしたが、非難の声もあった。作家や詩人などのインテリ達は、鉄塔が「パリを醜くする」と言って工事の中止を訴えた。

一方、工事現場の作業員らは待遇改善を求めてたびたびストライキを起こす。工期を遅らせるわけにはいかないので、エッフェルは「ボーナス支給」を約束し、現場に戻らせた。

紆余曲折《うよきょくせつ》を経て、1889年5月6日、パリ万博が開幕――。エッフェル塔は、パリのど真ん中に堂々とそびえ立った。開会式が盛大に催され、人々の興奮は最高潮に達した。

夕暮れにさしかかるころ、塔に取り付けられた2万200個のガスランプが点灯した。未だかつて誰も見たことのない「光の塔」が現れ、人々はその美しさに息を呑んだ。

「ヴィヴ・ラ・トゥール！（エッフェル塔万歳）」

歓声が沸いた。もはや塔を非難する声は1つもなかった。

5/7 1919年

大きな野心で権力の頂点に上り詰めた、エビータが誕生

1919年5月7日、マリア・エバ・ドゥアルテは、アルゼンチンの貧しい村で生まれた。正式に結婚していない両親の元で生まれた私生児として、少女時代は貧しい暮らしを強いられていた。そして15歳の時に家出をし、首都ブエノスアイレスへ。カフェで働く一方、水着グラビアやモデルなどの仕事をしながら、彼女は大きな野心を抱いていた。

「必ず私は成功して、虹の高みに君臨するのよ」

エバは生まれついての美貌を武器に、女優として活躍。そして24歳の時、陸軍大佐ホアン・ペロンと運命的な出会いをする。

それからエバは、自分自身のラジオで、ペロンがいかに優れた政治家であるかを宣伝するようになった。彼の魅力にひかれたのではない。自分がのし上がるためには、将来ある男性に賭けるしかないと分かっていたのだ。

そして2人は結婚。その翌年、ペロンがアルゼンチン大統領に就任し、エバはファーストレディとなった。こうして、富と権力を手にしたエバは、貧しい人々のための公共施設を作り、訴えがあれば多額の寄付も惜しまなかった。自身が貧しい育ちであったことから、そうした人々の気持ちが痛いほど分かるのだ。エバは、しだいに「聖女」「貧しい人々の象徴」と呼ばれるようになる。

しかしその一方で、彼女は私腹を肥やすことも忘れなかった。高級な毛皮やブランド品の靴、きらびやかなドレス、輝くジュエリーなどを身にまとい、そのことに喜びを感じていたのだ。

貧しい民衆からの絶大な信頼を得て、自らも積極的に国政に参加。かつて少女の頃に望んだ通りの、虹の高みに上り詰めた彼女であったが、33歳の若さで病に倒れてしまう。子宮がんだった。

アルゼンチンの象徴とまで言われた彼女は、果たして聖女だったのか、悪女だったのか。

その苛烈《かれつ》な生き様は死後、ミュージカルにもなった。彼女の愛称をとって、タイトルは『エビータ』。世界中で何度も再演され、映画化もされた作品だ。今でも彼女の母国での人気は高く、紙幣の肖像にもなっている。

5/ 1828年

8

赤十字の父、アンリ・デュナンが誕生

白地に赤い十字のマーク。これはスイスのジュネーブに本部を置き世界中で活動している、「赤十字」という組織のシンボルマークだ。

その目的は、「人の命を尊重し、苦しみの中にいる者は、敵味方の区別なく救う」こと。世界192の国と地域に広がる、国際的なネットワークである。

たとえ紛争地域であっても、赤十字マークを掲げている病院や救護員などには絶対に攻撃を加えてはならないと国際法で厳格に定められており、一般の病院や医薬品などにこの印を使用することは禁止されている。

1859年、スイス人の実業家であるアンリ・デュナンは、仕事の一環で、フランス連合軍とオーストリア軍の間で行われた戦争の激戦地、イタリアのソルフェリーノ近くを通りかかった。

そこで彼が見たものは、無数の死傷者があふれ、誰からの助けもないまま兵士たちが戦地に放り出されているという、悲惨な光景だった。デュナンはすぐに、町の人々やたまたま通りがかった旅行者などと協力して、放置されていた負傷者を教会に収容して懸命の救護を行った。

「傷ついた兵士は、もはや兵士ではない、人間だ。人間同士として、その尊い生命は救われなければならない」

スイスに戻ったデュナンは、自らの目で見た戦争犠牲者の悲惨な状況を語り伝えるとともに、これを記した『ソルフェリーノの思い出』という本を出版。この中で、戦場の負傷者と病人は敵味方の区別なく救護することや、そのための救護団体を各国に組織することを訴えた。

デュナンの主張はヨーロッパ各国に大きな反響を呼び、これをきっかけにして、「国際負傷軍人救護常置委員会（通称、5人委員会）」が結成された。これこそ、赤十字の始まりである。デュナンの出身国であるスイスに敬意を表し、そのマークはスイス国旗を反転させたものとなった。

この功績により、1901年にデュナンは第1回ノーベル平和賞を受賞。「赤十字の父」と呼ばれるようになった。1828年5月8日に生まれた彼にちなんで、5月8日は、「世界赤十字デー」と定められている。

教皇ヨハネ・パウロ2世がガリレイ宗教裁判の誤りを認める

1979年、バチカン――。

法衣に身を包むローマ教皇ヨハネ・パウロ2世は、文章の書かれた紙を取り出すと、大きく一つ、息を吐きだした。自身がこれから発信する言葉は、世界中のカトリック教徒たちを、そして世界を震撼させるだろう。それでもこれは、自身の使命だとも彼は信じた。世界的科学者、アルバート・アインシュタイン生誕100周年記念式典。その席で、アインシュタインの功績を讃えた教皇は、次のように続けた。

「ガリレオの偉大さは、アインシュタインと同様に広く知られております。しかしながら、このような場で讃えられているアインシュタインとは異なり、ガリレオは教会の手によって、大いなる苦しみを味わいました」

さらに教皇のスピーチは続く。

「私はここに、教会には内省を求め、神学者や科学者、歴史家には『ガリレオ裁判』の調査を進めることにより、科学と信仰、教会と世界の調和を望むのです」

1633年、ローマ宗教裁判所――。ガリレオの唱える地動説は異端であると断定され、同時に彼が発行した『天文対話』も発売が禁止された。さらに、誤った説を流布し人心を惑わしたかどで、彼は終身刑にも処されたのだ。だがこの裁判の席に、ガリレオの姿はなかった。すでに老齢だった彼は、フィレンツェの自宅で判決を知る。その9年後、名誉は回復されぬまま、不世出の科学者は世を去った。

時は流れ、1983年5月9日――。法衣に身を包んだ教皇は、30人のノーベル賞受賞者を含む200人の科学者たちの前で『ガリレオの出版350年に向けて』と題した講演を行った。厳かな声で、彼は言う。

「教会が過ちを率直に認めることで、多くの人々の心から不信感を取り除き、科学と信仰、教会と世界の間に実りある調和をもたらしてくれることを願っています。信仰と科学の真実を讃え、未来への扉を開きましょう」

それは教皇自らが、350年前の裁判が誤りであることを認めた瞬間。不動と思われた大地が、権威が、そして人類の叡智《えいち》が、未来へと動いた瞬間だった。

5/ 1940年

10

ウィンストン・チャーチルが、イギリスの首相に就任

1930年代、ヨーロッパ全土は、独裁者ヒトラー率いるドイツの脅威にさらされていた。

ドイツ軍がポーランドに侵攻、それを機にイギリスとフランスがドイツに宣戦布告し、第二次世界大戦が勃発した。さらにドイツ軍はノルウェーに侵攻し、イギリス海軍がそれを阻止できなかったため、責任をとって当時のイギリス内閣は退陣。これにかわって、海事大臣であった65歳のウィンストン・チャーチルが首相となったのだった。1940年5月10日のことである。

ちょうどその日、ドイツ軍はオランダ・ベルギーへの侵攻を開始した。もはや、ドイツ軍に対抗しうる国は、ヨーロッパではイギリスただ一国となった、苦しい戦況下での首相就任だった。貧乏くじを引かされたと言っても過言ではない状況の中、チャーチルはまったく違う思いを抱いていた。

「ついにこのワシが、イギリス全体を指揮する権限を与えられたのだ。今までの生涯はすべて、この時、この試練のための準備にすぎなかった」

ドイツとの戦争に少しも恐れることなく、失敗することはないと、彼は確信していた。その思いの強さを国民と共有するべく、チャーチルはイギリス全土に向け、ラジオを通じて力強いスピーチを行った。

「イギリスの戦いが始まろうとしている。キリスト教文明の生存はこの戦いにかかっている。われわれイギリスの生命、諸制度、長い歴史はこの戦いにかかっているのだ。われわれは心を引き締めて自分たちの義務を果たし、もしイギリスとその連邦が千年続いたならば、子孫たちに〝これこそイギリスのもっとも輝かしい時であった〟と語り継がれるようにしようではないか!」

最悪としか思えない逆境の中にあって、今この時代を、「もっとも輝かしい時」にすべきだと民衆を鼓舞《こぶ》したのだ。それからも、彼は類まれな指導力とスピーチの力をもって国を率い、ついにはドイツ軍との戦いにも勝利したのであった。

現在もチャーチルは「歴史上最も偉大なイギリス人」として、尊敬を集めている。

シュルレアリスムの奇才、サルバドール・ダリが誕生

１９０４年5月11日、スペインの裕福な家庭で、サルバドール・ダリは生まれた。実はダリが生まれる9ヵ月前に、兄・サルバドールが亡くなっており、その兄と同じ名をつけられたのだ。そのことを知ったダリは、生涯自分は兄の身代わりだというトラウマにとらわれることになる。

そんな心情を察していた母親は、息子を甘やかして育てたが、その母親も、ダリが17歳のときにこの世を去ってしまう。そのショックは大きく、ダリは様々な精神的ダメージを負いながら少年期を過ごしたという。

そんな彼は、絵画に才能を見せた。18歳になると、父の勧めで王立美術アカデミーに入学。その寮で、のちに映画監督となるルイス・ブニュエルと出会い、意気投合した２人は１本の映画を共作する。映画は大好評を博し、ダリの芸術に対する自信はますます深まった。

「私は天才になるし、世界は私を称賛するだろう。評価されないかもしれないし、理解されないかもしれない。しかし、天才になる。偉大な天才にね。なぜなら、私はそのことを確信しているからさ」

ある時、友人たちを自宅に招いて食事をしたダリは、皿の上に残されたカマンベールチーズを見ながら、ふと気づいた。

「これを、作品に取り入れよう」

そう思ったダリは、制作中だった風景画に、チーズのように溶けた時計を描き足した。この絵こそ、のちに彼の代表作となる、「記憶の固執《こしつ》」である。

このように、「夢」のような無意識の心象風景など、理性によるいっさいの制約や先入観から離れて描いていくのがシュルレアリスムの特徴だ。ダリは、あるイメージが別のイメージを思い起こさせる〝ダブルイメージ〟を表現の手法として取り入れ、数々の作品を発表する。

一見、風変わりで奇妙な絵画の数々は、違法な薬を使用しながら描いたのでは、と噂されることもあった。だが、決してそんなことはなかった。ダリは、真相を尋ねてきた人々にこう言ったという。

「私はドラッグなど用いない。私自身がドラッグだからだ」

絵画以外にも彫刻や舞台、文筆など多岐にわたって活躍したダリは、84歳でその生涯を閉じた。

5/12 1820年

近代看護教育の礎《いしずえ》を築いた、ナイチンゲールが誕生

「私は、看護師になろうと思います」

娘の告白に、両親は驚いた。当時、上流階級の女性は結婚をして家庭に入るのが一般的であり、看護師は病人の世話をする身分が低い者と見られていたからだ。ましてや美しく聡明な彼女は、国会議員からのプロポーズも受けていた。

それでも、彼女――フローレンス・ナイチンゲールは自分の意志を貫き、看護学校で専門的な知識を学んだ。まだ10代だった頃、貧しい農民の悲惨な暮らしに触れたことで、病人の看護に取り組みたいという気持ちは決まっていたのだ。

1854年、フランスやイギリスを中心とした同盟軍とロシアとの間に、「クリミア戦争」が勃発。新聞記事によって負傷兵が悲惨な状況にあると知ったナイチンゲールは、看護師として従軍することを決意し、戦場へと向かった。

ケガの治療に必要な物資も乏しい中、彼女は寝食を忘れて働いた。夜はランプを手に持ち、何百、何千という患者を見て回ったことから、兵士たちの間で「ランプの貴婦人」「白衣の天使」と呼ばれた。

また、この野戦病院で死者が多い理由が不潔な環境にあると気づいたナイチンゲールは、これを改善。病院内を衛生的に保つことを徹底させると、40%以上だった負傷兵の死亡率は、なんと2%にまで激減した。看護の世界に、「統計」という、科学的な手法を取り入れたのも彼女の功績である。

戦争が終わると、彼女の活躍ぶりは兵士たちの間ですっかり有名になっていた。その噂がイギリスのヴィクトリア女王にまで届き、ナイチンゲールは女王との会見の機会を得る。そしてその場においても、彼女は陸軍病院の設備改善を訴えたのだった。

その後も彼女は自らの体験から書いた『看護覚え書』をはじめ、多くの本を出版。看護学校を開設し、「近代看護教育の母」と呼ばれるようになった。

そして今、1820年5月12日に生まれた彼女にちなんで、5月12日は、看護師の社会への貢献を称える「国際看護師の日」と定められている。

彼女の信念を表す、有名な言葉がある。

「天使とは、美しい花をまき散らす者でなく、苦悩する者のために戦う者である」

宮本《みやもと》武蔵《むさし》、佐々木《ささき》小次郎《こじろう》と巌流島《がんりゅうじま》にて決闘を行う

1612年5月13日。本州と九州の間、関門海峡に浮かぶ無人島「舟島」に向かって小舟を漕ぐ、一人の男の姿があった。

男の名は、宮本武蔵。天下分け目と言われた関ヶ原の戦いで剣を振るい、その後も数々の名だたる強者との決闘に打ち勝ってきた剣豪である。

一方、島では武蔵との決闘に臨むべく、刃の長さが三尺（約90センチ）もある長剣を携えた男が佇んでいた。豊前国（九州北部）で日本一の剣士として名を馳せていた、佐々木小次郎である。

小次郎は、武士に対して剣術を教える指南役として、腕に絶対の自信をもっていた。そしてある日、ふらりとやってきた武蔵から、決闘を申し込まれたのである。

二人の剣豪は、これまでの戦いにおいて互いに一度も負けたことがなかった。

約束の時間通りに島に到着した小次郎に対し、武蔵はなかなか現れなかった。そして、ようやくやって来ると、武蔵はゆっくりと手拭いを頭に巻き始めた。人を待たせておきながら、悪びれもせず悠長に身支度を始める武蔵に、さすがの小次郎もいら立ちを隠せなかった。

「待ちかねたぞ、武蔵！」

そう叫ぶと同時に小次郎は抜刀し、鞘《さや》を捨てる。それを見た武蔵は言った。

「小次郎、破れたり！　勝つ身であれば鞘は捨てぬはず」

舟をこぐための櫂を削った木刀を手にした武蔵と、自慢の長剣を構える小次郎。両者はジリジリと間合いを詰める。次の瞬間、小次郎が必殺技「燕返し」を繰り出すと、武蔵はすっと身を引いた。そのまま武蔵は一気に相手の懐に飛び込むと、木刀で小次郎の頭部を直撃。ひるんだ隙を逃さず、とどめを刺したのだった。

地元の英雄である小次郎が「巌流」という流派を名乗っていたことから、この対決の後、人々はこの島を「巌流島」と呼ぶようになったという。

5/14 1796年

エドワード・ジェンナーが、世界で初めて種痘《しゅとう》を接種

イギリスのバークレイという、乳牛の放牧がさかんな酪農地帯で、エドワード・ジェンナーは生まれた。彼は12歳になると医師に弟子入りし、医学の勉強を始めた。ある日、やってきた患者が、こんなことを言った。

「私は以前、牛痘にかかったので、天然痘にかかることはないんですよ」

天然痘《てんねんとう》は強い感染力を持つ病気で、感染すると体じゅうに発疹が出現する。致死率は20～50％と高く、多くの人々が命を落としてきた、恐ろしい病気だ。

一方、牛痘《ぎゅうとう》とは牛の皮膚に水ぶくれができる病気で、乳搾りの人の手がこれに触れると人間にもうつるのだが、かさぶたができてすぐに治る程度。乳搾りを仕事にしている人のほとんどがかかる軽い病気だ。この農村では、牛痘に1度かかると2度はかからないし、その上、天然痘にもかかりにくいという言い伝えがあったのだ。

「なぜだろう？　牛痘と天然痘にどんな関係が？」

21歳になり、ロンドンに医学の修業に行っても、ジェンナーの頭からその疑問が離れることはなかった。すると、彼の師である外科医で植物学者のジョン・ハンターは言った。

「考えることはやめて、とにかく実験してみることだ。辛抱づよく、そして正確にね」

その言葉通り、24歳で故郷に帰り開業医となったジェンナーは、牛痘種痘法の開発にとりかかった。

ジェンナーは、「牛痘にかかった人にできた水ぶくれの液体が、病気になるのを防いでいるのでは」と考え、1796年5月14日、1人の少年に、牛痘の水膨れから採った液体を接種する実験を行った。その後、今度は天然痘を接種したが、少年がこれを発症することはなかった。

彼はその後も、貧しい人々に対して無料で1日に300回も接種を行って安全を確認。それ以降、天然痘の死亡者は激減し、世界中で瞬く間に種痘は広まっていった。

それから約180年後の1980年、WHO（世界保健機関）は天然痘撲滅《ぼくめつ》を宣言。ジェンナーは、「近代免疫学の父」と呼ばれている。

5/15 1932年

五・一五事件で、犬養《いぬかい》毅《つよし》が殺害される

その日は日曜日だった。犬養毅首相は政務から離れ、首相官邸で過ごしていた。76歳と高齢ながらその体は健康そのもので、新しい政党政治の実現に向けて、精力的に働いていた。

午後5時30分頃、突然、数人の軍人が乱入。食堂にいた犬養のもとに現れた。そのうちの1人が犬養に向けて拳銃の引き金を引いたが、弾がなくカチリと音がしただけだった。犬養は両手をあげて言った。

「まあ待て。そう無理せんでも、話せばわかるだろう」

そう言って、彼らを応接室に案内した。と、そこにもう1人の軍人が飛び込んできて、大きな声で叫んだ。

「問答はいらぬ。撃て、撃て!」

その言葉を受けて、軍人たちは犬養の頭に向けて拳銃を一斉に発射。こめかみから血を流しながら、犬養は倒れ込んだ。

現役の海軍軍人たちがなぜ、首相を殺害するという大事件を起こしたのか。それには理由があった。

当時の日本は、世界的な不況により「昭和恐慌《しょうわきょうこう》」と呼ばれる大不況に陥っていた。その最中、ロンドンで「各国が互いに海軍を減らそう」という条約が結ばれたことで、政府に対する日本の軍人の不満は募っていた。

さらにその頃、飢えに苦しむ貧しい農村では、娘たちの身売りが日常化していた。

「貧困にあえぐ国民がいる一方で、金持ちばかりが優遇され、さらに金を集めている。それを助長する政党政治を倒さなくてはならない」

こうした思想が海軍将校たちの間に広がり、それが「首相の殺害」という形で実行に移されたのだ。

犬養の「話せばわかる」は、決して命乞いの言葉などではなかった。

それは、襲撃者たちが去った後の、彼の態度が証明している。騒動を知ってすぐに駆けつけた女中に対して、瀕死《ひんし》状態の犬養は、強い口調でこう言ったそうだ。

「今の若い者をもう一度呼んで来い、よく話して聞かせる」

しかし犬養はしだいに衰弱し、深夜になって死亡した。

1932年5月15日のことであった。

イギリスの思想家トーマス・モア、大《たい》法《ほう》官《かん》の地位を自ら捨てる

16世紀初頭。イギリス国王ヘンリー8世は考えこんでいた。王妃キャサリンとの間に女児は生まれたものの、後継ぎとなる男児がなかなか生まれず、しかも妻とは別の女性、アンに恋をしてしまったからだ。

当時のイギリスは、ローマ教皇を中心とするカトリック教会が国教だった。離婚にはローマ教皇の許しがいるのだが、王の離婚と再婚を教皇に対して弁護できるのは国中にただ1人、大法官の地位にあって信仰心のあつい、トーマス・モアだけだった。

モアは１４７８年、イギリスの首都ロンドンで、裕福な法律家の家庭に生まれた。名門オックスフォード大学で学び、法律学校を経て法律家に。そして20代半ばには下院議員に当選し、政治においても活躍するようになる。そして40歳頃から国王ヘンリー8世に重用されて要職を歴任し、50歳過ぎには、最高位の官職である大法官の地位に就いた。

彼は極めて謹厳かつ清廉で、法務や外交などの任務に対し真摯に取り組み、その重責を果たしてきた。

そしてまた、熱心なカトリック信徒でもあった。

「国王たるこの私からの頼みだ。ローマ教皇に、離婚の取りなしをしてはくれまいか」

「たとえ国王であっても、それはなりません。カトリックの教えには、王の離婚を正当化する、いかなる根拠もありません」

この言葉に激怒した王は、カトリックを離脱し、新たに「イギリス国教会」を独自に成立させる。そして自ら首長に就任し、強引にキャサリンと離婚、アンとの結婚を執り行った。

これに対してモアは、自らの信念に従って、１５３２年5月16日、大法官を辞任。決して、国教会やアンとの再婚を認めはしなかった。

ヘンリー8世は、モアの態度は反逆罪に当たるとして彼を逮捕。このままでは死刑になってしまう、と、モアの妻子や友人らは、国王の結婚を認める宣誓を行うように説得するが、モアはそれを最後まで拒んだ。そして裁判の結果、死刑が確定し、衆人環視の中、彼は処刑される。

この処刑は、「法の名のもとに行われた、イギリス史上最も暗黒な犯罪」と言われている。

5/17 1940年

伝説のコンピュータ科学者、アラン・ケイが誕生

「未来を予測する最善の方法は、その予測した未来を発明してしまうことだ」

これは、科学者であるアラン・ケイの言葉の中で、もっとも有名な一節だ。

その言葉通り、ケイは今から約50年も前に、多くの人が「スマートフォン」という名のパソコンを持つような、「一人ひとりがパソコンをもつ」今日の世界を予見し、その実現に向けて大きな功績を残した。

1940年5月17日、アメリカのマサチューセッツ州でケイは生まれた。3歳で文章を読めるようになるなど、天才的な頭脳の持ち主であったという。コロラド大学で数学と分子生物学を学び、ユタ大学大学院に進学すると、そこで先進的な画像作成のためのソフトを開発。さらに、誰もが親しみやすいプログラミング言語についても学んだ後、研究開発企業のパロアルト研究所に入る。

彼が今もコンピュータ科学を学ぶ人々の間で尊敬されている理由は、なんといっても、「ダイナブック構想」を発表したことだろう。

1972年に彼が発表した論文「あらゆる世代の子どもたちのためのパーソナルコンピュータ」に描かれたのは、今日のタブレット型コンピュータだ。

9歳の子ども同士がパソコンを使ってゲームを楽しみ、図書館にアクセスして知りたいことを知る。彼らの父親は同じコンピュータを手に飛行機で移動しながら、画面上で仕事の資料をチェックしている……という未来像だ。

当時、コンピュータは巨大な機械で、大企業や軍が使うものであった。そんな時代にケイは、大人から子どもまでみんながコンピュータを手にする時代を見据えていたのだ。

その後、1979年には、アップル社のスティーブ・ジョブズが、ケイの職場である研究所を見学。これをきっかけにして、のちの画期的なパソコン「マッキントッシュ」が開発されたことは、有名なエピソードだ。

結局、ケイが描いた「ダイナブック」は実現には至らなかったが、そのコンセプトは多くの人に影響を与え続けている。

彼が「パーソナルコンピュータの父」と呼ばれるゆえんである。

5/18 1867年

旧暦慶応3年4月15日

エコロジストの先駆者にして博物学の巨星、南方熊楠《みなかたくまぐす》が誕生

「この森には貴重な動植物がいっぱいおるのに、なんでそれがわからんのや！　利益だけを求める伐採が、どれだけの悪影響を与えると思っているのか！」

南方熊楠は怒っていた。明治の終わり頃から、政府は「神社合祀《じんじゃごうし》」という政策を全国で推し進めていた。これは集落ごとにある神社を減らして、「一町村一神社」を標準にするというもので、南方が生まれた和歌山県では特に、強制的に推進されようとしていた。

町村に祀られている神社は、住民同士の心の拠りどころであり、また歴史的な史跡でもあった。そして、そこにはほぼ例外なく、「鎮守《ちんじゅ》の森」と呼ばれるうっそうとした森林がある。併合された後、不要とされた神社がなくなることで、貴重な自然が破壊されることを、南方は危惧したのである。

南方は1867年5月18日、和歌山県に生まれた。19歳からは約14年間、アメリカやイギリスなどへ海外遊学。さまざまな言語の文献を読み、多くの研究を行った。その研究対象は粘菌《ねんきん》をはじめとした生物学のほか、人文科学や宗教学、歴史学から天文学まで多方面にわたる。10ヵ国語以上を自在に操り、英国の科学雑誌の権威「ネイチャー」誌にも数多くの論文を掲載。博士号の資格はなかったものの、その知識量はすさまじく、国内よりむしろ海外の知識人の間で、その存在が知られていた。

その南方が、「神社合祀は愚策《ぐさく》だ」と断じたのである。

彼は地元の新聞を始め大手の全国紙にも反対意見を送り、また中央の学者に応援を求める働きかけをした。民俗学者で、当時内閣法制局参事官であった柳田國男《やなぎたくにお》もこれに賛同し、この運動を助けた。

やがて、南方の情熱がしだいに世論を動かし、神社合祀について国会で議論されるようになる。そして大正に入ってからは、不合理な合祀がされることはなくなり、1920年、神社合祀は廃止されたのだった。

「エコロジー」と言う言葉を用いて、森林伐採は国家存亡の危機であると訴えた南方の先見性。それが今日、南方が「エコロジストの先駆者」といわれる理由である。偉大な在野の学者とあがめられた彼は、「南方先生」「南方さん」と呼ばれ、町の人々から大いに親しまれていたという。

5/19 1890年

ベトナムを独立に導いた、ホー・チ・ミンが誕生

「ちょっとお邪魔しますよ。お正月の忙しい時に、すみませんね」

ニコニコと人懐っこい笑みを浮かべながら、隙間風吹き込むあばら家に、1人の男性が入ってくる。その人物を見た時、家の主である母親は思わず息をのんだ。

貧しい家で育った彼女は、学校に行った経験もほとんどない。それでも、その人物の顔写真や肖像画は、国中の至るところに飾ってあるので、よく知っている。

「そんなはずはない」と思ったが、近くでまじまじ見れば見るほど、肖像画と同じ顔だ。彼女の子どもたちが、男性を指して言った。

「ホーおじさんだ!」

ベトナム国民から「ホーおじさん」と慕われる彼こそが、革命により社会主義政権を樹立し、ベトナム民主共和国の国家主席(大統領)に就任した、ホー・チ・ミンであった。

1890年5月19日、当時フランスの植民地であったベトナムに生まれたホー・チ・ミンは、儒学者の父から教育を受けて育った。フランスに渡ったのちに政治活動を本格的に開始し、ベトナム独立を目指すようになる。

第二次世界大戦終結後、ホー・チ・ミンは臨時政府の首相として、ハノイでベトナム独立を宣言。ベトナム民主共和国を建国したのだった。

ホー・チ・ミンが主席となった後も、ベトナムは常に他国の介入を受け、情勢は揺れていた。独立国家の地位を勝ち取ったのもつかの間、1960年代に入ると、今度はアメリカなどの介入によって国は南北に分断される。大国のエゴが入り乱れ国土を荒らす状況下で、ホー・チ・ミンはあくまでベトナム全土の統一と独立を訴え続けた。

ホー・チ・ミンがハノイの貧困エリアにあるこの家を訪れたのは、自国の人々がどのような暮らしをし、今何を必要としているのかを、自分の目と足で知ろうと思ったからだ。正月にもかかわらず慌ただしく働く母親と、幼い子どもたちの笑顔を見て、彼の心は締めつけられた。

「我が国の独立と自由……それら無くして、国民の暮らしがよくなることはない」

南北ベトナム統一への決意の火が改めて、彼の胸に灯った。

リーバイ・ストラウスらが、ジーンズの特許を取得

１８４８年、アメリカ。カリフォルニア州を流れるサクラメント川から、砂金が発見された。川底の砂や小石に、小さな金が交じっていたのである。その噂は瞬く間に広まり、世界中から一獲千金を夢見る人々がこの地にやってきた。

「ならば、俺は金を探すのではなく、彼らを相手に商売をしよう」

そう考えたのが、リーバイ・ストラウスだ。リーバイは、18歳の時に家族とともにアメリカへやってきた、ドイツからの移民だ。ミズーリ州で衣類を扱う雑貨商をしていたが、ゴールドラッシュの噂を聞きつけ、カリフォルニアへ引っ越した。

金の採掘に奔走する人々の悩みは、ズボンがすぐにダメになってしまうことだった。馬に乗れば擦り切れ、川底をさらう重労働ですぐに破れてしまう。

「そうだ。馬車のための幌《ほろ》や、テント用の丈夫なキャンバス地でズボンを作ってみよう」

リーバイが考案したズボンは、丈夫で長持ちするとたちまち評判になった。

一方、リーバイと同じくヨーロッパ移民であるジェイコブ・デービスは、仕立職人として馬用の毛布や荷馬車のカバーなどを作っていた。ある時ジェイコブは、客から「ポケットがはがれない丈夫なズボンを作ってほしい」と依頼される。

そこで彼は、テーブルの上にたまたま転がっていたリベットを使い、ズボンの前後のポケットの両端にハンマーで打ち付けた。これが大きな人気を博したが、その一方でこのズボンの作り方を真似する者も現れ始めた。

ジェイコブは、自分のアイデアを守るために特許出願をしようとするが、それには68ドルの出願費用が必要だった。当時の彼にはとても出せない大金であったため、取り引きのあったリーバイに話を持ちかけ、費用を2人で折半することにした。そして１８７３年5月20日、これが正式に特許として認められたのだった。

リーバイは自らが経営するリーバイ・ストラウス社に衣料生産部門を立ち上げ、ジェイコブを生産部門の監督に任命。こうして、今や世界的となったジーンズブランド「リーバイス」が誕生したのである。

5/21 1927年

リンドバーグが、大西洋単独無着陸飛行に成功

ライト兄弟が世界初の有人飛行機を発明してから16年後の、1919年。ニューヨークのホテル経営者レイモンド・オルティーグは、こんな発表をした。

「ニューヨーク―パリ間の大西洋無着陸横断飛行に成功した者に、2万5000ドルの賞金を与える！」

現在の価値に換算して約3億5000万円もの賞金がかけられた、その名も「オルティーグ賞」。その前年に終了した第一次世界大戦で飛行機の優位性が明らかになり、その技術が急速に発展しようとしていた時代だ。ホテル王の彼は、人々が飛行機に乗って世界中を容易に移動できるようになれば、その恩恵は計り知れないものになると考えたのだ。

賞金と名声を求めて多くのパイロットが挑戦したが、大西洋上約6000キロの横断、その失敗は高い確率での死を意味し、実際に何人もの死者が出ていた。長い間、このチャレンジに成功する者は現れなかった。

そこに名乗りを上げたのが、当時25歳のチャールズ・リンドバーグだ。幼少期から機械好きだった彼は、21歳で操縦士と整備士としての訓練に参加。曲芸飛行士になった後、アメリカ航空隊で訓練を受け、その後は民間のパイロットとして働いていた。

通常、長距離のフライトは大型のエンジン3基で複数の操縦士が搭乗し、交代で操縦する。しかし彼は、この挑戦を成功させるため、様々な奇策に打って出た。そのひとつが、機体を軽くして燃費をよくするためにパイロット1人、エンジン1基での飛行としたこと。そして大型の燃料タンクの位置とサイズを優先して、正面に窓がない機体としたことだ。その操縦は、極めて難しいものとなった。

「そのほうが、孤独な飛行中に緊張感が維持できるさ」

こうして彼は、「スピリット・オブ・セントルイス号」に乗り込み、水とサンドイッチだけを手に飛び立った。約33時間半ものフライト。途中、睡魔に襲われることもあったが、リンドバーグはついに、パリへと到達した。

彼を出迎えたのは、100万人ものパリ市民の大歓声だった。1927年5月21日のことである。

5/22 2012年

世界一の自立式タワー、東京スカイツリーが開業する

「服装いいか？　足下いいか？　安全帯いいか？　本日の顔色いいか？」

「よし！」

「今日も安全作業で頑張ろう！」

集められたのは、日本中からやってきた、熟練の技術者たち。東京スカイツリーの建設に際し、1日あたりの作業員の数は実に500名にも及んだ。

スカイツリーは、37000本もの丸い鉄骨が縦横斜めに複雑に組み合わさってできている。一般的な高層ビルであれば同じパーツを繰り返し積み上げるが、スカイツリーは三角形で立ち上がって、上に向かうにつれて徐々に円筒になる、特殊な構造だ。そのパイプをつなぐ角度は場所によって異なり、例えば32.39度の角度で取り付けるなど、小数点以下2桁の精密さが要求された。

そのため、この場にいる職人たちはみな選抜試験をクリアした、高い技術をもつ者だけ。取り付ける鉄骨の位置は、三次元計測システムを使って、ミリ単位で修正された。

「もう2ミリ右ですね」

クレーンで持ち上げられた鉄骨を正確な位置に収め、溶接。その繰り返しによって、塔は約3ヵ月に100mずつ成長し、2010年3月には東京タワーを抜いて日本一高い建造物となった。

鉄骨を最上部まで吊り上げているのは、スカイツリーの建設のために作られた専用のクレーンだ。日本の建設史上、最も高いところで働くクレーンオペレーターと、溶接する職人との絶妙なコンビネーションで、スカイツリーは日々その高さを増していく。それはまさに、日本の鉄骨制作技術の結晶と言えた。

やがて、その高さは600mに到達。この瞬間、スカイツリーは中国の広州タワーを超え、世界一の高さに成長した。

「地球って本当に丸いんだな」

頂上部の作業員がつぶやいた。遠くに見える地平線は、緩やかな弧を描いているように見えた。

そして、着工から3年10ヵ月が過ぎた2012年5月22日。高さ634mの世界一高い塔が、ついにこの日、開業を迎えたのだった。

5/23 1707年

「分類学の父」と呼ばれる、博物学者・リンネが誕生

「父さん、これなんて名前の花？」

牧師であり、庭師でもある父親の子として、カール・フォン・リンネはスウェーデンで生まれた。1707年5月23日のことである。

父は息子に、さまざまな植物の名前を教え、育て方を聞かせた。リンネは園芸を通じて自然に関心を持つようになり、彼が生まれ育ったラシュルトでは「小さな植物学者」と呼ばれるほどになった。そして高校を卒業後、ウプサラ大学で医学と生物学を学ぶ。

そのころ、ヨーロッパ各国の船乗りたちが、世界各地から膨大な種類の植物を持ち帰ったため、園芸学は混迷していた。

「神が創造した世界中のあらゆる動植物を、私の手で分類してみたい！」

大学卒業後、一時は医師として開業したリンネであったが、そんな思いを捨てきれず、すぐに大学に戻り植物学の講師となった。そして、大学で働くかたわらスウェーデン各地を旅行し、植物採集をしては自分の庭で生息地別に分類した。また、フィンランドとの国境地帯のラプランドに出向き、そこでの研究をまとめ、『ラプランド植物誌』として出版した。『ラプランド植物誌』は好評を博し、彼の名は一躍多くの人に知られることとなる。

その後もリンネは、オランダを中心にヨーロッパ各国をまわり、植物の研究に没頭した。その間に、8冊もの本を発表するが、その一つが「近代分類学の出発点」とみなされている『自然の体系』だ。この中で彼は動物、植物、鉱物の分類の仕方を考案。種、属、目、綱《こう》に分けるという、分類学の基本的な体系を築き上げる。

さらに『植物の種』という本では、この時点で知られているすべての植物5900種を24の類型に分類し、のちに「分類学の父」と呼ばれるようになる。

こうした功績により、リンネはヨーロッパで最も高名な博物学者となった。晩年は大学から離れた郊外の農場に小さな別荘を設けて研究を続けるも、70歳で死去。自分の葬儀はできるだけ簡素にと決めていたが、そこには当時のスウェーデン国王までが出席し、深い哀悼の意を表したという。

5/24 1819年

「太陽の沈まない帝国」に君臨した、ヴィクトリア女王が誕生

「これより、ロンドン万国博覧会を開催する！」

ヴィクトリア女王の宣言によって、世界で初めての万博がイギリスのロンドンで開かれたのは、1851年のこと。そのメイン会場として、30万枚ものガラス張りによる「水晶宮（クリスタル・パレス）」が建てられ、世界中から集まった600万人の入場者は、その豪華さと技術力に驚嘆した。

当時のイギリスは18世紀末から始まった産業革命により、「世界の工場」とたとえられるほど、工場生産業が盛んになっていた。イギリスはこの万博を開催することで、その圧倒的な工業力を世界に知らしめようとしたのである。

アレクサンドリナ・ヴィクトリアは、1819年5月24日、ケント公エドワード王子の一人娘として、ロンドンで生まれた。そして、王位を継承する王子がいない場合には王女がこれを継承するという慣習にしたがって、わずか18歳という若さでイギリス女王の座に就くこととなる。

その3年後、ヴィクトリアのほうから遠縁にあたるアルバートにプロポーズし、結婚。四男五女に恵まれ、2人の仲睦まじさは国民からも人気の的となった。そんな中、夫の助力も得ながら世界初となる万国博覧会を開催し、成功を収めたのである。

ヴィクトリアは、ヨーロッパの国際政治における、「大国としての地位」にこだわった。その覇権を維持し続けるため、彼女は植民地政策を積極的に推し進めていく。それはイギリスが、インドなどの国々を植民地化して、資源や労働力などを搾取し、それによってイギリス本国を繁栄させるという政策でもあった。

現在では、こうした植民地政策については否定的にとらえられることも多いが、この時代はまさにイギリスの絶頂期であった。植民地を含め、領土のどこかでは太陽が昇っていることから、「太陽の沈まない帝国」と呼ばれ、地球上の陸地と人口の、実に4分の1を支配していたともいう。

81歳で亡くなるまで、彼女は63年7ヵ月もの間在位した。その期間は「ヴィクトリア朝時代」と呼ばれ、建築や文学、芸術が大いに花開いた時代となった。

最後の言葉は「私はまだ死にたくない、やるべきことが数多く残されている」であったという。

「ペンは剣よりも強し」の名言を残した、作家・リットンが誕生

「ペンは剣よりも強し」とは、１８０３年5月25日にイギリスで生まれた、エドワード・ブルワー＝リットンの言葉だ。正確には、政治家であり小説家であり、劇作家でもあったリットンが創作した戯曲『リシュリュー』の主人公の言葉である。

世界中で有名なこの言葉。日本では「文は武に勝る」に相当する言葉として、「言論の力は暴力に勝るパワーを持っている」という意味で使われることが多い。

しかし、リットンはそういった意味でこの言葉を物語に登場させたわけではない。

１８３９年に発表された『リシュリュー』は、17世紀のフランス宰相・リシュリューを主人公とした物語。彼は実在の歴史上の人物である。

絶大な権力を誇るリシュリューは、その力をさらに強固なものにしようと、中央集権体制と王権の強化に力を入れていた。そんな時、部下である軍の司令官たちが、自分の暗殺計画をもくろんでいることを知る。しかし、彼は大臣であるとともに、枢機卿《すうききょう》（カトリック教の聖職者）でもあったため、その立場上、武器を手に立ち向かうことはできなかった。そこで、この有名な言葉につながるのである。

「ペンは剣よりも強し。私のように、誠に偉大な統治者のもとではな！」

つまり、暗殺を企てている軍の人間よりも上の地位にいる自分が、軍隊を動かさないよう命令する令状にペンでサインさえすれば、暗殺者たちは行動することさえできないと言ったのである。

さらに言えば、「自分に反旗を翻《ひるがえ》し、剣で立ち向かおうとする者よりも、逮捕状や死刑執行命令にサインができる私のペンのほうが強い」という意味なのだ。

リットンは、この他にも数多くの舞台作品の脚本や、小説を手掛けている。ベスビオ火山の爆発により消滅したローマ帝国の町を描いた『ポンペイ最後の日』は、彼の代表作の一つだ。

69歳でその生涯を閉じたリットン。「ペンは剣よりも強し」という言葉が、彼の意図とは異なる意味で広まっていることを、知っていたかどうかは定かではない。

5/ 1895年

26

帝政ロシア最後の皇帝、ニコライ2世戴冠

1895年5月26日、ニコライ2世の戴冠式がモスクワのウスペンスキー聖堂で行われた。父アレクサンドル3世の急逝により、26歳で訪れた皇帝位だった。

「イギリスやフランスに遅れをとるわけにはいかない！」

彼は帝国を取り巻く緊迫した情勢を理解していた。ロシア帝国は、1880年代には世界最大の版図《はんと》をもつまでに成長したが、クリミア戦争で英仏に敗北。産業革命により急速に工業化を進める英仏両国に、大きく遅れをとっていた。

「近代化改革を推し進めなければ、帝国の未来はない」

ニコライ2世は危機感を強めた。しかし、まさか自分が「最後の皇帝」になるとは露ほども想像していなかった。

不吉なサインは、戴冠式のその日からあった。

式典の祝賀行事の1つとして、モスクワ郊外のホディンカ原で記念品と食べ物が振る舞われたのだが、一度に大勢の群衆が殺到。足場が悪かったこともあり、人々が将棋倒しとなり、公式記録では死者1389人に上る大惨事となった。

さらには、妻アレクサンドラが産んだ4人の子はいずれも女児で、後継者に恵まれなかった。ようやく生まれた男児は生まれつきの病をわずらっており、長くは生きられないだろうと言われていた。このような状況によって、皇帝への求心力が急速に失われていく。

1905年1月、デモに集まった人々に軍が発砲する「血の日曜日事件」が起きる。「ツァーリ（皇帝）は退け！」という声が全国的に拡大した。ニコライ2世は国会(ドゥーマ)を開設して国民の不満を鎮めようとするが、無駄だった。国会を軽視し、皇帝専制政治を立て直そうする彼に、人々はますます反発した。

1914年、第1次世界大戦に参戦するも戦況は厳しく、国内政治は混乱を増すばかりだった。そして1917年2月、首都ペテルブルグは連日、「ロマノフ王朝を倒せ！」という激しいデモの声に包まれた。

「もはやこれまでか……」

ニコライ2世は退位を余儀なくされた。ここに帝政ロシア約200年の歴史が幕を閉じる。ロシアは内戦に突入し、革命政権に捕えられた皇帝一家はシベリアのエカテリンブルクに護送され、皇帝一家7人全員が銃殺されたのだった。

5/27 2016年

バラク・オバマ、現職大統領として初めて広島を公式に訪問

1945年8月6日午前8時15分、広島に原子爆弾が落とされ、その3日後には長崎へも原爆が落とされた。広島では少なくとも14万人が、長崎でも7万人以上の市民が命を奪われた、といわれている。

原爆を使用した側のアメリカでは今も、「原爆投下は戦争を終結させたのだから、正しい行いだった」という認識の人も多い。どんな形であれ、アメリカの要職にある者が広島を訪問することは謝罪と受け取られかねないため、歴代の大統領が広島の地を訪れたことは、それまで一度もなかった。

2009年、バラク・オバマが、アフリカ系アメリカ人として初めて大統領に就任した。彼はかねてより核兵器禁止を目指しており、当選から3ヵ月後、チェコの首都プラハで行った演説でこう言った。

「アメリカは核兵器を使用した唯一の核保有国として、行動を起こす道義的責任を有する」

一方、広島市民はオバマに対して、「核廃絶への祈りを広島から発信してください」と呼びかけた。その中心となったのが、自らも被爆者である広島の人々だった。彼らは「大統領に謝罪を求めているわけではありません。広島の地から、核廃絶への祈りを発してほしい」と訴えたのだ。

そして、2016年5月27日。戦後71年目にして、ついに、アメリカの現職大統領による広島訪問が実現した。オバマはその日、広島平和記念資料館を視察した後、慰霊碑に献花し、言葉を述べた。

「空から死が落下し、世界が変わった」と、彼は話しはじめた。そして、原爆投下は「人類が自らを滅ぼす手段を手に入れた」ことを意味したと述べ、「広島と長崎が核戦争の夜明けとして知られる未来ではなく、私たち自身の道義的な目覚めとなる未来を」と、核なき世界の実現を、17分間にわたって呼びかけた。

演説を終えると、オバマは先の被爆者たちのもとへ行き、固い抱擁を交わした。「これからが大事だ。時々広島に来てほしい」という言葉に、オバマは彼の目を見つめながら、握手をする手にぐっと力を込めたという。

5/28 1830年

ジャクソン大統領政権のもと、インディアン移住法が制定

1828年11月、米英戦争（1812）で活躍した英雄、アンドリュー・ジャクソンが第7代アメリカ大統領に選出された。翌年12月、ジャクソンはこう宣言する。

「インディアンのすべてをミシシッピ以西に移す法案を国会に提出する！」

19世紀初頭、アメリカでは白人とインディアンの衝突が起きていた。特に問題となったのは、チャクトー、クリーク、チカソー、セミノール、チェロキーというインディアン5部族が住むミシシッピ以東の南部地域である。ここは肥沃《ひよく》な土地で金鉱も発見されていたため、白人たちが押し寄せ、インディアンを追い立てるようになった。インディアンを強制的に排除する法律の成立は、白人たちにとって悲願だった。

そして、1830年5月28日、ジャクソン大統領が国会に提出したインディアン強制移住法が制定される。これにより、インディアンを強制的にミシシッピ以西の居留地に追いやることが可能になった。

ジャクソン大統領は国防長官らを現地に派遣し、5部族とそれぞれ交渉し、移住を強制した。4部族は移住に応じたが、チェロキーだけは最後まで抵抗し続けた。

すると1837年3月、新大統領のヴァン＝ビューレンは強硬手段に出る。スコット将軍率いる7千人の軍隊を派遣し、チェロキー族を片っ端から捕まえては銃剣をつきつけて脅し、急ごしらえの強制収容所に押し込めた。

1838年9月、移住が始まる。

チェロキー族は一千人ずつの13集団にわけられ、集団ごとに順番に旅立った。食料調達用に一人あたり66ドルが配られたが、一行を迎える白人たちが食料の値段をつりあげたため、あっというまに底をついた。冬の到来とともに寒風が肌を突き刺す。栄養失調と寒さで体力は消耗し、伝染病が蔓延した。移動期間は80日と決められていたことから、病人の回復を待つ時間はない。集団から脱落した者とその家族は、そのまま道ばたに打ち捨てられていった。

結局、移住を強いられた1万6千人のうち、約4分の1の4千人が命を落としたといわれている。故郷を失い、家族や仲間を亡くした悔しさで、彼らは泣きながらただ歩いた。1300キロのその道程は、「涙の道」とよばれている。

5/29 1953年

イギリスが編成した登山隊が、エベレストの初登頂に成功

ヒマラヤ山脈にある世界最高峰の山、エベレスト。その標高は8848mで、ネパール語では「サガルマータ（世界の頂上）」、チベット語では「チョモランマ（大地の女神）」と呼ばれている。

標高8000m以上の高地は、酸素が平地の3分の1しかなく「デスゾーン（死の地帯）」と呼ばれる。また1年の大半は風速毎秒80m以上のジェット気流が吹き荒れ、その気温はマイナス20度から30度。生命の存在を拒む、まさに死の世界だ。

20世紀初頭。世界中にその支配を伸ばしていたイギリスは、帝国の名誉にかけて北極点への到達、南極点の制覇に挑んだが、それぞれアメリカとノルウェーに敗れていた。残された極地、世界最高峰エベレストの征服にかけ、1921年に最初の遠征隊を組織。しかしこれは失敗に終わり、第七次エベレスト遠征隊まで挑戦を続けるが、登頂はできなかった。

そして1953年、イギリス軍のジョン・ハント大佐を隊長にした、総勢400名ものチームが結成される。その中に、ニュージーランド出身のエドモンド・ヒラリーと、ネパール人のシェルパ（ネパールの少数民族／ヒマラヤの案内人）、テンジン・ノルゲイがいた。

ヒラリーは、養蜂業を営む家に生まれた。幼い頃から蜂の巣箱を運ぶ作業の中で足腰と心肺機能が鍛えられ、登山家に適した身体が作られていた。そのことからエベレスト登頂隊に選ばれ、これが2度目の挑戦であった。

また、テンジンはネパールの農家に育った。エベレストの登頂に挑む外国人をサポートするシェルパとして、これまでに6度登っているが、登頂したことは1度もなかった。

「今度こそ頂上に立ってみせる！」

2人は強い決意をもって、この登頂に挑んでいた。

イワシの缶詰とビスケットで栄養補給を行いながら、山頂を目指してアタックを試みた2人。強風や壮絶な雪嵐、そしてマイナス28度の極寒を乗り越え、5月29日午前11時30分、ついにエベレスト初登頂が達成された。

下山後、大勢のマスコミに囲まれ、「どちらが先に山頂に足をかけたのか」と尋ねられた2人は、笑顔で「同時です」と答えた。

5/30 1431年

百年戦争でフランスを救ったジャンヌ・ダルクが火刑に

15世紀、ヨーロッパの領土争いは混沌《こんとん》を極めていた。フランスとイギリスもまた例外ではなく、両国は「百年戦争」と呼ばれる長い戦いのさなかにあった。

フランス東部の貧しい農家に生まれたジャンヌ・ダルクは、12歳になったある日、天の声を聞く。

「イギリスを倒し、王太子シャルルをフランス王にせよ」

その言葉は1度だけにとどまらず、何度も彼女の脳裏に響いた。そして彼女は17歳のとき、当時まだ戴冠式を行っていなかったシャルル7世に会いに行く。その時点でフランスの戦況は圧倒的に不利で、いずれ全土を支配されてもおかしくはない状態にあった。

「神のお告げにより、参りました」

ジャンヌの言葉をすぐには信用しなかったシャルルだが、家臣に身を偽っていたにもかかわらず、自分をシャルルだと見抜いたことでジャンヌを信頼し、騎士の装備を与え、軍に同行することを許可する。

イギリス軍にすっかり包囲されていたオルレアンに到着すると、ジャンヌはフランス軍の旗を持ち、白馬に乗って、戦いの先頭に立った。

兵士たちの士気も、「聖女様が一緒に戦って下さる」と高揚し、首に矢傷を負いながらも戦い続けるジャンヌの勇敢な姿は、ますます彼女の名声を高めた。そしてわずか10日ほどでこの地を奪還すると、彼女は「オルレアンの乙女」と呼ばれるようになる。

次に、イギリスの手に落ちたままの首都・パリの奪還を目指し、ふたたび戦場に向かったジャンヌであったが、ここで捕まってしまう。そして裁判にかけられ死刑を宣告されるのだが、その裁判は「魔女裁判」であった。戦場で男装をしていたジャンヌは、魔女と見なされたのだ。

決定的だったのは、自らの罪を認める書類に、ジャンヌ自身が署名をしたことだ。彼女が文字を読めないことを知った上で、裁判官は嘘をつき、書類にサインをさせたのだ。

衆人環視の中、わずか19歳のジャンヌは火あぶりの刑となった。1431年5月30日のことである。「ああ、イエス様……」——悲痛な叫びとともに、彼女は火に包まれ、その短くも激しい生涯を終えた。

新選組副長・土方歳三《ひじかたとしぞう》、武蔵国に誕生

旧暦天保6年5月5日

「江戸幕府を倒すため、京の町に火を放つ計画を企てているだと！」

怪しい動きをしていたため捕らえた攘夷《じょうい》派の志士から、その企みを聞き出した新選組副長・土方歳三は、すぐに動いた。新選組を局長である近藤勇《こんどういさみ》が率いる近藤隊と、自らが率いる土方隊に分け、京都をしらみつぶしに探すことにしたのだ。

時刻は夜の10時。

先にその場所を突き止めたのは、近藤だった。

「御用改めである！」

闇の中、近藤が仲間とともに4人で池田屋に乗り込むと、たちまちそこにいた20数名の志士たちとの壮絶な戦いが始まった。一方、近藤隊が戦っていることを知った土方隊も、すぐに池田屋に駆けつける。

同時に、騒動を聞きつけた会津藩・桑名藩の軍勢も加勢に現れたが、土方は彼らにこう言った。

「ここは、我ら新選組に任せていただきたい」

土方歳三は、1835年5月31日、武蔵国多摩郡（現在の東京都府中市近辺）に生まれた。少年の頃から「我、壮年武人と成りて、天下に名を上げん」と心に決めていた通り、28歳の時に第14代将軍・徳川家茂《とくがわいえもち》警護のための浪士組に応募し、京都へ。すぐに頭角を現し、新選組副長となったのだった。

池田屋事件の際、応援にやってきた他の藩の隊を加えなかったのは、発足したばかりでまだ立場の弱い新選組の将来を考えてのことだった。土方は、この修羅場において冷静に機転を働かせ、新選組が手柄をあげることで、新選組の名を売ろうと考えたのである。

京都焼き討ちの計画を未然に防ぐことに成功した新選組の名は、たちまち天下に轟いた。幕府から新選組への恩賞は破格のものとなり、新選組はさらに力を増していく。新選組躍進のきっかけは、土方の活躍にもあったのだ。

だがその後、土方の運命は、幕末という時代のうねりに巻き込まれ、波乱に満ちたものになっていく。土方は、新政府軍を相手に戦った戊辰戦争の最中、箱館五稜郭の戦いで短い生涯を終えた。

新選組で幹部を務めた者のうち、明治維新後まで生き残ったのは、わずか3名だけだったという。

6月の物語

6/1 1926年

女優マリリン・モンロー(本名ノーマ・ジーン)が誕生

「夜は何を着て寝るかって? もちろん、シャネルの5番よ」

彼女が記者からの質問に答えると、男たちはどよめいた。「シャネルの5番」とは、香水のこと。彼女は寝る時には何も身に着けず、全裸に香水だけをまとっていると答えたのである。

それが本当であるかどうかは重要ではない。「女優」としての自分を演出するため、彼女は最高のリップサービスで答えたのだ。

その女優は、本名をノーマ・ジーンという。

ノーマは1926年6月1日、アメリカのロサンゼルスに生まれた。両親は2歳の時に離婚し、それ以降、彼女は孤児院や里親の家を転々として過ごした。そして、航空機部品を製造する工場で働いていた18歳の頃、ピンナップモデルに。

その2年後、大手の映画配給会社のスクリーン・テストに合格し、「マリリン・モンロー」という芸名で、彼女は女優の道へと進む。初めは脇役だったが、やがて主役として映画に出るようになり、彼女は一躍トップスターに上り詰めた。

真っ赤に塗られた唇に、目の覚めるような金髪。口元のほくろ、そして腰をくねらせて歩くモンローウォーク。「色気があって頭の悪い金髪美女」というイメージを、彼女は見事に確立したのだった。

しかしそれらは、彼女自らが生み出した虚像であった。金髪は染めたもので、ほくろはメイクで描いたに過ぎない。そして、セクシーで独特な歩き方は、わざと左右で高さの違うハイヒールを履き、お尻を揺らしていたのだ。女優になって以来、彼女は鏡を見ては笑顔の研究をし、人体解剖学の本を読んでは人間の体の仕組みを学んで、自分の体のラインをきれいに見せる方法を研究し続けていた。

巧みなセルフプロデュースによって、ノーマ・ジーンは、「マリリン・モンロー」という女優を演じていたのである。

3度の結婚をはじめ、私生活でも話題に事欠かなかった彼女は、36歳の若さでこの世を去る。睡眠薬の過剰摂取によるその死は、彼女が自ら命を絶ったとも、何者かに命を狙われたともいわれる。ノーマ・ジーンが「マリリン・モンロー」という役を捨てるには、その方法しかなくなってしまったのかもしれない。

6/2 1953年

ウェストミンスター寺院にて、エリザベス2世が戴冠

1936年、イギリス国王ジョージ5世が亡くなると、1年間だけのエドワード8世時代を経て、ジョージ6世が即位した。そのことで、「彼女」は王位継承権第1位、つまり父王の次に王となることが決定する。エリザベス・アレクサンドラ・メアリー・ウィンザーが10歳の時のことであった。

両親によって、幼い頃から歴史、言語、文学や音楽の教育を受けてきたエリザベスは、力強く責任感のある子に育った。第二次世界大戦中、14歳になった彼女は、公共ラジオ放送を通じて演説を行っている。

「私たちの勇敢な陸海空の軍人の助けとなるために、できることはすべて行っています。私たち一人ひとりが、最後にはすべてうまくいくことを信じています」

また18歳になると、英国女子国防軍に入隊。「私を王族扱いせず、他の兵士と同様に扱ってほしい」と希望し、訓練を受けて軍人としても活動した。そして戦争が終結すると、ロンドンの街中で勝利を祝う一般市民とともに、妹・マーガレットと一緒に、お忍びで真夜中まで喜びを分かち合った。

21歳の時、ギリシア王子の子であるフィリップと結婚。翌年には長男チャールズ王子を出産し、さらにその2年後には第二子のアン王女が誕生した。

幸せの絶頂の中、父の訃報を聞いたのは外国を公式訪問している最中だった。まだ56歳だった父が就寝中に突然崩御したのだ。

急遽飛行機に乗り帰国した彼女は、次期女王としてタラップを下りることとなった。エリザベス25歳の時であった。

父の葬儀が終わり、1年間を喪に服した後、1953年6月2日にウェストミンスター寺院において、エリザベス女王の戴冠式が行われた。

その式典には129の国や地域を代表する国家元首をはじめ、8000人を超える人々が参列。またパレードの際には300万もの人々が街路に集まり、約2700万人の英国民がその様子をテレビで見守った。

それから54年が経った2007年、エリザベスは81歳で英国史上最高齢の君主となった。2022年9月、96歳で亡くなるまで、エリザベスは女王として国民に広く愛された。

「大坂夏の陣」で、日ノ本一の兵が散る

旧暦慶長20年5月7日

天下分け目の関ヶ原の戦いを前に、真田幸村《さなだゆきむら》は岐路に立たされていた。

徳川家康《とくがわいえやす》の東軍か、豊臣家重臣石田三成《いしだみつなり》の西軍か。

「私は、長年世話になった西軍につこうと思う」

家族との話し合いの場で、豊臣家家臣として武勲を上げてきた幸村がそう決断したのは、当然のことだった。結果、西軍は敗れ、天下人となった家康は、西軍についた真田親子の処刑を決めた。しかし東軍について活躍した兄の真田信之《のぶゆき》の助命嘆願により、幸村と父・昌幸《まさゆき》は流罪に減刑されたのだった。

10年の長きにわたる幽閉の間に父・昌幸は無念の死を迎えるが、その3年後の1614年、幸村に転機が訪れる。豊臣家の後継ぎである秀吉の息子・秀頼から、ふたたび力を貸してほしいとの使者がきたのだ。

幸村が秀頼の元に馳せ参じたその年、「大坂冬の陣」がはじまる。徳川軍20万に対して、豊臣軍10万という圧倒的に不利な状況を覆したのは、幸村の活躍であった。城の南側に「真田丸」という名の出城《でじろ》を築き、徳川軍に大きな損害を与えたのだ。家康は制圧をあきらめ、「真田丸の取り壊し」と「堀の埋め立て」を条件に和睦を提案。豊臣家はこれを承諾した。だが、手ごわい真田丸と、城の守りの要である堀がなくなったことで、大坂城は丸裸同然となってしまった。

これこそ、家康の狙いであった。家康はふたたび戦をしかけた。戦国時代最後の戦、「大坂夏の陣」である。徳川軍に攻め立てられ、次々と散っていく豊臣軍の武将たち。

「もはや、守り一辺倒の戦いは無理だ。攻めに出よう」

幸村は覚悟を決め、徳川軍本陣への突撃を敢行。幸村率いる真田隊は、本陣で指揮をとっていた家康の目の前まで迫った。家康は慌てて逃げ出し、死をも覚悟したが、すんでのところで味方の軍勢に助けられた。

一方、これまでの戦いで、幸村の疲労はピークに達していた。もう一歩も歩けないほどに弱っていたところを敵に見つかると、「この首を手柄にされよ」と、最後の言葉を残して討ち取られたという。1615年6月3日のことだった。

その戦いぶりを冬の陣からつぶさに見てきた徳川軍の武将、島津忠恒《しまづただつね》は後に、幸村のことを「真田、日ノ本一の兵」と自らの日記に記している。

豊臣《とよとみ》秀頼《ひでより》と淀殿《よどどの》が自刃し、豊臣家が滅亡

旧暦慶長20年5月8日

本能寺の変によって織田信長《おだのぶなが》が命を落とした後、天下統一を果たしたのは、信長の仇・明智光秀《あけちみつひで》を討った、豊臣秀吉《ひでよし》であった。

その秀吉もやがて老い、息子・秀頼の後見を家康に託して、この世を去る。豊臣家の家督は秀頼が継ぎ、家康をはじめとする五大老や五奉行が、これを補佐する体制となっていた。

ところが家康はその影響力を強め、五奉行のひとりであった石田三成《いしだみつなり》と対立する。そしてついには、関ヶ原の戦いにおいて三成らの西軍を撃破すると、征夷大将軍となり、徳川家による江戸幕府の体制づくりを本格的にスタートさせた。

一方その頃、大坂城で権力を握っていたのは、秀頼の母である淀殿だった。江戸に城を構えていた家康にとっても、大坂の豊臣家は依然として脅威であった。どうにかその力を削ぎたい家康は、１６１４年、ついに大坂城へと攻め込む。

この「大坂冬の陣」では、豊臣家の家臣・真田幸村《さなだゆきむら》らの活躍に阻まれ、城を落とすことはできなかった。しかし翌年、家康は再び大坂城へと攻め入る。

「こちらへ逃げ込むのです！」

城に火をつけられ、追い詰められた秀頼と淀殿を城の北側にある山里丸《やまざとまる》というやぐらにかくまったのは、豊臣家に長く仕え、大坂城の五人衆と呼ばれたうちの一人・毛利勝永《もうりかつなが》だ。勝永もまた先陣を切って戦ったが、大坂城はすでに火の海となり、敗北を受け入れざるを得ない状況であった。

この戦乱のさなか、秀頼の妻で、徳川秀忠《ひでただ》の娘である千姫《せんひめ》は、祖父にあたる家康の命によって、早々に大坂城から救出されていた。

「どうか、夫と淀殿の命ばかりは……！」

千姫は必死に２人の助命を乞うが、この願いが家康に受け入れられることはなかった。

秀頼、そして淀殿が山里丸で自らの命を絶つと、勝永は介錯《かいしゃく》をし、自らもその場で自害したという。

こうして１６１５年６月４日、豊臣家は滅亡し、戦国時代最後の戦いは幕を閉じたのだった。

6/5 1851年

小説『アンクル＝トムの小屋』の連載が開始される

１７７６年、アメリカは合衆国として独立を果たした。しかし、自由・平等などの基本的人権を掲げた「アメリカ独立宣言」は、大きな矛盾をはらんでいた。

すべての人は平等に造られ、幸福を追求する権利があるとして独立したにもかかわらず、この「すべての人」の中に黒人奴隷は含まれていなかったのだ。

アメリカを開拓しようとイギリスからやってきた白人は、今日でいうアフリカ系アメリカ人を使用人としていた。当時の白人たちには、黒人が同じ権利をもつ人間であるという認識はなく、奴隷としてイギリス本国から輸入していたのだ。

独立後もこの奴隷制は残っていたが、人道的にこれが問題だとする人々が、少しずつ声を上げはじめていた。

そんな時代背景の中、１８５１年６月５日、雑誌「ナショナル・イーラ」で連載が開始された小説が『アンクル＝トムの小屋』だ。

作者は、ハリエット・エリザベス・ビーチャー・ストウ。彼女は奴隷制反対論者である両親のもとに生まれ、25歳の時に聖職者の夫と結婚。そして40歳の時に、アメリカで初となる、黒人を主人公にしたこの作品の執筆を始めた。

物語の主人公は、黒人奴隷のトム。彼は比較的幸福な使用人として働いていたが、仕えていた家が困窮したことから悪《あく》辣《らつ》な農場主の家に売られていき、最後には暴行され、殺されてしまうというストーリーだ。本は大変な反響を呼び、35万部が売れるという、空前の大ベストセラーとなった。

奴隷制度に反対する者はこの本を称え、奴隷制の擁護論者は激しい批判を浴びせた。世論を真っ二つにしたこの１冊の本は、やがて奴隷解放そのものを問う、南北戦争への１つのきっかけにもなってゆく。

４年にわたるこの戦争は、アメリカ第16代大統領リンカーン率いる北軍の勝利で幕を閉じ、奴隷解放宣言が発令された。ストウはホワイトハウスに招かれ、リンカーン大統領から感謝の意を込めて、こんな言葉をかけられた。

「こんな小さなご婦人が、この大きな意義ある戦争のきっかけとなる本をお書きになったのですね」

6/6 1875年

ノーベル文学賞を受賞した作家、トーマス・マンが誕生

「この百年でもっとも優れた世界文学の小説家は、トーマス・マンだ」

自らもノーベル文学賞を受賞している日本人作家、大江《おおえ》健《けん》三《ざぶ》郎《ろう》は、『トーマス・マン日記』という書籍の推薦文の中で、こう言い切った。

トーマス・マンは1875年6月6日、ドイツの裕福な家庭に生まれた。しかし彼が16歳の時に父が亡くなり、家族は住み慣れた家を出ることに。そしてマンは保険会社の見習いとして働くかたわら、18歳で短編小説を発表した。これが高く評価され、彼は作家になることを心に決める。

「そうだ、自分の家の歴史を小説にしよう」

『ブッデンブローク家の人々』という名で発表されたその小説の副題は、「ある家族の没落」。マン自身の一族4代にわたる壮大な物語で、彼自身の家族が衰退していく様子をモデルに描いたものだ。一市民の歴史を芸術性豊かに表現したとして、彼はこの作品でノーベル文学賞を受賞する。

この他にも『ヴェニスに死す』や『魔の山』など、数多くの傑作小説を発表するが、1930年代に入ると、彼はヒトラーによる独裁政権を批判。そのことで国籍も財産もすべて奪われることになる。命からがら国を逃れた彼は、その後、スイスやアメリカなどで亡命生活を送る。

だがそれでも、ドイツ人としての誇りを胸に、祖国がナチスによって危機に陥っていることを、マンは決して見過ごすことはできなかった。

「このドイツに加えられた野蛮な傷害行為の数々を、公然と告発する義務が自分にはある。この責務から逃れることはできない」

彼は、「私のいるところに、ドイツがある」という自筆の言葉を自宅の壁に掲げ、「ドイツのためのヨーロッパではなく、ヨーロッパのためのドイツ」を願った。

彼の作品とその精神は、世界中の作家に大きな影響を与えた。日本でも三島由紀夫《みしまゆきお》や北杜夫《きたもりお》らがそれを公言している。彼の残した作品は、今も世界中で名著として愛読され、その精神を今に伝えている。

6/7 1848年

南国タヒチに楽園を求めた、画家・ゴーギャンが誕生

「もはや私は、死以外に我々をすべてから解放してくれる出口を見つけることができない……」

愛娘を亡くしただけでなく、借金を抱え、健康状態も悪化するなど、48歳の画家は失意のどん底にあった。そこで彼は遺言のようにして一枚の絵を描き上げ、こんなタイトルをつけた。

「我々はどこから来たのか　我々は何者か　我々はどこへ行くのか」

そこには、彼の死に対する考えや、生命への問いかけが込められていた。右から左へと読むように描かれ、右端は赤ん坊、中央には成年期の若者、左側には老女が座り込んでいる。

「今まで私が描いてきた絵をしのぐものではないかもしれないが、これ以上の作品を描くことはできない」

横幅実に4メートル近いこの大作を完成させると、彼は大量の毒物を飲んだのだった。

ポール・ゴーギャンは、1848年6月7日、フランス・パリで生まれた。17歳の時に航海士となり海軍に在籍した後、株式の仲買人となる。実業家として成功し、25歳で結婚。独学で描き続けていた絵が賞を獲得したことで、35歳の時に画家として生きていくことを決意する。

「私はタヒチに行く。この野性味のある素朴な国で、私の芸術を磨きたい」

当時のヨーロッパでは、他文化への関心が高まっていた。そんな空気の中、ゴーギャンは、西洋的な文明から脱出して自らの芸術を追求するため、タヒチへと渡った。

友人や支持者に支えられ生活は安定していたが、健康状態の悪化とともに、生活は苦しく悲惨なものになっていく。そんな中届いた、愛娘の訃報。失意のうちに、最後の1枚と決めた大作を仕上げた後、毒を飲んで自ら命を絶とうとしたのだった。結局、死には至らず、ゴーギャンは、その後も病気に蝕まれながら制作を続けた。最後はほとんど友人もなく、彼は54歳で孤独のうちに生涯を閉じたのだった。

彼の絵が「ポスト印象派」として高い評価を得るようになったのは、彼の死後のことである。独自の路線を切り開いた孤高の画家の絵は、続く20世紀の芸術に大きな影響を与えることになるのだった。

6/ 1924年

8

マロリーとアーヴィン、エベレスト登山中に行方不明に

１９５３年、エドモンド・ヒラリーとテンジン・ノルゲイによって、エベレストの初登頂が達成された。それは当時、世界中で勢力を誇っていたイギリスが、国の威信をかけて挑んだプロジェクトであった。

そこからさかのぼること約30年前、イギリスは１９２１年、22年、24年と3度の遠征隊を送っていたが、登頂はならなかった。その3度の挑戦すべてに参加していたのが、登山家のジョージ・マロリーである。彼は記者から、なぜエベレストに登るのかと問われたとき、こう答えた。

「そこにエベレストがあるからさ」

世界中の登山家が知る、有名な言葉である。

１９２４年、イギリス遠征隊3度目のアタックに、マロリーとパートナーを組んだのは、同じく登山家のアンドリュー・アーヴィンだ。2人は互いの体をロープで結び、いよいよ山頂は目の前に迫っていた。

「頂上に着いたら、俺はカミさんの写真をそこに置こうと思っているんだ」

マロリーが言うと、アーヴィンは答えた。

「よし、それを俺がこのカメラで撮ってやる」

しかし、6月8日を最後に、2人は消息を絶ってしまうのだった。

それから75年後の１９９９年、国際探索隊によって、マロリーの遺体だけが頂上付近の北壁で発見された。彼の衣類の中に、妻の写真はなかった。また、アーヴィンの遺体はまだ行方不明のままであるが、もしも彼が持っていたはずのカメラが見つかれば、そこにはもしかしたら決定的な場面が写っているかもしれない。

つまり、ヒラリーたちよりも前に、マロリーたちがエベレスト初登頂を果たしていたかもしれないのだ。しかし、3歳で父親を失った、マロリーの息子・ジョンは言う。

「僕にとって、登頂とは生きて帰ってくることです。もし父さんが帰ってこなければ、決してやりとげたとは言えないのです」

初登頂の栄誉は、一体誰のものなのか。この謎は現在も議論を呼んでおり、登山史上最大のミステリーとなっている。

6/9 1886年

「日本近代音楽の父」こと、作曲家・山田耕筰《やまだこうさく》が誕生

「夕やけ、小やけの、あかとんぼ、負われて見たのは、いつの日か」

日本を代表する童謡で、誰もが知る「赤とんぼ」の歌は、三木露風《みきろふう》が詞を書き、山田耕筰が作曲したものだ。

1927年に作られたこの童謡は、今も時代を超えて愛唱されている。

「からたちの花」「この道」「待ちぼうけ」など、ほかにも数多くの童謡を作曲したことで知られる耕筰だが、彼は童謡以外にも、多くの功績を残している。

1886年6月9日、耕筰は東京で生まれた。10歳の時に、医師だった父が亡くなると、以降、昼は工場で働き、夜は学校という苦しい生活を余儀なくされた。

転機となったのは、姉が宣教師である外国人と結婚したことだ。岡山県に住む姉夫婦に引き取られた耕筰は、姉の夫エドワードに西洋音楽を教わった。これをきっかけに音楽に目覚めた耕筰は、東京音楽学校へと進み、そして明治の末期、彼の才能を高く評価した実業家・岩崎小弥太《いわさきこやた》の金銭的な援助を得て、ドイツ・ベルリンの音楽院に留学する。

そこで耕筰は、日本人として初めて交響曲を作曲。さらに、1918年には、アジア人として初めて、ニューヨークのカーネギー・ホールで自作の管弦楽曲を演奏した。また国内では、日本初となる管弦楽団を指揮。大小さまざまな演奏会を開いて、日本に西洋音楽を広めた。

こうして彼は、童謡から交響曲、オペラにいたるまであらゆる分野の音楽を作曲し、また指揮者や教育家としても活躍した。

「自分が死んでも新しい芽を育てる。これが人間の一番美しいところだ」

そんな思いを胸に、日本中の小学校から大学まで、150校以上の学校の校歌を作曲し、600曲を超える歌曲作品を創作し続けた耕筰。

そんな彼がもっとも大事にしたのは、日本語の抑揚をメロディに活かし、日本語が自然に美しく歌われるような作曲法だった。それこそ、今も耕筰の歌が歌い継がれている大きな理由であろう。

6/10 1886年

ハリウッド初の日本人スター、早川《はやかわ》雪洲《せっしゅう》が誕生

1910年代、ハリウッド黎明期《れいめいき》。当時の映画はもちろん白黒で、かつ、映像と同時に音声を流す技術もまだなかったため、無声映画が当たり前であった。山高帽にちょび髭がトレードマークの喜劇俳優、チャールズ・チャップリンが人気を博していた、そんな時代の話である。

「そうだな、この俺様を映画に出させたいっていうんなら、俺が望むだけのギャラを払い、毎日、車での送迎つきっていうんなら、考えてやってもいいぜ」

ハリウッド映画からのスカウトに、思いきり高値を吹っ掛けたこの男の名は、早川雪洲。のちに、ハリウッド初の美男子スターと呼ばれる人物だ。

雪洲は1886年6月10日、千葉県に生まれた。そして21歳の時、偶然にもアメリカの汽船が彼の地元、千葉で座礁。英語が得意であった雪洲は、村に上陸したアメリカ人達の通訳を買って出た。このことがきっかけとなって、雪洲は1907年、単身アメリカに渡る。

そしてアメリカ・ロサンゼルスでたまたま日本劇を見た雪洲は、突然楽屋に乗り込んだ。

「演技経験なんてまったくない俺にもわかる。この舞台は、あまりに古臭くてなっちゃいねぇ。この俺が主役をやってやろうじゃねぇか」

この舞台が評判を呼んだのは、彼に天賦の才があったからと言うほかない。そして、それを見て彼をスカウトに来た映画監督のトーマス・インスに、彼は先の無謀な要求をしたのだった。彼は映画に興味がなく、「高い金額を吹っかければあきらめるだろう」と考えたのである。

しかしなんと、インスはこの条件を承諾。雪洲自身も驚いたが、この出来事をきっかけにして、彼はスターの階段を駆け上がることとなる。

雪洲は数々の映画で成功をおさめ、ハリウッドに豪邸を構えるまでになった。彼の唯一の弱点は、背が低いこと。今日、映画の世界で、背の低い俳優のために足元に踏み台を置いて撮影することを「セッシュウする」という。

それが本望かはわからないが、彼の名は、その活躍から100年以上が過ぎた今も、映画の世界に生き続けている。

6/11 1509年

6人の妃を娶《めと》り2人を処刑した、ヘンリー8世が最初の結婚をする

1509年6月11日、18歳の若きイギリス国王ヘンリー8世と、スペイン王女キャサリン・オブ・アラゴンの結婚式が執り行われた。挙式後、ヘンリー8世は二人きりの居室で、キャサリンを愛おしげに見つめて言った。

「キャサリン。私は必ず、あなたにふさわしい夫になります。……亡くなった兄の分まで、あなた幸せにしてみせます」

キャサリンは目を潤ませてうなずいた。彼女にとって、今回は二度目の結婚だ。彼女はもともと、ヘンリー8世の兄アーサーの妻だった。アーサーが早逝し、政治的な采配で弟のヘンリー8世と再婚させられることになったのだ。

だが、キャサリンは自分の境遇を不幸だとは思わなかった。彼女は今や、ヘンリー8世を深く愛しているからだ。

異国の地で未亡人となった憐れなキャサリンを、義弟だったヘンリー8世は献身的に支えてくれた。二人の間に愛情が芽生えたのは、ごく自然なことだった。

「ヘンリー様。あなたの妻になれて、私は幸せです」

このときの二人は、まだ知らなかった。この結婚が大きな不幸の始まりだったということを――。

当初は仲睦まじかった二人だが、流産と死産を繰り返すキャサリンに、ヘンリー8世は不満を募らせていく。王位を男児に継がせたいというヘンリー8世の希望はいつまでも叶わず、唯一無事に育ったのは女児のメアリーだけ……。

「キャサリン！　お前のような妻は、もういらない。私に必要なのは、男児を産める新しい妃だ！」

ヘンリー8世はキャサリンと別れて新たな妃を迎えようとするが、離婚を認めないローマ教会と対立してしまった。

「教会め、私の邪魔をする気だな。破門など恐れるものか！」

彼はローマ教会から離脱し、自身をトップとするイギリス国教会を設立して、キャサリンとの離縁を成し遂げた。

キャサリンは幽閉同然の暮らしを強いられ、一方のヘンリー8世は健やかな男児を求めるもののなかなか叶わず、生涯で6人もの妃を娶っては処刑や離婚を繰り返すことになる。

――だがそんな不幸など、このときの二人は知る由もない。

「キャサリン。あなたを一生大切にします」

「私も、この生涯をヘンリー様に捧げます」

永遠の愛を信じて疑わない二人は、そっと唇を重ねていた。

6/12 1560年

織田信長《おだのぶなが》が、桶狭間の戦いで今川義元《いまがわよしもと》に勝利

旧暦永禄3年5月19日

16世紀、日本はまさに戦国時代のただ中にあった。

「今川義元が攻めてくるだと?」

父・信秀《のぶひで》から家督を継ぎ、ようやく尾張一国を支配下に置こうとしていた織田信長。一方の今川義元は甲斐、相模とも同盟関係にある、駿河の大大名だ。その義元にとって、若き信長を討ちとり、尾張を勢力下に置くことは、難しいことではないと思われたに違いない。

「内通者によれば、今川軍は2万5千。我らの側からも、すでに寝返った者があるようです」

信長側には4千の兵しかなかったが、この危機的状況にあっても、彼は決して不可能だと思ってはいなかった。

「人間《じんかん》五十年、下天のうちを比ぶれば、夢幻の如くなり」

信長は人の世の儚《はかな》さをうたった「敦盛」(幸若舞《こうわかまい》)の一節を舞い踊ると、5人の武将だけを引き連れて馬に乗り、城を飛び出した。1560年6月12日のことである。

兵力に大きな差があるとはいえ、義元が引き連れている兵のうち、義元自身の周囲にいる兵は5千程度であることも、信長は把握していた。その上で自らの兵を熱田神宮に集結させ、軍勢を整えたのである。そして信長は、義元が今、桶狭間にいることを知る。

その時、豪雨が両軍に降り注いだ。視界が悪くなったことに乗じて信長は兵を進め、義元の本隊に襲いかかった。

「狙うは、今川義元の首一つ!」

信長の命令は、あらかじめすべての兵に伝えられていた。そのうちのひとり、服部一忠《はっとりかずただ》が一番槍となって義元に迫るが、返り討ちにあう。しかし次の瞬間、同じく信長軍の毛利良勝《もうりよしかつ》が乱闘の間をすり抜け、義元のもとに猛進した。

「今川義元、討ち取ったり!」

後に「桶狭間の戦い」と呼ばれる、圧倒的に不利な状況にあったこの戦に勝利したことで、信長の名は一躍全国に轟くこととなった。

そして信長は、「天下布武」を掲げ、その勢力を全国へと広げていくのである。

6/13 2010年

小惑星探査機「はやぶさ」、7年ぶりに地球に帰還

日本の小惑星探査機「はやぶさ」は、2003年に鹿児島県にある「内之浦宇宙空間観測所」から打ち上げられた。

「日本中、いや世界中の科学者が僕に期待している。がんばらなくっちゃ！」

はやぶさに意志があったなら、きっとこんな思いだったに違いない。今回の打ち上げの最大の目的は、小惑星の表面から、その石や砂などの物質を持ち帰ることだ。

ミッションはそれだけではない。日本の研究所が長年にわたって開発してきた「イオンエンジン」による航行や、時速10万kmで飛んでいる小惑星への着陸など、世界初の挑戦がいくつも含まれていた。そのいずれも難易度は高く、成功率は低いとも言われていた。しかしはやぶさは、それぞれの課題に果敢に挑み、そして成功を収めていった。

そして打ち上げから約2年後、もっとも重要な任務である、小惑星「イトカワ」からのサンプル採取にも成功。その瞬間、日本の管制室からは歓喜の声が沸き上がった。その声はきっと、電波を通じてはやぶさにも聞こえていたに違いない。

「みんな、喜んでくれている……よかった……」

しかしその後、数々のトラブルに見舞われ、その機体は故障だらけに。帰還は困難とさえ思われた。

それでもはやぶさは、すべてを乗り越え、満身創痍の体で地球を目指す。

最後のミッションは、機体内部のカプセルの中に抱え込んだ小惑星のサンプルを、地球に持ち帰ることだ。大気との摩擦熱で自らの機体は燃え尽きても、帰還することさえできれば……。

2010年6月13日午後11時22分（現地時間）。オーストラリア大陸の中央付近にあるウーメラ砂漠上空を、一筋の光が貫いた。それは、はやぶさが見せた、最後の姿であった。

「ああ、僕は帰ってきた……だけど、さよならだ」

誰もが固唾をのんで見守る中、四散して、数秒で燃え尽きたはやぶさ。しかし、地上へと送り届けられたカプセルの中には、太陽系誕生の起源を解き明かす1500個以上もの貴重なサンプルが、しっかりと残されていた。

日本人の心のありかたを探る『遠野物語』が発刊される

岩手県遠野《とおの》市。そこはかつて、徳川家康《とくがわいえやす》に仕えた南部利直《なんぶとしなお》の城下町として栄え、内陸と海岸をつなぐ交通の要衝であった。多くの人々が行きかう土地柄、遠野には日本のさまざまな地域の物語が集まった。

その中には、家を栄えさせる座敷童のような話もあれば、身の毛もよだつ恐ろしい物語もある。

東京帝国大学で農政学を学び、農商務省の高等官僚として働くようになった柳田國男《やなぎたくにお》は、農政調査で地方の農村をまわるうちに、地方の民俗に深い関心を抱くようになる。

「日本人は何を考え、どのように生きてきたのだろうか」

突き詰めれば、「日本人とは何か？」という大きな問いの答えを、柳田は求め続けていた。

そして、彼が特にひかれたのが、遠野に伝わる物語だ。遠野に残る伝承の数々は、負の部分も含めて、日本人の暮らしをつぶさに表していることに興味を持ったのだった。

そして柳田は、遠野に住む民話蒐集家《しゅうしゅうか》であり小説家でもあった佐々木喜善《ささききぜん》（鏡石《きょうせき》）と出会う。彼は驚くべき記憶力を持っており、祖父から聞いた昔話を克明に記憶していた。

天狗や河童などの妖怪にまつわる話から、人が突然いなくなる神隠し、死後の世界を体験する臨死体験など、不思議な物語の数々に魅了された柳田は、何度も現地を訪ね、聞き書きを行う。

そして推敲を重ねたのち、1910年6月14日、これを一冊の本にまとめて出版する。『遠野物語』と題されたその本の冒頭に、柳田はこんな序文を寄せた。

「この話はすべて遠野の佐々木鏡石君より聞いた話である。鏡石君は話し上手ではないが誠実な人である。国内の山村で、遠野より更に深いところには、無数の山神山人の伝説があるだろう。願わくば、これを語って平地人を戦慄させてほしい」

（要約）

昔ながらの考えや生き方を大切に生き続けている遠野の「山人」たち。それを否定するかのような、近代化・西洋化が進む都市部に生活する「平地人」。

日本人にとって大切な心のありかたを、柳田はこの本で示したかったのかもしれない。

6/15 1752年

雷の正体を探るため、フランクリンが凧の実験を行う

「さあ、息子よ！　今から一緒に凧揚げをしに行こう。今日は恰好の凧揚げ日和だ」

「お父さん、何を言ってるの？　今日はひどい雷だよ」

1752年6月15日、科学者でありアメリカ独立宣言の起草者の一人としても知られるベンジャミン・フランクリンは、息子と一緒に凧揚げをしに出かけた。

しかし、なんとその日の天気は雷雨……。普通ならば、凧揚げなど絶対にやらない天気だ。

雷の下であえてフランクリンが凧揚げをしたのには、理由がある。それは、雷の正体を解き明かすことだった。

当時、「雷の正体が電気だ」ということはまだ、立証されていなかった。「電気」という存在自体はかなり前から知られていたが、雷と電気を紐づける科学的な証拠がなかったのだ。

フランクリンは、数年前にオランダの科学者が開発した静電気を蓄える「ライデン瓶」という道具を手に入れた。雷の日に凧を揚げ、凧糸に伝わってきた雷をライデン瓶に蓄えることができれば、雷が電気であることを証明できると考えた。

雷鳴の轟く中、フランクリンは針金付きの凧を上げた。麻でできた凧糸の途中には、金属製のカギをぶら下げてある。雷が凧糸からカギへと伝わり、さらにライデン瓶へと流れるように設計してあった。ちなみに、凧糸を握っている自分が感電死しないようにするため、手からカギまでは電気を通しにくい絹糸を使用している。

フランクリンは、祈るような気持ちで凧揚げを続けた。

「頼む！　どうか、うまくいってくれ!!」

——そして、実験は成功。フランクリンは、雷から集めた静電気をライデン瓶に集めてみせた。

しかし、フランクリンの行った実験が危険なものだということは、明らかだった。同じような実験を試みた者たちが感電死する事例が多く見られたため、現代ではこの実験のエピソードを語るときには「感電する危険があるため、絶対にマネをしないこと」という注釈が付いている。

危険極まりない行為ではあったが、彼の実験は世間に衝撃を与え、電気研究の発展に貢献したと言われている。

6/16 1963年

女性初の宇宙飛行士、テレシコワが宇宙へ

アメリカ対ソビエト連邦による東西冷戦のさなか、宇宙開発競争も激化する。先んじたのはソ連だった。

1961年4月、ガガーリンによる、人類初の有人飛行を成功させたのである。その快挙に、テレシコワ家も夜遅くまでこの話題で持ちきりだった。

「次は、女性が飛ぶ番ね!」

母の何気ない一言が、ワレンチナ・テレシコワの人生を変えることになる。

「もしも女性が宇宙へ飛ぶとしたら、どんな人が選ばれるのだろう?」

当時、24歳だった彼女は、家計を支えるために繊維工場で働いていた。農村に生きる女性にとって、宇宙は違う世界の話だったが、母の言葉は日を重ねるごとに彼女の心の中で大きくなっていった。

彼女は地元の航空クラブでパラシュートの降下練習に明け暮れ、一縷《いちる》の望みをかけ、家族に内緒で宇宙飛行士の願書を出した。そしてある日、彼女の元に、候補生に選ばれたという通知が届く。その日から、彼女の生活も一変する。

遠心力装置で体を回転させられる訓練や、深夜にまで及ぶロケット工学などの勉強。やがて400人を超える候補の中から選抜され、彼女は宇宙飛行士候補となる。しかし、このことは、家族にさえ打ち明けることを禁じられていた。

そして1963年6月16日。テレシコワの搭乗したボストーク6号はバイコヌール宇宙基地から打ち上げられ、地球の周回軌道に乗った。彼女は、女性初の宇宙飛行士となったのである。

「ヤー、チャイカ(私はカモメ)」

宇宙船の中から発したこの通信は、「カモメ」が彼女のコールサインであったためだが、カモメとなって地球を見下ろしているさまを思わせる詩的な表現として有名になった。

70時間50分をかけて地球を48周する軌道飛行を行い、彼女は無事地球に帰還した。

テレシコワの家族がこの偉業を知ったのは、政府が全世界に向けて初の女性宇宙飛行士誕生を発表してからのことであったという。

6/17 1631年

最愛の妻を亡くした皇帝、タージ・マハル建設へ

「愛しい妻よ……お前のために、至高の墓を作ってみせよう。お前が心安らかに眠れるように。美しいお前にふさわしい、この上なく美しい墓を」

1631年6月17日、ムガール帝国第5代皇帝シャー・ジャハーンは深い悲しみに打ちひしがれた。最愛の妻ムムターズ・マハルが、14人目の子どもを出産する際に絶命したのだ。皇帝は妻を弔うために、壮麗な墓を作ることを決めた。

皇帝は建築資材として世界各地から大理石や宝石を求め、2万人もの優秀な職人たちを墓作りのために集めた。

「父上！　いくら母上を弔うためとはいえ、これ以上の建設費は捻出できません！　このままでは国の財政が……」

「黙れ、息子よ！　私の決定に口出しは許さん!!」

そして建設開始から約22年後、とうとう墓が完成した。総面積17万平方メートルという壮大な墓の名は、タージ・マハル――「宮殿の王冠」という意味だ。

タージ・マハルの敷地内にある建造物や庭園は、完璧なまでの左右対称構造である。一切妥協なのないその壮麗さは、妻への永遠の愛を象徴しているかのようだ。

しかしそのタージ・マハルの中には、対称性を損ねた箇所がひとつだけ存在する。それは大霊廟の中に安置された、皇帝と皇帝妃の棺だ。彼ら二人の棺は大きさが異なり、左右非対称になってしまっている。

本当は、皇帝は自分の死後にタージ・マハルと対称になる形で自分の墓を作らせるつもりだったが、その夢は実現しなかった。なぜ計画が潰《つい》えたかというと……。

「父上、あなたは皇帝としてふさわしくありません！　ご退位いただき、私に皇位をお譲りください」

タージ・マハルの建設で財政を傾かせたなどの理由で、皇帝シャー・ジャハーンは皇位から退くこととなったのだ。

死後に彼のための墓が作られることはなく、彼の棺はタージ・マハル内部にある妻の棺の横に置かれた。シャー・ジャハーンの棺が埋葬されたために、『完璧なまでの対称性』は損なわれてしまったのだ。

しかし愛し合う2人にとって、寄り添って迎えた悠久の眠りは幸せに満ちているのかもしれない。

6/18 1877年

大森貝塚を発掘した、考古学者のモースが来日

「あれはもしかして、貝塚ではないのか……?」

エドワード・S・モースは、横浜駅から新橋駅へ向かう途中、ある光景を目にした。大森駅を過ぎたあたりの崖に、貝殻が積み重なっていたのだ。

モースが日本にやってきたのは、1877年6月18日のこと。幼い頃から生き物が大好きだったモース。中でも貝類に興味を持ち、13歳頃から採集しはじめた貝類の標本は評判となり、学者が見学にくるほど充実していたという。

19歳の時には新種のカタツムリを発見。その後、ハーバード大学で古生物学者の助手を務めた後、メイン州にあるボウデイン大学で教鞭をとるようになる。

彼が専門としたのは、古生代から出現し、現代にも生きる腕足《わんそく》動物だ。これは二枚貝に似た海の生き物で、まだ研究がそれほど進んでいない分野でもあった。

そこで彼は、腕足動物が多く生息する日本に渡った。そして来日して早々に、貝塚らしきものを発見したのだ。当時誰も、そこが古代人の捨てた貝が堆積した跡だとは知らなかった。

数ヵ月後、彼が政府の許可を得て発掘調査を行うと、縄文時代後期の土器や骨器が続々と発見された。それらは、のちに国の重要文化財に指定されるほど貴重なものであり、大森貝塚は、「日本考古学発祥の地」と呼ばれるようになる。

こうした功績もあって、彼は東京大学から請われて初代動物学教授に就任する。彼はまた、ダーウィンの進化論を初めて日本に紹介した人物でもある。

彼は、近代考古学や動物学の基礎を築いたが、そんな彼を貝塚の発見以上に驚かせたのは、日本人そのものだった。

「日本人とはなんと清潔で、そして生まれながらにして善徳と品性を持ち合わせているのだろう」

行く先々で彼は、日本人がみな秩序を守り、正直でいることに驚嘆した。大の親日家となったモースは、まだ飛行機もない時代に計3回、通算約4年間にわたって日本を訪れ、全国をくまなく旅した。晩年、彼は日本の風景を『日本その日その日』という本にまとめ、母国で出版する。

6/19 1948年

「桜桃忌」——作家の太宰治《だざいおさむ》が、遺体で発見される

「芥川龍之介《あくたがわりゅうのすけ》が……死んだ……」

津島修治《つしましゅうじ》が敬愛する芥川龍之介が自ら命を絶ったのは、修治が18歳の時。彼が高校に優秀な成績で入学した年だった。

修治は中学生の頃から井伏鱒二《いぶせますじ》や室生犀星《むろうさいせい》などを愛読し、芥川龍之介にも強く憧れていた。17歳の頃には学内の会誌に自作の小説を書き、また、友人と小説の同人誌を発行するなど、積極的に執筆に取り組んでいた。

芥川の死を受け、修治は家から出られなくなるほどの衝撃を受けたという。後を追う若者が相次いだことからも、それが当時どれほど大きな事件であったかが分かる。

彼は青森の高校を卒業後、東京帝国大学仏文科に入学すると、すぐに尊敬していた井伏鱒二の元を訪れ、弟子入り。その後も創作活動を続け、24歳の時に短編『列車』を、「太宰治」の筆名で発表する。

26歳の時には、この年創設された芥川賞に『逆行』を応募。しかし、5人の候補者に残ったが落選したことで、選考委員の川端康成《かわばたやすなり》を強く恨むようになる。

「幾夜も寝苦しい思いをした。刺す。そうも思った。大悪党だと思った」

翌年、太宰は『晩年』を刊行、芥川賞の選考前に、手紙をつけて川端へ本を郵送した。

「何卒（芥川賞を）私に与へて下さい。私に希望を与へて下さい。私に名誉を与へて下さい。早く、早く、私を見殺しにしないで下さい」

だが選考過程で、「すでに新人にあらず」と候補から外され、太宰は深く打ちのめされる。「芥川」の名が冠された賞は、彼にとって単なる文学賞ではなかった。

「恥の多い生涯を送ってきました——」

これは、彼が38歳の時に書いた自伝的小説『人間失格』の一文だ。だが彼の言う「恥」は、芥川賞に関することだけではない。妻がいながら愛人と心中未遂するなど、愛されることを求め続けた太宰は、結局、愛人の1人と玉川上水に身を投げた。2人の遺体が見つかったのは1948年6月19日、奇しくも、太宰の誕生日と同じ日であった。

6月19日は、「桜桃忌」と呼ばれる。「桜桃」（さくらんぼ）は、太宰が死の直前に書いた作品の題名である。

6/20 1894年

「日本のウイスキーの父」――竹鶴政孝《たけつるまさたか》が誕生

ウイスキーは、麦芽や穀物を原料とし、これを発酵、蒸留し、樽の中で熟成させてつくられるお酒だ。この熟成によってウイスキーの風味はまろやかになり、華やかな香りと味わい深いコクをもつようになる。

日本に初めてウイスキーが伝えられたのは、１８５３年にペリーが黒船でやってきた時だとされている。国産ウイスキーがつくられるようになったのは、それから70年ほど後。竹鶴政孝という、ひとりの職人の手によってであった。

竹鶴は、１８９４年6月20日、広島で酒造業を営む家に生まれた。大阪高等工業学校の醸造科で酒造りの基礎を学び、酒造メーカーに就職。職人肌の仕事ぶりが評価され、24歳の年にウイスキーの本場、スコットランドに留学させてもらえることになった。

留学先の大学で、ウイスキーの製造法を必死にノートに書き込む竹鶴。その熱心な態度に感心したのは、現地の熟練のウイスキー職人だった。彼は竹鶴に、蒸留器の扱い方などを丁寧に教え、また竹鶴はそれを逐一ノートに記した。この時、彼は知る。

「ウイスキーの味を決定するのは、技術だけではない。大麦、水などの自然であり、それを敬い酒をつくる人間の心、そして熟成させる時なんだ」

この「竹鶴ノート」には、ウイスキー製造に関することだけでなく、「効率をはかり退出時間が来たら遠慮なく家に帰り、楽しい夕べを過ごすことは、人として踏むべき道である」と、そこで働く人々のあるべき姿までが書かれている。

２年間の留学を終え、帰国。さらに別の酒造会社で6年間の試行錯誤を続けた末、ついに国産第一号のウイスキーが誕生した。その後、竹鶴は、スコットランドの風土によく似た北海道余市郡で、自ら酒造会社を立ち上げる。その隣には常に、スコットランドで出会い妻となったリタの姿があった。リタとともに、竹鶴はウイスキーの製造一筋に生きた。

そして今、「よく働き、よく遊ぶ」という生き方は、彼が興したニッカウヰスキーの社風となって、ウイスキーの製法とともに脈々と受け継がれている。

6/21 1582年

明智《あけち》光秀《みつひで》、「本能寺の変」で織田信長《おだのぶなが》を討つ

「ついに、この日が来たか……」

1582年6月21日、明智光秀は己の軍を従えて、主君の織田信長が滞在する本能寺を取り囲んだ。

「信長様の家臣となって十数年。信長様に命じられて行った比叡山延暦寺の焼き討ちや、一向一揆の戦いで、私は多くの命を奪った。信長様の命令とはいえ、命乞いをする者たちの命を奪うことは、本当に正しかったのか？」

光秀はうつむき、己の手を強く握りしめる。その姿を見て、家臣が心配そうに声をかけてきた。

「光秀様」

「すまない。これから戦だというのに、大将である私が弱気を見せてはいけないな」

光秀は家臣に微笑みかけた。光秀は目をつぶり、大きく深呼吸をする。

「ここまで来て、もう引き返すことはできない。お前たちを巻き込むのは忍びないが、信長様を、いや、悪逆非道の織田信長をここで討たねばならぬ！　信長に天下を取らせてはならない！」

光秀は刀を抜いて、天に掲げた。

「皆の者！　敵は、本能寺にあり！　火矢を放て！」

「「おぉぉぉぉ!!」」

光秀の合図で次々と火矢が放たれ、本能寺が火の海に包まれる。

「おのれ、これは誰の仕業か！」

「おそらく、明智光秀の軍勢と思われます」

小姓の森蘭丸《もりらんまる》の言葉に、信長は目を細めた。

「そうか。であれば、包囲網を抜け出すのは、困難であろうな」

本能寺は燃え続け、やがて朝日が昇る。その時、光秀の家臣が報告にやってきた。

「光秀様。信長の死体は見つかりませんでした」

「そうか。……引き上げるぞ」

光秀はそうつぶやいて、軍を引き上げた。

その本能寺の変からわずか11日後、光秀は羽柴秀吉《はしばひでよし》によって討たれる。「日本史上最大の裏切り者」とも言われる明智光秀だが、領民や部下からは慕われた人格者だったという。

6/22 1859年

「小説」を定義、確立した、坪《つぼ》内《うち》逍《しょう》遙《よう》が誕生

旧暦安政6年5月22日

「小説の主脳は人情なり、世態風俗これに次ぐ」

坪内逍遙は、著書『小説神髄』の中で、小説とは何かをこのように論じた。

この本が刊行された明治の中頃、日本の文学といえば、江戸時代から書かれてきた戯作文学か、西洋の思想を紹介するような内容が中心だった。

逍遙の言う「人情」とは、人がもつ情や欲のことだ。あらゆる人間の心の奥底を描き、人情を見せることこそが、小説にとって大切だとしたのだ。

逍遙は、1859年6月22日、江戸時代の末期に美濃国（現在の岐阜県）で生まれた。父から漢学を学び、また母の影響で歌舞伎を好み、11歳にして和歌や俳諧を楽しむなど、文学と芸術に親しんで育つ。

逍遙は、東京大学文学部在学中に、東洋文学だけでなく西洋文学も読みあさるようになり、文学における東西の違いを意識するようになった。そして卒業後、東京専門学校（現在の早稲田大学）の講師をしながら、『小説神髄』を書き上げたのである。

これこそ当時、まだ日本には存在していなかった「小説」という新たな芸術が魂を与えられた瞬間であった。江戸戯作に親しみ、西洋文学を理解した彼ならではの小説論は、大変な話題となった。そしてこれを実践するべく逍遙自らが書いた小説『当《とう》世《せい》書《しょ》生《せい》気質《かたぎ》』も、ベストセラーに。25歳という若さで、彼は一躍有名人となったのである。

また私生活では、大学時代に出会った女性、センと結婚。逍遙は彼女に学問も教え、生涯愛し続けることとなる。

文壇の中心的存在として、逍遙は小説家としてだけでなく、評論家、劇作家としても活躍した。

そして彼が晩年もっとも力を注いだのは、イギリスの劇作家、シェイクスピア作品の翻訳だ。50歳の時の『ハムレット』に始まり、20年近くにわたって、彼はシェイクスピアの全作品を翻訳刊行した。

その後も、訳した文章をさらに読みやすく改訂した『新修シェークスピア全集』を執筆。全40冊にわたるこの大作が書店に置かれるのとほぼ同時に、75歳でこの世を去った。

6/23

1894年

クーベルタン男爵が、近代オリンピックの開催を提案

ピエール・ド・クーベルタンがフランス・パリで生まれたのは、1863年のこと。貴族の子であった彼は士官学校に学び、将来は軍人か官僚になることを期待されていた。

一方、当時のフランスは、ドイツとの戦争に敗れ、国全体に沈滞したムードが蔓延《まんえん》していた。

「この状況を打破するには、教育の改革しかない」

そう考えるようになっていったクーベルタンは、他国の学校を視察するため、イギリスに渡る。そこで彼が見たのは、学生たちが積極的かつ紳士的にスポーツに取り組む姿だった。

「母国に服従させることを目的に、知識を詰め込むようなフランスの教育では、このような健全な青少年は育たない。すぐに、スポーツを取り入れた教育改革を推進する必要がある」

そう確信した彼は、その後も精力的に各国へ足を延ばし、見聞と人脈を広げていく。

中でも、ヨーロッパの国々ほど階級や伝統に縛られていないアメリカに、まるで古代ギリシアの都市国家のような自由さを感じたのだった。

自国の教育改革のためにスポーツを取り入れようとしていたクーベルタンは、しだいに「国際的な競技会」の構想をふくらませていく。

「スポーツを通じて海外から選手を招いたり、交流試合を行うことは健全な国際交流となるはずだ。それは世界の平和につながるのではないか」

そして1894年。パリの万国博覧会に際して開かれたスポーツ競技者連合の会議で、クーベルタンは、古代ギリシアで行われていたオリンピックにならった近代的なオリンピックの復興計画を提案した。すると、その場にいた16人の委員全員が、これに賛成したのだった。

大会は4年ごとに開催し、開催国は世界各国で持ち回りとすること、また第一回大会は発祥の地であるギリシアで行うことなども、ここで採択された。

こうして、クーベルタンは、「近代オリンピックの父」と呼ばれるようになり、会議が開かれた6月23日は、「オリンピックデー」と定められたのである。

6/ 1821年

24

シモン・ボリバル率いる独立軍がスペイン軍に勝利

15世紀の終わり、2度目の航海でコロンブスは南米大陸に到達した。現在のベネズエラにあたるその地に上陸した彼は、豊かな水量と熱帯雨林の深さに驚いたという。

やがてスペインから多くの人々がここに移り住むようになり、また真珠が豊富に獲れることが分かると、さらにその数は増えていった。先住民たちは激しく抵抗したが、文明の進んだヨーロッパの武器に屈するほかなかった。

それから約300年が経った頃、スペインの植民地となったベネズエラでシモン・ボリバルは生まれた。南米屈指の資産家であった両親は、彼が幼い頃に病気で亡くなり、ボリバルは叔父に育てられた。そして15歳の時、勉強を続けるためスペインに渡る。

そこで彼は、マリア・テレサという2歳年上の美しい女性と出会い、19歳で結婚。彼女とともにベネズエラに戻るが、マリアはその直後、熱病によって帰らぬ人となってしまう。若いボリバルは悲嘆に暮れ、「もう二度と結婚はしない」と決める。

一方その頃、南米各地では、スペインの統治から独立を図ろうとする「イスパノアメリカ独立戦争」が起きていた。ボリバルの祖国ベネズエラも例外ではなく、独立運動が盛んになっていたことから、彼は自分の生涯をイスパノアメリカ独立のための闘いに捧げると誓う。

1811年、ボリバル28歳の時、ベネズエラは独立を宣言。しかしその翌年に大地震が起き、首都カラカスや周辺都市に1万人以上の死者が出た。スペイン軍はこの機に乗じて、ふたたびベネズエラを制圧しようとする。

戦地と化したカラカス。ボリバル率いるベネズエラ軍とスペイン軍の戦いは、一進一退が続いていた。そして1821年6月24日、カラボボの戦いで勝利したことによって、ついにベネズエラの独立は決定的となる。

独立軍を指揮したボリバルは、「リベレーター（解放者）」と呼ばれ、今もベネズエラの英雄だ。

シモン・ボリバル国際空港を降り立つと、街には彼の銅像が並ぶ。通貨の単位もボリバルだ。そして6月24日は、「勝利の日」として祝日に制定されている。

6/25 1947年

迫害された少女がつづった、『アンネの日記』出版

「この日記だけは、なんとしても……!」

ナチスドイツの憲兵たちが部屋に踏み込んできた時、アンネはあえて、毎日の苦楽をともにした親友――「キティ」と名付けた日記に対して、知らんぷりをした。大事に胸に抱え込んだりしたら、必ず取り上げられ、捨てられてしまうと知っていたからだ。

1942年。ヒトラー率いるナチス・ドイツによるユダヤ人迫害は、ついにユダヤ人たちを収容所へ送り殺害する大量虐殺へと突き進んだ。見つかれば収容所送り。その恐怖から逃れるために、アンネ・フランクの家族は、オランダにある事務所を兼ねた倉庫の屋根裏部屋で隠れ住むこととなった。

音を立てることも、大きな声を出すこともできず、病気になっても医者にかかることもできない。隠し扉になっている本棚の裏側の小さな空間で、アンネは多感な少女時代を過ごした。

「キティ、私の心の支えと慰めになってね」

空腹や寒さにも耐えながら、アンネはここで約2年を過ごした。だが、その日々は突然終わりを告げる。何者かの密告を受けたドイツ軍が、部屋の中に踏み込んできたからだ。

「貴重品はこれで全部か!」

一家が持っていたわずかな現金や宝石などを取り上げた後、憲兵はアンネのカバンをさかさまにして振った。中から数冊のノートが落ちたが、彼女はそれを隠したり拾ったりはしなかった。大切なものだと知られたくなかったからだ。一家全員が連れ去られた後、この家で彼らをかくまっていたオランダ人の夫妻はその日記を拾いあげ、大切に保管した。

それから1年。収容所生活で生き残ったのは、アンネの父親・オットーただ1人だった。オットーは終戦後、この隠れ家に戻ると、オランダ人夫妻からアンネの日記を受け取った。

愛する娘の唯一の遺品には、その当時の彼女の思いや心の内がすべて記されていた。オットーは涙ながらにそれをタイプライターで清書し、身内に配った。その日記はたちまち評判を呼び、そして正式に出版されることとなった。1947年、6月25日のことである。

6/26 1892年

東西文化の懸け橋となった、作家のパール・バックが誕生

1892年6月26日、アメリカで誕生したパール・バック。生後すぐに、宣教師である父母とともに中国に渡った彼女は、英語と中国語を話せるバイリンガルとして育った。

大学に入るため18歳でアメリカに戻り、卒業後はふたたび中国に渡って宣教師と結婚。大学講師などを経て、幼い頃から作家志望であった彼女は、執筆活動を開始する。

中国人の生活感情などを充分に理解し、アメリカで大学教育を受けた彼女は、最初の小説『東の風、西の風』を発表。

そして、彼女を世界的に有名にしたのが、1931年に発表された第二作目の小説『大地』だった。中国の貧しい農家を描いたこの作品は、アメリカで大きな権威を誇るピューリッツァー賞に輝いただけでなく、後に彼女がノーベル文学賞を受賞した大きな理由のひとつとなった。

しかし、彼女がこの『大地』を書いた背景には、切実な理由があった。

バックの娘には知的障害があり、彼女を一生育てるための養育費を稼ぐために、バックは『大地』を書き始めたのだ。この物語の主人公・王龍にも、障害のある娘がいる。作中で王龍は言う。

「私が死んだらこの子はどうなる？　私は、この子の将来が恐ろしい。しかし自分の手で殺すなど、もっと恐ろしい」

それはまさに、バック本人の心情であったに違いない。

しかも、彼女の夫は、娘にまったく関心を示さなかった。そのため、『大地』が出版されて間もなく2人は離婚。その後、バックは自分の作品を見出してくれた編集者とアメリカで再婚する。彼女は病気のため、出産ができない身体になっていたが、ノーベル賞の受賞で経済的余裕ができたことから、養子を迎え入れ、子どもたちを育て上げた。

晩年、バックは悩みながら生き方を模索した日々を回顧し、自伝的小説『母よ嘆くなかれ』を書いた。また、孤児や障害児のために「パール・バック財団」を設立。東西文化の懸け橋として、また不幸な子どもたちの希望として生き、80歳で静かに息を引き取った。

6/27 1880年

三重苦を克服した、ヘレン・ケラーが誕生

1880年6月27日、アメリカのアラバマ州でヘレン・ケラーは生まれた。しかし、2歳になる前に、原因不明の高熱におそわれる。一命はとりとめたものの、ヘレンは聴力と視力を失い、話すこともできなくなってしまう。彼女は生涯にわたって、何も見えず、何も聞こえない世界で生きていかなくてはならなくなったのだ。

そんな娘のため、両親はヘレンが7歳の時、ひとりの家庭教師を呼び寄せた。彼女の名は、アニー・サリバン。彼女が家にやってきた日のことを、ヘレンはのちに、「私の魂の誕生日」と呼んでいる。

まず初めに、サリバンはヘレンにプレゼントとして人形を渡し、彼女のてのひらに指で「DOLL（人形）」と書いた。ヘレンは初め何のことかわからなかったが、これを繰り返しているうちに、それが自分の抱いている物の名前であることを悟る。またある時、2人は散歩中に井戸へ寄った。サリバンはポンプで水を汲み上げ、ヘレンの手に注ぎながら、「WATER（水）」と何度も綴った。この時、突如としてヘレンは理解する。

「この世にあるすべての物に、名前がある！」

ヘレンはサリバンのほうを向いて、名前を聞いた。手の平に綴られたのは、「TEACHER（先生）」の文字。言葉というものがあることを初めて知ったその日の晩、ヘレンはうれしくて「早く明日になればいい」と思ったという。

こうして、ヘレンはサリバンの教えで、文字の読み書きを覚えた。また、サリバンの口の動き、舌の動きを指で触って真似することで、発話もできるようになる。さらに、対面した相手の唇に指をあてることでその動きを読み取り、何を言っているのか理解できるようにもなった。

2人の念願だったハーバード大学に入学すると、優秀な成績でここを卒業。22歳で自伝を著すと、彼女の存在は世界中に知れ渡り、2人は招きに応じて各国で講演を行った。1937年には、日本にも訪れている。

ヘレンが56歳の時、サリバンは70歳で永眠。ヘレンはその生涯を障害者の教育・福祉の発展に尽くし、87歳でサリバンが待つ天国へと旅立った。

6/28 1712年

近代民主主義の元祖、哲学者・ルソーが誕生

18世紀のフランスは、絶対王政の時代だった。国王を頂点に聖職者や貴族といった人々が優遇され、市民の声が政治に反映されることは一切なかった。

その一方で、首都パリではカフェがその数を増やし、人々はこうした場において社会批判を行うようになっていた。ジャン＝ジャック・ルソーは、1712年6月28日、スイスで生まれた。生後間もなく母を亡くし、父から文字の読み書きを教わる。7歳頃からは読書量が増え、歴史書などを好んで読んだという。

しかし10歳の頃、父が事件に巻きこまれ、逃亡してしまう。身寄りのない身となったが、読書だけは続けていた。その後引き取られた家で、彼は独学で哲学や歴史、音楽を学んだ。

そして19歳の時、彼は初めてパリを訪れたが、そこで見たのは悪臭に満ちた街路や汚い家々、路上生活者があふれる、不潔な大都市であった。また農民たちが懸命に働いても、重税が彼らを苦しめていることも知った。

30歳の頃、妻となる女性テレーズと出会い、5人の子どもをもうけるが、生活苦からその全員を孤児院に送ってしまう。彼の生活は、常に苦しいものであった。そんな時、彼が書いた『学問芸術論』という論文が出版され、ルソーは思想家として注目されるようになる。

「富の格差と、これをよしとする法律が強者による搾取と支配を生み、不平等という弊害が拡大していくにつれて、悪が社会にはびこる」

一人ひとりの意志と集団としての意志、この2つを同時に尊重する「一般意志」を損なわないルールを作れば、理想の国家が生まれるとルソーは考えた。

その理論をさらに進めた『社会契約論』という本を50歳の時に刊行するが、危険思想と見なされ逃亡。ルソーは、貧困のまま、66歳でその生涯を終えた。

だが、ルソーが遺した理想的な国の形、民主主義という考え方は、人々に勇気を与えた。市民が人権を求め、王政廃止などを訴えたフランス革命が起こったのは、彼の死から11年後のことであった。

6/29 1689年

『おくのほそ道』の旅で、松尾芭蕉《まつおばしょう》が奥州平泉に到着

旧暦元禄2年5月13日

「月日は百代《はくたい》の過客にして、行きかふ年も又旅人也」

これは、俳人・松尾芭蕉が著した『おくのほそ道』の序文である。「月日は永遠の旅人であり、行き交う年もまた旅人のようなものだ」という意味で、芭蕉は江戸を出発して東北から北陸地方をめぐり、岐阜の大垣までの道中の出来事を記した。

弟子の河合曾良《かわいそら》とともに、約2400キロ、期間にして5ヵ月ほどの長旅だ。芭蕉にとって未知の国々をめぐるこの旅は、西行法師、能因法師、源義経などに想いを馳せ、彼らにゆかりのある名所・旧跡をたどるという目的もあった。

その折り返し地点にあたる古都平泉に芭蕉が入ったのは、1689年6月29日のこと。

平泉は岩手県の南部にあり、平安時代には奥州藤原氏一族が治めていた土地だ。藤原清衡《きよひら》、基衡《もとひら》、秀衡《ひでひら》の親子三代で最盛期を迎えたが、その栄華が長く続くことはなかった。源義経をかくまったことを発端に、源頼朝《よりとも》によって滅ぼされたという歴史が、ここ平泉にはある。

藤原三代の栄華と義経をしのぶうち、芭蕉の脳裏には中国唐時代の詩人・杜甫《とほ》の詩が浮かんだ。

「国破れて山河在り　城春にして草木深し」

都が戦に敗れても山河は残り、城跡に春がやってくれば草木が生い茂っている……と杜甫が吟じたこの詩は、まさに平泉の風景そのものだ。芭蕉もまた、夏草が生い茂る目の前の様子を見て、こんな句が浮かんだのだった。

「夏草や　兵どもが　夢の跡」

今は夏草がただ生い茂るこの地は、昔英雄たちが夢に生き、そして敗れた跡なのだ……。古い時代をしのび、芭蕉の目に涙がにじんだ。

その風景は、土井晩翠《どいばんすい》が「栄枯は移る世の姿」との詞を書き、滝廉太郎《たきれんたろう》が曲をつけた明治期の歌曲「荒城の月」とも似ている。場所や時代の違いはあるが、人や町の歴史、その栄枯盛衰に思いを馳せる心情は、時空を超えて普遍的なものなのであろう。6月29日は、その滝廉太郎が没した日でもある。

6/30 1936年

マーガレット・ミッチェルが、小説『風と共に去りぬ』を発刊

「この作品は……間違いなく、ベストセラーになる!」

マーガレット・ミッチェルから受け取った、人の背丈ほどもある膨大な量の原稿を読んだ編集者は、そう確信した。

アメリカ南北戦争中から戦後の再建時代までを背景とし、勝気な女性スカーレット・オハラと、彼女を愛するレット・バトラーを中心にした人間模様を描いた大作。

元々は雑誌でコラムを書いていたミッチェルが足首のケガで入院し、仕事ができなくなったことから書き始めた小説だ。退院してからも執筆作業は続けられ、完成までに10年という歳月がかかったという。

そして1936年6月30日、ミッチェルの初めてとなる長編小説が、アメリカとカナダで出版された。タイトルは『ゴーン・ウィズ・ザ・ウィンド』。南北戦争という「風」と共に、アメリカ南部白人たちの貴族文化社会が消え「去った」ことを意味している。後に、日本では『風と共に去りぬ』と訳された。

1冊1000ページ以上、厚さにして5センチ近くもあるその本は、たちまち大ベストセラーとなった。翌年には権威あるピューリッツァー賞を受賞。そして、140万部を売り上げた頃、映画化も決定する。主人公、スカーレット・オハラ役のオーディションには、有名な女優をはじめ、1400人もの応募があったという。2年もの歳月をかけてその中から選ばれたのは、当時まったく無名であったイギリス人女優、ヴィヴィアン・リー。

白黒映画が主流の時代に、フルカラーで、最先端の特撮技術も交じえながら3年をかけて撮影されたその映画は、上映時間3時間40分という超大作。そして、この映画もまた、空前の興行成績をあげることとなる。

公開当時、日本はアメリカと開戦直前の状態にあったが、作家・徳川夢声《とくがわむせい》は偶然この作品を目にし、「こんなにすごい映画を作る国と戦争をしても、勝てるわけがない」と日記に書き記したという。

原作本は30ヵ国語に訳され2800万部以上を売り上げたが、出版から13年後、ミッチェルは48歳の時に交通事故で不慮の死をとげた。彼女が遺した本はこの一冊のみである。

1日1話

教養と感動のショートストーリー365

7月の物語

日本の「護法の神様」、児《こ》島《じま》惟《い》謙《けん(これかた)》が、この世を去る

大津地裁で開かれる大審院特別法廷を前にして、大審院院長の児島惟謙は憤りを感じていた。判事の多くが、政府の圧力に屈し、被告人を死刑にしようとしていたからだ。

児島は、判事の1人を呼び出し、尋ねた。

「どうして大臣たちとの面談後に意見を変えた？　君も法を守る優秀な法官だろう。それが、他人の意見で考えを変えるなど、あってはならないことだ。日本の歴史に汚点を残すことになるんだぞ」

事件は、少し前にさかのぼる。訪日中のロシア皇太子（のちのニコライ2世）が滋賀県の大津で襲撃される事件が起こった（大津事件）。ロシアによる報復を恐れた日本政府は、ロシアとの衝突を避けようと、犯人には「大逆罪」を適用して死刑にしろと裁判官に対し圧力をかけてきた。

だが、児島は決して意見を変えなかった。

司法権は独立したものだ。首相であっても、裁判に口出しすることはできない。さらに、大逆罪は天皇家に対する罪に対して適用されるもの。これを判決としてしまっては、罪には定まった刑罰を与えるという、「罪刑法定主義」の原則からも外れてしまう。

児島は、その判事にこう続けた。

「ここへ来る前、私は陛下に謁見し『注意して処分すべし』という御言葉を賜った。それは国政に注意してということじゃない。国家の名誉と憲法の権威を損なわぬように、注意すべしということだ。わかってくれないか」

児島は、判事たちを一人ひとり説得していった。

合議の際、児島は再度、「謀殺未遂」を主張した。犯した罪からすれば、それがふさわしい罪状である。

最初に説得した判事が、おずおずと手を上げる。

「私も、それがふさわしいかと思います」

他の判事たちも、次々と児島の意見に賛同した。

犯人には、謀殺未遂罪により無期徒刑が確定する。

そして——1908年7月1日、児島惟謙はこの世を去った。あの日、彼がいなければ、日本の司法は守られていなかったかもしれない。児島は今でも「護法の神様」として尊敬を集めている。

金閣放火事件

1950年7月2日の早朝。東山の稜線が、ほのかな光に縁取られたころ、金閣が、炎に包まれた。木が爆《は》ぜる音が響き、梁や柱が倒れるたび、ひときわ大きな火の手があがる。

「火事やーー！　火事やーー！　鹿苑寺が燃えとるぞ！」

朝の早い徒弟僧たちが、日の出より早い光に目を覚まし、裸足で境内に飛びだした。だが、もはや火の勢いは止めようもない。鏡湖池《きょうこち》の向こうで燃え上がる金閣を、立ち尽くし呆然と……あるいは見とれるように、眺めるより他なかった。

「関係者の皆さんは、この場におられますか？」

そう声をあげたのは、現場検証をする警官の一人である。

今や炭化した数本の柱が存在するだけとなった金閣の焼け跡を捜索する警官が、藁束《わらたば》の燃えカスに目を止める。

「これは、放火やな……」

警官がつぶやいた。

「林がおらん！」

僧の一人が、声を上ずらせた。

「林というのは、どなたですか？」

「林承賢《はやししょうけん》いう学生僧や。あいつ、自分には吃音があるし身体も弱くて、世の中に冷たくされたて嘆いとった」

「せやけど、真面目で大人しいやつですよ」

僧たちは口々に、林の印象や特徴を述べていった。

金閣から数キロ離れた北山の山中で、捜索隊がうずくまる人影を見つけたのは、その約2時間後のことである。

「お前は、林承賢か？　金閣に火を放ったのは、お前か？」

「は、はい。おお、……おれです」

そう言うと林は、その場で意識を失った。保護された林の体内からは、大量の睡眠薬が検出された。

翌日、京都西陣署の取調室——。

「なんで、こんなことしたんや」

「嫉妬ですわ、刑事さん。自分は貧しく育ち、お寺でも倹約せい言われて生きてきた。せやのに、金閣に来る人も住職も、贅沢三昧や。不公平やおまへんか」

そう言うと彼は、警官をキッとにらみつけて、続けた。

「それもこれも、全部、金閣が美しすぎるせいや。そう思いませんか、なあ、刑事さん」

7/3 1883年

『変身』などで知られる、作家・カフカが誕生

1883年7月3日、フランツ・カフカはチェコのプラハで生まれた。彼の40年という短い生涯の中には、無二の友がいた。マックス・ブロート。彼も作家であり、同時にカフカの最大のファンであった。

ブロートは、まだサラリーマンだったカフカを文壇に紹介する。彼はカフカの文学を非常に高く評価し、カフカの文章が認められないことに激怒した。

カフカの本を出そうと言ったのも、ブロートの案だった。だが、カフカは非常に困り果てた。本を出すことで、自分の成長が止まってしまうのではないかと思ったからだ。それ以前に、自分の本が売れるわけがない、という不安もあった。

しかし、カフカは、彼の言うことならばとうなずいた。

そして2人の友情は、カフカの最期の時まで続く。

「こんな時くらい、仕事を休んだらいいのに」

「大丈夫。今日は調子がいいんだ」

「相変わらず、仕事熱心だな」

カフカが入院する病室を訪ねてきたブロートを、ベッドの上のカフカは笑って出迎えた。痩せこけてしまった彼の笑顔は、ブロートには、少し引きつって見えた。

カフカは、咽頭結核のため会話を禁じられており、2人は筆談で会話をした。ブロートはベッドの横に座り、机の上をのぞき込む。カフカの手元には、筆談用のメモと翻訳の原稿。彼は病床でも仕事を進めていたのだ。

カフカは手を止め、筆談用メモにペンを走らせる。

「約束を確認しておいていいか」

「なんのことだ？」

「僕が死んだら、作品や日記はすべて焼いてくれっていう約束だよ」

「あれを世に出せないのは、もったいないよ」

「友人として——最期の頼みだ」

ブロートは、しぶしぶその約束をのんだ。

だが、ブロートはカフカの死後、彼の作品を発表する。

「約束は破ってしまったが、君の作品には、絶対に文学的な価値がある。僕はそれを世に知らしめたい」

そこにあったのは、ブロートの、友人カフカと彼の作品を思う、最大級の愛だった。

研究に命を燃やした科学者、マリ・キュリーが没する

2度のノーベル賞に輝いた女性科学者、マリ・キュリー。彼女の功績の裏には、地道な努力があった。

彼女と彼女の夫・ピエールが行っていたのは、大量のピッチブレンドという鉱石を様々な方法で分解する、新元素を発見するための実験であった。「発見」とは、新しい元素を見つけるだけではなく、その元素が持つ正確な重さにつながる値、「原子量」も明らかにしなければならなかった。

「原子量」を明らかにするには、放射線を放出する鉱石を乳鉢ですりつぶすなどといった、現在では考えられないような危険な作業が必要になる。

だが当時は、放射性物質を防御もなしに扱うことがいかに危険で、命に関わる作業であるか、まだ分かっていなかった。

「見てくれ、マリ。ラジウムを腕につけたら、ほら」

ピエールがマリに差し出して見せた腕には、ラジウムの結晶を押し当てた跡が、軽い火傷のように赤く残っていた。

「まぁ、その跡。私の指と同じね」

マリの指先も、赤くなっていた。放射性物質を触りすぎたための指の火傷である。

「火傷ができるということは、これは危険な物質なのかしら……。でも、毒が薬となるように、きっと役に立つ日が来るはずだわ」

科学の黎明期《れいめいき》であった当時、人々は、科学がもたらしてくれる素晴らしい未来を夢見て、マリたちのように研究にいそしんでいた。それは、時に自らの命を削る行為だと知らずに。

新元素の発見が進み、科学自体が進歩し、時代は発展していった。しかし、人類の歴史に貢献し続けたマリは、また科学による犠牲者の1人となる。

1934年7月4日、マリ・キュリーは、再生不良性貧血により亡くなる。本人は最期まで否定していたが、放射線被ばくが原因となってのことだった。

彼女の死は、放射線の危険性を知らない世の中に大きな衝撃を与え、放射線の研究を大きく進歩させた。その意味でも、彼女は、最期の最期まで科学に貢献し続けた人物と言えるだろう。

7/ 1996年

5

クローン羊のドリー誕生

それはまるで、真綿のようだった。白くふわふわとした若い羊毛は、全身を柔らかく包んでいる。開かれた二つの目は、瑞々しい生命の光を湛《たた》えていた。４本の足は、懸命に身体を持ち上げようと震え、その度につっかえ棒が外れたように崩れる。15分ほど、そうしていただろうか。ついに子羊は、自身の足で胴部を支え、立ち上がった。その子羊の真っ白な毛を、繕うように舐める親羊の顔は黒く、毛は直毛気味で長い。

あまり似ていない親子羊を見守る二人の男は、息を飲み、興奮と感激で大きく見開かれた目で、互いの顔を見た。

「呼吸も視覚も、運動機能も問題なさそうですね」

「ああ。まだしばらく様子を見る必要があるが、最初のテストはクリアと言ったところかな」

丸顔に髭を湛えた年配の科学者は、声に安堵の色を滲ませた。生まれたばかりの子羊と、その親が似ていないのは、彼らにしてみれば当然だった。〝スコティッシュ・ブラックフェイス〟の親は代理母であり、生物学的な親子関係はない。子の雌羊は〝フィン・ドーセット〟。彼女は、研究室で誕生した。

二人の科学者……イアン・ウィルムットとキース・キャンベルは、亡くなった雌フィン・ドーセットの乳腺から採取した細胞を培養した後、別の雌羊から摘出した受精卵の核を取り除き、融合させた。その後、胚細胞が機能していることを確認した後に、代理母の子宮に移植する。そして１９９６年７月５日、代理母は、真綿のようなフィン・ドーセットの子を産んだ。つまり、今生まれたばかりのこの子羊は、亡くなった雌フィン・ドーセットと全く同じＤＮＡを持つ。これはウィルムットとキャンベルにとって、２７８回目の挑戦にして掴んだ、初の成功だった。

「この子の名前は何にしましょう、ウィルムット博士？」

「覚えやすく、ウィットに富んだ名が良いなぁ……」

「ドリーってどうですかね？　この子の元の細胞は、乳腺でしょ？　カントリーミュージシャンの、ドリー・パートンって、ほら……」

そう言った学生は、胸の下で両手の手のひらを上に向け、上下に揺らす。ワッと下卑た笑いが、研究室内で爆《は》ぜた。

「それにしよう。名前は、初の哺乳類クローンの、ドリーだ」

眼鏡の奥の目を細め、ウィルムット博士が言った。

7/6 1885年

パスツールが狂犬病ワクチンを初めて人間に注射

フランスの細菌学者である、ルイ・パスツールは、実験によって「腐敗」が微生物による現象だと証明した。

「もしかして、病気も微生物たちの仕業なのでは?」

そう思ったパスツールは、病気の生き物の中に様々な細菌を発見していく。

彼は鶏コレラの研究中、ふと思いつき、培養してから日数が経過していた菌を、1羽の鶏に注射した。

すると、鶏は病気を一度発症したものの、翌日には回復。そして、その鶏に致死量の菌を打っても、二度と病気になることはなかった。これが、パスツールがワクチンの仕組みを発見した瞬間だった。

「これさえあれば、多くの人間を救える」

彼が取りかかったのは、狂犬病ワクチンの開発であった。狂犬病は、感染した犬などに噛まれることで起きる感染症である。一度発症すると100パーセント死に至る、恐ろしい病気だ。


だが、狂犬病の原因となるウイルスは、細菌よりもさらに小さい。今までと同じように病原体を培養して弱毒化するやり方はできなかった。

そこで彼は狂犬病の犬の体を用いることで、ワクチンを作り上げることに成功。そのワクチンで、狂犬病になりかけた犬を見事回復させた。

そんな時、パスツールの元に、狂犬病の犬に噛まれた1人の少年が連れてこられた。

現代でも、狂犬病は発症してしまえば治療法はない。少年は、このまま死を待つしかなかった。

「しかし、まだ犬でしか成功していないワクチンを、人間に打っていいのだろうか」

パスツールが葛藤している間にも、少年は刻一刻と発症に近づいていく。もう迷っている時間はない。

1885年7月6日、パスツールは狂犬病ワクチンを少年に接種する。その結果、少年は発症せず、回復。狂犬病ワクチンで人間が助かった、世界初の瞬間だった。

パスツールの発見した技術「ワクチン」は、グローバル化社会の感染症対策として、ますますその重要性が唱えられている。

7/7 1901年

ゴジラを生んだ特撮監督、円谷英二《つぶらやえいじ》が誕生

1901年7月7日、のちに映画監督となり、「特撮」という分野で映像業界に革命を起こすことになる人物が生まれた。円谷英二その人である。

1954年、1つの映画の撮影がスタートした。仮に「G作品」と名づけられたこの映画には、製作にかける時間がなかった。映画の封切りである11月までは残り半年。従来の撮影では、間に合わない。

それまでの特撮といえば、模型を用いた人形劇と、実際の人間たちが演技をする映像を合成させたものであった。1コマずつ人形を動かしては撮影していくという、ストップモーションを使った撮影には、しかし、時間がかかる。

そこで円谷がとった方法が怪獣ゴジラに、人間が入って操縦するという方式である。そして、それが逆に、人形劇には作ることができない、滑らかな怪獣の動きを生んだ。

「俺が監督として、演技指導は全部やる。指令を出すから、覚悟してやってくれ」

初めに円谷英二は、スーツアクターをすることになった中島春雄《なかじまはるお》にそう言った。

「スーツは重いが、大丈夫か？」

中島は「やります」と即答した。

しかし、問題のスーツは、重量は100キロほどある上に、中からは足元のわずかな場所しか見えない。さらにスーツの中の足部分は下駄で、動きにくいことこの上ない代物だった。

そんな中でも、動物の動きを学び、円谷と中島は撮影を進めていく。

「その動きは、おかしいな。もう一度やり直しだ」

円谷は、あるシーンの撮り直しを指示した。

それは、中島演じるゴジラが、銀座・和光の時計台を壊すシーンだ。ただ無造作に壊しては、ゴジラではない、と。

中島はゴジラの気持ちになって、「なんだ、この音が鳴るものは？」と少し考えてから壊した。

「それだ！　これこそ、ゴジラの動きだ」

こうして作られたゴジラの第一作は、空前の大ヒットを記録する。ゴジラの大きな足跡が、特撮映画史に偉大なる一歩を刻んだことは言うまでもない。

日本人初の女性宇宙飛行士、向井《むかい》千《ち》秋《あき》が宇宙へ

「夢を持つ人生は、持たない人生の何倍も楽しい」

夢とは、好奇心だ。

好奇心を持って進む、推進力だ。

彼女の生き方は、そんな力に満ちあふれていた。


きっかけは、１つの新聞広告だった。

病院での当直が終わり、疲れ切った向井千秋の目に飛び込んできたのは、宇宙飛行士を募集する広告だった。

「挑戦してみたい……！」

幸運にも、向井にとってタイミングがよかった。医大での研修期間が終了し、研究をまとめるための時期と、長い宇宙飛行士試験の日程が重なったのだ。

そして向井は、宇宙飛行士の試験を突破し、毛利衛、土井隆雄とともに宇宙飛行士となる。

３人とも、ＰＳ（ペイロード・スペシャリスト）としての採用である。ＰＳとは、船内での科学実験を主体的に行う専門家のことだ。

だが、宇宙飛行士に選ばれたからといって、すぐに宇宙に行けるわけではない。ミッションの担当として選ばれなければ、宇宙に行くことはできないのだ。その間、宇宙空間での活動に備えた基本的な訓練の他に彼女がしたのは、研究のための知見を深めることであった。

彼女は、誰よりも熱心に研究に取り組んだ。

宇宙飛行士に選ばれるための最後の決め手は、研究者たちの投票によるところが大きい。彼らの信頼と正しい理解を得て、初めて宇宙に行けるのだ。

向井は研究者の元へ直接出向き、切り出した。

「先生の研究は、宇宙空間ではうまくいかないと思います。ですが、それをこういう風に変えると……」

学んだ知識をもとに、よりよくする方法を提案した。彼女の知識と熱意に、研究者たちは大きな理解を示し、向井に研究を託したのだった。

１９９４年7月8日、スペースシャトル・コロンビア号は宇宙へ飛び立った。船内にたくさんの夢を乗せて。

7/ 1940年

9

杉《すぎ》原《はら》千《ち》畝《うね》が、「命のビザ」を発給しはじめる

1940年7月9日、杉原千畝はジークフリート・ホッパーにビザを発給した。ビザとは、入国許可証のことで、これがいわゆる、「6000人の命のビザ」の記録上の1枚目にあたる。

ヒトラー率いるドイツ軍は、前年ポーランドへと侵攻した。彼らはポーランド国内を蹂躙《じゅうりん》し、ヒトラーの標的となったユダヤ人たちは難民となり、隣国リトアニアに逃げていた。リトアニア暫定首都カウナスは、ポーランドとの国境にも近い場所である。

当時、杉原はこのカウナスの日本領事館に赴任していた。ユダヤ人たちを救いたいと思いながらも、杉原は悩んでいた。リトアニアの支配を強めるソ連は、大使館の閉館を迫る。さらにドイツは日本の同盟国だ。

自分一人の信条で、ビザを発給していいものか。

だが、大使館へビザを求めてやってくるユダヤ人難民は後を絶たない。見過ごしてしまえば、彼らは迫害を免れることはできないだろう。

やがて、杉原は覚悟を決めた。

「ビザを発給しよう」

杉原は1日に何枚もビザを書き続けた。リトアニアがソ連へと併合された後も、ビザの発給は止めなかった。彼のもとには、ビザを求めるポーランド人が次から次へと訪れた。正規の手続きを踏んでいては、とうてい間に合わない。

より多くの人々を救うために、彼は後々本国へ報告するために番号を控えていくことも、発給のための手数料を徴収することも停止した。

書き続けて、書き続けて、万年筆も折れた。

それでも、杉原の「命のビザ」を求める人が減ることはなかった。異動命令が無視できなくなり、国外へ移らねばならなかったその時も、彼の周りには多くの者たちが集まった。カウナスの駅からベルリンへと発車する汽車の車窓からも、彼はビザを手渡し続けた。

杉原が発給したビザの正確な数はわかっていない。なぜなら、彼がすべての記録や証拠を処分したためだ。

彼が政府の命令に背いてまで救った命は、6000人から8000人とも言われている。

7/10 1856年

見えない線を引いた発明家、ニコラ・テスラが誕生

1856年7月10日、ニコラ・テスラはオーストリア帝国（現在のクロアチア）に生まれた。28歳の時にアメリカへと渡った彼は、「エジソン電灯会社」に入社する。当時エジソンは直流での電力送電事業を考えていたのだが、そんな社内でテスラは反対のことを主張した。

「効率と安定を考えるなら、交流送電にすべきです」

エジソンの方針とまったく違うことを言いはじめた彼は、数ヵ月で会社を辞めることになる。

だが、実は彼が主張した通り、交流送電のほうが、電力事業を運営する上でメリットは多かった。現在家庭のコンセントに流れているのも、交流電流である。

直流か交流かという、エジソンとテスラの確執は、後に「電流戦争」と呼ばれる。2人は激しく対立したが、似た者同士でもあった。電球などを生み出した発明王エジソンと同じように、テスラもまた、多くの発明品をこの世に残した天才発明家である。

すさまじい放電を見せる写真で知られるテスラコイルや、蛍光灯の仕組みを考えたのも彼であった。そして、現在に至るまで用いられている彼の発明が、無線トランスミッターである。

これは、その後の世界を一変させた発明だった。

1898年11月、マディソン・スクエア・ガーデンの展示会で、テスラは会場に集まった人たちに驚くべきものを見せつけた。

「今から皆さんの言ったとおりに船が動きますよ。さぁ、どうぞ！」

観客から「右に！」「左っ！」と声が上がる。

すると、指示通りに船が水の上を進んだ。

テスラは観客の言葉で船が動いているように見せかけたのだが、実際は彼が手元で船を操作していた。彼が離れたところでリモコンを動かせば、水に浮かべた船が動く。リモコンと船の間には何もない。リモコンが発した電波を船が受け、モーターがラダー（舵）を働かせる。この1艘《そう》のラジコン船が、のちのすべての無線操縦やラジオの元祖となった。

ニコラ・テスラが引いた見えない線は、確実に未来につながる線だった。

7/11 1957年

棋士・升田幸三《ますだこうぞう》が、史上初の三冠を達成する

1957年7月11日、第16期名人戦の第6局は、2日目に入っていた。

升田幸三は、ここまで3勝2敗。王将位・九段位を獲得していた升田の肩には、否が応でも期待が覆い被さっていた。くわえていた煙草を灰皿でねじり消すと、再度新しい煙草に火をつける。

対局は、終盤に差しかかっていた。升田はおもむろに角行で王手をかけるが、相手の大山康晴《おおやまやすはる》がすかさず金将で阻止。だが、升田は盤面に出ていた角行を同じマスに打ち込む。升田の王手となる一手だった。

この瞬間、大山康晴を破り、名人位が升田のものとなった。棋界史上初の三冠達成である。

そんな彼の将棋も、かの大勝負がなければあり得なかった。

1947年、升田はGHQからの呼び出しを受ける。戦後の敗戦処理を行っていたGHQは、日本から軍国主義的なものを一切排除しようとしていた。

その1つに将棋があった。「木村義雄《きむらよしお》名人が、軍部へ戦略指導をしていた」ということを言いがかりにして、将棋を排除しようと考えていたのである。

升田は会談の席に着くやいなや、いきなり「酒が飲みたい」と申し出るという奇手を打った。それにGHQ側はペースを乱され、慌ててこう切り出した。

「チェスと違って、将棋は取った相手の駒を自分の兵隊として使用しますね。これは捕虜の虐待であり、人道に反する行いではありませんか?」

「冗談じゃない、チェスこそ捕虜の虐殺だろう」

升田にとっては、想定内の質問だった。

「日本の将棋は、捕虜を虐待も虐殺もしない。将棋では常にすべての駒が生きている。これは能力を尊重し、それぞれ働き場所を与えようという考え方だ」

升田は出されたビールを片手に、とうとうと述べた。

升田の言葉は、王手をかけたようなものだった。

真に将棋を理解し、愛していたからこそ、升田は、GHQとの大勝負、そして史上初の三冠達成という偉業を成し遂げられたのだろう。

7/12 1730年

イギリス陶工の父、ウェッジウッドが誕生

1765年、シャーロット王妃の注文を受けて作られた茶器が彼女のもとへ届けられた。美しいクリーム色の陶器に、王妃は一瞬にして心を奪われた。

1730年7月12日、ジョサイア・ウエッジウッドは、イギリスのストーク・オン・トレントに生まれた。現在でもこの町は陶器の町として知られているが、ウエッジウッドが生まれる前から陶工の町であった。そしてもちろん、ウエッジウッドの家も。

町中にあふれる、目を奪われるような美しいカップやポットに囲まれ、ジョサイアの美を追求する心は育っていった。

9歳の時に父親が亡くなると、長男が工房の跡を継ぎ、まだまだ少年でしかなかったジョサイアも、長男の下で工房の見習いとして働くようになった。

だが、そんな彼を悲劇が襲う。

「あぁ、また失敗だ……。右足が動いてくれない」

天然痘によって右足が不自由になってしまったせいで、右足を使って回す「蹴《け》ろくろ」を自由に動かすことができなくなったのだ。それは陶工としての人生の終わりを意味していた。

だがジョサイアは、「足が使えないならば」と、頭を使った。そして彼は陶器そのものを作ることよりも、釉薬《ゆうやく》やデザインの研究を重ねていった。

そして若くして独立し、29歳の時に工場を借りると、ウエッジウッド社を開業したのである。

ジョサイアが目指したのは、東洋から伝わるもののような、白く美しい陶磁器だった。西欧の土地では、白い陶器を作るのは難しく、近隣諸国では唯一、ドイツのマイセン社だけが成功していた。

美しい陶器を目指す熱意が、淡いクリーム色をまとった「クリームウェア」を生んだ。そして、シャーロット王妃はその陶器を気に入り、特別に「クイーンズウェア」を名乗ることを許したのである。

彼の生み出した美しい陶器は、現在でも人々を魅了してやまない。

7/13 1867年

坂本龍馬《さかもとりょうま》、新政府の基本方針となる「船中八策」を発表

旧暦慶応3年6月12日

1867年7月13日、坂本龍馬は土佐藩船・夕顔丸に乗り込み、京都を目指していた。その船上で、龍馬は考えていた新政府の基盤となる8つのアイデアを、土佐藩士・後藤象二郎《ごとうしょうじろう》に話した。

「後藤様。聞いていただきたいことがありますきに」

「なんじゃ」と後藤は眉をひそめる。

「新しい政事の仕組みを、考えてみたがです」

龍馬が話しはじめた項目を、近くの藩士たちが手分けして紙にまとめ始めた。

「一つ、天下の政権を朝廷に奉還せしめ……」

坂本龍馬の考えた8つの条項は、当時にしてみれば画期的な条文だった。250年以上の長きにわたり江戸幕府による政治が続いた日本において、「有能な人材を家柄にこだわらず選び、議会によって政治を行う」という考えは、真新しかった。江戸の政治は、限られた名家に独占されたものであったからだ。

また、日米修好通商条約などの不平等条約を改正することを目指し、軍力の増強と憲法制定の条文も組み込まれていた。これには、龍馬が勝海舟《かつかいしゅう》やジョン万次郎《まんじろう》などの幕末の有力な志士に出会い、海外での進んだ政治を学んだ経験が生かされている。

さらに最後の1条には、龍馬が貿易会社としての性格も持つ政治組織、亀山社中《かめやましゃちゅう》を率いた経験から提案された、「金銀の交換レートを諸外国と同一にすること」が入れられていた。当時の日本の金銀レートでの取引では、諸外国は両替をするだけで、簡単に利益を出せてしまうという問題点があったからだ。ここに新しい政府の草案が成った。

「一つ、金銀物価を……金銀物価宜しく外国と等しく……えーっと、なんじゃったかの」

「いや、龍馬さん、こっちで文章は直しますから、気にせず続けてください」

長岡謙吉《ながおかけんきち》が、条文を書き起こしながら口を挟むと、龍馬は豪快に笑った。

「これは、すまんすまん！」

船中八策は、その人間的な魅力で多くの人を引きつけた龍馬らしく、周囲の人々の支えによって生まれた。

7/14 1789年

バスティーユ牢獄が襲撃され、フランス革命がはじまる

1789年7月14日、臣下の者が、ルイ16世の元をバタバタと訪ねてきた。ただならぬ気配に、王は何が起きているのかを尋ねた。

「騒乱か?」

「いいえ、陛下。『革命』でございます」

この頃フランスでは、平民の多くが、王政に不満を抱いていた。

当時、「第三身分」と呼ばれていた平民には、聖職者や貴族らは免除されていた重税が課されていた。さらには、身分制議会である「三部会」は閉鎖され、平民たちは、意見を述べる場すら奪われてしまっていた。

「こんな身分制度は壊してしまえ!」

平民たちは球戯場に集まり、国民議会の開設と憲法の制定を求めていくことを誓った。

だが、政府は、それらを承認する一方で、軍隊をヴェルサイユに集結させた。

パリ市民の緊張が高まる中、平民出身のジャーナリスト、カミーユ・デムーランは市民たちに訴えた。

「武器をとれ!」

彼の怒りに共鳴し、市民たちは立ち上がった。

「おおおぉぉぉ!」

やがて「バスティーユ牢獄に武器がある」という噂が聞こえてきた。市民たちは、大挙してバスティーユ牢獄の前に集結した。

市民たちは、はじめ交渉によって武器の引き渡しを求めていた。牢獄の外では長い時間、守備兵と民衆がにらみ合い、膠着《こうちゃく》状態が続いた。

「このまま、じっと待ってられねぇ、中に入ろう」

2人の市民がこっそり牢獄の中に入り込み、外の跳ね橋を下ろした。それを合図に、群衆が一斉に橋からなだれ込む。守備兵は動揺し、ついに銃弾が放たれた。その銃弾で民衆の怒りは頂点に達し、双方に多くの死傷者を出す内乱の火蓋が切って落とされた。

1発の銃弾が、これから長きにわたる革命の、本当の引き金を引いたのだ。

7/15 1799年

ヒエログリフ解読のきっかけ、ロゼッタストーンが発見される

1799年7月15日、フランスのエジプト遠征軍が石碑を発見した。その場所は、当時彼らがロゼッタと呼んでいた場所だったことから、その石碑はロゼッタストーンと名づけられた。

ロゼッタストーンには、3種の文字が刻まれている。上段にはヒエログリフ、中段には民用文字のデモティック、下段はギリシア文字である。

発見から二十数年後の1822年。フランスのジャン＝フランソワ・シャンポリオンが碑文を解読したと発表する。

「よし、今日もラテン語の勉強をしようか」

「兄さん、今日はラテン語じゃなく、ギリシア語を教えてほしいんだ。ラテン語はもう完璧だから」

シャンポリオンは、語学の天才であった。16歳の時には、12もの言語を操れたという。

そんな彼にも読めない文字があった。「ヒエログリフ」だ。それは、古代エジプトで使われていた絵に似た文字で、当時はまだ解読されていなかったのだ。

小さいころに見たヒエログリフに取りつかれ、シャンポリオンは人生のすべてを研究に費やした。17歳でパリに出た後も、ひたすら研究に没頭した。

それゆえ、生活力は皆無だった。生活費などは、ほぼ兄の仕送りで、「兄さん、お金が……」と泣きつく始末。さらにナポレオンによる徴兵制が始まると、兄に陳情書を書いてもらい、兵役から逃れた。

研究に専念し続けた彼は、エジプトで古くに使われていたコプト語も操れるようになる。

「ヒエログリフは、コプト語に似ている……待てよ」

シャンポリオンは、今まで表意文字だと思っていたヒエログリフが、音を表す表音文字だと気づく。

彼は、ヒエログリフの中から「クレオパトラ」や「プトレマイオス」といった名詞を拾い、音を当てて、解読を進めた。

「兄さん、解読できた!!」

彼はそう言った直後に気絶し、その場に倒れこんだ。

ヒエログリフ解読は、シャンポリオンの情熱と、兄弟の絆によって達成されたのだ。

7/16 1919年

国会を作った「憲政の父」、板垣《いたがき》退助《たいすけ》死す

明治初期、日本は外国からの技術の遅れを取り戻すため、急激な近代化を推し進めていた。しかし、その影響で、変革に取り残された民衆の間では、格差が大きくなっていた。

そこで立ち上がったのが、当時、政府の高官であった西郷《さいごう》隆盛《たかもり》と板垣退助である。2人は、政府の職を辞し、西郷は士族の代表として、板垣は民衆の代表として、国を変えようと決意する。

故郷である高知県に帰った板垣は、民衆を政治に参加させる体制である国会の開設に向けて、自由民権運動を始める。時を同じくして、西郷も九州で士族を守るために政府に対する反乱を起こしていた。

「板垣さん、今が好機です。西郷さんたちと同じように、武装蜂起して政府に対抗しましょう」

高知でも政府に立ち向かうために、反乱の機運が高まっていたのだ。しかし、板垣はこう返した。

「今は、自由の志を全国に広め、民衆の力によって政府に訴えかけることが大切だ」

武力によってではなく、言論によって政府を変えなければならない、と周囲を説得したのである。

結局、西郷の起こした反乱は政府によって鎮圧されてしまったが、板垣の自由民権運動に賛同する者は日に日に増えていった。板垣は全国でも演説を行い、ついに政府に国会開設を約束させる。

ところが、1882年、事件は起こる。岐阜県での演説を終えた板垣が会場を後にした、その時だった。暗殺者の凶刃《きょうじん》が板垣を襲ったのである。板垣は、深手を負いながらも、こう言い残したという。

「板垣死すとも、自由は死せず」

自らが命の危機にありながらも、民衆の自由を主張したのである。その後、板垣は一命をとりとめ、この事件は瓦版や芝居になって全国へと広まり、板垣の志は、多くの人々に「自由」という言葉を浸透させた。そして、自由民権運動を立ち上げてから16年後、ついに国会が開かれる。現在まで続く国会の歴史が、この時、スタートしたのである。

そして、1919年7月16日。最期の時まで政党政治に尽力した板垣は、静かに息を引き取った。

7/17 1916年

黒田《くろた》チカが東北帝国大学を卒業。日本発の女性学士に

晴れ着に身を包み、東北帝国大学のキャンパスに立つ彼女は、喜びと誇らしさに胸を満たしていた。手にした卒業証書には『黒田チカ』の名と、「東北帝国大學化学科を修め、その業を卒《お》へたり依ってこれを証す」の文言が書かれている。証書を胸に抱き目を閉じると、この3年間の出来事が、昨日のことのように思い出された——。

体格検査から始まり、5日間に及んだ大学入学試験。その数日後に発表された合格者名簿に、自分の名を見つけた時の喜びと未来への希望！　さらに嬉しかったのは、名簿に自分以外にも、「牧田《まきた》らく」と「丹下《たんげ》ウメ」という二人の女性の名前が記されていたことだ。初めてキャンパスに行った日には、その丹下ウメの方から声をかけてくれ、3人はすぐに意気投合した。

自分たちが、この国における「初の女性大学入学者」だと知ったのは、コミュニケーション上手なウメちゃんが仕入れてきた情報。文部省から大学宛に「元来、女子を帝国大学に入学させることは前例がない。非常に重大な事件であるゆえ説明を求める」との書面が届いたこと、そして総長が「門戸開放は我らの理念だ」と突っぱねたと聞いたのは、またしばらく後のことだった。「これからの時代、女子にも学問は必要だ」という父の明るい言葉を聞いて育ったチカには、国が女性の教育を拒むような要求をしてきたというのは、衝撃だった。ただ、らくちゃんは「女に学問は要らぬ！」と怒鳴る父と常に衝突してきたと言う。そんな話を聞くにつれ、チカは自分の生まれ育った環境に感謝した。

「思えば私は、本当に人との出会いに恵まれていたな……」

胸の内に響く想いは、自然と口からこぼれ出ていた。子どもの頃は、女子一人で授業を受けるのは寂しいと泣くチカに、先生が「お姉ちゃんと一緒に受ける？」と聞いてくれ、2歳年長の姉のクラスに入れてもらえた。大学では、理化学研究の第一人者である真島利行《ましまとしゆき》の下で学ぶ機会を得、紫根《しこん》の色素分析という没頭できる研究テーマを与えてもらえた。

「背を押してくれたみんなの想いに応えるためにも、これからも研究を続けよう。そして今度は私自身が、誰かの手を引き未来へと導いてあげよう」

仙台の澄んだ青空に、チカは誓った。

7／18 1918年

反アパルトヘイト運動の指導者、ネルソン・マンデラが誕生

1990年。南アフリカの刑務所から、1人の男が釈放された。27年もの長い刑期を経た彼を待っていたのは、民衆の割れんばかりの声援だった。

「マンデラ！　マンデラ！　マンデラ！」

自由と平等のために闘い続けたネルソン・マンデラが、世界を動かしたのである。

当時南アフリカでは、アパルトヘイトと呼ばれる、黒人を差別する政策が行われていた。

国の定めた法律により、黒人には選挙権が認められず、住む場所も区別され、バスや電車に自由に乗ることさえ制限されていた。

マンデラは、1918年7月18日に生まれた。大学で法学などを学んだのち、黒人の扱いを改めさせるため、反アパルトヘイト運動を立ち上げた。平和的なストライキやデモにより、人種差別撤廃を訴えたが、政府の武力鎮圧に対抗して、武装闘争へと過熱していった。

その指導者であったマンデラは逮捕され、終身刑となるも、強い意志が揺らぐことはなかった。

「私は、南アフリカのすべての人々が協調する民主的で自由な社会のために、命を捧げる覚悟がある」

法廷で語ったマンデラの言葉に、多くの人々が心を動かされ、やがてそれは世界へと波及してゆく。

国際的に人種差別撤廃の動きが強まり、アパルトヘイトが廃止されると、マンデラの釈放を求める声が上がった。

刑務所から釈放され、自由を得たマンデラは、民衆に向かって演説した。

「生まれたときから、肌の色や育ち、宗教で他人を憎む人などいない。憎しみを学んだのであれば、愛もまた学ぶことができる」

マンデラは白人から迫害され、投獄されたにもかかわらず、怒りではなく許しを説いた。

彼は、1994年に、黒人を含めた全人種による自由で平等な選挙によって、南アフリカ初の黒人大統領に選ばれる。

マンデラの誕生日である7月18日は、「マンデラデー」として、世界中で社会奉仕活動への呼びかけが行われている。

新選組随一の剣士・沖田総司《おきたそうじ》、結核に倒れる

旧暦慶応4年5月30日

「御用改めでござる」

浅葱《あさぎ》色のダンダラ羽織を着た隊士たちが、一番隊隊長・沖田総司に続いて池田屋に踏み込んでいく。

彼らは死傷者を出しながらも多くの浪士を捕縛。この事件が、新選組の名を一躍有名にした。

――しかし、それは一昔前の話。

京都の平和を守ってきたという新選組の面影は、もはや消え去った。一つの時代が今終わろうとしていたのだ。大政奉還の後、旧幕府側と新政府側との軋轢《あつれき》は、互いの武力衝突にまで発展していった。

新選組も、旧幕府側として鳥羽伏見の戦いに参加。が、旧幕府軍は、外国製の新しい兵器を多く所持する新政府軍に軍備の差で圧倒され、敗北を重ねていた。そして、ついには京都を追い出され、船で江戸へ下る。

朝敵――天皇に歯向かう敵とされながらも、旧幕府側は自分たちの正義を信じて、戦い続けた。

だが、そこに剣士・沖田総司の姿はなかった。

沖田は、千駄ヶ谷の植木屋・平五郎邸にいた。嫌な音のする咳や呼吸音が、彼の部屋からもれる。肺を病み、やせ細り、戦う力は残っていない。新選組は北へ北へと敗走を重ねながらも戦い続けている。だが、その戦いについていくこともできないほどに病状は進行していた。

沖田は、悔しさを滲ませながら新選組を見送り、それが今生の別れとなった。

「沖田さん、調子はどうですか？」

「ゴホッ……今日はまだ大丈夫です」

世話をしてくれる老婆が、心配そうに沖田のほうを見ながら、部屋の障子を開いた。手入れされた庭木の美しい庭に、黒猫が1匹、こちらを見つめていた。

「……あの、近藤さんたちから便りはありませんか？」

「ええ……お忙しいんでしょうかねぇ」

近藤勇《いさみ》は2ヵ月前、板橋の刑場で処刑されていた。

沖田は、近藤の死を知ることなく、1868年7月19日に結核でこの世を去った。

7/ 1969年

20

アポロ11号が人類史上初の月面着陸を果たす

打ち上げから、すでに100時間ほどが経過していた。指令船コロンビア号から、着陸船イーグルが切り離される。

人類初の、月への降下が始まったのだ。

着陸予定地点は、すでに選定がなされていた。場所は「静かの海」と呼ばれるポイント。着陸船に積める燃料は限られていて、コロンビアが停泊する月の周回軌道上（月の赤道上）を大きく離れることはできない。さらに月の表面温度も計算したうえで、選ばれた場所だった。

だが、当時はまだ宇宙開発の黎明期《れいめいき》。月の正確な地形がわかるわけではない。着陸船イーグルの窓から選ばれたポイントを視認して、ニール・アームストロング船長は驚いた。

「クレーターも近いし、岩も多い。これでは危険だ。手動操縦に切り替えて、着陸ポイントを再選定する」

「わかりました」

アームストロング船長が、安全に着陸できるポイントを探し、必死に操縦する。それを補助するように、着陸船の操縦士バズ・オルドリンは、残りの燃料や高度などのデータを読み取り、彼に伝え続けた。

やがて、着陸に適した土地を見つけ、自らが舞い上げた月の砂塵に視界を奪われながらも、イーグルはなんとか月へと降り立った。着陸に使える燃料は、残りわずかだった。

「ヒューストン、こちら『静かの海基地』。鷲（イーグル）は舞い降りた」

アームストロング船長が、そう地上へと伝えた。

「了解。月面にいる君たちの声は、よく聞こえる。君たちのおかげで、たくさんの人間が真っ青になるところだった。ため息もついてる。ありがとう」

1969年7月20日20時17分。

アポロ11号は月へと降り立った。

その後、2人は船外活動の準備をし、ハッチを開けて外に出た。アームストロング船長が先に船外へと出て、月面に最初の一歩を刻む。

「これは一人の人間にとって小さな一歩だが、人類にとっては偉大な飛躍だ」

それが、アームストロング船長の言葉であった。

7/21 1863年

長州藩士・高杉《たかすぎ》晋《しん》作《さく》が、奇兵隊を結成

旧暦文久3年6月6日

江戸時代末期。ペリー率いる黒船の来航により、開国を決めた徳川幕府の威信は衰退の一途をたどっていた。日本は今や、外国からの侵略という大きな危機にさらされていたのだ。長州藩士のひとり、高杉晋作もまた、この状況を憂えていた。

「このまま、日本の命運を腰抜けの幕府に任せておくわけにはいかぬ」

幕府の打倒、そして外国人を打ち払う攘夷《じょうい》。これこそが高杉の考えであった。

そんな中、関門海峡における外国軍との戦い「下関戦争」が勃発し、長州藩は惨敗を喫してしまう。圧倒的な戦力差に打ちのめされた長州藩主・毛利《もうり》敬親《たかちか》は高杉に相談。すると高杉は新たな軍隊の創設を提案し、こう言った。

「志のある士を募り、一隊を創立しましょう。名づけて『奇兵隊』です」

奇兵隊とは、「奇を以《も》って虚を突き敵を制する兵」の意味。武士だけでなく、農民や町民、漁師や僧侶などからも兵を募集し、最新の戦術を学ばせようという発案である。徳川幕府が長年にわたり設けてきた、士農工商という身分の差にかかわらず、広く人員を募ったのだ。こうして1863年7月21日、奇兵隊は誕生した。

この知らせに、人々は歓喜した。それまで家族や国のために戦いたいと思いながらも、身分制度のせいでかなわなかった人々に対して、その権利が与えられたのである。入隊志願者は殺到し、瞬く間に数百人もの人材が集まった。

その初代総督は、もちろん高杉である。高杉は、兵たちを鉄砲が撃てるように訓練するだけでなく、一人ひとりに戦術を指導。軍事的な訓練だけでなく、命令書を書けるレベルの教育も行うなど、従来にはない改革を行った。

こうして奇兵隊は、圧倒的な強さを身につけた。

当初は外国艦隊からの防備が目的であったが、やがて「長州征伐」や「鳥羽・伏見の戦い」など、幕府や旧幕府軍との戦いにおいて、彼らは大いに活躍する。

徳川幕府の終わり、大政奉還、近代日本の幕開け……。大きな時代の変化に向け、高杉晋作と奇兵隊が、そのきっかけを創り出したと言っても過言ではない。

7/22 1951年

ソ連の宇宙犬ツィガンとデジクが、初めて大気圏外へ

アナトーリ・ブラゴンラヴォフ博士の足元を、1匹の犬が走り回る。「あぶないぞ」と言っても、ツィガンは聞いてくれない。いつもは、もう少し落ち着きがあるのだが。博士の心を感じ取っているのだろうか。不安そうに動き回っていた。

元々は野良犬であった彼女は、宇宙に行った犬だ。

6年前――1951年7月22日、ツィガンは、もう1匹の犬デジクとともに宇宙に行く計画に選ばれた。ロケットを発射する弾道で宇宙空間を通過し、パラシュートで地上に降りてくるというものだ。

この実験を、犬たちは何とか生き抜いてくれた。

「やったぞ!!」

人々は歓喜した。しかし、デジクは、2度目の宇宙飛行実験中に事故に遭い、命を落とす。

「お前を引き取れて、私は光栄に思うよ。なんたって初めて宇宙に行ったんだ。デジクも立派だった」

ツィガンをなだめるように博士は言う。

人間が宇宙に行く際、どのような危険があるか、わからない。ツィガンたちが、死と隣り合わせの過酷な旅を切り開いてくれたのだ。

「今日もまた仲間が宇宙に旅立つなぁ。落ち着かないのは、私も一緒さ」

博士はツィガンをなでながら、カレンダーを見つめる。日付は11月3日。

今日旅立つ犬の名は「ライカ」。彼女の旅は、今までとは違う。宇宙空間へと飛び出し、地球の周回軌道を回る。宇宙船の気密性を確かめるものだが、ライカは生きて地上に降り立つことはない。

「パラシュートのない片道切符か……」

博士が遠い目をして語りかけると、彼女が優しく鳴いた。

4年後、ユーリイ・ガガーリンが宇宙へと飛び立った。初めての有人宇宙飛行だ。だが、彼の偉業を支えたのは、科学者だけではない。多くの犬たちもまた、人類の挑戦を支えていたのだ。

7/23　760年

施薬院や悲田院を設置した、慈悲の人、光明《こうみょう》皇后《こうごう》が没する

旧暦天平宝字4年6月7日

奈良時代。藤原鎌足《かまたり》の次男、不比等《ふひと》の娘として生まれた光明子は、時の天皇の長男・首皇子《おびとのみこ》の元に嫁ぎ、皇太子妃となる。その後、首皇子が即位して聖武《しょうむ》天皇になると皇后の地位に就き、光明皇后となった。

それから数年後、日本では、天然痘が流行した。天然痘は感染症のひとつで、当時、非常に致死率の高い病気だった。やがてこの病は、光明皇后の住む平城京も脅かす。身分を問わず、多くの人々の間で猛威を振るったのだ。そんな中、光明皇后の4人の兄弟が、次々とその犠牲となり、亡くなってしまう。

「これは……長屋王《ながやおう》のたたりに違いない！」

聖武天皇は恐れおののいた。長屋王とは、藤原氏の策略によって滅ぼされた皇族だ。聖武天皇もまた、藤原不比等の娘・宮子《みやこ》を母にもつ藤原一族のひとり。彼らの死は、藤原氏に恨みをもつ長屋王のたたりと考えた聖武天皇は、光明皇后とともに、仏教に救いを求めた。その結果、諸国に、国分寺や国分尼寺を作らせるためのおふれ、「国分寺建立の詔《みことのり》」や「大仏造立の詔」を発令する。

一方、光明皇后は、皇后となった翌年には、すでに飢えと病に苦しむ人々を救うための活動を始めていた。天然痘が流行する以前から、民の間ではさまざまな病がはびこり、食べるものもない人々も多くいたからだ。

皇后は、自らの住まいである皇后宮に、諸国から献上させた薬草を無料で施す「施薬院《せやくいん》」を置き、貧しい人や孤児を救うための「悲田院《ひでんいん》」も設置していた。

天然痘は、当時の日本の人口の4分の1以上にあたる100万人以上の死者を出したのち、3年ほどで終息した。そして残されたのは、光明皇后の慈悲深さを示す、次のような伝説だ。

光明皇后は疫病を鎮めるため、奈良・法華寺の浴室で自らの手によって千人の垢を洗い流すという願を立てた。最後の千人目は、皮膚から膿《うみ》が出ている病人だった。「口で膿を吸い出してくれ」と病人に頼まれた光明皇后が、ためらうことなく言われたとおりにすると、病人はたちまち阿閦如来《あしゅくにょらい》の姿に変わり、消え去ったという。

760年7月23日、光明皇后はおよそ60年の生涯を閉じた。

7/ 1927年

24

芥川龍之介《あくたがわりゅうのすけ》、服毒自殺

1926年、初秋のある日、夫・芥川龍之介が死ぬような気がして、妻の文《ふみ》はふと2階へかけのぼった。「何だ？」と言われ、「いいえ、お父さんが死んでしまうような予感がして」と言うと、夫は黙った。

この妻との逸話は、芥川の遺稿『歯車』の「六、飛行機」にも描かれている。

「作家自身にしても、大量生産をしない限り、衣食することも容易ではない」（＊1）

芸術家のように文学を突き詰めるタイプの芥川は、創作の限界を感じ、生きることに怯えていた。

1927年1月、義兄（姉ヒサの夫の西川豊《にしかわゆたか》）が、自宅放火の疑いから取り調べをうけ、その後、鉄道自殺。芥川はその後始末を余儀なくされ、心労が増した。

中学生向けに近代文学の秀作を集めて編集した『近代日本文芸読本』（改造社）では、無断収録に対する抗議や印税の配分問題をめぐって作家たちから批判や抗議を浴びた。

芥川の中で、「死」への意識が一段と強まっていく。

そして、同年7月23日を迎える。その日は、「続西方の人」（昭和2年9月号『改造』）を脱稿し、昼食は家族とともにし、夕飯は客の2人ととった。いつもと変わらない1日だったが、覚悟は決まっていた。

日付が変わり、深夜2時頃、致死量のベロナールとジャールを飲んだ芥川は、聖書を読みながら深い眠りについた。翌朝、隣に寝ていた文は異変に気づいたが、すでに手遅れだった。

「お父さん、よかったですね……」

安らかな夫の死に顔に接し、文の口をついだのは、そんな素直な言葉だった。芥川の苦痛に満ちた晩年を知っていたのは文だけだった。

『歯車』「六、飛行機」は、次の文章で終わる。

「僕はもうこの先を書きつづける力を持っていない。こう云う気もちの中に生きているのは何とも言われない苦痛である。誰か僕の眠っているうちにそっと締め殺してくれるものはないか？」

＊1：『侏儒《しゅじゅ》の言葉・文学的な、余りに文学的な』（芥川龍之介、岩波書店）

7/25 1814年

発明家・スチーブンソンが、蒸気機関車の試運転に成功

1829年。イギリス、レインヒル州にて、リバプール・アンド・マンチェスター鉄道の正式採用をかけたレースが開催されていた。エントリーされた5台の蒸気機関車が並び、今や遅しとスタートの合図を待つ。

「いよいよだね、父さん」

スチーブンソンは、息子の言葉を噛みしめるように、深くうなずいた。

「大丈夫さ、私たちの作った『ロケット号』なら」

のちに「蒸気機関車の父」と呼ばれるスチーブンソンの、運命を分ける闘いが今、始まろうとしていた。

1781年に炭鉱夫の家庭に生まれたスチーブンソンの境遇は、決して恵まれたものではなかった。彼は、学校にも通えず、幼い頃から父を手伝って炭鉱の仕事をしていた。しかし、スチーブンソンは働きながらも、夜間学校に通って、新しい技術を身につける。

1814年、スチーブンソンに転機が訪れる。

当時、すでに蒸気機関車は開発されていたものの、実用化には至っていなかった。そこでスチーブンソンは、新しい技術を応用し、同年7月25日、ついに初めて実用性のある蒸気機関車の走行に成功した。

その後、実績を得たスチーブンソンは息子とともに鉄道会社を立ち上げるが、時を同じくしてライバルとなる会社が次々と現れた。それらに対抗すべく、スチーブンソンは最新技術を組み込んだ蒸気機関車「ロケット号」を製作し、レースに挑んだのだった。

フラッグが振られ、蒸気機関車が一斉にスタートする。ロケット号ははじめこそ出遅れたが、過酷なレースに他の蒸気機関車が脱落していく中、安定して最後まで走り抜き、見事優勝を果たした。

これによって正式採用となったロケット号は、その後の蒸気機関車の基礎となるほど完成されていたが、スチーブンソンはこんな言葉を残している。

「我々の目的は成功ではなく、失敗にたゆまずして進むことである」

7/26　1856年

階級社会を嫌った作家、バーナード・ショーが誕生

１８５６年7月26日、アイルランドで生まれたバーナード・ショーは、20歳のときロンドンに移り住んだ。彼は、イギリスの大きな特徴である階級社会を嫌っていた。

19世紀のイギリスは、大まかに労働者階級、中産階級、上流階級の３つに分類されていた。

住む場所や利用する店、仕事帰りに立ち寄るパブ、進学先や購読する新聞なども異なり、上の階級の者は下の者を常に差別し、軽蔑していた。階級ごとに英語の発音やアクセントが違っていることから、口を開けばその人がどの階級に属しているか即座にわかる。そこから軽蔑が生まれることを、ショーはばかばかしいことだと感じていたのだ。

そんなショーの思いが、ある1つの名作を生み出す。

「私は路上の花売りでなく、一流の花屋の店員になりたい。授業料を払うから、この粗野な言葉遣いを直してほしい」

ロンドンの下町に暮らす、労働者階級の花売り娘イライザは、偶然知り合った音声学者・ヒギンズ教授のもとを訪ね、指導を請う。ヒギンズは無理だとはねつけるが、居合わせた友人のピカリング大佐が、「成功すれば、私が授業料を出すから」と言い出した。そして2人は、彼女の下品な言葉遣いを直し、一流のレディに仕立て上げられるかどうか、賭けをすることになる。こうして、ヒギンズの邸宅で、話し方の特訓が始まった。

劇作家として活躍していたショーは、１９１２年、『ピグマリオン』というタイトルで、そんな作品を書いたのだった。物語の中で、イライザは厳しい訓練を重ねて上流階級の発音と会話術を身につける。そして、その集大成として、高貴な身分の娘としてダンスパーティーに参加し……。

厳密な階級社会を風刺した『ピグマリオン』は翌年上演され、好評を博した。この作品は、後に『マイ・フェア・レディ』というタイトルでミュージカル化や映画化もされ、それらも大成功を収めた。

舞台の初演から１００年以上が過ぎた現代でも、イギリスには未だ階級社会の文化が色濃く残っているとされているが、花売り娘からレディへと華麗なる変身をとげたイライザの物語は、世界中の人々を魅了し続けている。

7/27 1830年

民衆が自由と平等を求めた、フランス7月革命が始まる

アメリカの中心、ニューヨークのシンボル、自由の女神。その巨大な像は、アメリカの独立100年祭を記念して、19世紀末にフランスから贈られたものだ。右手を高く掲げた像のデザインは、世界的に有名なドラクロワの絵画「民衆を導く自由の女神」をモデルにしている。

フランス共和国を擬人化した女神、マリアンヌを中心に、銃を手に取って戦う人々が描かれたこのドラクロワの絵は、「7月革命」が主題となっている。

17〜18世紀のフランスにおいて、国王の権力は神から授かった絶対的なものと考えられていた。しかし、失業と飢えに苦しむ民衆が立ち上がった「フランス革命」によって、王政は倒され、国民が主権を手にした。

ところが、ナポレオンの治世と失脚を経て、ふたたびフランスは王政となる。革命で処刑されたルイ16世の弟・ルイ18世が国王になると、革命で掲げられた「自由・平等・友愛」などを無視し、貴族や聖職者のみを優遇する政策を次々に打ち出したのだ。

さらに彼の死後、その後を継いだ弟のシャルル10世は、ルイ18世以上に専制的な政治を推し進めた。王は、かつての絶対王政を復活させるべく、議会の解散や選挙権の縮小に乗り出す。

「こんな圧政が許されていいはずがない！」

1830年7月27日、民衆は三色旗を掲げ、パリ市内にバリケードを構築。シャルル10世を退位させ、王政を打倒するために立ち上がった。

軍は彼らを抑えることができず、蜂起初日にテュイルリー宮殿とパリ市庁舎が、3日目にはルーヴル宮殿が陥落。そして「フランス革命」で活躍したラファイエット将軍が民衆の側に立つと、軍は戦意を喪失。処刑を恐れたシャルル10世は、自ら退位して外国に亡命し、フランスは立憲君主政へと移行した。

「栄光の3日間」とも呼ばれるこの「7月革命」の波はやがて、オランダ、ポーランド、イタリアなど、ヨーロッパ各国へと広がる。

自由と民主主義の象徴として、ニューヨークに立つ自由の女神像。その視線は、母国フランスの方向を見つめている。

現代アートの祖、マルセル・デュシャン誕生

「アートとは何か？　自らの手で作ること？　いや……」

１９１７年４月、マルセル・デュシャンはついに行動に出た。ニューヨークにある鉄工所のショールームで、男性用便器を購入。それに自分のサインを入れ、「泉」というタイトルをつけて、アメリカ独立美術家協会展に出品した。

この作品は、美術界を揺るがす大事件となる……。

デュシャンは１８８７年7月28日、フランス北部のノルマンディ地方に生まれた。２人の兄が美術を志したことから、自然と自身も画家を目指すようになった。パリに出て、ルネサンスから印象派、象徴派、野獣派と一通りの表現方法を学び、最後に当時最先端のキュビスムに行き着いた。しかしどれも、彼にとっては追求すべき表現方法とは思えなかった。

１９１５年、渡米。自身のキュビスム作品「階段を降りる裸体Ｎｏ．２」などが知られていたことから、「フランスの最先端アーティスト」として歓迎された。社交性のあるデュシャンは、どこへ行っても人気を集めた。

しかし、この頃から彼は、絵を描かなくなった。画業を怠ったわけではない。「近代絵画の限界」を敏感に感じ取ったのだ。「かつての絵画には宗教的、哲学的、道徳的に働きかけるものがあったが、今の絵画には見た目の快楽しかない」

こうして彼は、「アートとは何か？」を突き詰めはじめた。やがて「レディメイド」とよばれる既製品を用いた作品の制作に傾倒していった。例えば、台所用のスツールの座面に自転車の車輪を差し込み、「自転車の車輪」という作品にした。

このレディメイドの発展系が「泉」である。

「泉」を受け取った展覧会側は急遽、臨時会議を開き、審査した。結果、既製品による「独創性の欠如」と洗面所の備品を見せる「猥褻《わいせつ》さ」を理由に、展示拒否の決定をした。

するとデュシャンは雑誌『ザ・ブラインド・マン』に無署名の抗議文を掲載し、展覧会の決定を批判した。

「自らの手で作ったかどうかよりも、あの物体を選んで、新しい思考を作り出したことが重要なのだ」

デュシャンは、「選ぶ」という行為が「作る」という行為と同じ価値をもち得ることを主張したのである。

「アートとは何か？」

百年前の彼の問いかけに対し、未だ明快な答えはない。

7/29 1836年

フランスを代表する建築物、エトワール凱旋門が落成

エトワール凱旋門。フランス、パリの中心地であるシャンゼリゼ通りの、ひときわ注目を集める建築物である。高さ50メートルにも及ぶ巨大なアーチが特徴的な凱旋門は、世界的な観光名所であり、また、パリの歴史の目撃者でもある。

「戦争に勝利した記念碑を作ろう!」

始まりは1806年——皇帝であり、フランスの英雄でもあったナポレオン・ボナパルトは、歴史的な戦いに勝利を収め、皇帝の権威を象徴する巨大な凱旋門の建設を命じた。

「凱旋門は、忌まわしき帝国時代の遺物だ!」

産業革命時代——建設中の凱旋門には、石が投げられ、工事はストップしていた。ナポレオンが失脚し、王政復古したことで、帝国を称える凱旋門を非難する声が上がったのだ。建築家は、凱旋門を皇帝ではなく王家の象徴として作り変え、なんとか建設を再開させる。

「権力者の象徴は、全部ぶっ壊せ!」

7月革命時代——パリには、武器を持った市民が押し寄せていた。王家への不満が爆発し、パリの民衆が蜂起したことで、市民革命へと発展。王家を称えていた凱旋門は、ふたたび、工事中止となる。建築家は、今度は凱旋門を革命の象徴として作り変えることで、工事の再開にこぎつける。

「なんて美しい建築物だ」

1836年7月29日——巨大な凱旋門を見上げて、多くの見物客が感嘆の声を上げる。度重なる政変を乗り越え、30年もの月日を経て、ついにエトワール凱旋門が完成したのだ。

「兵士たちよ、安らかに眠りたまえ」

第一次世界大戦——凱旋門の前で大勢の人々が祈りを捧げる。フランスのために散った身元不明の兵士たちの拠り所として、彼らは凱旋門の下に埋葬された。

エトワール凱旋門は、フランス国民の精神を象徴するシンボルとして、今も町の歴史と人々を見守っている。

7/30 1912年

明治天皇崩御。大正に改元

夏目漱石《なつめそうせき》の『こころ』。登場人物の「先生」は、主人公に宛てた手紙でこう書いている。

「その時私は明治の精神が天皇に始まって天皇に終わったような気がしました」

これは当時の日本人の心情を代弁した言葉だった。明治の世は、明治天皇そのものだった。それだけに天皇の崩御は、人々にとてつもない衝撃を与えたのである。

明治天皇は、1867年1月、父・孝明天皇《こうめいてんのう》の急逝により、満14歳で即位した。その年、「大政奉還」「王政復古」を経て、翌年1月、明治新政府の発足に至る。

子どもの頃は弱々しく繊細なところがあった。禁門の変(長州勢の決起を薩摩・会津勢が撃退)のときは、御所に落ちた砲弾に驚いて失神したという。

ところが、新しい日本国の舵取りを任された少年天皇は、意を決して、力強い足取りで新都・東京へ向かった。

「なんと海は大きいものか……」

京都を出て、初めて見る海にも感嘆の声をもらした。

やがて、髭をたくわえ、「大帝」の異名をとるほどの威厳を湛《たた》えた。政治に口出しする女官は一掃し、西郷隆盛《さいごうたかもり》や大久《おおく》保利通《ぼとしみち》、木戸孝允《きどたかよし》といった気骨のある志士を補佐につけた。

1889年、「大日本帝国憲法」を発布し、帝国議会を開設。日本は、アジアで初めて憲法と議会をもつ国となった。

日清戦争には反対していたが、いざ始まると、広島の大本営に入り、政務にあたった。その10年後の日露戦争でも指揮をとった。西洋の大国ロシアへの勝利は、国民に大きな自信と誇りをあたえた。

しかし、長年の激務の影響か、持病の糖尿病と慢性腎炎を悪化させ、1912年7月29日、崩御した。

代わって皇太子の嘉仁親王《よしひとしんのう》が即位し、明治から採用された一世一元制により、元号は「大正」に改元された。

人々は夢から覚めたように、深い喪失感を味わった。

7/31 1944年

作家サン＝テグジュペリ、飛行中に消息を絶つ

貴族の子として生まれたアントワーヌ・ド・サン＝テグジュペリには、心の底から夢中になれるものがなかった。しかし9歳の頃に出会ったものが、彼の人生を大きく変えた。

彼の家族が引っ越した町ル・マンは、ライト兄弟のデモ飛行が行われるなど、飛行機熱が高い町だった。サン＝テグジュペリは、空を飛ぶことの魅力に取りつかれてしまったのだ。

「免許を手に入れたぞ！　あとは航空会社の面接だ」

面接官が言った。

「パイロット志望ね。まぁ、昇進すれば地上勤務で楽になれるから、頑張りなさい」

「え!?　地上勤務なんてまっぴらです！　私は空を飛びたいんです！」

無事、パイロットになったサン＝テグジュペリは、文字通り世界中を飛び回った。しかし、アフリカを飛んでいた時、砂漠に墜落してしまった。奇跡的に助かった彼は、その体験をもとに、ある本を出版する。

それが有名な『星の王子さま』である。

それ以外にも多くの飛行機にまつわる小説を書いたサン＝テグジュペリは、よくこう口にした。

「私にとって、飛ぶことと書くことは一つのこと。どちらも同じように大切なんです」

『星の王子さま』出版直後、第二次世界大戦が始まり、サン＝テグジュペリは空軍で働くことになる。しかし、すぐに上官に呼び出された。

「君は経験豊かなパイロットだが、もう40を過ぎている。何より世界的に有名な作家で、我が国の宝だ。敵機がいる空を飛ばせるわけにはいかない。地上勤務についてほしい」

「嫌です！　私は、パイロットとして、偵察部隊でお役に立ちたいのです。お願いします!!」

無理矢理パイロットの仕事をすることを認めさせたサン＝テグジュペリだったが、１９４４年7月31日が、最後の飛行となる。飛行場を離陸した彼は、二度と地上に戻って来なかったのだ。その後、墜落した彼の搭乗機は見つかったが、彼の遺体は今も発見されていない。

8月の物語

8/1　607年

隋への国書を携え、小野妹子《おののいもこ》が住吉津を発《た》つ

旧暦推古天皇15年7月3日

聖徳太子が、厳《おごそ》かな声音で命じた。

「この書を隋へ持参してもらいたい」

小野妹子は差し出された書を丁重に受け取りながら、聖徳太子の続く言葉を待った。

「これは国書である。我が国と隋（現在の中国）の重要な書となる。くれぐれも、なくすでないぞ」

そう言われると、持っている書の重みがぐっと増した。小野妹子は、この書を片時も手放すまいと誓った。

「冠位十二階に十七条憲法……我が国は、様々な改革を行っている。向こうも、よい関係を望むはずだ」

隋は当時、東アジア圏の文明の中心地だった。仏教や政治の最先端を学び、取り入れるためにも、日本が隋と外交関係を結ぶことは不可欠だ。失敗は許されない。

「だが、彼らに下に見られてはならぬ。あくまでも対等な関係を築くのだ。朝貢《ちょうこう》（貢ぎ物を差し出すこと）はしても、従属はしない姿勢を貫いて参れ」

「無茶を仰る……」

小野妹子はしかし、その言葉の意味も理解していた。従属するでもなく、対立するでもない。あくまでも対等な国として外交を結ぶ。

「果たして、それが可能でしょうか？」

「可能だ。今、隋は高句麗《こうくり》（朝鮮）と対立関係にある。我々に気を向けている余裕などなかろう。我々はその状況を利用し、朝貢はすれど冊封《さくほう》（位や官号の授与を通して、君臣関係を結ぶこと）は受けぬように仕向け、こちらだけが得をするように持っていけばいい」

「なるほど、高句麗の背後には海を隔てて我が国がある。隋としても我らを利用したいはず、というわけですね」

その責任が、自分と国書にかかっている。

「承知いたしました。お任せください」

607年8月1日、小野妹子は、住吉津から出立した。難波津を経由し、瀬戸内海を経て玄界灘へと出るルートを通り、そして隋へと到達した。

結果は、聖徳太子の目論見通りとなった。こうして小野妹子は、見事任務を成しとげた。

カエサル、ゼラの戦いにわずか4時間で勝利

「ポントス王国が挙兵か……」

部下からの報告を聞き、カエサルはうなった。

当時のローマは、元老院派と民衆派が対立していた。ローマ政治において、市民には、実質的な政治的発言権はなかった。そこで彼らのために立ち上がった民衆派は、元老院派と激しい内紛を繰り広げていた。

カエサルは、民衆派の1人として、元老院派のポンペイウスと戦っていたが、そのポンペイウスの影響下にあったポントス王国のファルナケス2世が挙兵したのだった。

カエサルはまずポンペイウスに勝利し、エジプトへと敗走させた。

「次は、ファルナケス2世」

休息もそこそこにカエサルは、ファルナケス2世の反乱を鎮圧するべく、決戦へ向かった。

そして紀元前47年8月2日、ゼラの地で両者は激突。

両軍どちらも2万の戦力で、ローマ軍は、ゼラ近郊の丘の上に陣を構えた。戦力は互角であったため、膠着《こうちゃく》状態に陥るかと思われた。

「このまま持久戦になるかもしれない」

カエサルはそう読んだが、ファルナケス2世はそうしなかった。丘の下から奇襲をかけたのだ。

しかしカエサル軍は歴戦の兵士だった。ポントス軍の攻撃をしのぎ、丘を下りて、わずか4時間で勝利した。

カエサルは、この勝利の報告をローマへ送った。その手紙には、たった3語だけが記されていた。

「来た、見た、勝った」

このごく短い勝利の報告は、戦いのスピードと激しさを伝えている。

「この勝利、使えるぞ……!」

カエサルにとって、大衆こそが最大の味方だった。そこでローマに戻ったカエサルは、盛大な凱旋式を開き、人々に勝利の報告を掲げた。

この勝利によって、カエサルはローマ市民からの支持を勝ち取り、カエサルの人気は不動のものとなったのだ。

8/3 1792年

世界初の〝工場〟を作った、アークライトが死去

「紡績を機械化させれば、産業はもっと発展するに違いない」

手動で操作するジェニー紡績機を前にして、イギリスの発明家、リチャード・アークライトはそう考えていた。

「人力では限界がある。もっと強く、もっと多く生産するには、人の力より強い力が必要なのだ」

アークライトは、古代エジプトの時代からある水力紡績機に目をつけた。水力を用いれば、間違いなく効率が上がる。古代よりも進んだ今の技術を応用すれば、きっと成功するに違いない。

アークライトは、時計職人のジョン・ケイの協力を得て、手はじめに水力紡績機の技術の特許を取得した。人の手で行っていたことを、木製もしくは金属製のシリンダーで行うように切り替えることを考案したのだ。

「これで足がかりはできた。後は完成させるだけだ」

しかし完成を目前にして、新たな問題が浮上した。

新しく発明した水力紡績機は、ジェニー紡績機よりも硬く強い糸が生産可能となったが、紡績機が大きくなりすぎた結果、今度は設置するのに広い土地が必要になったのだ。

「せっかくの水力紡績機だ。最適な場所に設置せねばならないが、さて、どうしよう?」

そこでアークライトが目をつけたのは、クロムフォードに流れるダーウェント川だった。

「まずは開けた場所だ。たくさんの労働者が働ける場所でなくては……」

アークライトは、水力紡績機を置くための建物を作り、次いで労働者の就業時間を、当時の常識だった1日単位ではなく、時間によって管理した。

労働者たちはシフト交代制で働き、より効率よく、長い時間機械を稼働させて生産力を上げることに成功し、今日の労働の形が誕生した。

こうして今日にも通じる、初めての〝工場〟を生み出したリチャード・アークライトは、1792年8月3日、その生涯を閉じた。

「キング・オブ・ジャズ」、ルイ・アームストロングが誕生

ニューオリンズのマルディグラ祭の前夜祭で、市長は隣の席の男に話しかけた。

「あなたは、パレードでズールー族の王様役をやれたら死んでもいいと思っていたらしいが、本当かな、サッチモ？」

その特徴的なユーモラスで大きな口を開け、サッチモ――「サッチェル・マウス」（大きな口）――の愛称で親しまれるジャズトランペット奏者、ルイ・アームストロングは、茶目っ気たっぷりに答えた。

「ええ、市長。ただ、『死んでもいい』ってところを神様に本気にされると困りますがね」

2人は目を見合わせると、豪快に笑った。遠くから、ブラス・バンドの音楽が聞こえてきた。

1901年8月4日、アームストロングは、ニューオリンズのジェイムズ横町で生まれた。そこは「戦場」と呼ばれる地区の中心部で、町でも指折りのならず者が住んでいた。長い間、アームストロングは自分の誕生日を1900年の7月4日――アメリカ独立記念日と同じだと信じていた。当時、多くの貧しい黒人の家庭では、子どもの生まれた日を重視しておらず、何かしらの記念日を生誕日として届けていたのだ。

幼い頃は祖母と一緒に暮らし、教会や日曜学校でゴスペルソングを歌って過ごした。トランペットと出会うのは、11歳のときだ。しかも、少年院でのことだった。

大晦日の夜、ニューオリンズでは花火をあげ、鉄砲をぶっ放してお祭り騒ぎとなる。もちろん、発砲は法律違反だ。だが、アームストロングは仲間に乗せられて空に向かってピストルの引き金を引いた。残響が宙に消えたときには、警察官が彼を押さえつけていた。そうして送られた少年院でバンドに入り、アームストロングはトランペットと出会ったのだ。

彼の音色と歌声は素晴らしく、奏者として頭角を現していく。

アームストロングの奏でるトランペットは世界中に響き渡り、やがて「ジャズの王様」と呼ばれるまでになった。「ハロー・ドーリー！」は、絶頂期のビートルズを抜いて、ヒットチャート1位に躍り出たほどだ。

彼の演奏は、聴けば思わず体が音楽に乗って踊り出す――ジャズの魅力に満ちあふれている。

ありのままの真実を描いた、作家・モーパッサンが誕生

『女の一生』などで知られる作家、ギ・ド・モーパッサンは、1850年8月5日、フランスの裕福な家に生まれた。しかし、戦争などを経験し、やがて22歳の頃から作家、フロベールに師事しながら作家を目指しはじめる。

それから数年が経ったある晩、モーパッサンはろうそくに火を灯して、紙の上に筆を走らせていた。

「モーパッサン、こんな時間に何を書いてるのかね」

「フ、フロベール先生……」

いつの間にか背後に立っていた、師・フロベールが、モーパッサンの手元をのぞき込んできた。あわてて隠そうとしたモーパッサンだったが、時すでに遅し。

「ほう、これは私についての評論か」

彼は、嬉々としてそこに書かれた文章へと目を走らせた。

「す、すみません先生。勝手にこんなものを……」

モーパッサンは顔を青くしながら頭を下げた。師事して数年の自分がこんなものを書くなど、どんなお叱りがくるのかわからない。モーパッサンは身構えた。だが、そんな彼にかけられたのは意外な言葉だった。

「これは、本当に私についての文章かい？」

怒りでも呆れでもない、純粋な疑問の言葉に、モーパッサンは、「え？」と思わず聞き返してしまう。

「ここに書かれている私は、まるで聖人君子だな」

「で、ですが、敬愛する先生を悪く書くことなど」

これはモーパッサンの本心だ。彼もそれは分かっていたのか、優しい笑みを浮かべた。

「君の私に対する想いや尊敬はありがたいよ。だが、私が最初に教えたことを覚えているかい？」

言われて、かつて彼に教わった言葉を思い出した。

――「一つの火、一本の木さえ、ほかとまったく同じではない。その違いをたった一語によって示してみせよ」……。

「それが一番大切なことだ。では、実践するには？」

「物事を観察し、美化せずありのままの真実を書く」

モーパッサンの答えに、彼は満足気にうなずいた。

観察し、物事の真実を書く。彼の教えを基にしたモーパッサンの作品は「自然主義」として、その後の文学史に大きな影響を与えていくことになる。

8/ 1993年

6

土井《どい》たか子《こ》が衆議院議長に就任。日本初の女性議長に

「おたかさん、がんばってー！」

土井たか子が街頭演説に立つと、人々はこぞって彼女にエールを送る。皆、自分を〈おたかさん〉と愛称で呼んでくれている。たか子は何よりそれが嬉しかった。嫌われることも多い政治家という立場にもかかわらず、身に余る光栄だ、と胸が熱くなる。

「皆さんありがとう！　がんばります！」

笑顔で手を振りつつ、たか子は移動車に戻った。

「なんか感慨深いわねぇ。みんなが親しみを持ってくれているのが、ありがたいわ」

しみじみつぶやくと、スタッフが微笑んで答える。

「硬軟兼ね備えているからこそですよ、きっと」

時の竹下内閣が消費税を導入しようとしたとき、たか子は「ダメなものはダメ！」とキッパリ言い放った。その一方、趣味のパチンコに興ずる姿をテレビカメラの前で隠さずさらしたりもした。信念は強く持ち、飾らず誤魔化さない。それが、たか子の考える、人々への真摯な向き合い方だった。

「ありがとう」とスタッフに微笑み、流れる車窓に目を向ける。心の中は、静かな決意に燃えていた。

「必ず、みんなの想いに応えてみせる。……女性であることは、ハンデなんかじゃないんだ」

社会も政界もまだまだ男性ばかりの世界で、女性というだけで風当たりが強い。だが、だからこそ自分自身が先頭に立って、女性の社会進出を牽引し、後押ししていくのだ。そんな気持ちを胸に、たか子はその後も男女雇用差別の撤廃をはじめ、数々の性差別問題に挑み続けていった。

そして、1993年8月6日。そのニュースを聞きつけて集まった多くの報道陣が、彼女を取り囲む。

「おめでとうございます！　日本初の女性議長誕生ですね！」

報道記者の1人が、マイク片手に語りかける。

土井たか子は、ついに女性で初めて国会衆議院議長に就任したのだった。

「おたかさん、意気込みはどうですか？」

「うん！　――やるっきゃない！」

たか子の声は、凛々しくも、晴れ晴れと澄んでいた。

8/7 1821年

伊能忠敬《いのうただたか》による、測量に基づく初めての日本地図が完成

旧暦文政4年7月10日

「えっ、今から学問を!?」

「うむ。わしももう50だ。今は家督を譲って隠居の身。なら、自分のやりたいことに身を捧げたいのだ」

伊能忠敬が本格的に天文学を学ぶために行動したのは、当時では高齢とも言える50歳になってからだった。それまでも学問への情熱はあったが、息子に家督を譲った今、誰に遠慮することもなく好きなことに取り組めるようになったのだ。

忠敬はさっそく行動を開始した。19歳も年下である幕府天文方、高橋至時《たかはしよしとき》の門弟となったのだ。

「なぜ私に弟子入りしたのですか?」

「先生が唯一、私の質問に答えられたからです」

家業の合間に独学で学んでいたこともあり、忠敬の理解は早かった。その寝る間を惜しむほどの熱心さゆえに、周囲から、「推歩《すいほ》(暦学のこと)先生」というあだ名で呼ばれるほどだった。

そんな忠敬に転機が訪れたのは、門弟になって5年が経った頃だった。

「私が、蝦夷(現在の北海道)に?」

「そうです。蝦夷の測量を頼みたいのです」

忠敬は、わずか半年で蝦夷地の測量を終えると、幕府へ提出した。その出来映えは、師匠の高橋をもうならせるほどだった。

「日本地図を作成するつもりはないか?」

忠敬にとってそれは、願ってもないことであった。

測量は第二次測量から第十次測量まで行われたが、この間かかった時間は、おおよそ16年。すべての測量を終えた時には、忠敬は71歳になっていた。

測量を終えた忠敬は、早速地図の作成に取り組んだが、完成を見ることなく、志半ばでこの世を去った。しかし、１８２１年8月7日、遺志を継いだ弟子たちによって『大日本沿海輿《だいにほんえんかいよ》地全図《ちぜんず》』が完成され、幕府へと献上された。それは、現代の地図と比べても遜色のない、精密な地図だった。

何歳になっても学問への情熱を絶やさなかった忠敬の思いが、この偉業を成しとげたのだ。

8

エリザベス1世、スペインの〝無敵艦隊〟を撃破

「忌々しいフェリペ2世……!!」

スペイン王フェリペ2世が艦隊を出立させたと聞き、エリザベス1世は歯がみした。

ことの発端は、エリザベス1世が、王位を争った相手メアリー・スチュアートを、謀反の罪で処刑したことであった。

「メアリーを処刑した報復？　……いいえ、違う。あの男が、そんな義理堅い人間なはずがない」

フェリペ2世は、同じカトリック教徒のメアリーが処刑されたことを口実に、イギリスに侵攻、支配しようとしているのだろう、とエリザベスは考えた。

「そんな言いがかりで、攻撃をしかけてくるなんて」

しかし、イギリスはまだ国を立て直しはじめたばかりで、戦力差は圧倒的。まともにぶつかれば敗北は必至だ。上陸を許してしまえば、もう国土を守る術はない。

「しかたない……彼を使うしかない」

今のイギリスで、練度もあり、すぐに戦う準備も可能な船団は、海賊しかいなかった。

その船長は、悪魔の化身ドラコと恐れられる、フランシス・ドレイク。海賊行為をしながらもイギリスに莫大な金をもたらし、果てには世界周航をも成功させた、稀代の海賊だ。

「あなたの力を貸してくれないかしら、ドレイク」

「——お任せを、女王陛下」

エリザベス1世の要望にドレイクは応えてくれたが、それでも戦力的にはスペインに分があった。

「信じているわ、ドレイク」

1588年8月8日、ドーヴァー海峡。圧倒的な戦力で向かってきたフェリペ2世率いる無敵艦隊に相対したのは、ほとんどが軍艦ではなく、武装商船で構成されたイギリス海軍だった。

大型艦艇で構成されたスペイン無敵艦隊は、商船相手に敗北などあり得ないと思っていた。しかし、イギリス軍は見事これを撃破。

エリザベス1世は国民の支持を集め、女王の地位を確かなものとした。そして、イギリスはそれ以降、海洋帝国として栄えることになる。

8/9 1914年

世界で愛される「ムーミン」の作者、トーベ・ヤンソンが誕生

フィンランドの首都ヘルシンキの中心部、ウッランリンナ通り1番地の最上階。そこには、トーベ・ヤンソンが60年以上暮らしたアトリエがある。

大きな窓からは温かな光が差しこみ、棚にはキャンバスの山、部屋は画材の匂いで満ち、机の上には人形が座っている。丸くて白いからだ、ふさのついたしっぽ、ピンと立った耳が特徴的なムーミン族の男の子——通称「ムーミン」は、世界中の人々に愛されるキャラクターだ。

１９１４年８月９日に生まれたトーベにちなみ、８月９日は「ムーミンの日」になっている。

記念すべき第１作目の『小さなトロールと大きな洪水』が出版されたのは、１９４５年のことだ。だが、売れ行きは振るわず、絶版となり、長らく幻の作品になっていた。

転機が訪れたのは、３番目に出版した『たのしいムーミン一家』だ。大きな評判になり、ロンドンの夕刊紙「イブニングニュース」で漫画連載が始まった。当時、世界最大の発行部数を誇っていた新聞に載ったことで、ムーミン谷の住人は一躍有名になった。フィギュアやお菓子のパッケージになり、日本ではアニメも制作された。

だが、加速するムーミン人気は、同時にトーベを苦しめることにもなった。企業との契約書が、壊れたコピー機が吐き出す紙のように次々と現れる。

「いったい、どうしたらいいの」

トーベは疲弊し、うめいた。

「新聞連載の締め切りやら契約のことやら、いくら頑張っても、いつも散々な目に遭ってばかりよ……」

しかし、そんな目も回るような忙しさのなかでも、彼女は世界中から届くファンレターに返事を出した。

そこには、誕生日を祝う言葉やムーミンのステッカーが同封されていることもあった。トーベからの手紙を受けとった人々は、驚き、喜んだ。何千万人もいるファンに対して、作者はたったひとりきりだ。

ムーミンの物語が愛される理由は、すべての人の心に寄り添う、トーベの心が表れているからだろう。

8/10 1896年

航空技術者・リリエンタールが、飛行実験中に命を落とす

青空に影がよぎった。鳥だろうか。翼を広げ、宙を滑るように飛んでいる――いや、鳥にしては大きすぎる。それは、オットー・リリエンタールの飛行実験だった。鳥の骨格を模して、いくつもの三角形を組み合わせた枠組みに布を張って作られた人工の翼。前方に人がぶら下がるための棒が渡されている。

はるか昔から、人類は大空を自由に飛ぶ夢を抱き、挑戦し続けていた。ドイツの航空技術者で、「空飛ぶ男」として有名になったオットー・リリエンタール。彼もまた、その挑戦者のひとりだ。

少年時代、オットーは、弟のグスタフとともに、よく鳥の飛翔を観察していた。

「見ろよ、グスタフ！　コウノトリが飛んでる！」

指差す先には、首をまっすぐに伸ばし、2メートルにもなる翼を広げ、ゆったりと旋回する鳥の姿があった。完璧に風をとらえている。グスタフがうらやましそうにつぶやいた。

「あぁ、あんな風に空を飛べたらいいのにな……」

「飛べるさ。いつかきっと、必ず空を飛んでやる」

オットーは研究を重ね、鳥をヒントにしたグライダーをいくつも製作した。1891年、飛行実験を開始した当初は25メートルほどの滑空で地上に戻らざるを得なかったが、やがて250メートルもの距離を飛べるようになった。2000回にもおよぶ飛行実験を経て、世界初の有人飛行に成功し、もっとも経験豊富な飛行家として有名になった。

しかし、ある時、オットーは強い風にあおられ、グライダーのコントロールを失い、15メートルの高さから墜落してしまう。オットーは背骨を骨折し、病院に運ばれた。駆けつけた弟に、彼は静かに告げた。

「犠牲はつきものだよ」

墜落事故の翌日、1896年8月10日、オットー・リリエンタールは息をひきとり、大空への挑戦は終わった。

だが、彼の著書『航空技術の基礎としての鳥の飛翔』や、飛行に関する論文と詳細なデータは、のちにライト兄弟らへ受け継がれ、航空学の基礎となった。彼の実験と犠牲が、人類の空への夢をつないだのだ。

8/11 1929年

「野球の神様」ベーブ・ルースが、史上初の通算500本塁打を達成

1929年8月11日。アメリカ・クリーブランドの球場では、地元球団インディアンスとヤンキースによる試合が行われていた。

「いよいよか……。よし、絶対に打つぞ」

愛嬌のある笑顔で人々から赤子と親しまれるジョージ・ハーマン・ルースは、決意も固くバッターボックスに立った。球界きっての強打者の登場に、観客たちが固唾をのむ。

そして、ピッチャーの球に、ベーブの目が光った。

カキ――ンッ!!

爽快な打球音が響き渡った。ボールは球場の壁を遥か高く越えて、夏空に消えていく。

観客が一斉に沸き上がった。

「すごいぞベーブ！　500号ホームランだ！」

この瞬間、ベーブ・ルースはプロ野球史上初めて、通算500本塁打という偉業を達成したのだ。それは、入団当時からのベーブ自身の夢でもあった。

「やったぞ、マシアス先生！　俺はやったぞ！」

一塁、二塁とベースを回りながら、ベーブは遥か遠くの空の下にいる恩師に語りかけていた。

少年の頃、ベーブは学校嫌いで乱暴者の不良だった。共働きで忙しくしていた両親に構ってほしかったのだ。だが、息子の振る舞いを憂えた両親は、ベーブを全寮制のセント・メアリー少年工業学校に入学させた。

当初は、学校を抜け出しては連れ戻される、の繰り返しだった。しかし、あるときマシアス先生に野球を教わったことで、ベーブは変わった。地元ボルティモアにいたときも、野球の真似ごとはしていた。けれどそれは、棒切れとテニスボールでのこと。ちゃんとした野球を教わったのは初めてだった。

ベーブは、マシアス先生を父親のように慕い、野球の練習が楽しくてしかたなくなった。ケンカより、野球に夢中になった。投げて打って、みんなが喜んでくれて。それがなによりも嬉しかった。

「先生との出会いが、そして、野球との出会いが、俺を変えてくれたんだ」

今ある幸せと感謝の気持ちを胸に、ベーブはしっかりとホームベースを踏みしめた。

8/12 B.C.30年

エジプトの女王クレオパトラ、自ら命を絶つ

そのとき、エジプトの女王クレオパトラは、弟王に命を狙われ逃亡中であった。そこに、逆転の機会が訪れた。

「カエサル様からの提案を利用する、ですか？」

困惑した様子の臣下の言葉に、クレオパトラは自信ありげな微笑みで返した。

つい先日、クレオパトラの元に、ローマの権力者カエサルが、自分が仲介役となって弟王との仲を取り持とうと提案してきたのだ。

「そう。弟に見つかる前に、カエサルを味方につけるのよ。急いで絨毯《じゅうたん》を用意して」

賄賂を絨毯に包んで送るのは、古くからのエジプトの風習だ。臣下も彼女の考えを察したが、それで解決するなら最初から苦労はない。なおも「ですが」と言いかけたとき、女王が毅然とした声で遮った。

「私に策があります」

その晩、カエサルの元に、丸められた絨毯が届いた。


「クレオパトラ女王からの贈り物と言っていたな」

カエサルもエジプトの風習は知っている。見飽きた財宝を思い浮かべながら、カエサルは縄を解いた。だが、そこから姿を現したのは、宝石でも黄金でもなく、美しき女王クレオパトラだった。

「お初にお目にかかります、カエサル様」

「は、ははは。まさか、女王自らのご登場とは」

「直接、ご相談にうかがいました」

クレオパトラの知性あふれる語り口と楽器のように美しい声に、カエサルはすっかり魅了された。

「美女」として有名なクレオパトラであるが、彼女が人を魅了する最大の武器は、コミュニケーション能力の高さと、頭の回転の早さであった。

こうしてカエサルを味方につけたクレオパトラは、その後も持ち前の語学力と外交術を駆使して、ローマの権力者たちを味方につけ、エジプトを守り続けた。

しかしそんな女王にも、ついに敗北の時がやってきた。敵の捕虜となってしまったクレオパトラは、毒蛇に身体を噛ませ、紀元前30年8月12日、自らその生涯に幕を下ろした。

8/13 1810年

日本予防医学の第一人者、緒方洪庵《おがたこうあん》が誕生

旧暦文化7年7月14日

「ねぇ、先生、本当に、大丈夫なんでしょうね」

青白い顔をした母親は、心配そうに子どもの肩に手を置いた。8歳の少年は、きょろきょろと視線をさまよわせ、しきりに手を擦り合わせている。

「あたしゃあ、おっかなくて。ほら……ねぇ?」

「大丈夫ですよ。牛になんてなりませんから」

緒方洪庵は、母親を安心させるように言った。手早く種痘の準備を済ませ、優しく少年の腕をとる。

種痘とは、イギリス人のジェンナー医師が考え出した、牛痘——牛がかかる天然痘《てんねんとう》——にかかった人の膿《うみ》を、健康な人に注射し、本物の天然痘にかからないようにする予防法だ。人間には免疫力があり、ウイルスが体に入ってくると、抗体という物質を作り出して追い出そうとする仕組みがある。一度抗体ができれば、同じ病気にはかからない。

江戸時代末期、大坂では天然痘が蔓延《まんえん》し、大勢の人が命を落としていた。感染すると、高熱と化膿する発疹に苦しむ。洪庵は予防接種の必要性を訴えかけ、天然痘の治療に奔走していたが、なかなか上手くはいかなかった。

「牛の病を体に入れるなんて、子どもの体に障りがあるに違いない」「種痘をすると、牛になるぞ!」——そんな風評が、病と同じく猛威を振るいながら独り歩きしていたからだ。

この伝染病には予防の手立てがあるのに……。どうすれば、誤解が解けるだろう?

洪庵は古手町に「除痘館《じょとうかん》」を開設し、種痘を勧める広告を出した。白い牛の背に、槍を持った男児がまたがり、病魔らしき赤い鬼を追い立てている錦絵が描かれ、種痘の効能について説明する文が載せられている。

こうした洪庵の辛抱強い努力の甲斐あって、天然痘予防の正しい知識は、少しずつ普及していった。

伝染病から人々を救うため、力を尽くした緒方洪庵。1810年8月13日、岡山に生まれた彼は、各地を回って蘭学と医学の教えを請い、得た知識を広く人々に教授した。その名は、日本の予防医学の第一人者として歴史に刻まれ、語り継がれている。

8/14 1860年

自然と動物を愛し続けた博物学者・シートン誕生

1860年8月14日、シートンは12人きょうだいの末っ子として生まれ、カナダに育った。

「お前は絵が上手いんだから、将来は画家になりなさい」

父親にそう言われたシートンは、画家になるためイギリスへ留学した。本当は動物や自然に関わる仕事をしたいと思っていたのだが、厳しい父親に逆らうことはできなかった。

だが、留学先の博物館に併設されている図書館でたくさんの本を読んだおかげで、画家としても博物学者としても仕事ができるようになった。

そして33歳のある日、友人からこんな手紙を受け取った。

「牧場の家畜を襲う狼がいて困っているから、助けてほしい」

シートンはさっそく、博物学者として調査に出かけた。そこで、群れを率いていた1匹の狼と出会う。

「この狼はとても賢い。捕まえるには、妻らしきメスの狼を罠にかける必要がある……」

のちにロボと名づけたこの狼の捕獲作戦は成功したが、メスの狼は死んでしまう。そして捕獲されたロボは、餌や水も拒否し続け、餓死してしまった。

「ロボは、妻を守り切れなかったことで自身のプライドを傷つけられたのだろう。この気高い狼のことを、皆に知ってもらいたい」

そう強く思ったシートンは、誇り高い「狼王ロボ」を題材に小説を執筆。シートンは、物語の挿絵も自分で描いた。

「父親に画家になれと言われ、留学して絵を学んだことも、決して無駄ではなかった。今こうして小説の挿絵に役立てることができるのだから」

ロボの話を書いた後も、シートンは自分の体験なども交え、大好きな動物を題材とした物語を書き続けた。

そうして発表した『シートン動物記』には、55編もの物語や論文が収録されている。

8/15 1901年

時代を切り拓いた情熱の歌人、与謝野晶子《よさのあきこ》、『みだれ髪』を刊行

与謝野晶子は、しげしげとその歌集を眺めた。

表紙には、ハートの中に乙女の横顔が描かれ、それを1本の矢が射抜いている。歌集『みだれ髪』のこの絵は、「ハートを貫く、言葉の矢」を意味している。晶子は昂ぶる気持ちを抑えつつ、指を滑らせ、ページをめくった。

「その子二十　櫛にながるる黒髪の　おごりの春の　うつくしきかな」

ほつれ毛を耳にかき上げ、1首また1首と、目に焼きつけていく。

「やは肌の　あつき血汐《ちしお》にふれも見で　さびしからずや　道を説く君」

晶子は、この歌集に収録されたほとんどの歌を、上京前、生まれ故郷の堺（現在の大阪府堺市）の地で詠んだ。与謝野鉄幹《てっかん》への恋心、若さ、苦悩、女性の美しさ――22歳の晶子の瑞々しい感性を、思いのままぶつけた。

「素晴らしい歌集だ」

背後から人の声がして振り返ると、夫・鉄幹の姿があった。誇らしげな表情に、晶子も微笑んだ。

「そうでしょう。これこそ新しい時代の文学です」

「これを目にした世の人たちは、つつましさがないと眉をひそめるかもしれないな」

「でも、これが私のまことの心ですわ」

晶子はそう言って、自身初の歌集を抱きしめた。

『みだれ髪』が刊行されたのは、1901年8月15日。世の中はまだ、古い価値観にしばられており、女性は結婚して家庭に入り、夫を支える良き妻としてつつましやかに生きることが美徳とされていた。

『みだれ髪』は、そんな時代の殻を打ち抜く、輝かしい1本の矢のようだった。若き乙女たちは、教師に隠れてこのセンセーショナルな歌集を回し読み、胸をときめかせた。

恋に燃える女性の瑞々しい情感を色濃く描き出した晶子の作風は、「ふしだらだ」と批難される一方で、「女性の新しい表現」として賞賛も浴びた。その評判は、嵐のように日本中を駆け抜けたのだった。

8/16 1888年

アラブを独立に導いた男、「アラビアのロレンス」誕生

1918年10月。アラブの首都ダマスカスを発った1台のイギリス軍用車両が、広大なアラブの砂漠を走っていた。その助手席には、30歳になるイギリス人将校、トーマス・エドワード・ロレンスが乗っている。彼は、自分の役目を果たしたのだ。

だが、その表情は冴えない。以前の小綺麗で学者然としていた姿は、今や見る影もない。頬はやつれて目元は落ち窪み、瞳は鈍く混濁している。

「……もう、何もかも忘れたい」

ロレンスが英国軍カイロ局からアラブ局に転属となったのは、ちょうど2年前のことだった。当時、団結力を持たない部族の集合体であったアラブは、刻一刻とトルコ政府に支配されつつあった。フセイン国王はなんとか英国に支援の約束を取りつけたものの、英国は具体的な支援を渋るばかり。トルコの近代兵器を前に、状況は悪化する一方だった。

しかしロレンスの登場がすべてを変えた。彼は、アラブの第三王子に協力し、アラブを独立に導くと決めた。部族を率いて、横断不可能とされたネフド砂漠を2ヵ月で渡りきり、要所の港町アカバを急襲した。

この攻略が反撃の狼煙《のろし》となった。英国軍から支援されたダイナマイトを用いて、ゲリラ戦術を繰り返し展開。トルコの鉄道網を破壊し、物資供給を止めた。そして、ついにはトルコに占拠されていた首都ダマスカスを奪還。3日のうちに国王フセインを呼び寄せ、アラブ国民議会を立ち上げたのだ。

——わずか2年間での出来事だった。

ある人は、ロレンスを英雄と呼びたたえた。だが、またある人は彼を悪魔と罵った。しかし、彼は、ただの人間だった。1888年8月16日、英国ウェールズ地方の田舎町に生まれた、1人の男。その1人の男が、アラブの未来を大きく変えたのだ。

だが、彼にとって代償は大きかった。自分を信じた多くの人間が死に、自分自身も多くの人を殺した。まさに悪魔だ。

「アラブから離れたい。早く……一刻も早く」

ロレンスを乗せた車は、スピードを上げて走る。いまや忘れたい思い出しかない、アラブの砂漠から逃れようとするかのように。

征夷大将軍を務めた武官、坂上田村麻呂《さかのうえのたむらまろ》が清水寺を建立

旧暦延暦17年7月2日

坂上田村麻呂は、音羽山の中を慎重に進んでいた。京都の東山。都の東に鎮座する音羽山へと分け入って行ったのには、理由があった。

遠征の多い田村麻呂の留守中、家を守ってくれている妻が病に臥せってしまったため、妻の病気平癒を願い、鹿の生き血を手に入れたかったのだ。

鹿を追う田村麻呂の耳に、草の擦れる音が届く。鋭い目で顔を上げた田村麻呂の前に現れたのは、ひとりの僧だった。

賢心《けんしん》と名乗ったその僧は、子嶋寺の修行僧だった。

「賢心殿、あなたも音羽山に何かご用が?」

田村麻呂は尋ねた。大和国（現在の奈良県）から音羽山まででわざわざ修行に来ているのだから、何か特別な理由があるのだろう。

「導かれたのでございます」

田村麻呂は、賢心の夢のような話に耳を傾けた。

「夢のお告げにしたがい北に向かったところ、たどり着いたのがこの山でした。そこで私は行叡居士《ぎょうえいこじ》様という修行者と出会い、後を託されたのです」

そして賢心は、その修行者こそ観音様の化身だったのだと悟り、彼が残した霊木に千手観音像を刻み、旧庵に安置しているのだと語った。そして、田村麻呂に尋ねた。

「あなたこそ、何をしにここまで? 何やら物騒なものをお持ちですが」

「妻の病気平癒のため、鹿の生き血を欲していたのです」

正直に答えた田村麻呂は、仏僧の賢心に殺生の罪を説かれ、自分が犯そうとしていた罪に気がついた。

「賢心様、たしかにおっしゃる通りです。私が間違っておりました」

田村麻呂は観音に帰依すると、すぐさま賢心が持つ観音様を祀《まつ》るために、自邸を本堂として寄進した。

798年8月17日に建立されたその本堂は、今では清水寺と呼ばれ、9回の焼失に遭いながらも再建され続けた。世界遺産にも登録され、今では京都、そして日本を代表する観光名所となっている。

8/18 1305年

家族想いの「裏切り将軍」――足利《あしかが》尊氏《たかうじ》が誕生

旧暦嘉元3年7月27日

室町幕府を開いた足利尊氏が生まれたのは、1305年8月18日のことだった。28歳のとき、尊氏は人生の岐路に立たされていた。

尊氏が1枚の文に険しい目を向けていると、そこに、尊氏の実の弟、直義《ただよし》がやってきた。

「来たか、直義。さっそくだが、これを見てくれないか」

直義は受け取った文に目を通すと、「後醍醐《ごだいご》天皇からのお誘いですか」と平静な様子で答えた。

「驚かないのか？」

「もしかしたら、とは思っておりました」

現在、尊氏は鎌倉幕府から、討幕を目論《もくろ》む後醍醐天皇を討伐せよとの命を受けていた。だが、その天皇本人から、「幕府を裏切ってこちらにつけ」と文が届いたのだ。

尊氏は一目見て面食らったが、切れ者である直義の頼もしい返答に、笑みをこぼした。

「それで、お前はどうするのがよいと考える？」

「ふむ……先に兄上の考えをお聞きしても？」

尊氏は少しの間をおいて、口を開いた。

「最近の幕府は、父の喪中に出兵命令を出すばかりか、妻と息子を人質にとる始末。我が家族を危険にさらす行為は断じて許さない！　だが……」

感情に身を任せた結果、家を滅ぼしては元も子もない。尊氏は悩んでいた。しかし、弱気な尊氏に、直義は、「ならばそういたしましょう」と軽く答えた。

「どのみち、鎌倉幕府が滅ぶのもそう遠い話ではないでしょう。多少外聞は悪くなったとしても、ここは天皇側についておくのが得策で――」

直義が言い終わる前に、その手を尊氏がつかんだ。

「やはりそうか！　よし、我々は天皇家につくぞ！」

喜び勇んで部屋を出ていく兄の背中を見て、直義は苦笑を浮かべた。

「いくら理にかなっていても、普通、裏切り者に兵はついてきません。真っ先に家族を想う優しいあなただからこそ、皆あなたを慕い、ついていきたいと思うのですよ、兄上」

その後、尊氏は天皇をも裏切り、室町幕府を開く。たとえ裏切り将軍と呼ばれようと、尊氏はその良心を貫いたのだ。

8/19 1883年

ファッションデザイナー、ココ・シャネルが誕生

常に時代をリードするファッションブランドの「シャネル」。その創業者のガブリエル・シャネル（通称：ココ・シャネル）は、1883年8月19日に生まれた。しかし、華やかな彼女の人生とは裏腹に、ココの幼少期は壮絶なものだった。

ココは、幼い頃に母と死別し、孤児院生活を経て、寄宿学校に入学する。生活が苦しく、あらゆることに耐えしのばないとならない環境だった。しかし、どうしても我慢できないことがあった。

服が粗末な使い古しのものばかりだったことだ。

「こんなみすぼらしいものなんて、ごめんだわ！　私は自分で自分の服を作る！」

そう決意した彼女は、自分の服を作りはじめ、大人になってから自分のショップ、「シャネル」を創業。それだけでなく、数々の流行を作り上げた。

ある年、シャネルは、新作のドレスを発表。それが、「リトル・ブラック・ドレス」で、ウエストラインが緩い膝丈の黒一色のドレスだ。今でこそ、ファッションは自由だが、当時は服の色も形も、特に女性のものは制約だらけだった。「黒」は「喪服」というイメージでタブーとされていたが、コルセットに締めつけられない新しいドレスの登場は、多くの若い女性たちに支持された。

「この世にあるすべての色を混ぜたら、何色になると思う？　それは黒よ。だから、私が今回発表したドレスは、黒一色で十分なのよ」

人気ファッション雑誌にも取り上げられ、シャネルの服は、世界中の女性の定番アイテムとなる。

「私の幼少期は、他の人から見たら酷いものだったでしょうね。母と死別し、孤児院生活、寄宿学校も悲惨なことばかりだった。でも、あの過去があるからこそ、今の私がある。私は、私の好きなことしかしない。私はそうやって、自分の人生を切り開いてきたの。私はこれからも、そうやって生きていくわ」

見た目だけでなく、着心地のよさを追求した彼女の服は、女性たちの生活を変えた。その変化は、女性たちの人生を豊かにし、社会的地位の向上をもたらした。シャネルの服が女性たちを自由にしたのだ。

8/20 1844年

治外法権を撤廃させた、「カミソリ大臣」陸奥《む つ》宗光《むね みつ》が誕生

1844年8月20日に紀伊国（現在の和歌山県）に生まれた陸奥宗光は、外務大臣として不平等条約の改正に力を尽くした人物だ。

1884年、陸奥は、伊藤博文《い とう ひろ ぶみ》の勧めでヨーロッパに留学していた。イギリスで最新の知識を学んだ陸奥は、帰国後、外務省へ出仕。駐米公使兼駐メキシコ公使として赴任することとなった。

当時日本は、15ヵ国との間に外交条約を結んでいたが、それらは日本にとって不利なものだった。特に、外国人が罪を犯した際に日本の法律で裁くことができない「治外法権」の存在と、輸入品の税率を自由に決められる「関税自主権」がないことは、大きな問題だった。日本にとって、治外法権の撤廃、関税自主権の回復は悲願であった。

「日本を列強の一国として、欧米に認めさせせねば」

陸奥はその第一歩として、欧米と結んでいる不平等条約である治外法権の撤廃と、平等条約の締結を目指していた。

「そのためにはまず、前例が必要だ」

治外法権撤廃の足がかりとして陸奥が目をつけたのは、メキシコだった。

メキシコとは江戸時代、鎖国前に外交の実績があった上、メキシコも東アジアとの貿易を持ちたいと考えていたため、双方の利益が一致したのだ。

メキシコとの条約締結に成功し、帰国した陸奥は、第二次伊藤博文内閣の外務大臣に就任する。

「陸奥君。君には欧米との不平等条約改正に尽力してもらいたい。困難だとは思うが……」

「お任せください。必ず成しとげてみせます。この国を、外国の食い物になどさせません！」

陸奥はまず、1894年にイギリスとの間で日英通商航海条約を締結。幕末以来、初めて治外法権の撤廃に成功する。以後、アメリカやドイツなどとの条約改正を行い、そのすべてで治外法権の撤廃を成功させた。この後、1911年にようやく日本は、すべての国との不平等条約改正を達成した。

豊富な知識と知恵で功績を挙げた陸奥は、頭の回転が早く、頭が切れることから「カミソリ大臣」とも呼ばれる。その功績を称え、外務省には陸奥の銅像が立っている。

8/21 1192年

波乱を乗り越え、源《みなもとの》頼《より》朝《とも》が征夷大将軍に

旧暦建久3年7月12日

幼少期の源頼朝は、鬼武者と呼ばれるほど強く、将来を期待されていた。

しかし平治の乱で父の義朝《よしとも》が敗北したことで、頼朝の人生は一変した。子である頼朝も捕らえられ、平清盛《たいらのきよもり》の前に引き出されてしまう。

「私を殺さないのですか?」

「運がよかったな。義母上様にお前を殺すなと頼まれては、逆らうことはできない」

幼い頼朝を救ったのは、清盛の義母である池禅尼《いけのぜんに》であった。

清盛の判断によって、頼朝は伊豆へ流罪にされた。

それから20年が経った頃だった。

後白河《ごしらかわ》法皇の皇子、以仁王《もちひとおう》から、頼朝へ密書（令旨《りょうじ》）が届いた。

「平家を倒せ……と。父の仇をついに討てる!」

呼応した頼朝は伊豆や相模の武士をまとめ、挙兵。鎌倉に向かうが、あっさりと敗北してしまう。

しかし、頼朝はあきらめなかった。戦力を増やしながら、父祖の地である鎌倉へと到達する。頼朝は、冷静に戦いを進めた。

「我らに足らぬのは慎重さだ。進軍をせず、まずは地歩《ちほ》を固める」

頼朝の元には、弟の義経《よしつね》らが加わり、勢力を増していった。

そしていよいよ平家と全面対決となったタイミングで、清盛が病死してしまう。

「清盛がいない今、平家と戦う意味もない。和睦を結ぶ方法はないものか」

しかし、頼朝の提案は平家に受け入れられなかった。

「やむを得まい。平家を滅ぼすぞ!」

鎌倉から頼朝が指令を出し、源氏軍は数々の戦いで勝利し、平家はついに、壇ノ浦で滅亡した。

頼朝はその後、武士たちを組織化すべく奔走した。また、規律を乱す義経を追放し、その義経が潜伏した奥州の藤原氏も同時に滅ぼした。

平家を討ち滅ぼし、武士たちを統制した頼朝は、1192年8月21日、朝廷より征夷大将軍の地位を与えられる。そして、鎌倉幕府が開かれ、本格的に武士の時代が到来した。

8/22 1911年

容疑者はピカソ!? 名画モナ・リザがルーブル美術館から盗まれる

「刑事さん、俺は無実だ！ 絶対に俺は犯人じゃない‼」

取調室で叫んだピカソを、刑事は冷静な目で見つめた。

「ええ。これはあくまで事情聴取ですから、あなたを犯人と断定する気はありません。ただ、あなたの友人であるアポリネール氏の秘書が他の彫像の窃盗に関与し、その彫像をあなたが買い取っていたのは事実でしょう？ その関係もあって、あなたにも色々伺いたいと思いましてね」

「……あの彫像のことは俺も驚いているんだ。盗品だと知っていたら買わなかったさ。ともかくモナ・リザを盗んだのは俺じゃない。取り調べでも何でも好きにしてくれ！」

ピカソはその後も、懸命に無実を訴え続けた。

1911年8月22日、パリのルーブル美術館でレオナルド・ダ・ヴィンチの絵画「モナ・リザ」が盗まれた。警察は血眼になって犯人を捜し、世界中の新聞がこの事件を大きく報じた。警察の捜査線に浮上した容疑者の一人が、当時29歳だった画家パブロ・ピカソだ。ピカソは警察の取り調べを受け、最終的に証拠不十分で釈放された。

真犯人が判明したのは、盗難から2年後のこと――かつてルーブル美術館で働いていた、イタリア人のガラス職人による犯行だった。彼は2年間ずっと、モナ・リザを自宅アパートに隠していたのだ。

「俺は、この絵をイタリアに取り戻したかったんだ‼ この絵はレオナルド・ダ・ヴィンチの作品……つまりは俺たちの国、イタリアの宝じゃないか！」

その後、回収されたモナ・リザはルーブル美術館へと返還されることとなった。世界中の人々が、モナ・リザを一目見るためにルーブル美術館に押し寄せたという。

1911年の盗難事件の後も、モナ・リザは様々なトラブルに見舞われることになるのだが……作者のレオナルド・ダ・ヴィンチや、容疑者扱いされたピカソには、知る由もないことだろう。

当のモナ・リザは、ルーブル美術館で今日も変わらず穏やかに微笑み続けている。

8/23

白虎隊の日。武士の本分を貫いた隊士たち

「新政府軍が攻めてきたぞ！」

1868年（慶応4年）に起こった鳥羽・伏見の戦いにより勃発した戊辰戦争で、日本は、旧幕府軍と新政府軍に分かれて争うこととなった。

そんな中、旧幕府軍の中心的な存在とされていた会津藩は、きたるべき戦いに備え、フランス式の軍制を導入し、玄武軍、青龍軍、朱雀軍、白虎軍を編成していた。入隊の条件は、会津藩の男子であることと、日新館という会津藩の藩校で学んでいることであった。中でも白虎隊は、16歳～17歳の少年で編成され、総勢約300人。中には、年齢を偽って入隊した15歳の隊士もいたという。

白虎隊士たちも、他の隊士と同じく剣術や砲術、天文学や古典など、文武両道となるべく様々な授業を受けた。その中には、自刃の仕方もあった。

「仙台藩が裏切ったというんですか……!?」

会津藩は新政府軍と争うために、近隣の諸藩と「奥羽越列《おううえつれっ》藩同盟《ぱんどうめい》」を結んでいたのだが、その中で中心となっていた仙台藩が、援護を断ってきたのだ。

すでに周辺の藩も降伏し、会津藩は完全に孤立していた。しかし、そんな状況にあっても、新政府軍は攻撃の手を緩《ゆる》めなかった。会津藩の居城、鶴ヶ城近くまで攻めてきた新政府軍に対して、追い詰められた会津藩は、予備兵であった白虎隊を進軍させるしかなかった。

「お国のために戦って参ります」

隊士らは分割され、様々な戦場へ向かったが、戦力差は覆らず、その多くが敗戦となった。

白虎隊のうち、数人がなんとか郊外へと落ちのびた。しかし劣勢は明らかで、彼ら自身も負傷し、これ以上は戦えそうになかった。

「もはや勝算はなくなった。だが、私たちは武士だ。武士の本分は、生き恥をさらすことではない」

隊士たちは飯盛山で自刃を決行した。それが旧暦8月23日であったことから、8月23日は「白虎隊の日」とされている。白虎隊の物語は、変わりゆく時代の中で、藩主に忠義を尽くした若き武士たちの姿を、今に伝えている。

8/24 79年

イタリア南部のヴェスヴィオ山が噴火、ポンペイが埋没

「あの雲、まるでキノコか、カサマツの木のようよ」

母のその一言が、思えばすべての始まりだった。私の名は、ガイウス・プリニウス・セクンドゥス。偉大なる伯父との差別化のために、「小プリニウス」の通称で呼ばれることのほうが多いだろう。

あの日――79年8月24日の出来事は……今も思い出すと、身震いが止まらない。私たちは、軍人で学者でもある伯父と共にナポリに駐屯していた。遠くで爆発音が聞こえ、地面が揺れた。私は敵襲かと思い、慌てて外に飛び出したが、それらしき様子はない。北東の空に広がる異変に母が気付いたのは、その時だった。もっとも私は、それが雲ではなく、ヴェスヴィオ火山の噴火によるものだろうと予測がついた。母に呼ばれ外に出てきた伯父も、同じ意見である。我々が眺めている間にも、山から伸びるカサマツ状の雲はその色を白から黒に変え、合間から蛇の舌のようにチラチラを赤い光をのぞかせながら、海のほうへと下っていった。

「あの先には町がある！　人々の救出に行くぞ！」

伯父に促され、我々は船に乗り込むと、火山灰が降り注ぐ対岸の町に向かった。そこで見た光景は、地獄としか言いようがない。日はとっくに沈んでいたが、火山の方角には幾重にも炎のカーテンが揺れ、立ち込める煙と灰が白っぽくあたりを包む。日が昇る時間になっても、太陽の光は灰に阻まれ大地には届かない。鼻腔を刺激する卵の腐ったような匂いと共に、激しい頭痛と吐き気に襲われる。めまいか、あるいは地面が揺れているのか、判別がつかない。それでも伯父は、町の家々を訪れ、「敵襲ではないから安心しろ。じきに収まるさ！」と明るい声で人々を励ましていた。

そして私は……、残ると言い張る伯父を置いて逃げた。対岸の岬に逃れ、ポンペイの町が溶岩に、灰に、そして壁のような高波に襲われる様を目撃した。人間の傲慢《ごうまん》さに怒った神が裁きを下し、世界に終末が訪れたのだと、私は絶望した。

噴火の二日後、伯父は、私と別れた地点の近くで発見された。大きな外傷はなく、まるで眠っているようだった。ただ、伯父の遺体からわずか15キロほど離れたポンペイの町は壊滅。逃げ遅れた2000人の人々が、町とともに、火山灰と溶岩の下に埋もれた。

8/ 1918年

25

ピンチをチャンスに変えた、指揮者・バーンスタインが誕生

1918年8月25日、アメリカのマサチューセッツ州・ローレンスで生まれたレナード・バーンスタインは、幼いころに蓄音機から流れる音楽に魅かれ、父親の反対を押し切って音楽家を目指した。

音楽院で指揮者を志したが、卒業後は仕事がない状況が続いた。しかし、チャンスは突然やってきた。

1943年のある日、バーンスタインに1本の連絡が入る。

「今日指揮者を務めるはずだった、ブルーノ・ワルターさんが急病で来られない!? その代わりを私に任せていただけるのですか?」

その日は、アメリカ5大オーケストラの1つとして有名な、ニューヨーク・フィルハーモニー交響楽団の演奏会が予定されていた。

しかし直前で指揮者が参加できなくなり、急遽バーンスタインに白羽の矢が立ったのだ。

「開演まであと3時間か……リハーサルをする時間もなさそうだな」

会場に着いたバーンスタインは、時計を見てそうつぶやいた。連絡をもらいすぐに駆けつけたものの、そのまま本番に臨まなければならなかった。

この演奏会はラジオでも放送されることになっており、リハーサルなしで指揮をするということは、大きな不安や緊張と戦うことでもあった。

「せっかくめぐってきたチャンスだ、絶対に最後まで指揮をやりきってみせる」

そうして急遽代役でステージに立ったバーンスタインは、リハーサルがなかったにもかかわらず、見事演奏会を成功させた。

この演奏会後、バーンスタインの指揮者としての能力が評価され、ニューヨーク・フィルの副指揮者に就任。バーンスタインはあっという間に時の人となった。

その後、彼は指揮者として活躍しただけでなく、「ウエストサイド物語」などのミュージカル音楽の作曲を手がけるなど、アメリカの音楽に大きな影響を与えた。彼の音楽は、今も世界中で愛され続けている。

8/26 1910年

貧しい人々に手を差しのべた、マザー・テレサが誕生

1910年8月26日、アグネス・ゴンジャ・ボワジウ——のちに、マザー・テレサと呼ばれるようになる少女は、現在のマケドニアの地に生まれた。

17歳のとき、神に仕え貧しい人々のために働くことを決心した彼女は、インドのコルカタを拠点に活動を始めた。87歳で生涯を閉じるまで、数々の苦難にもめげず、愛の手を差し伸べ続け、〈死を待つ人の家〉・〈孤児の家〉・〈平和の村〉といった貧しい人々のための施設をいくつも作り上げた。時にひどい言葉を投げつけられながら……。

「アンタのやってることは、手術を受けなきゃ死んじまうような人々に包帯を巻いて、これでもう大丈夫だって騙してるようなものじゃないのか」

〈死を待つ人の家〉の前で、仏頂面の男が言った。

「この世で、最もひどい貧しさとは何でしょうか」

マザー・テレサは、穏やかな表情を浮かべたまま、その男にそう問いかけた。

「それは、自分が誰からも必要とされていないと感じることです」

彼女は温かな手で、その男性の手をとった。誰しもが、かけがえのない大切な存在なのですよ。もちろんあなたも、と笑って。

こうした活動が評価され、マザー・テレサは、1979年、ノーベル平和賞を受賞した。晴れ渡った空は透き通って美しく、彼女を祝福しているようだった。

スピーチの壇上に立ったマザー・テレサは優しげな茶色の瞳を細め、微笑んだ。白い木綿に3本の青いラインが入ったサリー、裸足に革の草履——彼女の服装は、世界中で、貧しい人々を救うために働いているシスターたちが着ているものと同じものだ。

「この賞は、世界中の貧しい人々の中の、最も貧しい人々の栄誉として、世界中の貧しい人々に代わってお受けします。私には、受賞の晩餐会はいりません。そのお金は、どうぞ貧しい人々のためにお使いください」

彼女がスピーチを締めくくると、割れんばかりの拍手が沸き起こった。彼女の愛は、今でも多くの貧しい人々を救い続けている。

8/27 1896年

すべての幸いのために生きた、童話作家・宮澤《みやざわ》賢治《けんじ》誕生

1896年8月27日。宮澤賢治は自然豊かな岩手県花巻市に生まれた。実家は裕福な質屋。だが、賢治は金銭や商いには、とんと興味を抱かなかった。それどころか、お金を稼ぐことに罪悪感すら覚えていた。

「――先生、この石は何？」

賢治は、農学校の先生になっていた。幼い頃からの石や自然を好む性分が高じた結果だった。

「ああ、それは石灰石ですよ。肥料にもなります」

「へぇ。さすが石っこ賢さん！」

男子生徒が言うと、生徒たちから、どっと笑いが起こる。昔のあだ名で呼ばれて、賢治も気恥ずかしげに微笑んだ。

「ねえ……なんで先生をやめちゃうの？」

笑いが引いて静かになったところで、1人の生徒が寂しげにそう尋ねてくる。

「私は、困っている人を助けられる存在になりたいのです。菩薩様のように。教師も大切な仕事ですが、お百姓さんが飢饉や日照りに苦しんでいるとき、何もできない。私は、彼らの力になりたいのです」

その言葉通り、教師を辞めた賢治は農業を始めた。百姓たちの互助協会を設立したり、土を改良する石灰肥料を作るため、砕石工場に勤めたりもした。

そうしてヘトヘトになるまで働いて、1人になると、今度は創作にふけった。それは、賢治のもう1つの関心事だった。自分自身の理想や想いを、詩や物語で表現する。やがてそれらを自費で出版もした。

「すべての幸いのためになるならば、たとえ苦しみであっても、私にとっては幸いなのです」

常々そう考えていた賢治だが、日々の無理がたたり、37歳で早逝。――しかし、死後。

「ついに、賢治兄さんの本が出版されたんだ……」

弟の清六《せいろく》は、完成した本を手に感無量でつぶやいた。賢治は死に際に、自身の原稿をすべて弟に託していた。清六は方々に尽力し、その流通出版を実現したのだ。

「銀河鉄道の夜」や「雨ニモ負ケズ」等の作品に刻まれた「皆の幸せのために生きたい」という賢治の理想は、こうして人々の心に届けられた。

8/ 1963年

28

ワシントン大行進。キング牧師が人種差別撤廃を訴える

1955年、アメリカのアラバマ州で、1人の黒人が逮捕された。逮捕理由は、「バスの座席を白人に譲らなかったため」。

「こんなことがあっていいのか。黒人も白人も、同じ権利を保障されるアメリカの公民ではないのか」

黒人牧師、マーティン・ルーサー・キングは憤った。そして、彼をはじめとする黒人たちが、バスのボイコットによって抗議を始動。その翌年、逮捕は憲法違反だったという判決を勝ち取る。これ以降、公民権運動は年々勢いを増した。そして1963年8月28日、首都ワシントン。

「我々は痛ましい現実と向き合わなければならない。それは、黒人が未だに自由ではないということだ」

演説台に立つキング牧師は訴えた。

ワシントン記念塔広場は、人種差別の抗議デモに集った人々で、見渡す限り埋め尽くされていた。

「私には夢がある」

しばらく話したのち、キング牧師は用意していたスピーチの内容から離れ、心のままに話しはじめた。

「いつの日か、かつての奴隷の子孫たちと、かつての奴隷所有者の子孫たちが、兄弟のように同じ食卓に肩を並べるという夢が」

黒人の自由が約束されたかに見えた〈奴隷解放宣言〉から100年経ってもなお、南部のいくつかの州では「黒人は公共施設を利用してはならない」とする法が残っていた。設備の整った白人用と、劣悪な黒人用とに、施設が分けられている州もあった。

学校もトイレも乗るバスも、別々でなければならない。黒人も白人も、アメリカという同じ国に暮らす、同じ人間なのに。

「私には夢がある。いつの日か、私の4人の幼い子どもたちが、肌の色ではなく、人格によって評価される国で暮らすという夢が」

キング牧師は、万感の思いで語った。同じ思いを胸に集まってくれた大勢の同志たちを前に、固く心に誓っていた。夢は必ず叶えてみせる、必ずアメリカを本当の意味で〈自由の国〉にしてみせる、と。

「今日、私には夢がある!!」

8/29 759年

苦難の末に来日した僧・鑑真《がんじん》、唐招提寺を建立

旧暦天平宝字3年8月3日

暗闇の中でも、見える景色がある。

荒々しく波打つ群青の海面が、すべてを呑みこもうと口を開ける大蛇の群れのように襲いかかってきた。

5度にわたる渡航失敗、仲間の死——度重なる苦労が鑑真の目から光を奪ったが、心には常に、日本の地で自分を待ちわびる信徒の姿があった。

伝戒の師を求めて、日本から栄叡《ようえい》、普照《ふしょう》と名乗る2人の僧がやってきたのは、12年前のことだ。

「鑑真和上、いまの日本には、正しい戒律を授けられる者がおりません」

普照はそう打ち明けると、うつむいた。戒律とは、僧や信者が守らなくてはならない生活規律や心構えのことだ。栄叡が身を乗り出して、さらに訴える。

「正しい仏教の教えを授けてくださる方を日本へお連れすることが、我々の長年の願いであり、使命でございました。どうか、鑑真和上……!」

2人の願いを聞き、鑑真は静かにうなずいた。

「よく分かりました。——さて、我こそは、という者はいますかな?」

大勢の弟子を見回し、問いかける。だが、名乗り出る者は1人もいない。航海技術が発展途上にあった当時、海を隔てた日本は遠い土地で、生きてたどりつける保証はなかった。

鑑真は弟子たちの恐れを、ひしひしと感じとった。

「ならば、私が日本へ行きましょう」

あれから、どれだけの月日が流れたことか。

6度目の挑戦で、ようやく日本の地に足を踏み入れた鑑真は、日本の人々に熱烈に迎え入れられた。

彼は奈良の東大寺に建てられた戒壇院《かいだんいん》で受戒を続け、その後、759年8月29日に唐律招提《とうりつしょうだい》(後の唐招提寺)を建立した。「唐律招提」とは「唐の律を学ぶ道場」という意味で、僧侶たちの学びの場となった。

唐招提寺には、弟子たちが鑑真の姿を写しとって彫り上げたという像がある。苦難の末に唐から来日して律宗を伝え、唐招提寺を創建するまでの出来事を描いた「東征伝絵巻《とうせいでんえまき》」には、鑑真の人柄がありありと描かれ、その偉大な功績を伝えている。

8/30 1984年

スペースシャトル・ディスカバリー打ち上げ

「シックス、ファイブ、フォー……」

カウントダウンを耳にし、激しい振動を全身で感じながら、チャールズ・ウォーカーは「今度こそ、本当に宇宙に行けるか!?」と、まだ半信半疑だった。スペースシャトル・ディスカバリー号による宇宙飛行計画は、過去3度も直前で取りやめとなっている。特にそのうちの一度などは、カウントダウンが始まった後に、管制塔からの「打ち上げ中止！」の声を聞いた。あの時から64日間、ウォーカーはこの日を待ち続けてきたのだ。

いや……ウォーカーが宇宙への旅立ちを先延ばしにされたのは、2か月間どころではない。彼が宇宙飛行士クラスに応募したのは6年前。だが「適正な大学を卒業しておらず、博士号も持っていない」との理由で落選した。「ならば民間企業に就職し、エンジニアとしてスペースシャトルに乗り込んでやる！」。そう決意し、大手航空機メーカーのマクドネル・ダグラス社に入社。宇宙飛行に興味があると周囲に訴え続け、要職に就き、ついに民間初の搭乗科学技術者として、搭乗メンバーに抜擢されたのだ。「このミッションが成功すれば、宇宙はあらゆる人々にとって身近なものになる！」。そんな使命感を、ウォーカーは抱いていた。

この時のディスカバリー号にはもう一人、先駆者としての志気を胸に灯す者が居た。6人のクルー中、唯一の女性飛行士のジュディス・レズニックだ。少女時代から神童と呼ばれた彼女は、名門メリーランド大学で博士号を取得し、28歳でNASAのミッションスペシャリストに抜擢される。アメリカ人の女性飛行士は史上二人目、ユダヤ人女性としては初。「後に続く人々のためにも、今度こそ飛んで！」——そう強く願いながら、彼女もカウントダウンを聞いてきた。

「スリー、ツー、ワン……ブースター点火、スペースシャトル・ディスカバリー、リフトオフ」

轟音と共に重力の楔《くさび》を振り払い、ディスカバリー号がケネディ宇宙センターから飛び立つ。6日後には予定のミッションをすべて終え、ディスカバリー号は地球へと戻ってきた。

ウォーカーはこの後も2度、宇宙飛行し無事に帰還。レズニックは、1年3か月後に搭乗したスペースシャトル・チャレンジャー号が発射直後に爆発し、帰らぬ人となった——。

8/31 1997年

「人々の心の王妃になりたい」——ダイアナ元妃が交通事故で死去

1997年、8月31日。衝撃的なニュースが世界を駆けめぐった。エイズや対人地雷禁止などの慈善活動を精力的に行っていた、イギリスのダイアナ元皇太子妃が事故死したのだ。36歳、あまりに唐突な死だった。

ロンドン市民は涙に濡れて葬列を見送り、ケンジントン宮殿の周りは、手向けられた花の香りであふれた。世界中が彼女の死を深く悲しんだ。

20歳でチャールズ皇太子と結婚し、幼稚園の先生からプリンセスになったダイアナ。その華麗な転身は、現代のシンデレラのようだった。

しかし、幸せは長く続かなかった。イギリス王室に馴染めず、結婚生活は暗い霧に覆われ、灰色にくすんでいたからだ。美しい笑顔で国民に手を振る裏側で、彼女は常に孤独を感じていた。2人の息子の成長だけが心の支えだった。苦しみ、もがきながら、それでもダイアナは自分にしかできないことを模索し続けた。

——子どもたちには、もっと世界を知ってほしい。私が苦しんでいる人の元を訪れれば、それが世界中に伝わる。これまで顧みられることのなかった問題に、世間の目を向けさせることができるはず……。

王室を離れたダイアナは、慈善活動に精力的に取り組んだ。

「エイズは握手しただけではうつりません。どうか必要以上に恐れないで」

エイズ患者の男性としっかりと握手するダイアナの写真。それとともに新聞に載せられた言葉は、世界へと発信され、人々の心を打った。

その当時、エイズは患者に触れれば感染する病気だと誤解され、偏見と差別がはびこっていたが、その認識を改めさせたのだ。

事故で亡くなる年には、赤十字社の特使として、南アフリカのアンゴラへ向かった。地雷で手や足を失った少年少女と交流する姿や、自ら地雷原を歩く姿が伝えられ、大きな反響を呼んだ。

愛を与え続けた彼女の勇気ある行動を、人々は忘れないだろう。「人々の心の王妃になりたい」と語ったプリンセス・ダイアナ、その勇敢な人生を。

9月の物語

「日本最初の国際人」、新渡戸稲造《にとべいなぞう》が誕生

旧暦文久2年8月8日

日本の道徳観を欧米に紹介した『武士道』の著者として、また旧五千円札の肖像として知られる新渡戸稲造は、1862年9月1日、現在の岩手県盛岡に生まれた。幼い頃から西洋への憧れを抱き、英語などの勉強に熱心に取り組んでいた新渡戸は、やがて、さらなる学びを求めて上京する。

当時、東京大学文学部長であった外山正一《とやままさかず》はその日、同校英文科入学試験の面接官をしていた。

「次の者、入りなさい」

「はい」

外山の呼びかけに対し、扉の外から落ち着いた力強い声が返ってくる。そうして入ってきたのは、立ち姿だけでも高い志を窺《うかが》わせる偉丈夫だった。

ハキハキした声で新渡戸稲造と名乗ったその青年を椅子へ座らせ、外山は、彼へいくつかの質問を投げかけた。名前、出身、学歴や思想など、彼は、そのどれにもまったくよどみなく答えていく。

（――受け答えもしっかりしているし、まあ及第点か）。

優秀だが、他の受験者と大差ない。外山は早々に評価を終えて、最後の質問に移った。

「では次が最後の質問だ。君は英文学を勉強して、今後どうしていきたいのかね」

その問いにだけ、青年は一瞬の沈黙を見せた。

外山は最初、それを迷いだと思った。だが、すぐにそれは間違いだったと悟る。

「願わくば、私は太平洋の橋になりたいと思っております」

瞳に信念の色を宿した青年は、そう告げた。

「太平洋の橋？」

「はい。世界に日本の思想を伝え、世界の思想を日本へと広める。私は、日本と世界をつなぐための架け橋になりたいと思っているのです」

あの一瞬の沈黙は、彼の決意の表れだったのだ。外山はこの青年の背後に、太平洋に架かる大きな橋を見た。

大学を卒業した新渡部は、そのときの言葉通り、日本と世界の交流に尽力した。そして、その功績が認められ、その後、国際連盟の事務局次長を務めることになる。

9/2 1973年

『指輪物語』の作者、トールキンが死去

「ああ、ジャック……私もそちらへ行く頃らしい」

病室で死を目前に控えた老年のトールキンは、1人静かにつぶやいた。

ジャックが亡くなってから、もう10年が経っている。だが、思い出すのはいつでも、彼と一緒にいたときのことばかりなのだ。あの頃、2人はかけがえのない親友同士だった。

今でも彼の声が鮮明に耳に甦る。それはある暖かな春の日、互いに講師として勤めるオックスフォード大学の構内でのこと。ジャックは言った。

「トールキン、昨夜、君が聞かせてくれた物語は格別だった。ぜひ出版すべきだよ」

その頃、2人はともに創作を趣味とする者同士、毎週木曜の晩に仲間を集めて〈インクリングズ〉という議論や自作の品評を行う会合を催していた。

「出版？　いや、あれは自分の子どもたちに読ませようと創っているだけで、出版なんてつもりはないよ」

「いいや、君の物語には独特の真実味がある。まるで神話だ。書き上げて、世に出すべきだ」

「舞台となる〈中《なか》つ国《くに》〉は、その言語や歴史もきちんと考えているから、そういう真実味はあるだろうね」

言語学者でもあるトールキンは、元々趣味として新しい言語を創作していた。物語は、その言語を実際に用いるべく、彼が研究していた叙事詩『ベオウルフ』などを参考にして創作したものだった。

言語こそが真実。トールキンは、そう考えていた。

「とにかく書き上げてくれ。僕はそのためなら君の尻を何度でも叩かせてもらうから、そのつもりでね」

ジャックの激励によって、トールキンはのちに、会で披露した『ホビットの冒険』や『指輪物語』を発表、出版する。それは瞬く間に人々を魅了した。その頃にはジャックもまた、『ナルニア国物語』の作者、C・S・ルイスとして、有名作家になっていた。

「私は死んでも、物語は生き続ける……君のおかげだ、ジャック。君こそは、我が生涯の友だった」

1973年9月2日。トールキンは、病のためこの世を去る。そして、親友の待つ楽園へと旅立っていった。

9/3 1875年

自動車業界のパイオニア、ポルシェ誕生

「電気を使って遊ぶのはやめなさい。ブリキ細工の修行にもっと身を入れるんだ！」

父は腹を立ててフェルディナントを叱責した。黙って頷くフェルディナント。ところが彼は、父の目を盗んでは、また屋根裏でバッテリーを使って電気を起こす実験をした。

1875年9月3日、フェルディナント・ポルシェは、北ボヘミア地方のマッフェルスドルフ（現在のチェコのブラティスラビツェ）に生まれた。長男が若くして亡くなり、次男のフェルディナントが父のブリキ細工の工場を継ぐことになった。しかし彼は、ブリキ細工よりも、当時、急速に技術革新が進んでいた電気に魅かれ、独学していた。

そんな息子に特別な才能があることを感じた母は、彼をその道へ進めるよう、夫を説得した。そして、ライフェンベルクの国立工業学校の夜間部に通うことが許された。

学校で貪るように学んだフェルディナントは、18歳のとき、電気器具や電気機械を製造するウィーンのベラ・エガー財団に就職。次々と独創的なアイデアを披露して周囲を驚かせた。彼には「第六感」ともいうべき鋭い感性があった。

そんなフェルディナントの才能を見出したのが、馬車メーカー、ローナー社のオーナーのヤーコブ・ローナーだった。彼は、騒音と悪臭に満ちたガソリンエンジンではなく、静かな電気モーターによる自動車を開発しようとしていた。

「彼ならできるかもしれない」

ローナーの期待を背負って移籍したフェルディナントは、電気工学の知識を総動員し、1902年、世界初となる4WDハイブリッドカー「ミクステ」を完成させる。ガソリンエンジンで得られたエネルギーをダイナモによって電気エネルギーに変える仕組みで、ハイブリッドカーの原型である。

その年、フェルディナントは自作のミクステを運転し、実家に向かった。助手席には婚約者のアロイージアがいた。

「電気実験は禁止したはずだぞ」

そう言いながらも、父の顔には誇らしげな笑みが浮かんでいた。息子の成長した姿を見て最も喜んだのは父だった。

その後のフェルディナントは、ポルシェ社をおこし、大衆車ビートルや小型スポーツカーのポルシェ356を生み出した。今日、「自動車業界のパイオニア」と讃えられている。

真面目にコツコツ。農村復興に尽力した、二宮《にのみや》金《きん》次《じ》郎《ろう》が誕生

旧暦天明7年7月23日

「また、夜遅くまで本なんぞを読んでいるのか」

薄明かりの中、16歳の金次郎が読書にふけっていると、例によって伯父に見とがめられた。

「本など捨てて、もっと農業に精を出さんか！」

二宮金次郎は1787年9月4日、裕福な大農家に生まれた。ところが5歳のとき、大洪水で家も田畑も失ってしまう。両親は復興の半ばで病に没し、今は伯父の家に住まわせてもらっている身だった。

「でも伯父さん、本で先人の知恵を学べば、農作にも活かせます。実りも必ずもっと豊かにできるんです」

世間では農民に学問は不要とされていたが、金次郎は亡き父から学問の大切さを教わり育っていた。

「何を言うか。灯火の油代も馬鹿にならんのだぞ」

「それでしたら、もう心配いりません。この油は、僕自身が育てた菜種から得たものですから」

1年前、金次郎は一握りの菜種を手に入れ、耕した荒れ地で栽培を始めたのだ。たった1人で。

これには伯父も驚き、口をつぐまざるを得なかった。

金次郎はのちに語っている。

「積《せき》小《しょう》為《い》大《だい》。小さなことをコツコツと積み重ねることが、やがて大事を成すことにつながるんだ」

やがて大人になった金次郎は、その勤勉さと復興の実績を買われ、小田原藩主から依頼を受ける。

「二宮金次郎よ、桜町領の農村復興を頼む」

かくして荒廃した村を助けるため桜町へ向かった金次郎だが、村民たちにすぐには受け入れてもらえなかった。

だが金次郎が、損な役回りにも不満を漏らさない百姓に褒美を与えたりなど、誠実な働きぶりを示していくと、人々は彼を認め、篤《あつ》く信頼を寄せていった。

「田畑も人の心も同じだ。精魂込めて耕せば、必ず育って実りを結ぶ」

桜町の復興を成し遂げた金次郎は、以降も各地の農村を次々復興していくこととなる。農民から幕府の役人に大出世を果たした金次郎は、昭和初期に多くの像が作られ、勤勉さのシンボルとして広く親しまれた。

9/5 1936年

戦場カメラマン・キャパが、「崩れ落ちる兵士」を撮影

銃弾の飛び交う音、兵士たちが川を移動するたびに起こる水しぶき、怒号や鼓舞する声、戦場で起こるすべてを身体で感じながら、カメラを構える。

1936年9月5日に撮影された、ある1枚の写真が世界の注目を浴びた。

撮影者の名前はロバート・キャパ。

「崩れ落ちる兵士」と名づけられたその写真は、1人の兵士が戦地で銃弾によって倒れる瞬間を撮ったものだった。

この写真を見た人々は、大きな衝撃を受けた。この1枚だけで、戦場での「死」が迫りくるようにすら感じられた。

「この写真はあまりにもできすぎている。本当に戦場で撮った写真なのか？」

人々の中には、「やらせ」を疑う者もいた。

「その写真については、言及するつもりはない」

この写真について真実が語られることはなかったが、その写真のおかげで、ロバート・キャパの名は一躍有名になった。

そして、ロバート・キャパこと写真家アンドレ・フリードマンは、その後も様々な戦場でカメラを構え、死と隣り合わせになりながらも、その現状を伝え続けた。

「戦場で兵士ばかりを撮るのではなく、戦地やその近くで暮らす人々にもカメラを向け、戦場で生き抜く人たちの姿を記録するべきだ」

彼の写真は、戦場で生きる人々の姿を隅々まで映し出した。

しかし、キャパの本当の願いは、戦場カメラマンとして活躍することではなかった。

「戦場カメラマンの一番の願いは、失業することだ」

キャパは、周りの人たちに度々こう言ってきた。戦争がなくなり、戦場カメラマンが失業するなら、それが本望だ。それがキャパの最大の願いだった。

ロバート・キャパの死後、「崩れ落ちる兵士」は、演習中の兵士を撮影したもので、被写体となった兵士も死んでいなかったことが判明する。

だがたとえ、作られた始まりだったとしても、その写真が、戦地の今を伝え、世界に大きな影響を与えたことに間違いはない。

マゼラン艦隊唯一の生き残り、ビクトリア号が世界一周を果たす

「やっと帰ってきたぞ……!」

久しぶりに見る故郷の風景に少し涙ぐみながら、ビクトリア号の船員たちは口々にそうつぶやいた。

1522年9月6日、世界一周を果たしたビクトリア号は、約3年の厳しい航海を終え、スペインに帰国した。

この長かった旅の目的は、スペイン国王がマゼラン船長に命じた、香料の確保だった。

「優秀な船長の下で働けるなんて、こんなに光栄なことはない。最後まで船長とともに航海しよう」

出発の日、船員たちはみな、そう心に誓った。

そうして航海を続けるうち、マゼラン一行は太平洋に抜けるための新たな海峡を発見した。

「見たことのない海峡だな。よし、この海峡を、私の名前をとってマゼラン海峡と名づけよう」

船長は、誇らしげに海峡を見ながらそう言った。

順調に思えた航海だったが、船長との別れは突然やってきた。

フィリピン諸島で島民と争いになり、船員の何倍もの数の島民に囲まれたのだ。

「諸君、敵を恐れてはいけない!」

マゼランの言葉に鼓舞されて、みな勇敢に戦ったが、数には勝てず、撤退を余儀なくされた。

「船長も殺されてしまった……。せめて船長の分まで、使命だけは果たそう!」

船長と仲間を失いながらも、船員たちは命からがら航海を続けた。途中のさまざまな苦難によって、5隻だったマゼラン艦隊は、ビクトリア号だけになっていた。無事に帰ってこられたのは18人だったが、不可能と言われた世界一周を達成したのだ。

のちに、星雲や望遠鏡、宇宙探査機などに、航海者マゼランの名前がつけられた。また、海峡を通過したことにちなみ、南アメリカ南部の特産品や鳥、魚、さらにはペンギンといった生き物にも、彼の名がつけられている。

彼自身は世界一周することができなかったものの、その偉大さは、彼の名前とともに、今でもこうして世界中に残されているのである。

9/7 1641年

江戸幕府4代将軍となる、徳川家綱《いえつな》が誕生

旧暦寛永18年8月3日

長く続いた戦乱の世を治め、江戸幕府を開いた徳川家康《いえやす》。その後継者である2代将軍秀忠《ひでただ》、そして3代将軍家光《いえみつ》は、戦国時代に完全に終止符を打ち、強大な権力によって幕府の支配を完成させた。武力を背景にした、いわゆる「武断政治」である。

その家光の息子として、1641年9月7日、家綱は生まれた。ある日、家臣の1人から、罪人は島流しになると聞いた幼い家綱は言った。

「その者たちは、何を食べているのだ?」

それを聞いた家光は感心した。そして、流罪に処して命を助けたならば、食料の世話もするべきという息子の意見を、すぐに取り入れたのだった。

「この子は優しい子だ。よい政治を行うに違いない」

そして家光の死後、家綱はその跡を継ぎ、10歳にして第4代将軍となった。家綱は、父の代からの家臣の助力を得ながらも、父や祖父のように武力で人々を押さえつける政治手法は、時代にそぐわなくなってきたと感じていた。

「祖父や父のような、力による支配ではなく、民や、大名たちに寄りそう政治をしたい」

家綱は、武力ではなく、学問や法令などによる「文治政治」を目指したのである。

その政策のひとつとして打ち出したのが、殉死の禁止だ。殉死とは主君が死んだ際、その家臣や妻が後を追って死ぬこと。自らの意思で腹を切るなどして自害する場合もあるが、強制されることもあった。殉死は主君への忠誠を示す、武士らしい行いとされていたのだ。

「殉死によって優秀な人材を失うのはもったいないことだし、そもそも不義無益《ふぎむえき》であろう」

不義無益とは、人の道に外れ、益もないということ。これにより殉死は禁止され、人の命がより重んじられるようになった。

この他にも家綱は、徳川家支配の下、日本の各地を治めていた各藩の大名にとって、有益で温かみのある施策を次々に実行。平和な世の中にふさわしい穏健な政策は、この後の江戸幕府の長期にわたる安定的な政権維持につながっていくのだった。

9/8 1841年

音楽と汽車を愛した天才作曲家、ドヴォルザークが誕生

「ドヴォルザークさん、こんにちは。今日も汽車を見に来られたのですか？」

すっかり顔なじみになった汽車の運転士に笑顔で話しかけられ、ドヴォルザークはとっさに苦笑いを返した。

「いや、少々作曲に詰まっていたら、妻に散歩にでも行ってはどうかと言われてしまってね。今日は見るだけでなく、少し乗ることにするよ」

運転士は、よい気分転換になるといいですね、と言って、会釈をして仕事に戻っていった。

やがて汽車が動き出す。

「こうして窓から流れる景色を見ていると、子どものころ、家族で演奏していた時のことを思い出すなぁ」

1841年9月8日、のちに作曲家として活躍するアントニン・ドヴォルザークは、チェコの北西部にある村で、宿屋を経営する両親の間に生まれた。家族が楽器の演奏もしていたので、周りはいつも楽器や音楽であふれていた。9歳になる頃には、彼もヴァイオリンを演奏するようになった。

家業の経営難などの危機を乗り越え、彼は熱心に音楽の勉強に取り組んだ。

そして37歳のとき、彼は運命的な出会いを果たす。のちに親友となる、ブラームスと対面したのだ。ドヴォルザークは、彼の勧めでふるさとチェコの民謡をアレンジし、「スラブ舞曲」を作曲した。この作品がきっかけで、彼は作曲家として多くの人々から称賛されるようになった。

もちろん、幸せなことばかりだったわけではない。名声ゆえの多忙や子どもたちの死など、苦しみも多くあった。

しかしどんな時でも支え、助けてくれる人たちのおかげで、音楽とともに生きることができている。ドヴォルザークは心の中で彼らに感謝した。

「おや？　もう帰ってきてしまったか。やはり汽車はよい。車輪の奏でる音や、揺れが心地いい。帰ったらいい曲が書けそうだ」

汽車から降りる際に目が合った運転士に微笑みかけて、ドヴォルザークは満足げに駅を後にした。

9/ 1751年

9

崖っぷちの米沢藩を救った、藩主・上杉《うえすぎ》鷹山《ようざん》が誕生

旧暦寛延4年7月20日

「為《な》せば成る、為さねば成らぬ何事も。成らぬは人の為さぬなりけり」

――何かを成しとげようという意思を持って行動すれば、何事も達成することができる。結果が得られないのは、成しとげる意思を持って行動しないからだ。どんな状況でもあきらめずに行動すれば、いい結果を得ることができる。

米沢藩（現在の山形県東南部）9代藩主、上杉鷹山（治憲《はるのり》）が家臣たちに向けて詠んだ歌である。

1751年9月9日に生まれた鷹山は、1760年に上杉家に養嗣子《ようしし》として迎え入れられた。

上杉家の治める米沢藩は、この頃からすでに藩としての収入が少なくなっていた。しかしそれまでの誇りや生活を捨てられず豪華な暮らしを続けた結果、鷹山が藩主になった時には、すでに借金が返しきれないほどの額になっていた。

「ようやく家督を継ぐことができたが、この莫大な借金を返していかねばならないのか……」

鷹山は、先代の家臣たちに反発されながらも、大規模な改革に着手した。自らすすんで倹約に励み、財政の立て直しに取り組んだ。

また、藩の領地内では、飢餓や洪水で土地が荒れ果て、そこで生活する民も疲弊しきっていた。

「このままでは民も土地も死んでしまう。なんとかしなければ……」

この状況を打開するべく、鷹山は自ら田畑を耕し、農業をすることを拒んでいた武士たちに農業を覚えさせた。そのかいあって、荒れ果てた土地が、作物が育つまでに回復した。

「次は、和紙や染料なども作っていこう」

和紙や染料など技術を必要とする品は、売ってお金にすることができる。これらの品の製造にも力を入れた結果、ついに借金を返済することができた。

「身分にとらわれず皆で助け合い、知識を得ることが重要だ。優秀な民や武士を育てるためにも藩校を設立して、教育を充実させよう。今後も、あきらめず行動あるのみだ」

「為せば成る」の歌は、単なる理想論やかけ声ではなく、上杉鷹山の経験と強い想いがつまっていたのである。

9/10 1898年

自由を求めた悲劇の皇后、エリザベートが暗殺される

1898年9月10日、旅行で訪れていたスイス・ジュネーブで、オーストリア皇后エリザベートが、突然何者かに刺された。

従者の悲鳴にも似た声が聞こえる。

「エリザベート様！」

最愛の息子が自ら命を絶ってしまって以降、着続けていた喪服の黒が、血に染まり濃くなっていく。

「あぁ、ここで終わるのね。なんて自由のない生涯だったのかしら。でも、これで自由になれる」

思えば、姉のお見合いの付き添いのはずが、お見合い相手のフランツ・ヨーゼフ1世に見初められ、そのまま結婚することになったのが、すべての始まりだった。

「檻のような宮廷に閉じ込められて、しきたりに縛られる毎日なんて耐えられないわ。私は自由を奪われてしまったのね」

エリザベートは宮廷の中から外を眺めて、つぶやいた。自由にのびのびと育ったエリザベートにとって、宮廷での生活はあまりにも窮屈だった。

新婚にもかかわらず、夫のフランツは朝から晩まで会議ばかり。さらに、取り上げられたのは自由だけではなかった。

「貴女にこの子たちの教育は任せられません」

フランツとの間にできた大事な子どもたちさえも奪われてしまった。

「私は、子どもも自由も失った。でも、自分の美だけは手放さないの」

美しさを保つために、過酷なダイエットや食事制限なども行った。

晩年は、宮廷から逃れるようにあてもなく旅を繰り返し、皇后としての仕事も放棄するようになっていた。この日も、そんな旅の途中だったのだ。

「旅をしても満たされない、哀しい人生だったわ」

エリザベートは、しだいに薄れゆく意識にあらがうことなく、そっと目を閉じた。

自由と美を求め続けたエリザベートの旅は、こうして終わりを告げた。

9/11 1862年

「短編の名手」と呼ばれた作家、O・ヘンリーが誕生

小説家O・ヘンリーは、1862年9月11日、アメリカのノースカロライナ州で生まれた。短編小説の名作をいくつも残したが、彼が作家としての地位を確立したのは、40歳を過ぎてからだった。

「ヘンリーさん、初めまして。ニューヨーク・ワールド紙の担当の者です」

差し出された名刺を受け取る。

「どうも。それで、毎週1編ずつ、作品を掲載していただけるというお話は本当でしょうか」

幼い頃から本好きで小説を書き続けてはいたが、薬剤師やジャーナリスト、銀行員など、職を転々としていた頃からしたら、今の状況は夢のようだ。

「もちろんです。今まで出版された作品を拝読して、ぜひともお願いしたいと思いまして」

「ありがとうございます！」

以前、働いていた銀行の金を横領した容疑で逮捕されたが、刑期を終え、作家になるべく単身ニューヨークへ移り住んで正解だった。こんなに大きなチャンスがめぐってきたのだ。

「それで、今後どのような作品を書かれるご予定なのでしょうか？」

「アイデアはたくさんあります。たとえば……貧しい夫婦が互いのクリスマスプレゼントを買うために、自分の大事なものを手放して、相手の喜ぶものを手に入れる。タイトルは『賢者の贈り物』です」

「なるほど、それは素敵な作品になりそうですね。拝見できるのを楽しみにしていますよ」

「精一杯頑張ります」

まだ書きたい物語は沢山あるのだ。それらがこれから多くの人に読んでもらえるなんて、作家としてこれ以上の幸せはない。

過去の苦難を乗り越えて作家になったO・ヘンリーは、生涯で200編以上の作品を残した。

人間の哀歓を見事に描き出した彼の作品は多くの人の心をつかみ、今もなお、短編の名手と呼ばれ続けているのである。

9/ B.C.490年

12

マラトンの戦い。ギリシア連合軍勝利の報告に走った1人の兵士

「うおぉぉ!!」

紀元前490年9月12日。ギリシア連合軍の兵士たちは、撤退していくペルシア軍を見ながら、歓喜の声をあげた。

勢力拡大を目論むペルシア軍が、ギリシア連合軍の領地マラトンに上陸した。ペルシア軍約2万に対し、連合軍は約1万弱。

「この戦い、本当に勝てるのか?」

連合軍の兵士たちは、圧倒的な兵力差に、不安を隠しきれずにいた。

しかし、優秀な連合軍指揮官のミルティアデスは、あきらめなかった。

「私には作戦がある。皆、重装備を身に着けるのだ」

ミルティアデスは、ほぼすべての兵士を盾や槍で装備を固めた重装歩兵にし、ペルシア軍の守備が弱い箇所を狙って、一斉に総攻撃をしかけた。

「ひるむな! 去る部隊は追わず、残っている部隊を囲め! 敵を殲滅《せんめつ》するのだ!」

剣や弓矢が止まることなくあちこちで飛び交い、火花を散らす。

そして戦いが終わるころ、連合軍は死者数約200人、対するペルシア軍は死者数約6400人であった。

戦略と捨て身の覚悟で敵に立ち向かった連合軍の、見事な勝利である。

そうして兵士たちが大勝利を喜んでいたその時、1人の兵士が急に走り出した。

彼は鎧などの重装備に身を包んだままだったが、そんなことはお構いなしに走り続けた。

戦いのあったマラトンから、ギリシアの都市アテナイまで、その距離約40キロメートル。彼は休むことなく、勝利の喜びを原動力に走った。

「勝ったぞ——!」

無事にアテナイに到着した兵士は、力の限り大声で勝利の知らせを叫んだ。

その直後、兵士は力尽きて倒れ、そのまま亡くなった。

この出来事に由来して創られたのが、陸上競技「マラソン」であると言われている。

9/13 1819年

音楽と愛に生きた女性ピアニスト、クララ・シューマンが誕生

「なんと可愛い娘だ！　この子は私が、第2のモーツァルトに育て上げよう！」

1819年9月13日、ドイツ東部にある、音楽が盛んな町ライプツィヒで、クララ・シューマンは生まれた。音楽教師の父は、クララが幼い頃から英才教育を行い、彼女もまた、父の期待に応えてピアノの腕をめきめきと上達させていった。

わずか9歳にして、地元の管弦楽団の演奏会でプロのピアニストとしてデビュー。その大成功を皮切りに、父に連れられ、精力的に演奏活動を行った。

間もなく、活躍の場はドイツからヨーロッパ全土へ。行く先々で、多くの著名人や貴族たち、皇帝、音楽家などの賛辞をほしいままにし、数年のうちに「天才少女」としてその名をとどろかせた。

そんな中、クララは後にドイツを代表する作曲家となるロベルト・シューマンと出会う。

ロベルトはクララよりも9歳年上で、父の教え子だった。2人はいつしか恋に落ち、クララが16歳の誕生日を迎えたのを機に、交際が始まった。

しかし娘を溺愛する父は、生活力のない弟子との結婚に猛反対。あの手この手で2人の仲を引き裂こうとした。それでも、2人の気持ちは変わらなかった。訴訟まで起こし、ついに結婚にこぎつけたのである。

新婚当初、ロベルトの作曲活動には目覚ましいものがあった。クララも演奏旅行などを続けて家計を支えた。高名な音楽家たちとの交流や、8人もの子どもにも恵まれ、幸せな時を過ごした。

しかしロベルトは、しだいに精神を病んでしまう。そんな夫をクララは懸命に支えたが、ロベルトは46歳で亡くなる。

「彼のすばらしい作品の数々を、このまま埋もれさせるわけにはいかない――」

クララは夫の曲をみずから演奏し、ロベルトの作品全集の出版にも奔走した。他方、以前にも増して演奏旅行や弟子の育成にいそしんだ。

ピアニストとしてヨーロッパ中で高く評価された彼女は、女性音楽家の先駆けとして、後にドイツマルク紙幣の顔にまでなった。

9/14 1900年

津田梅子《つだうめこ》が、津田塾大学の前身、女子英学塾を設立

「お願い、止まって！」

津田梅子は人力車の上から英語で叫んだ。11年ぶりにアメリカから帰国した彼女は、日本語をほとんど忘れてしまっていた。教会に忘れ物をしたのだが、どう車夫に伝えればいいのか分からない。

そこへ、知り合いのアメリカ人が通りかかった。流暢な日本語を話すこの外国人は、「梅子さん、これではアベコベですよ」と、笑いながら通訳してくれた。

梅子が、岩倉具視《いわくらともみ》を団長とする使節団とともに、アメリカへ向かう船に乗りこんだのは、1971年のことだ。当時、6歳。日本初の女子留学生5人のうち、最年少が梅子だった。少女たちは、それぞれアメリカ人の家庭に預けられ、西洋の進んだ文明や学問を身につけた人材となることを期待された。

1882年、長い留学生活を終え、梅子は帰国した。日本に戻った梅子が感じたのは、懐かしさよりもカルチャーショックだった。日本の女性の社会的地位は低く、男尊女卑の考えが根強かったからだ。

「女性の自立には、女子高等教育が受けられる学校が必要だわ」

梅子は勤めていた女学校を休職し、再びアメリカへ渡った。さらに高度な教育を受け、よりよい教師になるために。

二度目の留学から11年後の1900年9月14日、梅子はついに念願の「女子英学塾」を創立した。塾の設立にあたって、資金の調達や学校の運営など、様々な場面で梅子を支えたのが、かつて共に留学した大山捨松《おおやますてまつ》だった。

捨松と梅子は、かつて日本で女子高等教育の学校を作るという夢を語り合った同志だった。捨松が軍人で政治家の大山巌《いわお》と結婚したことでその夢は途切れていたが、捨松は大山の妻という立場を生かし、梅子に協力を申し出たのである。

他にも、アメリカの友人たちが教師を引き受けてくれ、梅子自身も教壇に立った。梅子の教育は厳しかったが、学ぶ意欲のある学生に対しては労を惜しまず熱心に指導した。

女子英学塾の卒業生は世界へ羽ばたいていき、あらゆるジャンルで才能を発揮した。梅子の夢が詰まった女子英学塾は「津田塾大学」と名を改め、その後も豊かな人材を育み社会に送り出している。

9/15 1890年

「ミステリーの女王」、アガサ・クリスティが誕生

「名探偵ポワロシリーズ」をはじめ、多くのミステリー小説の金字塔を生み出した小説家、アガサ・クリスティは、1890年9月15日、イギリス南部で3人きょうだいの末っ子として生まれた。

母親は少し変わった人物だった。

「7歳まで、字は書けないほうがいいのよ。その代わり、お母さんと一緒に勉強しましょう」

そう言って、アガサを学校に通わせてくれなかった。そのため彼女は、父親が母親に内緒で手紙を書く手伝いをさせてくれるまでは、満足に字が書けなかった。

学校へ行かなかったので、アガサには友人がいなかった。姉や兄は家を離れて学校や軍に行っていたので、いつも庭にいる空想の友人と話したり、父親の書庫で本を読んだり、使用人たちと遊んでいた。

父親が病気で他界した後は、家を売り払って各地を転々としながら、初めての長編小説『砂漠の雪』を書き上げた。

偶然にもその時、隣の家に住んでいた作家の指導を受けたことで、彼女の執筆への意欲がさらに増すこととなった。

第一次世界大戦が始まると、病院で看護師や薬剤師助手として働いた。アガサはここで、様々な毒薬の知識を得る。彼女の作品には毒物による殺人がよく出てくるが、それは、この時の経験と知識が反映されたものだ。

10年以上の執筆活動ののち、アガサはようやくミステリー作家としてのデビューを果たす。大胆なトリックと型破りなストーリーは、大きな反響を呼んだ。

しかし、ミステリー作家としての地位を確立しつつあったある時、アガサは11日間にもおよぶ謎の失踪事件を起こす。彼女が失踪の真相を話すことはなかったが、ミステリー作家の失踪というセンセーショナルな事件により、彼女の名前はさらに広まった。

やがて彼女は『オリエント急行殺人事件』や『そして誰もいなくなった』など、多くのベストセラーを生み出す。

少し変わった幼少期を通して培った想像力と、働きながら身につけた知識が、「ミステリーの女王」が誕生するきっかけになったのである。

9/16 1890年

〈エルトゥールル号〉遭難。情がつないだ日本とトルコの絆

「早く乗ってください、日本人の皆さん!」

イランの空港に詰めかけたトルコ人たちが口々に呼びかける。とある日本人は思わず耳を疑った。搭乗をうながされた機体は、トルコ政府の救助機だったのだ。

1985年3月、戦時下にあったイランは、敵国イラクのフセイン大統領から強弁な撃墜宣言を受けた。人々は国外避難のため、人種、国籍を問わず、空港へ押しかけていた。

その日本人は尋ねた。

「自国の救助機に、私たち日本人を先に乗せてくれるって言うのか? なぜ?」

「先祖の恩返しですよ。トルコ人なら誰でも、教科書で見て知っています。〈エルトゥールル号〉のことを」

トルコ人はその顔に爽快な笑みを浮かべた。

後にトルコとなるオスマン帝国の軍艦〈エルトゥールル号〉が座礁したのは、1890年9月16日の夜、和歌山県紀伊大島近海でのことだった。

「早く乗ってください、皆さん!」

大破して海に投げ出された人々に手を差し伸べたのは、近隣に住む日本の漁師たちだった。

500余名の命が失われた大事故。しかし、日本人は、死にものぐるいで救助活動を行い、彼らを懸命に看護した。そして後日、日本海軍の軍艦にエルトゥールル号の生存者69名を乗せ、祖国へと送り届けたのだった。

「そんな……100年近くも前のことで?」

イランを飛び立ったトルコ救助機の機内。乗組員のトルコ人から過去の顚末を聞いた日本人は、思わず瞳を潤ませた。空港にいたトルコ人たちは、本当に自分たちの身の安全を後回しにして、全日本人を搭乗させてくれたのだ。

おかげで自分は故郷の日本、和歌山県に帰れる。

「情けは人の為ならず……か」

人を助けることは、ゆくゆくは自分を助けることにもつながる。困っている人を助けるのは当たり前だ。

「亡くなったうちの爺さんが、よく言ってたっけな」

漁師だった祖父の爽快な笑顔が、脳裏に浮かんだ。

9/17 1787年

ハミルトンらがアメリカ合衆国憲法草案を提出

長い夏が、終わろうとしていた――。

フィラデルフィアの議事堂は、11年前にアメリカ独立宣言がここで署名されて以来、〝独立記念館〟と呼ばれている。その記念すべきホールに再び連日のように代議士が集い、酷暑のなかで激しい議論を重ねてきたのは、アメリカ合衆国憲法を作成するためであった。

会議の提案者は、西インド諸島生まれの俊英、アレクサンダー・ハミルトン。優れた実業家であり科学者でもあるベンジャミン・フランクリンも、主要メンバーの一人である。そして、これら聡明な面々を取りまとめる議長が、ジョージ・ワシントン。独立戦争の英雄であり、建国の父とも謳《うた》われるカリスマ的指導者だ。

イギリスから独立して以降、ワシントンが懸念していたのは、13の州で形成されるアメリカの「国」としての脆弱性《ぜいじゃくせい》だ。

「今、州をつないでいるのは〝砂のロープ〟にすぎない」

議長用の椅子の背もたれに身体を預け、そうこぼす彼のつぶやきを耳にしたフランクリンは、「ならばせめて〝絹のロープ〟にしよう！　絹なら、雷雨でも破れないし、電気も通さないので安全だ。私は雷の研究で、すでに実証済みだからね」

そんな冗談で、彼は周囲を和ませもした。

会議の席で最も激しく論じられてきたのは、いかなる権力を国が有するか……である。

「州に対し国が力を行使すれば、反発と分離を招くだけだ！」

そんな声が代議士たちの間で飛び交う。幾度も議論を重ねた末に、憲法には三権分立の大原則などが明記された。

初めて、独立記念館で憲法制定会議が開かれた日から、太陽が１１５回沈み、そして昇った後の１７８７年9月17日。

「よし、ついに完成した！　我々の努力の結晶を、憲法制定会議に提出しようじゃないか」

39名の代議士の承認サインが書き込まれた書面を手に、ワシントンが立ち上がった。彼の椅子の背もたれには、地平線から半分顔を出した金色の太陽のレリーフが彫られている。

その太陽を指さし、フランクリンが言った。

「会議の間、幾度も議長の背後を見ては、この太陽は昇っているか、あるいは沈むところかと考えていた。だから今は、本当に嬉しいんだ。これが昇っている太陽だと確信できて」

9/18 1828年

日本地図を持ち出し、シーボルトが国外追放に

旧暦文政11年8月10日

フィリップ・フランツ・バルタザール・フォン・シーボルトは、神聖ローマ帝国（現在のドイツ）で生まれた。

シーボルト家は医学界の名門であり、経験主義による医学学会「シーボルト学会」を組織するほどであった。

当然のように医学を志したシーボルトであったが、大学時代に出会った教授たちがその運命を大きく変えた。

「決めた。私は植物学を専攻するぞ！」

出会う教授たちが軒並み興味を持つその学問に、シーボルトものめり込んでいった。

同時にシーボルトが志したのは、東洋学研究であった。東洋へ行く手段を考えていると、ちょうど願ったりかなったりな仕事が舞い込んできた。

「外科医としてオランダ船に同乗し、日本の内情調査に向かってもらいたい」

「お任せください！」

こうして来日したシーボルトは、長崎の出島のオランダ商館医となった。そして1824年には、鳴滝塾《なるたきじゅく》を開設し、西洋医学を教えはじめた。

「シーボルト、江戸へ一緒に行かないか？」

ある日、シーボルトは、オランダ商館長の江戸参府に随行することになった。シーボルトは、密かに出立前に依頼された日本の内情調査のことを思い出していた。

そして、ついに決定的な物を入手する。

「どうだ、我々の持っている最新の世界地図と、最新の日本地図を交換しないか？」

シーボルトは、知り合った幕府の天文方に持ちかけ、最新の日本地図を手に入れた。そして1828年9月18日、いよいよ帰国のため出立するが、船が折からの台風で難破してしまう。

運よく生き残ったシーボルトだったが、積み荷に幕府禁制の日本地図があったことから、国外追放となってしまった。

ヨーロッパに戻ったシーボルトは、日本での研究成果を本にまとめ、出版した。彼が持ち帰った標本やコレクションは、日本研究の大きな一歩となった。

9/19 1859年

長崎に〈グラバー商会〉を設立した、グラバーが来日

旧暦安政6年8月23日

1859年9月19日、1人の若者が長崎の地に降り立った。

彼の名は、トーマス・グラバー。貿易会社に勤める、スコットランド人の青年である。

「あれから2年か……。いよいよ、独立だな」

来日から2年後、23歳になったグラバーは、希望に満ちた瞳で快晴の長崎港を見晴らした。部下が、祝福の声をかける。

「おめでとうございます。たしか上海でマセソン商会に就職なさってすぐ、長崎へいらしたのですよね？　そして、ここ長崎で独立……その勇気と決断力には脱帽します」

「本当に、人生とはわからないものだな。でも、だからこそ私は、毎日、明日が楽しみでならないよ」

こうして〈グラバー商会〉はマセソン商会の代理店として独立、旗揚げされた。

「忙しくなるぞ。まずは、お茶や生糸の輸出だ」

グラバー商会は順調に漕ぎ出した。ほどなく幕末の動乱期に入り武器や軍艦の商いも始めると、これが大成功。経営はうまく波に乗ったかに見えた。

だが、グラバーが広めた武器は、多くの命を奪う結果となった。彼を批判する声も増えていき、やがて経営にかげりが出はじめる。そして、明治維新後の1870年。グラバー商会は設立から9年目にしてついに、倒産する。

長崎にある邸宅の一室でうなだれたグラバーの元に、日本人の妻、ツルがやってきた。すると、グラバーは沈鬱な表情から一転、笑顔に変わった。仕事を家庭に持ち込まない、最愛の妻に心労はかけないと、そう心に決めていた。

「あなた。大丈夫ですか？」

「なに、大したことはないよ。グラバー商会は終わるが、私自身はまだまだ終わりではないんだから。おまえさえそばにいれば、問題などあるものか」

微笑むグラバーに、ツルは静かに寄り添った。

――グラバーはその後、貿易商から起業家に転身。三菱の顧問としても、その手腕を振るった。のちに、外国人としては異例の勲《くん》二《に》等《とう》旭《きょく》日《じつ》重《じゅう》光《こう》章《しょう》を明治天皇から賜ることとなる。その功績は修船場建設や炭鉱開発など、枚挙に暇がない。

晴れの日も雨の日も未来を見つめていたグラバーは、〈青い目の志士〉とも呼ばれている。

明治時代の立役者たちを教えた、吉田松陰《よしだしょういん》が誕生

旧暦文政13年8月4日

１８３０年９月20日、長州（現在の山口県）藩士の家に生まれた吉田松陰は、幼い頃から勉学に励み、叔父が松本村で開いた私塾、松下村塾《しょうかそんじゅく》で熱心に学んでいた。松下村塾に入門するのに、身分は必要なく、勉強したければ分け隔てなく誰でも入門できた。

そして松陰が27歳の時に、この塾を引き継ぐこととなった。

「学は人たる所以を学ぶなり（学問とは、人間はいかにあるべきか、いかに生きるべきかを学ぶことである）」

松陰は対話を重んじ、それぞれの個性や能力を尊重することで、可能性を引き出すことこそ大事と考えていた。

その教えはたちまち評判となり、塾生は増える一方だった。

「まさかここまで増えるとは思わなかったが、学問を学ぶ人が増えるのはよいことだ」

しかし松陰の尊皇攘夷《そんのうじょうい》（天皇を尊び、外国勢力を打ち払う）の思想は、幕府の大老である井伊直弼《いいなおすけ》に目をつけられることとなった。

直弼は失墜しつつあった幕府の威信を守り、自分の暗殺を阻止するため、疑わしい者を次々に処刑した。のちに「安政の大獄」と称される、幕末期の一大事件である。総勢１００名以上が投獄され、その中には、松陰の名前もあった。

「松陰よ、何か申し開きがあれば聞こう」

だが老中たちは、直弼の処分には反対していた。松陰の尊皇攘夷と倒幕の思想は危険だが、殺しはせず、遠島《えんとう》の刑（島流し）でいいだろうと考えていたのだ。

「……老中間部《まなべ》様の暗殺を計画しております」

ところが、あろうことか松陰は言わなくてもいいことを自供し、激怒した直弼に処刑されてしまった。この時の松陰の思惑は、今でもわからないままである。

しかし、松陰の志は、やがて明治という新たな時代を築くことになる高杉晋作《たかすぎしんさく》や伊藤博文《いとうひろぶみ》らをはじめ、数多くの教え子たちに受け継がれていったのである。

9/21 1866年

「SFの父」と呼ばれる作家、H・G・ウェルズが誕生

「もし、掃除の少年」

背後から声をかけられた15歳のウェルズは、身の縮む思いで振り返った。書庫掃除の仕事の途中で、つい手に取った本を読み耽ってしまっていたのだ。

「申し訳ありません！」ととっさに謝罪したが、声をかけた屋敷の主は、叱りつけることなく尋ねた。

「君は学校に通ってもいないのに、ダーウィンの『進化論』が読めるのか？」

「詳しくはわかりません。でも読み書きはできます」

ハーバート・ジョージ・ウェルズは、1866年9月21日、イギリスに生まれた。家業の雑貨店は倒産寸前だったが、父は図書館に連れて行ってくれたり、聖書や学問について教えてもくれた。中学にも1年足らずは通えたが、経済的な問題もあり、今は退学して住み込み勤めの日々だった。

「そうか。なら、仕事を済ませてから読むといい」

「ありがとうございます、旦那様！」

屋敷で読書を許されたウェルズは知識を身につけ、独学で必死に勉強。やがて科学師範学校に入学した。そこで『進化論』の内容と考えを学び、強い感銘を受ける。

「人類は環境に応じて進化する。だが、その進化は、ときに退化と呼ぶべき内容のものでもあり得るのだ。退化ともいえる変容も、進化というものの一種なのだ」

ウェルズには、今の社会の変容も、進化という名の退化であるように思われた。

「このまま『進化』が続けば、人間はどうなってしまうのだろう。そうだ、未来の世界を小説にしよう」

なすべきことを見つけたウェルズは、1895年にデビュー作『タイムマシン』を出版。以降、危惧した未来を次々に物語として形にしていく。作中には、のちに起こる第一次世界大戦や、核爆弾等も予見されていた。

「私にとって、文学は目的ではなく手段だ」

彼は、数多の社会活動を行ったことでも知られる。ワシントン会議での国際連盟樹立提唱や、人権宣言の運動、など。戦争放棄を訴える日本国憲法第9条も、彼の影響があるとされる。急激な変容を続ける現代社会においてもなお、彼の考えは受け継がれている。

9/ 1791年

22

電磁気学の開拓者、科学者・ファラデーが誕生

「諸君、今日はロウソクの話をしよう」

1860年。イギリス・ロンドンにある王立研究所の講堂では、マイケル・ファラデー教授が、集まった大勢の子どもたちに向けて〈クリスマス講話〉を行っていた。

「自然哲学への入門に、ロウソクの物理学現象以上に相応《ふさわ》しく、わかりやすいものはないからね」

子どもたちは皆そわそわと胸を高鳴らせ、ファラデーの話す〈ロウソクの科学〉に聞き入っている。

ファラデーは思う。きっとこの中にも自分のように、科学に夢中になる子がいるに違いない、と。

ファラデーが生まれたのは、1791年9月22日。貧しい鍛冶職人の家だった。13歳で苦しい家計を支えるため、製本店に住み込みで働きはじめた。

ある日、店主が言った。

「よく働いてるから、商品の本を読んでも構わないぞ」

ファラデーは、なんとはなしに1冊を手に取った。が、瞬く間にそのおもしろさにひかれていった。特に夢中になったのが、マルセットの『化学対話』と、百科事典の「電気」に関する項目だ。科学が楽しくてしかたなくなった。そしてほどなく、王立研究所の〈夜間講話〉を聞きに訪れたのだ。

それから時は経ち、ファラデーは69歳になった。教える側として壇上に立つ今も、その気持ちに変わりはない。

「どうだい、みんな。とってもおもしろいだろう?」

実験を見せ終えると、ファラデーは言った。目の前では、無数の瞳が爛々《らんらん》と輝いている。

「先生、ぼく、今度お家で実験してみるよ!」

楽しそうに話す少年に、ファラデーは微笑んだ。

「もし実験がうまくいかなかったときは、なぜそうなったのか仮説を立てて、もう一度やり直すんだぞ。成功するまで、何度でも挑戦してみるんだ」

——自分は幸運だった。偶然科学と出会い、人生が楽しく豊かになった。この子たちにもそんな幸せを与えられたら、それ以上に嬉しいことはない。

子どもたちの胸に芽生えた科学への興味は、ファラデーからの、聖夜の贈り物だったのかもしれない。

9/23

1543年

種子島に鉄砲が伝来

旧暦天文12年8月25日

1543年9月23日、種子島に1隻の大船が漂着した。その船には、ポルトガルの商人も乗っていた。

「助けていただき、ありがとうございます。お礼に私たちの新しい武器、『鉄砲』をお見せいたしましょう」

彼らと謁見した、時の種子島領主、種子島時尭《ときたか》は、マスケット銃（火縄銃）の実演を見せられ、興奮に震えながら言った。

「これは見事な……よし、2丁買おう！」

時は戦国。時尭は研究用を含めて2丁購入した。

そして、研究・製造の任に選ばれたのが、刀鍛冶の八板金《やいたきん》兵衛《べえ》であった。

しかし金兵衛は、構造を確認しようと銃を分解して、さっそく頭を悩ませることになる。

「なんだ、この部品は……」

それは、銃身の端に用いられていた部品〝尾栓《びせん》ネジ〟であった。しかし、当時の日本にはこれを製造する技術がなかった。

そんな金兵衛に、頼もしい協力者が現れた。娘の若狭《わかさ》だ。

「父上。私がポルトガル人と結婚して、ネジの製法を手に入れてまいります」

若狭は父の苦境を救うべく、ポルトガル人に嫁いだ。若狭の力添えによって、金兵衛はネジの製造法を手に入れたが、課題はまだあった。バネである。

銃の着火媒体である火縄を操作する部品に、火挟みというものがある。それは、バネの力で上下する構造だった。バネには、材料になる金属に強度と柔軟さが求められる。硬すぎると折れ、軟らかすぎると使い物にならない。その繊細な製造を実現させたのは、金兵衛の持つ刀鍛冶の技術であった。

「完成した。完成したぞ！」

完成までの期間は、わずか4ヵ月。

瞬発式火縄銃と呼ばれるこの火縄銃は、この後に量産され、その後の日本の歴史を大きく変えていくことになる。

9/24 1564年

家康に重宝された異国の侍、ウィリアム・アダムスが誕生

ウィリアム・アダムスは、1564年9月24日、イギリスで生まれた。

ある日、アダムスは、日本へ向かう船団に航海士として乗船することになった。しかし、航海は散々で、アダムスの乗っていたリーフデ号は、半ば漂流するようにして日本にたどり着いた。

日本に着いたアダムスらが出会ったのは、3年後に江戸幕府を開くことになる徳川家康《とくがわいえやす》だった。アダムスは庇護下に置いてくれた家康には感謝していたが、母国にいる妻子のため帰国を望んでいた。しかし許可は下りなかった。

「イエヤス様が私を重用しているのはわかるが……」

異国の地において、自分の持つ知識や経験を重要視されることがどれだけ大事なことか、彼は理解していた。その証拠に、家康からは米や俸給を与えられているし、外交交渉の助言なども求められている。

信頼を築いていけば、いつか帰れるかもしれないと考えていたアダムスに、家康から思いがけない依頼が飛び込んできた。

「私に船を造れと?」

「うむ、頼むぞ」

アダムスは、西洋式の帆船の建造という無茶に頭を悩ませたが、そこには、一縷《いちる》の希望もあった。

帆船の建造ともなれば、家康に多大な恩が売れる。そうすれば、こちらの意見も通りやすかろう。

アダムスが考案したのは、伊豆の伊東にある松川河口の、厚みのある砂州《さす》を使った造船だった。

「この砂州、使えるな」

砂浜に穴を掘って、その中に丸太を敷き、そこで造船してしまえば、進水も容易い。

「よくやった、よくやったぞ、アダムス!」

早速80トンの帆船を建造したアダムスは、翌年には外洋にも出られる120トンの大型帆船の建造も成功させた。

そしてアダムスは家康から「三浦按針《みうらあんじん》」の名を与えられ、領地と刀を賜り、青い目の侍となった。結局、帰国することはできなかったが、アダムスは、自らの知識や経験によって、思いがけない状況から運命を切り開いたのである。

9/25 1936年

沢《さわ》村《むら》栄《えい》治《じ》が、史上初のノーヒット・ノーラン達成

１９３６年９月25日。快晴の甲子園球場では、のちにプロ野球と呼ばれる〈全日本職業野球選手権大会〉の第２回大会、東京巨人軍対大阪タイガース戦が行われていた。

「タイガースの猛打線を相手に、なんて投手だ……」

９回裏、１対０で巨人の勝利は目前だが、観客たちの注目は、すでに勝敗とは別のところにあった。

「まさか……そんなことがありえるのか？」

観客だけでなく、両チームの選手や監督も、マウンドに立つ巨人の投手・沢村栄治をじっと見つめている。しかし当の沢村本人は、皆の注目や緊張などどこ吹く風で、誰よりも落ち着いていた。

「いつも通りにやるだけだ」

沢村は足を頭より高く上げて、投球のモーションに入る。

そして、投げた。ズバンッ！

キャッチャーミットから激しい捕球音が上がった。見事な三者三振だ。その瞬間、捕手の中《なか》山《やま》武《たけし》は喜びを爆発させ、マウンドに向かって大声で叫んだ。

「やったぞ沢村！　ノーヒット・ノーランだッ!!」

「え？　ああ、そうか。そうだな」

無安打無得点。日本プロ野球初の大記録だった。

「なんだよ。緊張させちゃ悪いと思って、途中で可能性に気づいても、ずっと黙っててやったのに」

中山に続いて、駆け寄った他の選手も声をかける。

「ったく、お前って奴は本当にすごい度胸だな。こんなときまでケロッとした顔で平然としやがってさ」

いや、感慨がないわけない。そう思ったが、沢村は口には出さなかった。その代わり、ズボンのポケットの中で小さなメモをぐっと握り締める。メモには、自分の投球が記録されていた。日付や対戦相手、球種から、球場や風向き、審判の癖に至るまで。人知れず、ずっと研究を続けてきたのだ。

「今日は特別な日じゃない。いつもがんばっているんだから」

沢村はその後も、二度のノーヒット・ノーランを達成した。

しかし、日本球界を悲劇が襲う。沢村が太平洋戦争に徴兵され、27歳で戦死したのだ。プロ野球界には、彼の活躍を永久に称えるべく、その名を冠した投手賞〈沢村賞〉が創設されている。

9/26 1241年

「小倉百人一首」の撰者でもある藤原定家《ふじわらのていか(さだいえ)》が亡くなる

旧暦仁治2年8月20日

藤原定家は、どうしても納得ができなかった。

すでに齢70に到達していた定家は、朝廷から最高の栄誉を賜っていた。その栄誉とは、『新勅撰和歌集《しんちょくせんわかしゅう》』の撰者の仕事だ。時代を代表するような歌人たちの歌を選び、1冊にまとめるというのは、歌人としてのひとつの到達点だ。しかし、定家にはこの仕事に満足できない理由があった。

「あの御方の歌を入れられぬとは……」

定家の胸中に過るのは、偉大な大歌人、後鳥羽院《ごとばいん》であった。後鳥羽院は、鎌倉幕府に対して挙兵し、流刑に処されていた。そのため朝廷は、幕府のことを気にして後鳥羽院の歌を採ることを避けていたのだ。

和歌の世界に、政治のことを持ち込みたくない。朝廷の指示とはいえその大歌人の歌を選べないことに、忸怩《じくじ》たる思いがあった。

「だが、これも世の平安のためだ」

自分に言い聞かせるように、定家は朝廷へ後鳥羽院の歌の入っていない『新勅撰和歌集』を献上した。

宮仕えの歌人として栄誉ある仕事を終えた定家だったが、胸の内には達成感などなかった。

「優れた歌を外した和歌集に、意義などない……」

暗い気持ちで、嵯峨小倉山に滞在していた定家の元に、1人の男が訪れた。彼の名は、宇都宮頼綱《うつのみやよりつな》。

頼綱は、定家にこう提案した。

「わしの山荘に襖《ふすま》障子があるのだが、そこに百人の優れた歌人の秀歌を書いてはもらえないだろうか？ 選定はあなたに任せる」

定家の心に光が差し込んだのは、この瞬間だった。

朝廷も幕府も関係なく、ただ自分が優れていると思う歌を選ぶことができる。歌の道に生きた歌人として、これほど嬉しいことはなかった。

「任せてくれ。歴史に残る歌を選ぶと約束する」

定家は、何に縛られることもなく、後鳥羽院の歌を始めとした秀歌を選び、わずか2ヵ月で完成させた。

そして定家は、その6年後の1241年9月26日に亡くなった。彼が選んだ百人の歌は、今日もなお「小倉百人一首」の名で親しまれている。

9/27 1793年

庶民の娯楽を守った「遠山の金さん」こと、遠山《とおやま》景元《かげもと》が誕生

旧暦寛政5年8月23日

1793年9月27日、長崎奉行の父の元に生まれ、1840年に江戸北町奉行に就任した遠山景元は、老中水野《みずの》忠邦《ただくに》から命じられた規制に顔をしかめた。

「水野様の規制は厳しすぎる……」

水野忠邦は財政再建のために、贅沢を禁止し、倹約することをよしとする政策を行っていた。

景元は町奉行として、その命令に従わなくてはならない立場だった。

寄席、富札（宝くじ）、祭り……規制したものを挙げればキリがないが、今までは仕方なく命令にしたがってきた。

だが、今回規制を命じられた三大娯楽は別だった。

吉原、相撲、そして歌舞伎。

これらを失えば、江戸庶民は楽しみもない、倹約一色の暮らしを強いられることになる。

「市川団十郎《いちかわだんじゅうろう》を追放しただけでは飽き足らぬと?」

景元の危惧は、ほどなく現実のものとなった。

三大娯楽の規制が現実に近づいてきたある日、江戸三座と呼ばれる芝居小屋のひとつ、中村座が火事で焼失した。本来ならば建て替えになるはずが、水野はこれ幸いにと、すべての芝居小屋を廃止するお触れを出した。

だが、歌舞伎は江戸の娯楽の王道。規制すれば町人たちの反発は免れないと、景元は考えていた。

「水野様、どうかお願い致します」

水野の政策に、景元は真正面から異議を唱えた。

「いきすぎた規制では、財政を再建できません。庶民たちに娯楽を与え、金を落とさせる方法も必要かと」

景元の訴えで、芝居小屋は廃止を免れ、移転して営業を続けられることになった。移転先一帯は猿若町《さるわかちょう》と名づけられ、歌舞伎以外の芝居小屋も軒を連ねるようになり、芝居の町としてにぎわった。

芝居関係者達が景元に感謝したのは言うまでもなく、その賞賛を込めて、景元をモデルにした芝居が上演された。

これが、景元を正義の味方として描く、いわゆる、「遠山の金さん」ものの始まりとなった。「遠山の金さん」の物語は、時代劇の定番としてテレビでも放送され、人々に親しまれている。

9/28 1791年

モーツァルトが、「魔笛」を完成させる

オーケストラが奏でるメロディと、演者たちの歌声が重なり高まるにつれ、アマデウス・モーツァルトがタクトを振る腕の動きも、激しさを増していった。彼の鋭敏な耳は、少しの音のズレも、ピッチの狂いも聞き逃すことなく、あらゆる音をタクトの繊細な動きで束ねていく。同時に、客席の笑い声が運ぶ楽しさや、息を飲む緊張感などの感情の動きすら、彼は全身で感得していた。それら、フィナーレに向かい加速していくすべての音が、モーツァルトが両腕を大きく振り上げ、糸を切るように横に鋭く動かすと同時に、ピタリと止む。

一瞬の静寂……、刹那、爆《は》ぜるように沸き起こる拍手と歓声が、彼の全身を心地よく包んだ。客席に向かい振り返ると、全ての人々が立ち上がり、満面の笑みを顔に浮かべて手を叩いている。

「やったぞ！　やってやったぞ！」

腰を折り、深々と客席に頭を下げながら、彼は声に出してそう叫んでいた――。

「ドイツ語でオペラをやる!?」

モーツァルトが素っ頓狂な声を上げたのは、半年ほど前のことだった。民衆劇場の支配人にして俳優のエマヌエル・シカネーダーが、モーツァルトの自宅を訪ね、オペラを作らないかと打診してきたのである。

シカネーダーの狙いは、上流階級の娯楽であったオペラを、大衆向けに作ること。だからこそ、イタリア語が常識だったオペラを母語のドイツ語で演じ、歌だけでなく〝芝居〟も入れるというのが、シカネーダーのアイディアだった。

はじめはその奇抜な提案に驚いたモーツァルトだが、すぐに「面白い！」と快諾する。若く新しい感性を備えた音楽界の革命児には、この大きな挑戦が魅力的に響いた。なにより彼は、お金に困っていた。「やりましょう！」と返事してからは、あらゆることが迅速に動いていった。

完成したのは、１７９１年9月28日。そのわずか二日後、ウィーンのアウフ・デア・ヴィーデン劇場で初公演を行った。本人たっての希望で、タクトはモーツァルトが振った。

モーツァルトがこの世を去ったのは、そのわずか3か月後。

「次の公演は、来週か。それまでには治さないとな……」

死の床に臥《ふ》せてなお、彼は目を輝かせていたという。

9/29 1989年

昭和の大横綱、千代《ち よ》の富士《ふ じ》が国民栄誉賞を受賞

1981年1月場所、千秋楽。15戦でも決着がつかず、14勝同士の優勝決定戦――。

「今度こそ、勝ってみせる……」

関脇・千代の富士はその一心で、優勝決定戦の土俵に上がった。対するは、はるか格上の横綱・北《きた》の湖《うみ》だ。

「横綱の俺が、関脇なんぞに負けられるかっ!」

破竹の14連勝で今場所を勝ち進んできた千代の富士が、唯一負けを喫した強者が、北の湖だった。だが先の取組で、足が本調子ではないと、千代の富士はすでに見抜いていた。

「両者向かいあって、はっけよい……のこった!」

行司の掛け声で再び相まみえる2人。筋肉の引き締まった互いの肉体が、激しくぶつかり合う。

拮抗する組み合いの果てに、軍配は千代の富士に上がった。升席の観客からは大歓声が湧き起こる。この日の大相撲中継の視聴率は、過去最高の50パーセント超。日本中の国民が、若き新スターの誕生を心待ちにしていたのだ。

かくして初優勝を果たした千代の富士は、同年中に第58代横綱へと上り詰め、勢いのままに53連勝という大記録を打ち立てた。その活躍に歓喜する国民の熱狂ぶりは、彼の愛称を冠して〈ウルフ・フィーバー〉と呼ばれた。

「――お頼み申します!」

ある日、千代の富士が他所の相撲部屋を訪れると、そこの弟子たちは目を丸くして口々にささやいた。

「本当に来たぞ」

「もう横綱なのに出稽古だなんて、謙虚というか、なんというか……」

横綱となり頂点に立ちながらも、千代の富士は研鑽をやめなかった。負けた相手の部屋には率先して出稽古に赴き、乗り越えるまで挑戦し続けたのだ。

そして1989年9月29日。千代の富士は角界で初めて、国民栄誉賞を授与された。

「負けて覚える相撲かな。まだまだ修行中です」

35歳で引退するまでの通算戦績は、1045勝。たゆまず努力を続けた彼の凛々しく堂々とした姿は、その記録と国民栄誉賞に――そして昭和を生きた人々の記憶に、深く刻み込まれているのだった。

9/30 1955年

彗星のごとく現れた若きスター、ジェームズ・ディーンが事故死

「ジミー、映画スターになるっていうのは、ある日突然、一国の王子になるようなものなんだ」

映画の広報担当者が、新人俳優のジェームズ・ディーンに言った。

「前の晩、いつものようにベッドに入って、次の日、目が覚めたら何もかもが変わってしまっている。これから君には、王子にふさわしい振る舞いをしてもらわないと――わかるだろ？」

「わからないね。いつ目が覚めたって、俺は同じ人間さ」

売り出し間近の新人俳優は、そう言って煙草に火をつけた。ゆっくり煙を吸いこみ、口から吐き出す。

「俺は俳優で、ここには芝居をしにきたんだ。くだらない茶番をしにきたわけじゃない」

ディーンは、煙草を消すと、スタジオに向かった。「エデンの東」の撮影も、そろそろ終わりに差しかかっていた。

――この撮影が、永遠に終わらなければいいのに。ここで起こったことは、もう二度と起こらない、あまりにも完璧な体験だったから。完璧なものを、それ以上になんてできやしない。

「エデンの東」が公開されると、ディーンはたちまちスターになった。孤独で愛に飢えた青年キャルを見事に演じ、誰もがその魅力の虜になった。その寂しげで悲しい眼差し――人を寄せつけないようでいて、人とのつながりを強く求めているような瞳――は、キャルの繊細な心をスクリーンに映しだしていた。

一気にスターダムを駆け上がったディーンだったが、奔放な私生活は相変わらずだった。色恋の噂は絶えず、お気に入りのたまり場で知り合った俳優たちとバイクを乗り回す。ハリウッドの才能ある問題児として、ますます有名になっていった。

しかし、デビューからわずか半年後の、1955年9月30日。運命の日が訪れた。自動車事故によって、24歳という若さで、彼の人生の幕は突然下ろされたのだ。その劇的な幕切れは、ジェームズ・ディーンを伝説にした。彼の人生と才能は、今もなお語り継がれている。

1日1話

教養と感動のショートストーリー365

10月の物語

10/1 1908年

自動車王フォードが、T型フォードの販売を開始

「自動車王」として知られるヘンリー・フォードは、アメリカのミシガン州で、農場を経営する家に生まれた。子どものころから機械いじりが大好きで、農作業の手伝いはそっちのけ。近所の人から壊れた時計を集めては分解し、修理するのが大好きだった。

16歳になると、フォードは、発明家エジソンの会社に入った。そこで技術者として働きながら、電気や機械にまつわるあらゆることを身につけた。

腕を磨いたフォードは、2年後にはチーフに昇格。社内でも期待される人材だったが、実は、フォードには夢があった。

「いつか絶対に、ガソリンを使った自動車をこの手で作ってみせる」

時代は石炭から石油へと、エネルギー革命が起きていた。

社内でも活躍し、しだいに自分のやりたいことができるようになったフォードは、仕事から帰ると、自宅の片隅を改造した仕事場で研究を続けていた。

そして33歳の時、ついにフォードは、4輪のガソリン自動車を完成させた。

その年、ある会食の場で、フォードは初めてエジソンに会う。初対面にもかかわらず、2人は自動車の話で盛り上がった。

「ガソリンは、どうやって燃焼させるんだい？　どういう工程で動くんだ？」

矢継ぎ早に質問するエジソンに、的確に答えるフォード。エジソンは満足そうに机を叩き、激励した。

「きみ、それだよ！　やったじゃないか！　がんばって続けなさい」

その後、フォードは独立し、1908年10月1日、量産型のT型フォードを販売開始する。

これまでの受注生産ではコストがかかり過ぎるため、作業員がそれぞれ担当の部品を取りつける、流れ作業にすることで効率化を実現。販売価格をおさえつつ、生産数を増やすことが可能になり、人々の手に届きやすくなったことが車の普及につながった。

そして、フォードとエジソンの親交は、生涯続いたという。

非暴力を訴え、インドを独立に導いた、ガンディーが誕生

「インド独立の父」と呼ばれるガンディーは、非暴力・不服従の理念をかかげて、インドのイギリスからの独立に力を尽くした人物だ。

1869年10月2日、インドの港町で生まれたガンディーは、若い頃、弁護士として南アフリカに渡った。当時、南アフリカはイギリスの植民地であった。彼はそこで、不当な差別を経験する。

「お前、インド人だな？　さっさと降りろ！」

正規の切符を持っていたにもかかわらず、インド人であることを理由に、列車を降ろされたのだ。

当時、世界では、当たり前のように人種差別が横行していた。その後、帰国したガンディーは、インドの国民会議派のリーダーとして、政治活動を始めた。

当時インドは、外国に利益を吸い取られる一方だった。

「イギリス製品を買うのではなく、インド人が作るインドの綿を国内で紡ごう。そしてその糸で織った布を使おうじゃないか！」

ガンディーが提唱した外国製品不買運動は、インド人の誇りを取り戻す第一歩になった。

ところが、しだいにインド各地で独立運動の機運が高まる中、ある日、農民たちが警察官を焼き殺す事件が起きた。

「インドが独立できたとしても、それが暴力によってでは、意味がないではないか」

これを機に、ガンディーは政治活動から身をひいたが、国民は彼に導いてほしいと望んだ。「今度こそ、非暴力という形でなら」と承諾したガンディーは、人々にある提案をした。

「生きるために必要な塩が、今はイギリスに独占されている。この塩を、我々の手で、海水から作ろうじゃないか。さぁ、皆で海まで一緒に歩いて行こう」

一行は、約400キロの道のりを24日間歩き通した。はじめ100人にも満たなかった行進の人数は、いつしか数千人にふくらんでいた。殴られても抵抗はしない。ひたすら歩く。

この「塩の行進」の様子は世界中に報じられ、批判を浴びたイギリスは、やがてインドの独立を認めた。

ガンディーの誕生日は、現在、世界非暴力デーに認定されている。

10／1990年

3

壁に隔たれたベルリンが一つに。
――東西ドイツが再統一

ベルリンの壁は、１９６１年から１９８９年まで存在した、東西冷戦の象徴的存在だ。

第二次世界大戦後、ドイツは国家を東西に分裂した。当時、東ドイツの中にあった街・ベルリンは、東西冷戦の影響で、資本主義の西ベルリンと、社会主義の東ベルリンに分かれていた。

西ベルリンは、社会主義の国に、離れ小島のようにぽつんと浮かぶ不思議な街だった。

やがて、暮らしが豊かになる西ベルリンに憧れ、東ベルリンの人が流出するようになった。

すると、危機感を抱いた東ドイツは、人々の行き来を制限するため、一夜にして壁を築いた。そのため、突然、家族や恋人と引き離された人たちが大勢いた。

境界線には監視塔が建ち、東ベルリンから逃げる人を監視していた。時には、逃げるところを銃で撃たれ、命を失う者もいた。

この壁を、力ではなく、音楽の力で壊そうとした人がいた。イギリスのロックミュージシャン、デヴィッド・ボウイだ。

彼は、70年代、西ベルリンで音楽制作をした際、偶然見かけた景色から、自由を問う楽曲を作った。

１９８７年、ボウイは西ベルリンでコンサートを開いた。その時、壁の前に置いたスピーカーの一部を東ベルリン側に向け、彼は大声で叫んだ。

「今夜は、皆で幸せを祈ろう。壁の向こう側にいる友人たちのために」

自由を歌う「ヒーローズ」という歌に、東ベルリンの若者は刺激され、皆、叫んだ。

「壁を壊せ!!」

東西ドイツが再び1つの国に統一されたのは、１９９０年10月3日のことである。

後に、ボウイが他界した際、ドイツ外務省は、彼に異例のメッセージを出した。

「壁の崩壊に力を貸してくれて、ありがとう」

10/4　1883年

東西ヨーロッパをつなぐ豪華列車 オリエント急行が運行開始

１８８３年10月４日の夜。パリのストラスブール駅は、大勢の見物客でにぎわっていた。今日は、パリとイスタンブールを結ぶ長距離夜行列車、オリエント急行の開通日だ。開通記念列車に乗車するのは、各国の要人やジャーナリストたち。その中には、このオリエント急行の創設者、ジョルジュ・ナゲルマケールスの姿もあった。

「構想から十数年。ようやく私の夢が叶うんだ……！」

ナゲルマケールスは、感極まって声を震わせた。

彼がオリエント急行の構想を思いついたのは、二十代でアメリカを訪れたときのことだ。当時のヨーロッパでは、列車は苦痛で不便な移動手段とみなされていたが、アメリカではすでに寝台車や食堂車を備えた快適な長距離列車が走行していた。ナゲルマケールスはこれに感動し、アメリカの長距離列車をヨーロッパにもたらしたいと考えたのだ。

しかし、夢の実現は困難を極めた。複数の国をまたがる鉄道は規格の統一が難しく、政治的な事情に阻まれて挫折しかけたこともある。しかし幾多の苦難を乗り越え、十数年の歳月をかけた今、現実のものとなるのだ……！

「オリエント急行、出発進行――！」

車掌の声がホームに響き、汽笛とともに列車がゆっくり動き出す。歓声と蒸気の音を聞きながら、ナゲルマケールスは目に涙を滲ませた。目を閉じた瞬間に、脳裏に「彼女」の姿がよぎり――不意に切ない気持ちがこみ上げてきた。

――……ああ。「彼女」は今ごろ、どうしているだろう？

思い出したのは、かつて愛した女性のことだ。

二十代の頃、ナゲルマケールスには、結婚を考える恋人がいた。しかし両親に猛反対され、泣く泣く別れを決めた。そして傷心を癒やすために訪れたアメリカで、寝台列車に出会い、鉄道事業に人生を捧げることを決意したのだ。

――あの別れがなければ、私がオリエント急行を作ることもなかったかもしれない。人生とは不思議なものだな。

オリエント急行の車窓から星空を仰ぎ見て、ナゲルマケールスは、オリエント急行が繋いだヨーロッパの未来を思った。

10／5 1882年

ロケットの父、ロバート・ゴダード誕生

「やったぞ、実験成功だ！」

１９２６年。マサチューセッツ州の農場で、発明家ロバート・ゴダードは歓声を上げた。彼は今、「液体燃料ロケットの打ち上げ」という偉業を成し遂げたのだ。玩具のようなちっぽけなロケットで、打上げ高度はほんの数十メートルに過ぎない。しかし、これは紛れもなく世界初の快挙である。

当時はロケット工学の黎明期《れいめいき》とも言える時代で、ロケットは主に軍事目的で研究されていた。宇宙ロケットなど夢のまた夢……。それどころか「宇宙空間では、ロケットの飛行は不可能」とする見方が一般的だった。しかし、ゴダードは宇宙ロケットの実現を信じて疑わなかった。

１８８２年10月5日、アメリカ・マサチューセッツ州に生まれたゴダードが宇宙に興味を持ったのは、Ｈ・Ｇ・ウェルズのＳＦ作品『宇宙戦争』がきっかけだった。

「宇宙空間には、どんな世界が広がっているのだろう？　自分の手で調べてみたい」

こうして彼は、ロケット工学の研究にのめり込んでいった。彼が打ち上げに成功したのは、従来のロケットよりも高性能な、「液体燃料ロケット」という新型ロケットだ。

「これは人類の偉大な一歩だ。世間に公表しなければ！」

ゴダードは、新聞記者や観衆の前で同様の実験をしてみせた。今回も見事に成功し、目標高度に到達したのだが……。

「おいおい、なんだよ。あっという間に落ちちまった!!」

数十メートル打ち上がってから地面に落ちたロケットを見た人々は、実験失敗と勘違いして大騒ぎを始めた。

「宇宙まで飛ぶんじゃなかったのかよ！　なんてざまだ！」

「ち、違う。皆、聞いてくれ……！　ロケットは目標高度に達していた。だから、この実験は成功なんだ……！」

ゴダードは必死に説明を試みた。しかし彼の内向的な性格が災いしたのか、人々は耳を貸さなかった。

彼の功績が認められたのは、亡くなった後――第二次世界大戦後のことだった。

ゴダードは生前、こんな言葉を残していた。

「昨日の夢は今日の希望、そして明日の現実だ」

彼の時代には夢のまた夢だった宇宙ロケットは、私達の時代には現実のものとなって宇宙開発を支えている。

10/6 1887年

モダニズム建築の旗手、ル・コルビュジエが誕生

２０１６年に世界文化遺産に登録された、東京都上野にある、国立西洋美術館。

正方形の箱形の外観と、2層の吹き抜けを配した内部の美しい空間構成が印象的だ。この建物を設計したのが、フランスの建築家、ル・コルビュジエだ。

コルビュジエは、１８８７年10月6日、スイスの時計文字盤職人の家に生まれた。

若い頃にパリに出たコルビュジエは、最新の鉄筋コンクリート技術に魅了される。１９３１年には、彼の主張する「近代建築5原則」を形にした、パリ郊外の「サヴォア邸」を竣工。彼の斬新なモダニズムは、20世紀以降の建築に絶大な影響を与えた。

「これからの新しい合理的な建築には、５つのポイントがある。つまり、ピロティ、屋上庭園、自由な平面、水平な連続窓、そして、自由なファサード（正面）のことだ」

ピロティとは、居住スペースなどのメイン部分を2階以上に持ち上げ、柱で支えて1階部分に外部とつながった空間を確保する建築形式を指す。

このピロティのおかげで、建物自体が浮いているように見える効果が生まれるのだ。

近代建築三大巨匠の1人に数えられる彼が日本の美術館を設計することになったのには理由があった。

戦前、日本の実業家、松《まつ》方《かた》幸《こう》次《じ》郎《ろう》が欧州各地で収集した美術品の一部が、戦後もそのままフランス国内にあり、敵国人財産としてフランス政府に差し押さえられていた。

そこで、当時の吉《よし》田《だ》茂《しげる》首相が返還を持ちかけたところ、フランス政府は、松方コレクションを主体とした「フランス美術館」を日本側が用意すれば、返還ではなく寄贈すると提案してきた。

こうして国立西洋美術館の建設が計画され、その設計を、フランスを代表する建築家であったコルビュジエが任されることになったのだ。

戦後、日仏間の国交回復・関係改善の象徴として建てられた国立西洋美術館。世界文化遺産となったこの場所には、世界中の人々が訪れている。

10/7 1821年

旧暦文政4年9月12日

日本の貴重な書物を守った文化の恩人、塙《はなわ》保《ほ》己《き》一《いち》が死去

もし、図書館の本が分野別に分かれていなかったら、どうだろう。きっと、目当ての本を探すのに苦労するに違いない。また、人々から忘れ去られた本は、誰にも見つけられることなく、いつしか朽ちてしまうだろう。

そうやって1冊の本がこの世から失われることは、人類にとっても大きな損失だ。

江戸時代、同じように考えた人物がいた。武蔵国に生まれた塙保己一だ（保己一が生まれたのは、現在の埼玉県地域）。

保己一は、6歳の時、病気で視力を失ってしまう。

14歳で江戸へ出て、目の見えない人のための職業訓練校に入門。そこで、はりやあんま、三味線などを学んだが、なかなか上手くならない。

「先生、私は学問がしたいのです！」

先生は驚いたが、確かに保己一の記憶力や集中力は素晴らしかった。

「では、3年だけ時間をやろう」

保己一の猛勉強が始まった。幸い、周囲に恵まれ、彼のために本を読み聞かせてくれる人、本を貸してくれる人などが次々と現れた。

しだいに江戸の文化人との交流も増え、その人柄からか、彼に弟子入りを申し出る人まで現れ始めた。

こうして勉学に励むうち、彼は、ふと気づいた。

「日本の古書は、分類も整理もされていない。このままでは貴重な本が必要な人に届かないだけでなく、知らないうちに失われてしまうかもしれない」

使命感に燃えた保己一は、目が見えないというハンデにも負けず、千冊もの古書を集めた。そして、和歌や紀行文、手紙など25項目に分け、気の遠くなるような分類作業を、周りの協力を得ながら約40年かけて取り組んだ。

「本の名は、集めたものを分類整理し、系統的に位置づけるという意味で『群《ぐん》書《しょ》類《るい》従《じゅう》』としよう」

本が完成したとき、保己一は73歳になっていた。彼は意欲を失うことなく続編の編纂に取り組んだが、その完成を見届けることなく、１８２１年10月7日、76歳で亡くなった。

10/8 1594年

天下の大泥棒、石川五右衛門《いしかわごえもん》が壮絶な最期を迎える

旧暦文禄3年8月24日

京都を訪れる人々の多くが、鴨川にかかる三条大橋を通るだろう。だが、実はこの三条河原で、天下の大泥棒・石川五右衛門が壮絶な最期を迎えたことを知る人は少ないかもしれない。

時代は、豊臣秀吉《とよとみひでよし》が天下を統一した直後。この時代、大泥棒として名をはせたのが、石川五右衛門だ。

幼い頃に親を亡くし、一説には一時期、伊賀で忍者修行をしていたという話も残っている。

五右衛門にはポリシーがあった。盗む相手は、金持ちや権力者だけ。社会的弱者からは、決して金品を奪わない、ということだ。

「また、五右衛門がやってくれたらしいな」

「この前なんて、名古屋城の金のシャチホコを盗んだらしいぞ！」

この痛快な大泥棒は、庶民にとってヒーロー的存在となっていった。

しかし、そんな五右衛門にも、とうとう最期の時がやってきた。ついに捕まってしまったのだ。

「お前を、三条河原で刑に処す」

泥棒仲間およそ20人とともに捕まった五右衛門は、盗みを繰り返した罪で、「釜ゆで」という極刑にかけられることになった。さらにひどいことに、五右衛門の年老いた母親や子どもたちまでもが、一緒に釜ゆでにされることになってしまったのだ。

何もできない五右衛門。せめて、幼い我が子が煮えたぎる湯に当たらぬようにと、自分の力が尽きるまで、子どもを両手で自分の頭の上にかかげていたという話が伝わっている。

また一方で、我が子が長い時間苦しまないようにと、ひと思いに沈めたという話も伝わっている。

こうして、稀代の大泥棒・石川五右衛門は、１５９４年10月8日、その生涯を閉じた。

五右衛門は、その後、江戸時代に歌舞伎など様々な創作の題材となり、今も伝説のヒーローとして語り継がれている。

10/9 1967年

「祖国か、死か！」——革命家、チェ・ゲバラ死す

１９６７年10月9日、南米のボリビアで、ひとりの男がボリビア政府軍に捕らえられ、射殺された。男の名はチェ・ゲバラ、39歳。

長髪にベレー帽、端整な顔立ち、髭は剃らず、いつも戦闘服で現れる。頭脳明晰、葉巻をくゆらしながら誰に対しても堂々と接し、弱者に優しい。そのカリスマ性に、多くの人が魅了された。

彼は色々な顔を持っていた。医師、政治家、ゲリラ活動家……。一番有名なのが、キューバ革命での活躍だろう。

南米各国で革命家として活動した彼だが、生まれたのはアルゼンチン。幼いころにぜんそくを患ったことがきっかけで、大学は医学部に進み、アレルギー疾患の研究をしていた。

そんな彼が、学生時代に友人とオートバイで旅に出た。この旅が、彼の運命を変えることになる。

南米の国々で彼が目にしたもの。それは、人々の悲惨な生活だった。

「飢えや貧困は、注射では解決できない。もっと根本から社会を変えていかなければ！」

彼は、ラテンアメリカ革命に身を投じることを決意する。

そのころ出会った人物に、キューバ人の青年弁護士、フィデル・カストロがいた。

「不当な弾圧と支配から、人々を解放しようじゃないか。一緒にキューバで革命を起こそう！」

カストロらとともに反乱軍を組織したゲバラは、山中に拠点を置き、少人数でゲリラ作戦を展開。農民を巻き込んで、しだいに味方は増えていった。

１９５９年、30歳の時にキューバ革命は成功し、政府の首脳陣となったゲバラは、カストロとともに、教育の充実や医療の無償化など、自分たちが理想とする社会主義を実現していった。

しかし、ゲバラは、まだ苦しむ人々がいる国での革命を目指し、カストロに決別の手紙を残してキューバを去った。

強い信念と情熱で、その生涯を革命に捧げたゲバラ。ゲバラは、こんな言葉も残している。

「人間はダイヤモンドだ。ダイヤモンドを磨けるのはダイヤモンドだけだ。人間も人間の中でしか磨けない」

秋晴れの下、東京オリンピックが開幕

「青空だ！　まさにスポーツ日和だ」

１９６４年10月10日、田畑《たばた》政治《まさじ》は完成して間もない国立競技場にいた。

田畑は、この東京オリンピック招致の中心人物だ。田畑は、約10年前のことを思い出していた。

「平和を取り戻して、ふたたび世界の仲間入りをしようとする東京を知ってもらうためには、やはり、オリンピックを開催するのが一番だと思います」

当時の東京都知事の安井《やすい》誠一郎《せいいちろう》が田畑にそう持ちかけた。

「あの悲惨な戦争から見事に立ち直った東京を、世界の人々に見てもらいたい。日本と東京を広く知ってもらいたいのです」

皆、想いは同じだった。だが、当時はまだ日本は戦争の傷跡が色濃く残り、経済もまだまだ回復の途中だった。まだその時ではなかった。

しかし、想いを託された田畑はあきらめずに交渉を続け、ついに、東京でのオリンピック開催にこぎ着けた。ところが、新たな壁が現れた。開催時期についてである。

選手に一番よい季節で競技をと、日本側は当初5月でＩＯＣ（国際オリンピック委員会）に提案した。しかしソ連（現在のロシア）やヨーロッパの国々からの、「長い冬が終わったばかりで、練習する時間がない」「イタリアでは学生の試験期間にあたる」といった意見が相次ぎ、日程の協議はふたたび白紙に戻ってしまった。

ならば、秋しかない。しかし、台風の多い日本では、秋開催には不安が残る。

気象庁に問い合わせると、わずか2週間だけ、影響のないと予想される期間があった。中でも、10月10日は、「晴れの特異日」と言われるほど、晴れが多い日であった。

「それだ！　10月10日だ！」

田畑が提案した開会式の日は、3年もかかってようやく正式に決まった。

「さぁ、選手諸君。秋晴れの下、最高のパフォーマンスを発揮してくれ！」

こうして開幕した東京オリンピックは、日本中、そして世界の人々に、大きな感動をもたらした。

10/11 1871年

シュリーマン、子どものころの夢──トロイの遺跡発掘に着手

古代ギリシアの詩人、ホメロスによって書かれた叙事詩、『イリアス』。

その中に、8歳のシュリーマン少年の心に残る、ある壮大な歴史を題材にした話があった。

ギリシア軍が大きな木馬を作り、その中に兵士を隠す。その木馬を敵対していたトロイの街中に送り込んだところ、ただの木馬だと油断していたトロイ人たちは、夜、木馬から兵士が出て来たことに気づかず、倒されてしまうというストーリーだ。だが、これはあくまで作り話で、トロイは伝説の町だと考えられていた。

「いや、トロイの町は絶対にあるはずだ。いつか、トロイの町をこの目で見てやるぞ！」

貧しい家に生まれたシュリーマンは、ろくに学校にも通えなかった。しかし、彼は夢をあきらめなかった。彼は働きながら、まず、トロイの町の発掘に必要な資金を貯め、語学力を磨くことに専念する。

シュリーマンは、がむしゃらに働きながら、いつしか15ヵ国以上の言語を習得していた。また、それ以外にも、ギリシアの古典も読み込んで、その日に備えた。

彼は、自ら興した商社をヨーロッパだけでなくアメリカ、ロシアなどでも展開し、いつしか巨万の富を手にしていた。

しかし、それは、彼にとって手段であり目的ではない。

「さあ、お金も貯まった。これからは、世界中をめぐって考古学を勉強するぞ」

40歳を過ぎた頃、彼は、あっさりと成功していた会社をたたんでしまった。

そして、1871年10月11日、ついにその日がやってきた。

「トロイの町は、オスマン帝国（現在のトルコ）のあるアナトリア半島の西、ヒサルルクの丘に違いない！」

少年の日に見た夢を追い続け、ついに遺跡発掘を始めたとき、シュリーマンは49歳になっていた。

誰もがその存在を信じなかった伝説の都市、トロイ。彼は発掘開始の翌々年に、トロイの実在を決定的に裏づける財宝を掘り当てたのだった。

浅沼委員長暗殺の瞬間をとらえた写真が、世界に配信

1960年10月12日。

この日、東京の日比谷公会堂では、目前に迫った国会の総選挙に備えて、自民党、社会党、民社党の3つの党の党首立会演説会が行われていた。

ラジオ中継もされていたこの演説会の会場は、2500人もの聴衆で埋めつくされ、熱気に包まれていた。

演説は、西尾末広《にしおすえひろ》（民社党委員長）、浅沼稲次郎《あさぬまいねじろう》（日本社会党委員長）、池田勇人《いけだはやと》（自民党総裁）の順で登壇することになっていた。

浅沼稲次郎は、1898年生まれの61歳。東京都の三宅島出身で、大正デモクラシーの時代を東京で大学生として過ごすうち、社会主義運動に飛び込んだ人物だ。

「個人に重きをおいた自由主義経済や資本主義では、必ず弱者が生まれる。私有財産制は資本の独占を生む。利潤の追求をやめ、土地や会社などの財産は、国や地方公共団体・協同組合などが所有し、国民全員が労働者として、すべて平等な社会を作りたい」

浅沼は社会主義を信条とし、戦後も政治家として活動してきた。

午後3時過ぎ。演説は、浅沼委員長の番になった。政権批判の演説をし始めてしばらくたった時、少年が突然壇上に駆け上がり、持っていた刃渡り約33センチメートルの刃物で浅沼の左脇腹を深く突き刺した。

浅沼はよろめき、数歩歩いて倒れた。

一撃目の刺し傷は深く、大動脈が切断され、ほぼ即死だった。少年は現行犯逮捕された。

新聞社のカメラマン長尾靖《ながおやすし》は、偶然残っていた最後の1枚のフィルムでこの様子を撮影。

決定的な瞬間を収めたこの写真は、世界各国に配信された。

彼はこの写真で、報道などのすぐれた功績に対して授与される賞、ピューリッツァー賞を、日本人として初めて受賞した。

また、同じ写真で、こちらも日本人初となる世界報道写真大賞も受賞した。

10/13 1884年

グリニッジ天文台を通る子午線《しごせん》が〝本初子午線〟に可決される

「当会議は、ここにお集まりの代表者の皆様に、経度の本初子午線として、グリニッジ天文台の子午儀の中心を通過する子午線の採用を提案いたします」

1884年10月13日、アメリカ合衆国の首都、ワシントンD.C.——。アメリカのチェスター・アラン・アーサー大統領の要請で、この地に26カ国から41名の代表者たちが集ったのは、全世界で共有する〝本初子午線〟を決めるためである。

18世紀末から19世紀にかけて勃興した産業革命により、人との物の移動は加速。世界中に鉄道網が張り巡らされ、航海も一層活発化した。ただ急速に〝世界が小さくなる〟なかで、混乱も生じていく。その際たるものが、世界をつなぐ〝標準時〟の概念と〝本初子午線〟の不在。それらを確立するべく開かれたのが、国際子午線会議であった。

地上の〝起点〟を定義する子午線を有することが、いかに重要な意味を持つかは、集った代表者の誰もが理解している。その強大な力と名誉を一国に与えることに、不満を示す者もいなくはなかった。それでも投票の結果、「グリニッジ天文台子午線案」は、賛成22、反対1、棄権2の圧倒的多数で可決される。その頃、ワシントンD.C.から約6000km離れたグリニッジ天文台上空では、昇ったばかりの半月が、淡い光を放っていた——。

およそ100年前——。大西洋を渡る船の上で、ネビル・マスケリンは月を凝視していた。

「月齢17・3、水平線から36度……」

観測士が月の情報を伝えると、計算士たちが一心不乱に紙にペンを走らせる。マスケリンが英国王から帯びた命は、経度の測定法確立である。彼は月の位置や形状によって、洋上で船の現在地を割り出す方法を模索していた。そのうえでマスケリンが経度の基点に用いたのは、歴代の英国航海士と同じく、グリニッジの地である。

航海を無事に終えたマスケリンは、『英国航海者ガイド』を上梓《じょうし》する。この書籍はあらゆる航海者たちのバイブルとなり、その功績が高く評価されたマスケリンは、後にグリニッジ天文台の所長に就任した。

〝本初子午線〟が会議により可決されたのは、それから、月が150回ほど満ち欠けを繰り返した頃だった。

10／14　1892年

コナン・ドイル、『シャーロック・ホームズ』初の短編集を刊行

あの名探偵シャーロック・ホームズの生みの親であるコナン・ドイルは、かつてイギリスで医師として働いていた。

しかし、医師の多い地域でうだつが上がらず、しばしば暇を持て余していた。そんな時間つぶしに始めたのが、小説を書くことだった。

「そうだ。医学部の先生で面白い先生がいたなぁ」

ドイルは当時のことを思い出した。担当の教授は、いつもちょっとした特徴から、患者の生活状況や経歴を言い当てる、不思議な人物だったのだ。

「あの推理力は本当に素晴らしかった……そうだ、そんな人物を主人公にして小説を書いたらどうだろう？」

こうして誕生したのが、名探偵シャーロック・ホームズだ。彼が親友の医師ワトソンとともに難解な事件を解決する推理小説。構想は出来上がった。

１８８６年春、第一作目となる『緋色の研究』を執筆する。大した反響はなかったが、それから数年の間、ドイルは医師を続けるかたわら、翻訳や歴史小説をぼちぼち書き続けた。

１８８９年、ホームズ作品第二作目となる『四つの署名』を執筆。この評判は良かったものの、まだ、ドイルはホームズ作品に本腰を入れはしなかった。

そんな中ドイルは突然、眼科医を目指し、無資格のままロンドンで開業してしまう。しかし当然ながら、そんな眼科医に患者が集まることはなかった。

ふたたび暇を持て余すことになったドイルは、ついにホームズ作品に本格的に取りかかる。

「また、書いてみるか……」

そして、『赤毛同盟』や『まだらのひも』などが追加され、ついに１８９２年10月14日、シャーロック・ホームズシリーズの最初の短編集が刊行された。

この短編集が大ヒットとなり、ドイルのもとには読者から山のように手紙が届いた。だが、その多くは、ドイル宛てではなくホームズ宛てだった。読者への返事に、ドイルは、「残念ながらホームズは留守でね……」とワトソンになりすまして返事を書いたという。

10/15 1940年

喜劇王チャップリン、映画「独裁者」を公開

イギリス出身のチャールズ・チャップリンは、サイレント映画の時代に大活躍した映画俳優、映画監督だ。

当時の映画には、役者の声や音楽が入っておらず、俳優は動きですべてを表現していた。

やがて、技術が進み、音のついたトーキー映画が主流となっても、チャップリンは、言葉が分からなくても全世界の人が映像だけで楽しめる、サイレント映画にこだわっていた。

そのころ、ヨーロッパではヒトラー率いるナチスドイツ軍がオーストリアを併合し、次々とヨーロッパ各国に侵攻しつつあった。また、ユダヤ人への差別、虐殺が行われ、不穏な空気もただよっていた。

かたよった思想を持つ危険人物・ヒトラーに対して、恐怖心から、世界中の多くが口を閉ざした。

「表現者として、私にできることはないのか？」

チャップリンは自らに問いかけた。そして、彼はある答えにたどりついた。

「私は映画で戦うしかない。タイトルは……『独裁者』だ」

物語の主人公は、ある国の独裁者とそっくりな、チャップリン演じる理髪店の男だ。理髪店の男は、独裁者と間違われ、恐怖政治におびえる国民の前で演説を行うことになってしまう。

「私は、皇帝なんかになりたくない。誰のことも支配も征服もしたくない。できるならば、皆を助けたい。ユダヤ人もユダヤ人以外も、黒人も白人も、私たちは皆、助け合いたいのだ！」

サイレント映画にこだわっていたチャップリンは、この痛烈なヒトラー批判を自らの声で伝えるため、初めて完全トーキー映画としてこの作品を制作した。

１９４０年10月15日、映画が封切られると、予想通りナチスからの横やりも入った。しかしアメリカをはじめ、自由を愛する国々からの助けもあり、この作品は世界中から賞賛を浴びた。

チャップリンが映画で初めて発した声は、ヒトラーの独裁に対する抗議の声だった。

「からくり儀右衛門《きえもん》」こと、発明家・田中久重《たなかひさしげ》が誕生

旧暦寛政11年9月18日

江戸時代の後期、1799年10月16日、筑後国（現在の福岡県）久留米に生まれた田中久重（幼名・儀右衛門）は、子どものころから手先が器用だった。

寺子屋仲間に自分のすずり箱をいたずらされるのに業を煮やした久重は、あることを思いつく。

「自分にしか開けられないような仕掛けを作ったぞ。さぁ、これ、開けてごらんよ」

そのしかけで仲間をギャフンと言わせた久重は、達成感と爽快感を覚えた。これを機に、隠し戸がついたタンスを作るなど、発明の才能を開花させていった。

彼の原点は、ふるさとの祭りで見たからくり人形だったという。誰も見たことのない新たなしかけのからくりを考案する久重を、人々は「からくり儀右衛門」と呼び、大変な評判となった。

「背中の弓矢を自分でつがえて射る人形なんて、見たことがない」

「筆で文字を書く人形だって？　寿だとか松だとか、４種類もの文字が書けるんだってさ」

技術を磨くうちに、久重は時計の修理など、西洋から伝わった技術も身につけていった。

久重の発明品の中でも、空気圧を利用して、菜種油が管を伝って灯心に昇っていくしかけの「無尽灯《むじんとう》」という照明器具は大ヒットした。

「これで、何度も油を注ぎ足さなくても、夜に本を読んだり、仕事をしたりできる。助かるなぁ」

探究心旺盛な久重は、天文学も学び、その知識を応用して、江戸時代最高傑作といわれる和時計「萬年自鳴鐘《まんねんじめいしょう》」を作り上げた。

「月の満ち欠け、昼の長さが季節によって違っても、自動で調整する完璧な時計ができたぞ！」

50代半ばからは、佐賀藩の理化学研究所精煉方で蒸気機関や大砲の研究の中心となる。やがて74歳で東京に出た久重は、明治新政府の依頼を受け、電信機の国産化に取り組んだ。この時に設立した田中製造所が、現在の東芝の前身である。

「人の役に立つ発明がしたい」

久重の精神は、現代にも受け継がれている。

川端康成《かわばたやすなり》にノーベル文学賞

1968年10月17日、スウェーデン・アカデミーは、「日本人の心の精髄を優れた感受性をもって表現した」として、ノーベル文学賞に川端康成を選出した。日本人作家初のノーベル文学賞受賞という快挙だった。

同年12月10日、川端はストックホルムで開催された授賞式に羽織袴で出席し、2日後、受賞記念講演を行った。題名は「美しい日本の私：その序説」。川端の言う「美しい日本」とは、古典文学の世界から脈々と続く伝統的な日本の姿である。高度経済成長のなかで喪失されつつあったが、それでもなお彼は「美しい日本」を描き続けようとしていた。

1899年6月14日、川端は大阪に生まれた。幼くして両親を亡くし、15歳になる頃には姉も亡くなり、天涯孤独の身となった。その川端の心を癒してくれたのが、初恋の相手、伊藤初代《はつよ》だった。川端は東京帝国大学文学部を卒業後、当時15歳の初代と婚約した。ところが、わずか1か月後、婚約破棄が告げられる。初代が、預けられていた寺の僧侶に性的暴行を受けたことが理由だった。

家族を失い、恋人をも失った川端。彼の作品は喪失感や虚無感で染められていく。

川端は晩年、ノーベル賞受賞後にも1つの喪失を味わう。

ノーベル文学賞の選考では、西洋文学の作家に偏った受賞状況を見直そうと、50年代後半から日本文学に目が向けられていた。欧米の翻訳家の協力もあり、日本文学の国際的な評価も高まった。谷崎潤一郎《たにざきじゅんいちろう》や西脇順三郎《にしわきじゅんざぶろう》、三島由紀夫《みしまゆきお》が候補となり、1967年には川端と三島が最終候補となった。その翌年、川端の受賞に至る。川端のノーベル賞受賞は日本文学全体の功績といっても過言ではなかったのである。

実は、川端はノーベル賞への意欲が人一倍強かった。1961年1月20日の日記には、「ノベル賞を思わぬでもない」と記している。同年5月には、三島に書簡を送り、ノーベル文学賞の推薦文を英語かフランス語で書いてくれるよう依頼している。三島はそれを快諾していた。

川端は三島に恩を感じていたはずである。その三島が、ノーベル賞受賞の2年後、自決してしまう。

心にぽっかりと大きな穴が空いた。1年半後の1972年4月16日、川端は三島のあとを追うように自死を選んだ。

10/18

1849年

女子教育に力を尽くした、実業家・広岡《ひろおか》浅子《あさこ》が誕生

旧暦嘉永2年9月3日

幕末、明治、大正時代を駆け抜けた女性がいる。NHK朝の連続テレビ小説『あさが来た』の主人公のモデルにもなった女性実業家・広岡浅子だ。

浅子は豪商三井家のひとつ、出水《でみず》三井家の四女として、1849年10月18日、京都で産声をあげた。

そして2歳の時に、大阪の豪商・加島屋《かじまや》に嫁ぐことが決められた。加島屋は、当時、日本経済の中心地だった大阪で、1、2を争う商家だ。

浅子は商家のよき妻となるよう育てられた。

「女に学問は要らない。家庭を守ることが一番の使命です」

そう言われた浅子は、お裁縫に茶道、生け花、お琴などのお稽古事に日々取り組んだ。

「本当は私も、お兄さんたちのように学問がしたいのに……」

学問への抑えきれない気持ちを抱える浅子は、時々、兄が書物を音読する声を廊下で立ち聞きしたり、こっそり本を読んだりしていた。

実家では認められなかった学問だったが、嫁いだ先の夫は、浅子の学問好きを認め、許してくれた。

浅子は、漢学や儒学のほかにも、そろばんや簿記などの商売に必要な勉強も独学で始め、加島屋の帳簿にも目を通すほどに成長した。

時代の荒波にもまれ、加島屋の経営が傾いた時には、先頭に立って再建を主導し、店を守り抜いた。

「九度転んでも、十度起き上がればいいのよ。そうすれば、九度転んだことは帳消しになって、最後の勝利を得るのみになる」

そんな浅子は、50歳頃から女子教育の実現に奔走した。そして、我が国初の女子大学となる、日本女子大学校（現在の日本女子大学）設立を実現させた。浅子が感銘を受けた書物『女子教育』に、こうある。

「一生のうちに何か一つのことを成しとげて、それによって自分も幸せになり、社会にも利益をもたらすということを、女子にはできないということはない」

10／B.C.202年

19

カルタゴの英雄ハンニバル、ザマの戦いでスキピオに敗れる

紀元前3世紀、イタリア半島を統一し、シチリア島を得た共和政ローマと、北アフリカとイベリア半島を主な勢力圏とする大国カルタゴ（現在のチュニジア辺り）は、地中海の覇権を争い、戦いを繰り広げてきた。

１００年にわたる戦いの中で、カルタゴでは、天才的智将ハンニバルが活躍し、ローマ軍を追い詰めた。

彼は、その優れた戦術で知られるが、中でも、彼の名を決定的にしたある戦いがある。

紀元前２１８年、イベリア半島にいた29歳のハンニバルは、どうやってイタリア本土に軍を進めるか悩んでいた。

「地中海側は、すでにローマ軍がおさえているから通れない。5万の歩兵と30頭の象の大軍を、どう動かせばよいだろうか？」

そのときハンニバルの脳裏に、誰も思いつかないような、斬新なアイデアが浮かんだ。

「そうだ！　アルプスを越えるのだ！　象も一緒に連れて行くぞ！」

こうして、ハンニバル率いるカルタゴ軍は、イベリア半島からガリア（現在のフランス）を横切り、アルプスを越えて、イタリアの北部からの侵入を試みた。

雪がちらつく9月、アルプス越えは困難をきわめた。象は暴れ、兵の中には怖《お》じ気《け》づく者もいた。だが、雪崩によって約半数の兵を失いながらも、ハンニバルはついにイタリアに到達。ローマ軍の度肝を抜いたのだった。

だがローマ軍もやられっぱなしではなかった。その後、３万５千の兵を率い、北アフリカに攻め込んだローマ軍には、若き英雄スキピオがいた。

スキピオは、イタリアから急ぎ呼び戻されたハンニバル軍と対峙。こうして、紀元前２０２年10月19日、ザマの戦いが始まった。

スキピオがとった作戦は、なんと、かつてハンニバル自身が、他の戦いで取った作戦だった。歩兵と騎兵を巧みに使われ、完全包囲されたカルタゴ軍は大敗する。こうして、ローマは地中海の覇権を手にしたのだった。

「戦に負けて、外交に勝つ」――吉《よし》田《た》茂《しげる》がこの世を去る

第二次世界大戦敗戦後、７年間にわたって、日本は、連合国により占領された。

しかし、しだいにその占領を終結させようという機運が高まり、日本は、交戦国との講和条約の締結に取り組みはじめた。

当時、世界は、アメリカをはじめとする資本主義国と、ソ連などの社会主義国とで対立していた。

時の首相、吉田茂は決断した。

「世界が対立する中、交戦国すべてとの全面講和となると、時間がかかりすぎる。まずは、アメリカ、イギリスなどを中心とする西側諸国と単独講和をしよう。今、日本はとにかく占領を終わらせなければ」

しかし、講和にあたって、大きな心配があった。講和条件として莫大な賠償金を請求されては、経済の再生などとても不可能だ。また、領土が分割されるという噂もあり、決して油断はできなかった。

「戦争に負けても、外交で勝とう」

吉田は、交渉案を探った。

「冷戦は激化し、朝鮮半島でも米ソが対立状態にある。アメリカ軍は反共産主義の砦として、地理的にも日本に駐留を続けたいはずだ。しかし、占領が終わると、駐留ができなくなる……そこが狙い目だ！」

１９５１年、吉田は、アメリカのサンフランシスコでの講和会議に出席した。この会議で連合国の占領は終わり、日本の主権回復が世界に認められた。

講和会議終了後、場所を変え、日本とアメリカの代表は、日米安全保障条約を締結した。その内容は、日本側がアメリカ軍駐留を希望する形で、基地存続を認めるというものだった。朝鮮戦争特需にわく中、国民の合意は得やすかった。

なお、この条約に単独で署名した吉田は、晩年、「防衛の面において、いつまでも他国の力に頼る段階は、もう過ぎているのではないか」と述べている。

彼はその後も戦後の混乱期にあった日本を、強いリーダーシップで率いた。そして１９６７年10月20日、その生涯を閉じたのだった。

10/21 1894年

現代にも影響を与え続ける、推理作家・江戸川乱歩《えどがわらんぽ》が誕生

明智小五郎や怪人二十面相などの強烈なキャラクターを生み出し、近代日本の探偵小説の基盤を築いた、江戸川乱歩。

彼は、大正から昭和にかけて、作家として大活躍した。彼の奇抜で風変わりな作品は、耽美的で退廃的な空気がただよっていた時代の雰囲気に合致して、人々に広く受け入れられた。

独特の世界観を持ち味にする江戸川乱歩、本名、平井太郎《ひらいたろう》。

彼は、1894年10月21日、三重県で生まれた。

少年時代、御伽草子《おとぎぞうし》に夢中になったり、母親に新聞連載の小説を読み聞かせてもらったことをきっかけに、探偵小説の面白さに目覚めていった。

そして、大学生の頃には、海外の探偵小説を英文で読みあさるようになる。

「イギリスのコナン・ドイルの『名探偵シャーロック・ホームズ』は面白いな。だけど、アメリカのエドガー・アラン・ポーの作品も魅力的だ」

大学時代は、同級生と雑誌を作ったり、古代ローマの暗号文字の歴史に夢中になるなど、好きなことに明け暮れた。

彼が作家デビューしたのは、28歳になってからだった。その時につけたペンネームが、「江戸川乱歩」だった。これはよく知られているように、『黒猫』などの作者として有名な小説家、エドガー・アラン・ポーの名をもじったものである。

彼は精力的に執筆活動に取り組んだだけでなく、探偵小説の評論や、探偵小説誌「宝石」の編集・経営、日本探偵作家クラブの創立など、推理小説界全体のために幅広く活動した。

彼はサインを求められると、必ずこう書き添えたという。

「うつし世はゆめ　よるの夢こそまこと（「現実の世界は夢、夢の世界こそ現実」の意）」

この言葉に象徴される、幻想と怪奇の世界観で描き出された彼の作品は、今もなお、多くの読者をとりこにしている。

10/22 2019年

難民援助の最前線に立った女性、緒方貞子《おがたさだこ》が死去

「今、解決しないと思われていることでも、永遠に解決しないわけではありません。時間はかかるけれど、努力を続けることで解決することもあるのです」

緒方貞子は、そう力強く語った。彼女は日本人初の国連難民高等弁務官として、１９９１年から２０００年までの約10年間、難民の援助活動の最前線に立って、紛争の犠牲者たちに寄り添い続けた人物だ。

彼女が弁務官に就任した１９９０年代は、米ソの東西対立構造がもたらした冷戦が終わりを告げ、民族、宗教などによる紛争が増えた頃。また、ソビエト連邦やユーゴスラビア連邦などが崩壊し、世界地図が大きく変化した時代だった。

私たちは、国家に守られて暮らしている。ところが、その国家が崩壊すると、途端に拠《よ》り所がなくなり、難民となってしまうのだ。紛争による国家の崩壊は、こうした難民を数多く生んだ。

そんな人々に対して、緒方は積極的に活動した。

中でも、湾岸戦争を機に、イラク軍の制圧から逃れるため、わずか4日間のうちにイラクにいたクルド人１８０万人が国境近くへ逃げようとした際の緒方の活躍は、今でも語り継がれている。

クルド人のうち、１４０万人がイランへ、40万人がトルコへと逃げ出したが、トルコは治安維持のため、クルド人の受け入れを拒否した。国連では、国境地帯に留まる彼らを保護すべきかが議論された。

「難民条約では、国境の外に出た人を難民としています。彼らは出ていないから、支援は無理です」

そういう意見が多く出た。しかし、緒方は反論した。

「我々国連の使命は、困っている人を救うことではないのですか。何よりも人命が最優先です」

こうして、緒方の強い使命感とリーダーシップによって、国連の難民の定義が変更され、彼らは自国イラク領内でも、難民として一時的保護の救済措置を受けることができた。

２０１９年10月22日、緒方は92歳で亡くなった。彼女は生涯、世界に難民支援を呼びかけ続けた。その思いは、今も人々に受け継がれている。

10/23 1964年

東京五輪女子バレーボールで、「東洋の魔女」が金メダルを獲得

「なんで魔女なのよ、失礼ね」

初めて彼女たちが「魔女」と呼ばれたのは、東京オリンピックの3年前、欧州遠征でのことだった。

6人制女子バレーボールの実業団チームである日紡貝塚《にちぼうかいづか》は、22連勝し、世界最強といわれたソ連（現在のロシア）チームも破るほどの活躍を見せた。海外メディアは、彼女たちのことを「東洋のタイフーン」、「東洋の魔法使い」と称賛した。いつしか日本中が、彼女たちを「東洋の魔女」と呼ぶようになっていた。

「むしろ私たちは、魔法をかけられたほう。私たちに魔法をかけたのは、大松《だいまつ》監督」

日紡の監督だった彼は、その厳しさから、「鬼の大松」と呼ばれた。彼は、小柄な日本人選手の身体的ハンデを克服すべく、回転レシーブなどの技を編み出した。

本来、彼女たちは皆、1962年の世界選手権で引退するつもりだった。宿敵ソ連を決勝で見事破り、監督とともに引退するはずだったのだ。

しかし、世間はそれを望まなかった。

「このチームで、東京オリンピックも戦ってほしい。金メダルを目指してくれ！」

チームには、引退して結婚するつもりの選手も多かった。

「引退が2年も延びるわね……でも、期待に応えたい！」

こうして現役続行を決めた彼女たちには、鬼の大松の下、地獄の練習の日々が待っていた。

実業団チームの選手たちは、ほかの仕事もしている。朝8時から午後3時まで仕事をした後、練習が始まるのだ。午後5時、同じく仕事を終えた監督が合流。

練習は、明け方まで続くこともあった。が、厳しい練習にもかかわらず、監督と選手たちは信頼という固い絆で結ばれていた。休みの日には、選手から誘って、皆で映画を見るほどであった。

1964年10月23日。試合の中継は視聴率66・8％を叩き出す。多くの国民が見守る中、東京オリンピック女子バレーボール決勝戦で、「東洋の魔女」たちは強豪ソ連を相手に3セット連取でストレート勝ち。

金メダルは、彼女たちの胸に輝いた。

10／1886年

24

日本を条約改正へと動かした、ノルマントン号事件が発生

1886年10月24日夜、和歌山県の沖合で、横浜から神戸に向かうイギリスの貨物船「ノルマントン号」が、暴風により沈没した。

この船には、イギリス人のほか、ドイツ人、インド人、日本人などが乗っていた。ところが、救命ボートに乗って助かった者の中には、25人いた日本人乗客はいなかった。

「なんだって？　日本人乗客は全員死亡ということか？」

当時外務大臣だった井上馨《いのうえかおる》は、その報告に驚きを隠せなかった。

「はい。しかし、他の外国人乗船客は皆助かったようです」

「なんということだ……それはつまり、日本人だけが見捨てられたということではないか。人種差別による見殺しではないのか！」

井上は調査に乗り出そうとしたが、当時、日本とイギリスの間には、日本にとって不平等な条約が結ばれていた。その中には、外国人が日本で罪を犯しても、日本の法律で裁くことができないという「治外法権」も含まれていた。そのため、十分な調査すらできなかった。

神戸領事館での審判で、イギリス人船長には無罪判決が下り、日本人乗客への賠償はまったくなかった。

「早くボートに乗れと言ったが、日本人は英語が分からず、船から出なかったので置いてきただけだ」

船長の発言に、日本国民は憤慨した。

それを受けて、井上がふたたび動いた。

「ノルマントン号の出港を止めろ。船長を殺人罪で告訴する！」

横浜の英国領事裁判所に場を移し、裁判が行われたが、井上の力は及ばなかった。

船長は有罪にはなったものの、わずか禁固3ヵ月。日本人の死者への賠償金は、やはり支払われなかった。

この事件は、日本の人々に治外法権撤廃の必要性を痛感させることになった。井上が外相を辞した後も、多くの政治家が条約改正に挑んだが、実現したのは8年後、1894年のことであった。

10／25 1881年

子どものような絵を目指した、芸術家・ピカソが誕生

「私は探し求めない。見出すのだ」

そんな言葉を残した芸術家パブロ・ピカソは、常に新たな表現を模索し、自らの芸術を追求することに一生を捧げた。

1881年10月25日、スペインの絵描きの家に生まれたピカソは、幼いころからその才能を開花させていた。

同年代の子どもの中でも飛び抜けて絵がうまく、学校の先生たちも、その才能を評価していた。そのため、他の科目の授業中にピカソが熱中して絵を描いていても、特別に許されていたという。

息子のすさまじい才能を目の当たりにした絵描きの父親は、ついに自らの絵筆を折ってしまい、ピカソの才能を育てることに専念する。

そして、ピカソはスペインの王立サン・フェルナンド美術アカデミーにトップ合格した。

しかし、そこでピカソはあることに気づく。

「見たままを紙に写すことが、そんなに大事なのだろうか？いや、僕はもっと自分自身、心の内側からわき出るものを表現したいんだ」

学校を退学し、気の合う友人とお金もないままパリで下宿生活を始めたピカソ。だが、そこに悲劇が襲う――。

親友が、自ら命を絶ったのだった。

ピカソはこれを機に、社会の底辺を生きる人々を描くようになる。これらの作品には共通して青色が使われていたため、この時代の作品は「青の時代」と呼ばれる。

その後もピカソは、作風を次々に変えながら創作活動を続けた。中でも特徴的なのが、対象物を単純化して、面を分割する新たな表現法、「キュビズム」だ。この斬新過ぎる表現に世間は驚き、批判も多く浴びた。

しかし、それでもピカソは自分の芸術を追求し続けた。生涯で彼が制作した作品は、油絵、版画、彫刻など、10万点以上に及ぶ。

晩年、ピカソはこんな言葉を残している。

「ようやく、子どものような絵が描けるようになった。ここまで来るのに、ずいぶん時間がかかったものだ」

10／26

1825年

明治新政府の代表として欧米を視察した、岩倉具視《いわくらともみ》が誕生

旧暦文政8年9月15日

１８７１年12月、不平等条約の改正のため、岩倉具視を全権大使とする遣欧米使節団が、横浜港からアメリカに向けて出発した。

総勢１０７名の使節団の中には、明治新政府の若きリーダーたち、木戸孝允《きどたかよし》や大久保利通《おおくぼとしみち》、伊藤博文《いとうひろぶみ》のほか、まだ幼い津田梅子《つだうめこ》ら女子留学生もいた。

彼らをまとめ、リーダーを務めたのが、当時46歳の岩倉具視だった。

岩倉は、１８２５年10月26日、京都の下級公家に生まれた。しかし、激動の幕末を生き抜き、公武合体を成功させた彼は、天皇を中心とする明治新政府において、大きな力を持つ人物となっていた。

「我が国は小さな国かもしれないが、国民皆が同じ方向を向いて、国力を蓄え、増強することができるならば、世界を相手に大きく飛躍することは、それほど難しいことではない」

岩倉はそんな信念を抱き、アメリカ、イギリス、フランス、ドイツ、ロシアなどを回った。しかし残念ながら、未だ国力の差は大きく、条約改正を成功させることはできなかった。

岩倉率いる使節団は、スエズ運河を通り、紅海を経て、西洋諸国の植民地であるセイロン、シンガポール、香港などを視察し、１８７３年9月に帰国する。

１年９ヵ月に及ぶ欧米視察で、条約改正こそ成らなかったものの、彼らが鉄道技術や産業の発達を目の当たりにしたことは、日本の産業、技術が飛躍的に進歩するきっかけになる。

「成功する、失敗するは天命であって、生きるか死ぬかは運命である。事に挑んで失敗して、もし、死ぬことがあったとしても、後世に恥じることは何一つない」

岩倉具視の信念は、激動の時代を歩む日本にとって、なくてはならないものであった。

10/27 1858年

テディベアの名前の由来、ルーズベルト米大統領が誕生

愛らしい熊のぬいぐるみを総称して「テディベア」と呼ぶ。この名前は、アメリカ第26代大統領セオドア・ルーズベルトの愛称「テディ」に由来するといわれている。

1858年10月27日、ニューヨークの裕福な家に生まれたルーズベルトは、ハーバード大学を卒業後、政治家、軍人として活躍した。

歴史家や探検好きの自然主義者の一面、カウボーイ的な男らしさ、国の発展期に示したリーダーシップなどから、彼は歴代大統領の中でも人気が高く、ラシュモア山の4人の大統領彫像の1人にも選ばれている。

実は、テディベアという名前の由来には諸説ある。

1902年のこと、ルーズベルトは熊の狩りに出かけたが、1頭もしとめることができなかった。すると、お付きの者が弱った熊を差し出した。

「この熊を撃ってください」

だがルーズベルトは、それを拒んで言った。

「そんな熊を撃ってもしかたないだろう。そんなことをしては、スポーツマンシップに反する。放してやりなさい」

この出来事を、随行の新聞記者が挿絵つきで報じたところ、この話がいつの間にか、「心優しい大統領」のエピソードとして一人歩きするようになった。

この新聞記事を読んだ地元の雑貨店が、熊のぬいぐるみを「テディベア」と名付けて販売したのが始まりだとも言われている。

また、ちょうどそのころ、ドイツのシュタイフ社製の熊のぬいぐるみがニューヨークの玩具市で売買され、ブームが起こったという説もある。

ルーズベルトは日本びいきでも知られる。柔道を習い、日本が勝利した日露戦争後のポーツマス条約の交渉を後押しし、ノーベル平和賞を受賞した。

だが、一方で、日本を仮想敵国として警戒し、オレンジ計画という対日戦争計画を立案したのも彼なのだ。

「優しい熊のおじさん」だけではない、大国を率いる大統領としての厳しい一面も持っていたからこそ、今でも彼は高い人気を得ているのかもしれない。

10/28 1837年

江戸幕府最後の将軍、徳川慶喜《とくがわよしのぶ》が誕生

旧暦天保8年9月29日

徳川慶喜は、1837年10月28日、徳川御三家のひとつである水戸徳川家に、9代藩主の7男として生まれた。水戸徳川家は、2代藩主水戸光圀《みつくに》公以来、『大日本史』の編纂に取り組む、日本の歴史に重きを置く家であった。

常に京都の朝廷を敬い、「武家政権である幕府は、朝廷に仕える身である」と心がける「水戸学」をモットーに、慶喜は育てられた。

慶喜が10代のころ、ペリーが浦賀に来航。日本が世界の荒波に引きずり込まれるのを肌で感じた。

将軍家を支える一橋《ひとつばし》家《け》の養子となった慶喜は、次の将軍候補のひとりとして、幕府が今後どうあるべきか、常に自問しながら生きていた。

やがて15代将軍となった慶喜は、孝明《こうめい》天皇の下、幕府の建て直しに着手する。だがその矢先、天皇が崩御。将軍就任のわずか20日後のことだった。

後ろ盾を失った慶喜は、幼い次の天皇を操りながら、あの手この手で倒幕を狙う薩摩藩、長州藩に、その立場を追われることになる。

やがて、薩長雄藩が天皇から幕府を倒す許しをもらったと知った慶喜は、先手を打つ。

「薩長は幕府を倒したい。だが、その幕府自体がなくなれば、戦う相手がいなくなって、武力討伐の口実をなくせるのではないか」

こうして、政権を朝廷に返上する、いわゆる大政奉還が京都の二条城で行われた。

肩すかしを食った薩長は、その後も躍起になって幕府を攻める口実を作る。

しかし、その度に慶喜はさらりとかわした。

そして、鳥羽伏見の戦いでも、慶喜は大坂城を出て江戸へ戻り、謹慎することで朝廷への恭順の意を表し続けたのだった。

慶喜は、常に世界の中の日本を見ていた。

「今、内乱を起こして国力を弱めてはならない」

明治新政府の治める新たな時代になっても、慶喜は、あえて静かに暮らすことで無用な戦いを避けたという。

10/29 1958年

ソ連の作家・パステルナーク、ノーベル文学賞を辞退

１９５８年10月下旬、新聞の見出しには、ソ連（現在のロシア）の作家、ボリス・パステルナークの名前が連日躍《おど》った。当初は「パステルナーク氏へ、劇的な授与。ノーベル文学賞」とあった見出しは、のちに「パステルナーク氏　ソ連作家同盟を除名」と、穏やかではない見出しに変わった。

パステルナークというひとりの文学者が、ノーベル文学賞を受けるかどうかで、ソビエト連邦という巨大国家が揺れていたのだ。なぜなら、受賞作品『ドクトル・ジバゴ』が、ソ連にとっては問題作だったからである。

といっても、決して、政権を直接批判したわけではない。

この作品は、主人公のドクトル（医師）・ジバゴと運命の女性ラーラとの波乱万丈の人生を軸に、ロシア皇帝の支配からロシア革命、そしてソビエト連邦へと変わる世の中で、時代に翻弄される人々を壮大なスケール感で描いた群像劇だ。

「戦争と革命の最中でも、人々は愛を失うことはない」

それが作品のメッセージである。しかし、作中には、労働蜂起、独裁、血の粛清など、現政権の負の面も描かれていたため、反革命的とみなされた。ソ連国内では発禁処分となったため、１９５７年にイタリアの出版社により密かに国外へ持ち出され、翻訳版が出版されたという経緯があった。

「授賞式に出席すれば、帰国は許さない」

そんな通達を突きつけられたパステルナークは、１９５８年10月29日、受賞を断念した。これは、史上初めて、政治的理由でノーベル賞が辞退された例となった。

「私にとって故国を離れることは、死を意味する」

２年後、彼は失意のうちに他界した。ソ連国内でようやく『ドクトル・ジバゴ』の出版が解禁されたのは、彼の死から約30年が過ぎてからだった。そして、彼の息子が代理で、ノーベル文学賞を受け取った。

10/30 1903年

『金色夜叉《こんじきやしゃ》』で一世を風靡　尾崎紅葉《おざきこうよう》、36歳で早逝

明治の中頃、尾崎紅葉の新聞連載小説『金色夜叉』が空前の人気となった。「連載を読まなければ1日が始まらない」とばかりに、誰もが朝刊の配達を心待ちにした。

ただ、紅葉にとって、人々の期待は重圧でしかなく、胃がひりひりする毎日を送っていた。

デビュー作『二人比丘尼色懺悔《ににんびくにいろざんげ》』で注目を浴びた紅葉は、読売新聞に入社。専属作家となった。二十代前半ですでに文壇の大家と見られるようになり、幸田露伴《こうだろはん》や坪内逍遥《つぼうちしょうよう》、森鷗外《もりおうがい》と並んで「紅露逍鷗《こうろしょうおう》」と呼ばれた。

『金色夜叉』は１８９７年に連載がはじまる。実はこの作品には、原作ともいえる作品がある。パーサー・M・クレー（本名シャーロット・M・ブレム）というイギリス人の女性作家が書いた『女より弱い者』という大衆的な恋愛小説だ。『金色夜叉』の前半は、この小説のストーリーをなぞる。裕福な家の宮という娘が幼馴染の貫一との婚約を破棄し、大富豪の冨山に嫁ぐ。熱海の海岸で宮の心変わりを知った貫一はショックで動転し、行方知れずになる。

紅葉はここで話を終わらせるつもりだった。ところが、連載が大変な人気になり、やめるわけにはいかなくなった。

苦悶に満ちた日々はここからはじまる。

アイデアが浮かばない。原稿用紙を見つめるが、ペンは遅々として進まない。家の外では編集者が原稿を待っている。タバコの吸い殻だけが積み上がっていった。書いたとしても、文章を凝るタイプの紅葉は、なんども加筆修正する。原稿を手放すまで人一倍時間がかかった。

紅葉は胃癌を患い、急速に体力を失っていった。そして１９０３年10月30日、36歳で早逝する。

連載中の『金色夜叉』は未完に終わった。が、作品の後半には作家・尾崎紅葉が、まさに命を削ってなんどもペンを走らせた、その闘いの結晶が色濃く残されている。

物語の後半で、宮は愛のない結婚を選んだことを後悔する。息子は死産し、人生は暗転。一方、貫一は人が変わったように冷徹な高利貸しとなっていた。そんな二人が再会する――。

原作を離れ、紅葉自身がオリジナルで紡いだ後半の物語は、日本の読者の強い共感を呼び、『金色夜叉』は名作として現在にいたるまで読み継がれている。

10/31 1517年

ルター、教会に疑問を呈して95ヵ条の論題を示す

16世紀前半のドイツでは、宗教において、大きな動きがあった。中世以来のカトリック教会のあり方を批判する動きが現れたのだ。神学教授であったマルティン・ルターも、その1人だ。

1513年、強大な力を持つカトリック教会のトップに立つ教皇が選ばれた。イタリアのフィレンツェ共和国の名家、メディチ家出身の、レオ10世だ。

当時教会は、サン・ピエトロ大聖堂の工事に巨額の資金を要していた。

そこに、南ドイツに拠点を置くヨーロッパ屈指の大金持ち、フッガー家が、ある大司教に提案した。

「資金を得るには、庶民がお金を出したくなるようなしかけを作ることです」

「どうやって?」

「すべての罪が許される免罪符を販売するのです」

「教皇様がお許しになるかどうか……」

「大聖堂の建て直しで、お金にお困りのはず。売り上げの半分を献上すれば、きっと許しが出ます」

こうして、カトリック教会は「贖宥状《しょくゆうじょう》(免罪符)」という、これを買うだけですべての罪が許されるお札を販売しはじめた。ちょうどグーテンベルクが改良した活版印刷術のお陰で、贖宥状は大量に印刷され、飛ぶように売れた。

だがルターは、こうした教会の動きに納得することができなかった。

「これでは、お金で『許し』を買っていることになる。そんなことが許されていいはずがない! 今の教会は腐っている!」

1517年10月31日、ルターは大学構内の教会の門扉に、贖宥状に対する自分の考えを95も書き連ねた文書を掲示した。

このルターの訴えは、ヨーロッパ各地に広まり、多くの賛同者を得た。

ルターの訴えをきっかけに、ヨーロッパで宗教改革が起こる。カトリックの中にも、改革運動は起こるが、カトリックからプロテスタントが分かれることになる。

10月31日は、現在も宗教改革記念日となっている。

11月の物語

11/1 1512年

ミケランジェロ画の、システィーナ礼拝堂天井画が公開される

15世紀後半、イタリアのフィレンツェ共和国の支配者となったメディチ家は、国に平和と安定をもたらした。ルネサンスと呼ばれる芸術が花開いたこの時代、大活躍したのがミケランジェロだ。

ミケランジェロは彫刻家でもあり、画家でもあった。また、建築の世界でも一目置かれる存在だった。

メディチ家をはじめ、有力者からの依頼による「ピエタ像」や「ダビデ像」の成功で、すでに名を馳せていたミケランジェロに、次の依頼が舞い込んだ。

「私の宮殿にある、システィーナ礼拝堂の天井画を描いてくれないか?」

そう頼んできたのは、カトリック教会の頂点に君臨するローマ教皇、ユリウス2世だった。

「私は、彫刻家ですから……」

ミケランジェロは、自分を画家ではなく、彫刻家だと考えていた。依頼を一度は断った彼に、教皇は再度、頼んだ。

「そんなたいそうなことじゃない。十二使徒でも大きく描いてくれれば、それでいいから」

そう言われ、ミケランジェロは、逆に燃えた。

「想像を超えるものを描いてやろう!」

システィーナ礼拝堂の天井は、およそ幅14メートル、奥行き40メートル。しかも天井は平らではなくアーチ型という難しい形状で、天井までの高さは20メートルもあった。

足場を組むと礼拝ができないため、ミケランジェロは、天井近くの両側の壁に穴を開けて棒を通し、板を重ねた。そこでは、仰向けに寝るのではなく、立ったまま首を反らせた非常につらい姿勢のまま作業しなくてはならない。それが、完成する1512年まで、約4年も続いたという。

礼拝堂の500平方メートルの天井には、「天地創造」、「アダムとイヴの楽園追放」、「ノアの洪水」といった聖書のエピソードを中心に、聖人、巫女、王たちなど、300人を超える人物が描かれた。1512年11月1日、天井画が公開されると、人々はその壮大さに感嘆し、声を失った。

1980年からの大規模な修復によって、今でも色鮮やかな当時の色彩を見ることができる。

11／1755年

2

モーツァルトと〝婚約〟したマリー・アントワネット誕生

オーストリア皇女マリア・アントニアを乗せた馬車は、壮麗なシェーンブルン宮殿の前をゆっくりと通り過ぎていった。

「もうこの宮殿に帰ってくることもないのね……」

そのとき、ふと彼女の脳裏に幼い頃の出来事が蘇った。それは、当時6歳で〝神童〟と称えられていたモーツァルトが、宮殿にやってきたときのことだった。

マリアの母で、オーストリアの女帝マリア・テレジアに招かれた彼は、素晴らしい演奏を披露した。

ところが、演奏を終えて廊下に出たところで、すべって転んでしまった。マリアが、泣き出しそうになるモーツァルトに駆け寄り、助け起こしてあげると、彼はこう言った。

「ありがとう。キミはやさしいね。大きくなったら、僕のお嫁さんになってくれるかな」

マリアは、思わず「いいわよ」と返事をして笑い転げた。

美しい思い出だった。しかしそれも宮殿の影が見えなくなると同時に引き裂かれ、厳しい現実に連れ戻された。

マリア・アントニアは1755年11月2日、マリア・テレジアの15人目の子どもとして生まれた。母は子どもたちへの愛情が深かったが、諸外国と友好関係を深めるため、娘たちを政略結婚に利用せざるをえなかった。末娘のマリアも例外ではなく、彼女はフランス・ブルボン家に嫁ぐことになった。

まだ14歳で夢見る年頃のマリアは、「王子様とヴェルサイユ宮殿で永遠に愛し合うのね」とうっとり空想にふけった。

ところが、いざ旅立ちのときを迎えると、「お嫁に行きたくない」と涙を流し、母の胸に顔をうずめた。

「離れていても、あなたは私の娘。オーストリアの皇女よ」

母は、そう言うのが精一杯だった。家族と離れ、一人で異国に嫁ぐにはあまりにも幼く、不憫に思った。

やがて、マリア・アントニアを乗せた馬車は、フランスとの国境を流れるライン河に到着した。彼女はフランス側の使節に預けられ、翌日、フランスの地を踏んだ。

「ようこそ、王太子妃マリー・アントワネット様」

突然、フランス風の名で呼ばれ、マリアは自分が別人になった気がした。

「それでも私はオーストリアの人間よ」

母の言葉を胸に、彼女は激動の人生に踏み込んでいった。

11/3 1949年

湯川秀樹《ゆかわひでき》博士、日本人初のノーベル賞を受賞

「お前は、本当に無口な子だねぇ」

物理学者の湯川秀樹は、幼いころ、恥ずかしがり屋な性格だった。家族からは「イワン（言わん）ちゃん」というあだ名をつけられるほどだったという。

湯川家はみな学問好きで、湯川少年と2人の兄は大量の本に囲まれて育った。湯川少年が読書に親しんだのは、祖父の影響も大きい。

「秀樹。私に続いて声に出してみなさい。子《し》、曰く……」

祖父は、幼い湯川に『論語』などの素読を教えた。意味は分からずとも、声に出して繰り返し書物に触れたことは、湯川少年に大きな影響を及ぼしたという。

「あの漢籍の素読のお陰で、漢字への抵抗感が無くなって、その後の読書を容易にしてくれました」

後に湯川は、そう語っている。

「物を目に見えないくらいどんどん小さくしていったら、一体、どんな風にできているんだろう？　原子の世界をもっと知りたい！」

読書を通じて物理学に興味を持った湯川は、京都帝国大学理学部に進み、当時まだ登場したばかりの学問だった量子力学を学んだ。湯川は大学卒業後も研究を続け、27歳の時、ある仮説にたどりつく。

「原子核の中で、どうして中性子と陽子はバラバラにならないのだろう？　きっと、これらをつなぎとめるものがあるはずだ」

湯川は、これを「中間子理論」としてまとめ、発表した。しかし、あまりにも大胆な理論で、誰もそれが正しいと証明できなかった。

「いつか、分かってもらえる日が来る」

その論文から十数年の時が経ち、とうとう湯川の予言した粒子が発見された。それまで相手にされなかった湯川の理論は、一躍世界の注目を浴びる。

これにより、１９４９年11月3日、湯川にノーベル物理学賞が授与される。この時、湯川は42歳。日本人として初めてのノーベル賞だった。

このニュースは、当時まだ敗戦の暗い雰囲気が色濃く残っていた日本に、大きな勇気を与えたという。

11／2004年

4

バラク・オバマ、アメリカ初の黒人大統領に

窓から差し込む陽光は薄れ、今にも、その輝きを失いそうだった。米国イリノイ州・シカゴ南部の、多目的ビルの一室。玄関には「地域活性化プロジェクト」の看板と、「学校、家庭、仕事で悩みを抱えている方、どなたでもどうぞ！」と書かれたホワイトボードが下げられている。

困窮者救済を目的としたこの民間組織のリーダーは、スタッフたちと幾度も打ち合わせを重ね、この日、最初の〝相談会〟を開いた。だが、人が訪れる気配はない。

「もう帰っていいですか？　もう今日は誰も来ませんよ」

ボランティアたちが腰を上げた。

彼らの言い分も、理解はできた。顔に徒労感が出ている。

「俺だって、もう帰りたいよ……」

口をついてあふれそうになる言葉を飲み込み、スタッフに表情を悟られまいと、若きリーダーは視線を窓の外に向けた。

その時、彼の目に映ったのは、朽ちかけた向かいの建物へと、石を投げつけている少年たちの姿だった。皆、粗末な服を身にまとい、見開かれた目には光がない。希望も夢も映していない、そんなうつろな目だった。

「なあ、みんな。帰る前に、この質問に答えてほしい」

部屋に向き直り、背筋を伸ばして彼が言った。

「あの少年たちは、人生そのものを諦めかけている。我々は簡単に、自分たちの役目を放棄していいのか？」

帰り支度をしていた皆は手を止め、視線が窓の外で重なる。

「私、あの子たちに声かけてきます」

「俺も一緒に行くよ！」

突如として光が射すように、部屋に活気がよみがえった。その熱が、やがてアメリカ全土を覆うとは、この時は本人すら、予見できていなかっただろう。

あれから20年後の2004年11月4日、シカゴのグランドパーク――。彼は24万人の大観衆に向かい、声に熱を込め、叫ぶように問いかけた。

「もしあなたが、アメリカの可能性を信じきれないとしたら？　建国者たちの見た夢を疑い、民主主義の力に疑念を抱いているとしたら……、今夜こそが、その答えだ!!!」

この夜、バラク・オバマは大統領選に勝利し、史上初の黒人大統領となった。

11/5 1994年

ジョージ・フォアマン、20年ぶりに王座に返り咲く

世間で広く「奇跡」として語られるあのバトルは、この男にとっては「悪夢」以外の何物でもなかった。

１９７４年に、当時32歳のモハメド・アリが、下馬評《げばひょう》を覆し、若き絶対王者を破った「キンシャサの奇跡」。その物語の引き立て役が、敗者のジョージ・フォアマンである。

「汝の隣人を愛しなさい」――。

彼がその声を耳にしたのは、敗戦後の控室だった。神の存在など信じたことのない貧民街育ちのボクサーは、その神秘的な体験をきっかけに神に仕える道を歩みはじめる。街頭で説教を行い、刑務所や病院でも神の教えを説くようになった。

再びリングに戻ると決めたのも、聖職者としての使命感から。困窮する若者を支援する施設の、運営資金が必要だったのだ。

ところが、いざ練習のためにリングに上がると……。

「パンチが出せない!?」

その事実に、彼自身が驚きを隠せなかった。隣人を愛することを説き、自らもその教えに従ってきた今の彼には、他者に向けて拳を振るうことができなかった。

スパーリングでもロープを背負い、ガードを固め、彼はひたすら耐えた。来る日も来る日も、彼は殴られるためにリングに立った。まるで神の許しを請うかのように――。

１９９４年11月5日、ネバダ州ラスベガス。無敵の王者、マイケル・モーラー対、45歳のフォアマンとのヘビー級タイトルマッチは、大観衆と人々の注目を集めた。だがフォアマンが防戦一方なのを見て、観客は勝敗への興味を失っていく。

「何やってるんだ、せめて殴り返せ！」

客席からは、そんな声が遠慮なしに飛んだ。

モーラーが一方的に打ち、フォアマンは既に戦意喪失したかに見えた、試合終盤の第10ラウンド――。弛緩した空気を引き裂いて、フォアマンの右ストレートが、モーラーの顎を打ち抜いた。ゆっくりと背中から、大の字にリングに倒れていくモーラー。その姿を見下ろすフォアマンの頭には、かつて聞いた、あの声が響いていた。

「あなたが必要だと思った時にだけ、殴り返しなさい」

まるで、神からの許しのような声。それは、子どもの頃に苦労を掛け続け、リングに復帰すると伝えた時には背を押してくれた、母親からの言葉だった。

11/6 1600年

石田三成《いしだみつなり》、京都六条河原にて処刑される

旧暦慶長5年10月1日

天下分け目の関ヶ原の戦いから、数日が経とうとしていた。西軍を率いた戦国武将の石田三成は、あの戦いに勝てると信じていた。しかし、小早川秀秋《こばやかわひであき》の裏切りなどもあり、あっけなく、徳川家康率いる東軍に負けてしまったのだ。

「家康……私は、まだ負けてはいないぞ」

再起をかけて、三成は関ヶ原から自分の領地である近江国へ逃れていた。古ぼけた炭焼き小屋に身を隠したこともあった。そして、今は小さな岩窟に身を潜めている。寺などではすぐ見つかってしまうと、地元の農民が山中にある岩窟にかくまったのだ。

「石田様。必ずもう一度立ち上がって下さりませ。まずはお身体を休めて……」

昔、飢饉がこの村を襲った際、米百石を分けてくれた名君三成への恩義を、農民たちは忘れてはいなかった。危険も顧みずに、必死に三成をかくまった村人たち。しかし、その想いが届くことはなかった。

合戦からわずか6日後、敵方に見つかってしまったのだ。翌日、家康と対面した三成は、大坂へ連行され、罪人として市中を引き回された。

そして、処刑の地・京の都へ。

ここでも市中を引き回された三成は、途中、のどが渇いたと白湯を所望した。警護の者が、持っていた干し柿を代わりに差し出すと、三成は答えた。

「柿はのどによくないから、要らぬ」

「これから処刑される分際で、今さら、身体を気遣うのか」

警護の者はあざ笑った。

しかし、三成はこう言った。

「大義を抱く者は、最期の瞬間まで自分の命を大切にするものだ」

志の高さに感じ入り、この者は自らの言葉を恥じたという。

関ヶ原の合戦から約2週間後の1600年11月6日、石田三成は京都六条河原で処刑された。

11/7 1913年

不条理の哲学を打ち出した、作家・カミュが誕生

医師リウーが、1匹のネズミの死骸を見た翌日から、街中でネズミの死骸が続出する。そして、人々は高熱と激しい痛みに襲われ、あっという間に息を引き取る——。

そんな場面から始まる小説『ペスト』は、当時フランス領だったアルジェリアのオラン市を舞台に、人々とペストという目に見えない敵との戦いを描いた作品だ。1947年にフランスの作家カミュが上梓《じょうし》した。

ペストは、おもに中世ヨーロッパで蔓延《まんえん》し、当時の人口の約3分の1が亡くなったという恐ろしい伝染病。

1913年11月7日、フランス領アルジェリアに生まれたアルベール・カミュは、生涯「不条理の哲学」を描き続けた作家だった。不条理とは、道理に合わないこと、筋道が通らないことを意味する。

「ペストによって膨大な死者が出る。これは不条理が人間を襲う、典型的な例だ」

カミュは、避けられない「ペスト」という不条理に襲われた人々が、様々な感情を抱きながらも助け合い、立ち向かっていくさまを描いた。

「この世界には、目的や意味なんてない。けれども、人間は生きていかなければならない」

カミュがこの作品を著したのは、第二次世界大戦を経験した直後のことだった。

無防備な状態の時に人々を襲ってくるペストは、カミュが数年前に体験した戦争と同じ不条理なものだった。

やがて、これらの作品が評価され、カミュは1957年、ノーベル文学賞を受賞する。43歳の若さだった。

そのころには、カミュは、自分が考える不条理の「答え」にたどり着いていた。

「われ、反抗す、ゆえにわれら在り」

個人ではなく、われら、つまり他者と連帯することで、人は孤独から抜け出し、不条理な現実から目をそむけず、立ち向かえるのだ、と。

11/8　1895年

偶然の奇跡！レントゲンがX線を発見

ドイツの物理学者、ヴィルヘルム・レントゲン博士は、1895年11月8日、いつものように大学の実験室にやってきた。彼はその頃、陰極線《いんきょくせん》という電子の流れ（当時は電磁波と考えられていた）について研究していた。その日、彼は取り寄せた真空管を使って実験しようと考えていたのだ。

「放電が見づらいな……そうだ、黒い紙で管を覆ってみよう」

レントゲン博士は、部屋の灯りも消し、数千ボルトの電圧をかけて、真空状態にしたガラス管に放電してみた。

「あれ？　あそこで何か光っている！　……何だろう？」

光っていたのは、実験室に置いてあった蛍光板だった。

管は光が漏れないよう、黒い紙でしっかりと覆っていたはずだった。それなのに、遠く離れた所に光が届くとは……。

博士は初めて見る現象に衝撃を受け、夢中でこの現象の解明に取り組んだ。

彼は、この不思議な光について実験を重ねた。その結果、蛍光板の代わりに写真乾板《しゃしんかんぱん》を置くことで、骨や金属の影を写真に撮ることができると発見した。

「目に見えない、物を突き抜ける、なんだか分からない光が出ているんだ」

偶然見つけたこの不思議な光を、博士は「X線」、つまり「わからない光」と名づけ、発表した。

この発見は、世界的ニュースになり、すぐに医学の分野で使われるようになった。今日でも、体内を観察するために使う、レントゲン写真である。だがこの発見について、博士は特許を取ることはしなかった。

それは、X線を万人のためのものとして医学に役立ててほしいという願いからだった。

レントゲン博士は、このX線発見の功績によって、1901年、第1回ノーベル物理学賞を受賞した。

11/9 1876年

息子を支えた母親の愛。細菌学者・野《の》口《くち》英《ひで》世《よ》が誕生

日本を代表する細菌学者の野口英世は、１８７６年11月９日、福島県に生まれた。

１歳半の時、母シカが目を離した隙に、英世は囲炉裏に落ち、左手に大やけどを負ってしまう。指がくっついて、左手が不自由になった英世。このことを、母は一生悔やみ続けた。

やがて、手の障害にもくじけず、学問にいそしんだ英世は、医学の道に進む。そして22歳の時、すでに世界的な名声を得ていた北《きた》里《さと》柴《しば》三《さぶ》郎《ろう》の伝染病研究所に勤め始めた。

その後アメリカに渡り、ロックフェラー医学研究所を拠点に研究を続けた。英世の世界的活躍を、母は、誰よりも喜んでいた。

「世のため、人のために尽くしてくれたら、こんなに嬉しいことはない」

英世が渡米して、十数年が経ったある日、母から一通の手紙が届いた。

寺子屋にも通えなかった母は、文字など書けないだろうと思っていた英世は、少し驚きつつも、その手紙を読み進めた。

「お前の出世には、みんな驚きました。私も喜んでおります。観音様に、お前の無事と、成功を願って夜通しお祈りをしました。

勉強はいくらしても、きりがありません。

春になると、みんな北海道に行ってしまい、私も心細くなります。

どうか早く帰って来てください。

お前にお金をもらったことは誰にも言いません。それを聞かせると、みんな飲まれてしまいます。

早く帰って来てください。

早く帰って来てください。

早く帰って来てください。

早く帰って来てください。

一生のお願いです」

この手紙を機に帰国し、約15年ぶりに母と対面した英世は、日本中を母と旅行し、親孝行を尽くした。

英世はその後、黄熱病研究のためアフリカへ渡る。だが自らも黄熱病にかかり、51歳で亡くなった。

11/10 1891年

筆を折った詩人・ランボー、死す

若さと情熱あふれる詩から「早熟の詩人」、また、若さゆえの大人社会へのあらがいから、「反逆の詩人」とも称されたアルチュール・ランボーは、1854年、フランス北東部アルデンヌ県で生まれた。

10代半ばから詩を書きはじめ、家出を繰り返しては逮捕や保護を受けて家に帰される生活を送っていたランボーの人生は、17歳の時、詩人のポール・ヴェルレーヌと出会ったことで、大きく変わる。

2人で旅をしながら書いた詩集『地獄の季節』では、ランボーが詩の本質に目覚め、新しい詩の世界に挑戦したことがうかがえる。

「例えば、母音に使われるアルファベットを色に当てはめてみるんだ。Aは黒、Eは白、Iは赤、Uは緑、Oは青といった具合に。そうすると、見える景色が変わってくるよ」

文字を視覚的イメージで楽しみ、詩の世界を広げたランボー。伝統にとらわれない、彼の自由で感覚的な作風は、象徴詩ともいわれ、のちの若い詩人たちに大きな影響を与えることになる。

しかし、互いに大きな影響を及ぼし合ったヴェルレーヌとは、しだいに関係が悪化してゆく。そして、感情のもつれから、口論の末にヴェルレーヌがランボーの左手首を銃で撃ち、その関係は終わる。

その翌年、20歳の誕生日を過ぎたころから、ランボーは詩を書くことをやめてしまう。

その後は、軍人になったり、アラビアやアフリカでコーヒー交易商、砂漠と荒野の武器商人、僻地《へきち》の探検家など、10年近く、職を転々とした。

「皆さんには、この場所はまるで想像もつきませんよ。ここには木は一本もなく、枯れ木さえなく、草一本なく、土ひとかけらなく、真水一滴ありません。周辺はまったく不毛な砂の荒れ地です」

家族には、そんな手紙を送っている。

だが右ひざに腫瘍を患い、帰国を余儀なくされる。

「嫌だ、帰りたくない。アフリカにいたいんだ」

マルセイユの病院で右足の切断手術を受けたが、1891年11月10日、37歳でその生涯を閉じた。

ハワイ王国唯一の女王、リリウオカラニが死去

1917年11月11日の朝、79歳の元女王リリウオカラニは、長い人生の旅を終えた。

遺体は、ハワイの古い習慣にのっとって、宮殿の玉座の間に安置され、最初の夜を過ごした。

翌日、カワイアハオ教会へ移された棺は、花束やレイでいっぱいになり、葬儀が執《と》り行われるまでの1週間、彼女に別れを告げに訪れる人々が絶えることはなかったという。

ハワイの人々から深く愛された女王リリウオカラニは、1838年にハワイ・オアフ島のホノルルで生まれた。

由緒ある家系に生まれた彼女は、幼いころからロイヤルスクールに通い、ハワイの言葉以外に、英語にも堪能であったという。

その頃、ハワイ王国ではカメハメハ王直系の血が絶え、最後の直系であった5代目の王が亡くなると、血縁者の中から次の王が選ばれることになった。しかし、6代目の王も即位後すぐ亡くなってしまう。

そして、第7代国王に選ばれたのが、兄のカラカウア王だった。当時、ハワイ国内は、ハワイのアメリカへの併合をめざす共和制派（砂糖産業を牛耳る西欧人たちが中心）と、ハワイ人による王政を求める王政派が対立していた。

そんな中、突然、兄も病死。その結果、彼女は、ハワイ王朝で初の女王となった。

「兄さん、私にこのハワイ王国を守れるでしょうか」

彼女は不安でいっぱいだったが1893年に王国が崩壊するまでの短い期間、彼女は奮闘する。

すでに結ばれていたアメリカとの不平等条約を破棄しようとした勇気ある行動は、彼女の功績として今もたたえられている。

しかし、その交渉もうまく行かず、しまいには共和制派が王政の廃止を宣言。これに反対する反乱の首謀者とされ、宮殿に幽閉された女王は、失意の中、1曲の歌を書き上げた。名曲「アロハ・オエ」だ。

「さようなら貴方　また会えるその日まで」

別れの歌として作曲されたこの曲は、今もハワイの人々の心の歌として愛されている。

11/12 1936年

サンフランシスコ・オークランド・ベイブリッジが開通

「この島を、中間地点に使おう」

チャールズ・パーセルは、地図に描かれた島を指さし、そう言った。アメリカ西海岸の港町、サンフランシスコ――。パーセルが就いた任は、サンフランシスコ湾の東岸と西岸に橋を架けることである。

サンフランシスコ湾に橋を架け、サンフランシスコ島とオークランドをつなぐのは、カリフォルニア知事や市長の悲願でもあった。ゴールドラッシュで急発展を遂げたサンフランシスコは、貿易の要でもある。ただ問題は、交通の便の悪さだ。町の人々は、大陸を横断する鉄道の完成により、港町の需要が下がることも懸念していた。

とはいえ状況に目を向ければ、橋の作成は現実的ではない。東西の岸は、最も近い地点を結んでも5キロ以上離れている。しかもサンフランシスコは断層の上にあり、地震が多発する地域としても有名だ。さらには船が下を通れるだけの高さと、橋桁間の広さも必要だ。それらの条件を満たす橋は、建築学的にも不可能だと思われた。

だがこれまで、数々の橋を建設してきた建築技術者のパーセルの目には、あるルートが見えていた。

「このヤーベブエナ島は、ちょうど湾の中間にある。島への距離は、それぞれの岸から3キロ強。東西を直線で結ぶ最短距離よりも短く済む」

「しかもこの島は、米国海軍が所持しています」

パーセルの言葉を引き取りそう言ったのは、パーセルの右腕の技術者、グレン・ウッドラフである。

「軍の助けを借りれば、建築作業もスムーズに進むはず。この島は岩盤なので、トンネルを掘るのが良いと思われます」

「それに、島の左右に異なる構造の橋を作ることで、種々の問題も解決できる。西側は吊り橋式にして、橋桁を少なくし、船の通行路を確保する。海底が安定しない東側は、片方を固定するカンチレバー式にすれば、問題ないだろう」

パーセルのこの言葉に、会議室の空気が一つになった。

この時から5年後の、1936年11月12日、午後12時30分――。開通式で州知事が、橋に掛けられた金色の鎖をバナーで焼き切った。それは人々の諦めぬ意志と技術革新が、夢と現実の間に橋を架けた瞬間だった。

11/13 1850年

『宝島』などで知られる作家、スティーブンソンが誕生

1850年11月13日、イギリスのエジンバラで生まれたスティーブンソンの家庭は、祖父の代から続く、灯台の建築技師の家だった。

父からは、仕事を継ぐよう期待され、エジンバラ大学の工学部に進んだが、大学では法律に興味を持ち、弁護士の資格を取った。

しかし、弁護士として都会で暮らすには、ひとつだけ問題があった。彼は、幼いころにかかった肺病のため、ずっと身体が弱かったのだ。そのため、空気がよく、温暖な土地を求めて、転々と引っ越しを繰り返さざるを得なかった。

「街を出よう。元々、空想好きだから、小説でも書いてみようかな」

療養のため、弁護士をあきらめて温暖な南フランスで暮らすことにした彼は、イギリスとフランスを行き来をしながら、短編小説や紀行文、エッセイで生計を立てていた。

ある日、息子が退屈しのぎに島の絵を描いていたのを見た彼は、ふと思い立って言った。

「面白そうな島じゃないか。どれ、この島のお話を作ってあげよう」

息子を喜ばせてやりたい一心で、島の宝の地図にまつわるストーリーを思いついた彼は、この島を舞台に、少年と海賊が出てくる冒険物語を書いた。

それが、有名な冒険小説『宝島』である。彼にとって初の長編小説となったこの作品は、彼の名が世間に知れ渡るきっかけとなった。

その後も、彼は家族とともに、より健康によさそうな土地を探して旅を続けながら、『宝島』と並ぶ代表作となる『ジキル博士とハイド氏』などを執筆する。

長く旅を続けるうちに彼は、ヨットで太平洋のほとんどすべての島をめぐっていた。

その後、西サモア諸島のウポル島を「最後の住みか」と定め、生涯、この地で物語を書き続けた。

『宝島』が、100年以上が経った今でも、色あせぬ名作として読み継がれているのは、彼自身の旅へのあこがれが反映されているからかもしれない。

11/14 1840年

光の移ろいを追い求めた画家、モネが誕生

生涯にわたって光の魅力にとりつかれ、時間や季節とともに移ろいゆく光と大気を追い続けた画家、クロード・モネ。

近代絵画に革命を起こしたモネは、1840年11月14日、フランスのパリで生まれた。

10代中頃にはその才能を見せはじめ、20代では、伝統にとらわれない新しい表現方法に魅せられた若い画家たちと交流。

彼らに刺激を受けながら、たびたびサロンに出品するが、なかなか世間から認められなかった。

「サロンで評価されるのは、伝統的な画題を写実的に描いた作品ばかりだ……でも、それは僕の描きたい絵じゃない！」

悩んだモネは、イギリスのロンドンに渡り、空気遠近法や色彩の新たな表現方法を学んで帰国。

「僕が描きたかったのは、時間とともにゆるやかに移ろう光なのかもしれない」

モネは、自分の表現が受け入れられないサロンを離れ、自らグループ展で作品を発表した。この際出品したのが、有名な「印象・日の出」という作品である。モネは、「印象派」の画家といわれるが、その「印象派」という名前は、この作品に由来する。モネの作品を皮肉交じりに取り上げた批評家の、「これはただの印象でしかない」という言葉からつけられたのだ。

「今、この絵を描いている最中にも、刻々と太陽は動き、光は変化している。この光の移ろいは、1枚のキャンバスでは描ききれない。どうすればよいだろう」

そこで、モネは、同じ対象を異なる時間帯に描く、連作の制作に取り組みはじめる。

「同じものを描いても、時間帯によって光の色合いが違う……影にも色があるのかもしれない」

そう気づいたモネは、今まで黒で表現していた影に、乱反射して実際に見える色を加えることで、新たな光の表現を獲得した。

また、極力絵の具を混ぜないことで、色の明るさを損なわずに、戸外ならではの鮮やかな光の再現に成功。

こうした作風によって、モネは「光の画家」と呼ばれるようになった。

11/15　1630年

惑星運動の法則を解き明かしたヨハネス・ケプラー没す

「この男なら、私の観測記録を託せるかもしれない」

神聖ローマ帝国の皇帝ルドルフ2世に仕える数学官、ティコ・ブラーエは思った。ブラーエには、20年以上に渡る天体観測で蓄積した膨大な量のデータがあった。しかし、分析のできる有能な人物がいない。そんなとき目に留まったが『宇宙の神秘』という本だった。誤りはあるが、天文学に精通していることはすぐにわかった。ブラーエはその本を送りつけてきた29歳の男、ヨハネス・ケプラーを呼び寄せた。

「手始めに火星の軌道を求めてくれたまえ」

ブラーエは、ケプラーに観測データを使って、天道説をもとにした自説を証明させようとした。しかし、ケプラーが傾倒していたのは、コペルニクスが唱えた太陽中心説（地動説）だった。ブラーエの誘いを受けたのも、「観測記録を使えば地動説の研究を深めたい」と思ったからだった。とはいえ、やってきて早々、師に反発するわけにもいかない。

「8日でやりますよ」

そう言って引き受けたものの、思いのほか難航した。8日どころか、1か月が過ぎ、1年が過ぎた。そうこうするうちに、ブラーエが54歳で急死してしまった。

ケプラーは数学官の職を継ぎ、火星の軌道を求める計算をつづけた。あるとき、はたと気づいた。

「この計算は、地動説に基づいた、惑星の軌道を解き明かす重大な鍵となるかもしれない……」

師が与えた仕事が、大きく実を結ぼうとしていた。

やがてケプラーは、「惑星運動の3法則」（ケプラーの法則）をまとめる。その3法則とは「惑星の軌道は楕円である」「惑星が軌道を進むにつれて一定の時間に惑星と太陽を結ぶ直線が通るところの面積は一定となる」「惑星の公転周期の2乗は太陽からの距離の3乗に比例する」である。

こうして偉大な業績を手にしたケプラーは、ルドルフ2世の死に伴いプラハを離れた後、オーストリアのリンツの州数学官などを務め、1630年11月15日、レーゲンスブルクで病死した。2日後、遺骸は聖ペテロ墓地に埋葬された。

その晩のことだ。天空に流星が現れた。流星を知らない当時の人々は、天そのものが、自らを解明してくれたケプラーの死を悼んで泣いているのだと信じたという。

11/16 1849年

ロシアの文豪、ドストエフスキーに死刑判決

「被告ドフトエフスキーを、死刑に処す！」

１８４９年11月16日、判決を受けたドストエフスキーは、目の前が真っ暗になった。

フョードル・ドストエフスキーは、ロシアの小説家で思想家。当時のロシアは、皇帝が支配する国で、これに反する考えをもっていた彼は逮捕され、死刑判決を受けたのだ。

「ただ小説を書いていればよかったのだろうか。だがそれでは、表現者になった意味がない」

牢獄の中で、彼はポツリとこぼし、過去へと思いをはせた。

ドストエフスキーのデビュー作は『貧しき人々』。彼は作品を発表する前に、詩人で編集者のネクラーソフに原稿を渡していた。ある日の夜中、ネクラーソフが、ドストエフスキー宅に押しかけてきた。

「ドストエフスキーさん！　起きてください!!」

ドストエフスキーがドアを開けると、ガシリと手をつかまれた。

「実に素晴らしい作品だ！　こんな見事な作品を読ませていただけて、私はなんて幸運なんだ！」

「は、はぁ。どうも……」

ネクラーソフの勢いに押されて、ドストエフスキーは、それしか言葉にできなかった。

「あの頃が、懐かしい……」

牢の中で、ドストエフスキーは小さく笑った。そして、夜は更けていった。

死刑執行当日。処刑場に連れて行かれると、そこには銃を持った処刑人たちが待ち構えていた。銃口の前に立たされ、ドストエフスキーは覚悟を決めて、目を閉じた。だが、そのとき。

「死刑執行中止！　皇帝陛下より恩赦を賜った！　全員、シベリア流刑に減刑！」

執行直前で皇帝より恩赦が下り、ドストエフスキーは死刑を免れた。

その後も執筆を続けたドストエフスキーだったが、流刑時代の経験と、そこで悪化した持病は、生涯、彼の創作活動に影響を与えたという。

11/17 1845年

フランスの文豪ビクトル・ユーゴー、「レ・ミゼラブル」の執筆を開始

家に向かう足取りが、自然と速まっていた――。

頭の中では先ほどの、上院議会でのやり取りが渦巻いている。ルイ・フィリップが王位に就いてから、15年。産業革命の恩恵を受けた者もいるが、日々食いつなぐので精いっぱいの人々が大半だ。

すでに文壇で名をなしていたビクトル・ユーゴーは、自らの声を用いて、世を改革しようと志していた。議会にも足を運び、死刑の廃止や教育改革、そして報道・表現の自由を訴え続けてきた。だが、人々の暮らし向きが良くなる様子はない。王政の権威は今なお、この国を縛っている。

「議会で発する私の声は、国民には届かない。だが、私にはペンの力がある。私の書く物語で、人々の心を動かしてみせる。人々の心が動けば、この国をも動かせるはずだ」

その情熱をたぎらせ家へと帰ったユーゴーは、外套《がいとう》と帽子を脱ぎ捨てると、書斎のデスクへと直行した。この時の彼の脳裏によみがえったのは、封印したはずの幼い日の記憶である。父親と共に訪れた町の広場で、幾重にも取り囲んだ人垣をかき分けた先にあったのは、ギロチン台だった。

その直後に目にしてしまった光景を、彼は忘れようと努めてきた。ナポレオン・ボナパルトの信奉者である軍人の父は、処刑された男がいかに罪深いかを熱く説いた。対して王党派の母親は、そんな場に息子を連れていった父を激しくののしった。その後、ナポレオンの失墜と共に没落していく父の姿、そんな父の元を去る母の背が、ユーゴーの脳裏に蘇った。

情熱を傾け執筆した戯曲作品が、反政府的だとの理由で上演禁止になった時の憤りと虚しさも、生々しく胸を締め付けた。そして……、「ああ、可哀そうな兄さん！」。入院先の精神病院で、自ら命を絶った兄との日々が、走馬灯のように脳裏を駆ける。ビクトルの妻、アデールに恋してしまった罪悪感が、兄が心を病んだ理由だった。

正義とは、いかに定義されるのか？　愛とは、力とは？　人は何のために今を生き、何を後世に残すのか――？

次々に去来する問いへの解を、彼は苦悩しながらペン先へと込めていく。執筆を始めた1845年11月17日から、完成まで要した年月は実に17年。全5冊から成るこの超大作は、『レ・ミゼラブル（噫無情《ああむじょう》）』と題された。

11/18 1307年

ウィリアム・テルが、息子の頭上のリンゴを射抜く

テルは2本の矢を持ち、震える手で弓に矢をつがえた。狙いは、息子の頭の上にあるリンゴだ。

1307年、スイス中央部ウーリ州にある街、アルトドルフ。この当時、スイスは独立国ではなく、神聖ローマ帝国の支配下にあった。

「この中央広場のポールにかけられている帽子は、神聖ローマ帝国皇帝陛下のものである！ よって、この前を通る者は、頭を下げて通るように！ 頭を下げずに通った者は、死刑に処す！」

街を治める悪代官ヘルマン・ゲスラーは、声高くそう宣言した。

ある日、テルは息子を連れて、中央広場にある帽子の前を通った。だが、彼は帽子に頭を下げなかった。

「おい、そこのお前！ 帽子に頭を下げなかったな！ お触れを知らぬわけではあるまい」

「私はスイス人だ。したがう理由はない！」

「なんだと！ 奴を捕らえよ！ いや……待てよ。おぬし、弓矢を持っているな。よし、息子の頭にリンゴをのせ、それを遠くから撃ち落とせば、死刑を免除してやる」

11月18日、ゲスラーが見ている前で、テルは息子の頭にリンゴをのせて、矢で撃ち抜くことになった。

——うまく当てられるだろうか。もし、息子に当ててしまったら……。

手が震えて、矢の狙いが定まらない。

「大丈夫、お父さんならできるよ！ だって、お父さんは弓の名手だもん！」

「……あぁ、そうだな」

息子の言葉に、テルはうなずき、手にぐっと力を込めた。テルが矢を放つと、その矢は見事にリンゴを貫いた。

「まさか、成功させるとは……。ん？ おい、おまえ。なぜ矢を2本持っているのだ」

「失敗したら、あなたを射抜こうと思ったからだ」

この事件がきっかけで、スイス諸州は同盟を強化し、神聖ローマ帝国からの独立へ向けて動き出したと伝えられている。

11/19 1828年

1000曲以上の作品を残した「歌曲の王」、シューベルトが死去

オーストリアの作曲家、フランツ・シューベルトの音楽との出会いは、6歳の頃、音楽好きの父親から教わったヴァイオリンだった。それが彼を音楽の道へと歩ませた。

「お父さん！　僕、もっと音楽の勉強がしたい！」

「そうか。なら、聖歌隊に入ってみなさい」

やがてシューベルトは、より深い学びを求めて、作曲家サリエリが指導する寄宿学校へ進学する。彼は、在学中からすでに作曲の才能を発揮しており、家族のための室内楽や、歌曲、交響曲を作り上げた。

学校を出たあとは、職につきはしたもののあまり長続きせず、作曲に専念する。

生活は厳しいものの、友人に恵まれ、音楽に没頭することができた。そんなある日、シューベルトは1人の男と出会う。

「君がシューベルトか。君の作る曲はすばらしいな。ああ、わたしの名前はベートーヴェン」

「存じております。あなたにそう言っていただけるなんて光栄です」

シューベルトは、ベートーヴェンを尊敬していた。2人の出会いからおよそ5年後、ベートーヴェンが死去したと聞いて、シューベルトは葬儀に参列した。葬儀には、芸術家や友人たちなど、実に2万人もの人々が集まっていた。

「ベートーヴェンさんは、こんなに多くの人に愛されていたんだな」

人々の悲しむ姿に、シューベルトはベートーヴェンの偉大さを痛感した。

しかし、それから間もなくして、シューベルトは体調を崩すことが多くなる。熱に浮かされながら、シューベルトは、悔しそうに唇を噛みしめた。

「人生とは、ままならないな……。まだ、僕の音楽を追求したかったのに……。これが、僕の最期だ」

1828年11月19日、シューベルトの人生は幕を閉じた。死後、彼の遺骨はベートーヴェンの隣に葬られた。

シューベルトは、「歌曲の王」と呼ばれ、後世の作曲家たちに大きな影響を与えた。

代表作「魔王」をはじめ、彼の残した作品は、今も多くの人々に愛され続けている。

11/20 1925年

20世紀最高のバレリーナ、マイヤ・プリセツカヤが誕生

「ブラボー!!」

歓声とともに、鳴り止むことのない拍手が、会場に響き渡る。

――ついに、ついに私は、やりとげたのね！

マイヤ・プリセツカヤは、スポットライトで照らされたステージから、客席を見つめた。観客たちは全員立ち上がり、称賛の拍手を彼女に送り続ける。

――お父さん、お母さん。私、夢をかなえたよ。やっと海外の舞台で踊ることができたよ。

こみ上げてくる涙を、彼女は必死にこらえた。

1925年11月20日、マイヤ・プリセツカヤはロシアのモスクワに生まれた。彼女が幼少期を過ごしたのは、ロシアがソビエト連邦と呼ばれていた時代。父親はスパイの疑いをかけられて逮捕され、女優だった母親とも離れ離れになってしまう。彼女を育ててくれたのは、バレリーナだった母方のおばだった。

彼女はバレエ学校を卒業後、長い歴史を誇る名門バレエ団、ボリショイ・バレエ団に入団。そこで『白鳥の湖』の主役、白鳥オデット／黒鳥オディールを演じた際に、それが評判になった。そして、彼女は一躍トップスターに上り詰めた。しかし、彼女の苦難は続いた。

「どうして私だけ、海外公演への参加ができないんですか!?私だって、このバレエ団の一員ですよ！」

「私も、きみに踊ってもらいたい。だが、これは国からの命令なんだ。今の情勢の中、ユダヤ人であるきみを連れて行くことはできない」

その頃、世界には、反ユダヤ主義的な風潮があったのだ。

それでも彼女は、あきらめることなく踊り続けた。そうしてようやく、海外公演の舞台で踊ることを許された。

彼女にとって初めての海外公演は、大成功を収めた。彼女のたしかな技術と表現力、そしてカリスマ性は、世界中のバレリーナに衝撃を与えた。

彼女はやがて、ボリショイ・バレエ団史上4人目のプリマ・バレリーナに任命される。65歳でソリストを引退してからも、生涯バレエに携わり続けた。

11/21 1835年

世界で初めて全身麻酔を用いた手術を行った、華岡青洲《はなおかせいしゅう》が死去

旧暦天保6年10月2日

ロウソクの火が揺らぐだけの暗い部屋で、彼は腕を組んで考え込んでいた。

「手術での治療が効果的なのはたしかだ。だが、手術には大きな痛みが伴う。その痛みで命を落とすことさえあるだろう。その痛みを、和らげることはできないだろうか？」

江戸時代に生きた外科医、華岡青洲は、そんな思いから麻酔薬の開発を始めた。

「痛みは感じていないようだな。よし！　成功だ！」

青洲はさまざまな実験を重ね、ついに動物実験において麻酔開発を成功させた。

「あとは人で試すしかないが、患者を実験体にするわけにはいかない……。どうすればいいんだ」

青洲が行き詰まったその時、協力を申し出る者が現れた。

「だったら、私で試しておくれ」

「私も、あなたのお力になります！」

「母さん、加恵《かえ》……！」

しかし、初めての人体実験には大きな犠牲が伴った。数回の実験により、妻の加恵は失明。母は命を落としてしまう。

「私は何ということを……。だが、2人の犠牲を無駄にするわけにはいかない」

こうして、全身麻酔薬「通仙散《つうせんさん》」が完成した。

「あとは、薬が切れて目を覚ますまでお待ちください」

「先生、本当にありがとうございます！」

ついに、華岡は完成した麻酔薬を使い、乳癌摘出手術を成功させた。

この手術の成功により、華岡の名前は全国に広まった。そして彼の元には、多くの患者と、華岡の医術を学びたいという者たちが集った。

「先生！　先生！」

――麻酔薬を開発するまでの苦難はあまりにも大きかったが、多くの患者の命を救うことができた。私の知る医術はすべて弟子たちに伝えた。もう思い残すことはない……。

年老いた青洲は、ゆっくりと意識を沈ませた。家族と多くの門下生たちに見守られながら、華岡青洲は、1835年11月21日、74歳で永遠の眠りについた。

11/ 1963年

22

ケネディ大統領暗殺事件

パレードで賑わうアメリカ・テキサス州のダラス市内に、銃声が響き渡った。

弾丸は、リムジンから沿道の人々に手を振っていたパレードの中心人物、ケネディ大統領の頭を貫いた。

「きゃあぁぁぁぁ!!」

「大統領!!」

1963年11月22日。笑顔あふれるパレードは、一瞬にして、恐怖と悲鳴に包まれた。

暗殺事件の2年前、ジョン・F・ケネディは、43歳という若さで、第35代アメリカ大統領に就任した。

議事堂の前に設置されたマイクの前に立って、ケネディは就任演説を始めた。

「私たちは、政党の勝利を祝っているのではなく、自由のための祝典を執《と》り行っているのだ」

議事堂の前に集まった国民も、画面越しに演説を見つめる国民も、静かに次の言葉を待った。

「私たちが団結すれば、できないことはほとんどない。分裂していれば、できることもできなくなる」

「私たちに敵対する国家に対して要求する。科学の破壊力が、全人類を自己破壊させる前に、ともに平和な道を歩もうじゃないか」

「これらは、100日間では達成できないだろう。1000日間、この政権任期中……いや、生きている間も無理かもしれない。しかし、とにかく始めようではないか!」

ケネディの演説に、アメリカ国民は沸き上がった。そしてケネディは、自ら提唱した「ニューフロンティア精神」に基づき、宇宙開発や都市再建、そして黒人や少数民族の地位向上に取り組んだ。もっとも大きな功績は、ソ連との核戦争の危機を対話によって回避したことだ。

「私はこれからも、国民のため、そして世界の平和のために、活動を続ける」

だが、ケネディの思いは、凶弾によって、志半ばで途切れてしまった。

暗殺事件の真相は、未だに、アメリカ史における大きな謎となっている。

11/23 1976年

マイヨールが、人類史上初めて、素潜りでグラン・ブルーに到達

——うわぁ……。

初めて訪れた日本で、スキューバ・ダイビングを楽しんでいた10歳のジャック・マイヨールは、初めて間近に見るイルカに、感動で目を輝かせた。

このイルカとの出会いがきっかけとなって、マイヨールは海の魅力に夢中になった。

彼は学校を卒業後、さまざまな職に就いた。両親がフランス人だったため、フランス語系の新聞社の手伝いや、ラジオパーソナリティー、さらに水族館に勤めたこともあった。

水族館では、マイヨールはイルカに芸を仕込む調教師となった。

「よし、えらいぞ!」

「キュキュイ!」

1人と1匹は、すぐさま互いの意思を伝えられるほど、親密な関係になった。

やがて水族館を辞め、小さな島に移住したマイヨール。そこで素潜り漁をしながら生活していた時、周囲からフリーダイビングをすすめられる。

「今までの経験があれば、できるかもしれないな」

もともと泳ぐことが好きだった彼は、培ったダイビングスキルを生かして、次々と潜水の記録を作っていく。

「俺も負けないぞ!」

そんな時、ライバルのエンゾ・マイオルカが現れた。2人は互いに競うように、記録を更新していった。しかしその後、エンゾはダイビングから身を引いてしまう。

「私は未知の世界への挑戦をしたい。グラン・ブルーの世界を見たい」

水深100メートルを超えた世界を「グラン・ブルー」と呼ぶことがある。マイヨールは、その景色を目指して、挑戦を続けた。

そして、1976年11月23日。ついにマイヨールは、人類史上初めて、素潜りで水深100メートルに到達する。

——これが、グラン・ブルーの世界……。なんて美しいんだ。

彼はその後も、生涯を海とともに過ごし、74歳でその人生に幕を下ろした。

11/24 1629年

徳川家光《とくがわいえみつ》の乳母・お福が、春日局《かすがのつぼね》の名号を得る

旧暦寛永6年10月10日

「面をあげよ」

「はっ」

後水尾《ごみずのお》天皇の言葉に、平伏していたお福は、顔を上げた。

「おぬしに、名号を与えよう。おぬしは、今日から春日局と名乗るがよい」

１６２９年11月24日。天皇より名号を賜ったお福改め春日局は、ふたたび平伏した。

お福は25歳の時に、徳川将軍家が乳母を探していることを知った。

「応募してみようかしら」

夫婦生活が苦しいこともあり、お福は長男を連れて江戸に向かった。

お福は晴れて、将軍家の嫡男・竹千代《たけちよ》（後の家光）の乳母に就任することができた。

「いやだ。食べたくない」

「食べないと、お身体に悪いですよ」

「いや！」

お福は頭を抱えた。竹千代は好き嫌いが多く、食が細かったのだ。だが、お福はいずれ将軍になる竹千代のためにと、いろいろな味の食事を用意した。

「お福、ご飯、おいしい！」

「それは、ようございました」

その後、竹千代は元服して家光と名乗り、３代目の将軍に就任する。

家光が将軍になると、彼女は大奥の公務を取り仕切るようになり、多くの側室を迎えさせ、大奥の組織改革を行った。将軍という大きな後ろ盾もあり、「育ての親」に等しいお福は、幕府の最高職である老中をも上回る、絶大な権力を得る。

だが、どんなに大きな権力を得ても、お福は常に家光のために行動した。家光が病を患った時には、治癒祈願のため伊勢神宮に参拝し、必死に祈った。

こうして、お福はどんな時でも、家光を公私ともに支え、幕府の安寧を作り上げたのだった。

11/25 1835年

慈善活動に力を尽くした、実業家・カーネギーが誕生

「鋼鉄王」と呼ばれたアメリカの実業家、アンドリュー・カーネギーは、1835年11月25日、イギリスに生まれた。彼の子ども時代のエピソードに、こんなものがある。

母親と買い物に出かけたとき、カーネギーは果物屋の前で足を止めた。彼が見つめていたのは、店先に積まれていたサクランボだった。

「サクランボが好きなのか？　一つかみサービスしよう」

店主がそう言っても、カーネギーはただ見つめるだけで、手を出そうとしなかった。不思議に思った店主は、カーネギーの帽子に、サクランボを入れてやった。母は尋ねた。

「どうして、自分で取らなかったの？」

「だって、おじさんの手のほうが大きいから」

彼の計算高い一面を物語るエピソードである。

やがてカーネギー一家は、アメリカに渡る。52歳のとき、カーネギーは鉄鋼会社を設立。当時、世界最大規模の大きな会社となった。彼は大きな技術革新を成しとげ、鉄鋼業で莫大な財産を築いた。

会社を引退後、カーネギーは慈善活動に力を入れるようになる。多額の寄付をし、図書館や大学施設を作り上げた。

ある日、1人の記者が、カーネギーに尋ねた。

「なぜ、あなたは大富豪になれたのですか？」

「私は、大富豪になろうと思ったことは一度もない。私はただ、『私にできる仕事は何か』を考えて生きてきただけだ」

カーネギーはこう続けた。

「高みを目指すのはいいが、足元をおろそかにしてはいけない。何事も、小さなことの積み重ねだ。それに、チャンスに出会わない人間は1人もいない。成功できなかった人は、そのチャンスをものにできなかっただけだ」

カーネギーの言葉に、記者は思わず聞き入った。

「どんな大きな問題でも、小さくして1つずつ解決すれば、解決できない問題はない。それにどんなつらいことを言われても、自分の名誉を傷つけることができるのは、自分だけなんだよ」

事業で成功を収め、慈善活動を通して教育や科学に大きく貢献した彼は、今でも多くの人の目標となっている。

11/26 1911年

不平等条約改正を成しとげた、小《こ》村《むら》寿《じゅ》太《た》郎《ろう》が死去

　1902年、日英同盟を締結した外務大臣・小村寿太郎は、さらにその3年後、日露戦争後のポーツマス条約の締結にもその手腕を発揮した。だがその翌年、小村は外務大臣の職を退く。そんな小村に、ふたたび外務大臣の打診があったのは、1908年のことであった。

「え？　私がまた外務大臣に？」

「うむ。きみの手腕は実に見事だった。ぜひ、またきみの力を借りたい」

「わかりました。務めさせていただきます」

　こうして、小村はふたたび外務大臣を務めることになった。

「また外務大臣になったのだから、今度こそ、幕末に結ばれた不平等条約改正の悲願を達成しなければならない。治外法権はすでに撤廃されたが、まだ関税自主権の回復という壁が残っている。関税自主権がないままでは、日本の産業は破綻してしまう」

　関税とは、外国からの輸入製品にかける税金のこと。明治当時の日本には、この関税の税率を自由に設定することが許されていなかった。そのため、小村は関税を自由に設定できる権利、関税自主権を回復しようと動き出した。

「アメリカはすでに、日本の力を認めつつある。この勢いに乗っていこう」

　小村は、過去に強国のイギリス、ロシアを相手に交渉し、同盟や条約を締結させた経験を持つ。小村は強気な気持ちで挑んだ。

　そして1911年、ついに小村は、不平等条約が結ばれていたすべての国との間で関税自主権を回復させることに成功。これにより、50年あまりの間、日本を苦しめてきた不平等条約は、すべて改正されることになった。

　そして大役を成しとげた小村は、1911年11月26日に永い眠りについた。

　小村は、外交官としての心得を尋ねられた際、こう答えたという。

「まず大切なのは、『嘘』をつかないことです。ときには嘘も必要ですが、いざという時に効き目がなくなります。ですから、正直に生きることが大事なんですよ」

11/27 1886年

世界を魅了した乳白色の画家、藤田嗣治《ふじたつぐはる》が誕生

1886年11月27日、画家・藤田嗣治は東京に生まれた。

「絵を勉強したいのなら、東京美術学校（現在の東京藝術大学）に進学したらどうかな?」

幼い頃から絵を描くのが好きだった藤田は、父の上司であった森鷗外《もりおうがい》に勧められ、美術学校に進学した。

藤田は、フランス画家に師事した黒田清輝《くろだせいき》のもとで絵の勉強に励んだが、よい評価は得られなかった。

「藤田くん。西洋画というのは、もっと光あふれた、見たものをありのまま描く絵なんだよ」

「……はい」

黒田の授業は、表面的な技法を教えるばかりで、藤田は学びたいことを学べず、悶々とした日々を送る。

「私が学びたいのは、こういうことじゃない」

学校を卒業後、藤田はフランスへと渡った。

「な、なんだ、この絵の表現は……!?」

「君は、こういう絵を見るのが初めてなのか? これが、僕らの目指す新しい芸術さ!」

藤田は、パリのモンパルナスで活動していた若手画家、ピカソやモディリアーニらの絵に衝撃を受ける。彼らの絵は、日本で教わった西洋画とはまるで違っていた。

藤田は彼らとの親交を深めていく。藤田は「ツグジ」と呼ばれ、モンパルナスの画家たちの仲間入りをした。

友人たちに触発された藤田は、今までの作風を放棄することを決意。そして学生時代の講師であった黒田指定の絵の具箱を手に取り、床に叩きつけた。

「私の新たな挑戦のために!」

やがて藤田は、自分ならではのスタイルを追求する中で、日本や東洋の美術の特徴でもある、紙や絹に描いた時の質感を、油絵で再現することを思いつく。そうして生まれたのが、藤田の代名詞とも言える「乳白色の肌」であった。

「ツグジ、あの肌はどうやって描いているんだ? 教えてくれよ」

「それは秘密さ」

藤田は、「乳白色の肌」の秘密を、生涯語ることはなかったという。

11/28 1883年

文明開化と欧化政策の象徴、鹿鳴館が開館

「おお！　ついに完成したか！」

外務卿（後の外務大臣）、井上馨《いのうえかおる》は、完成した洋館を、希望に満ちた目で見つめた。

「レンガ造りの2階建て。1階には大食堂と談話室、書籍室があります。2階には舞踏室。仕切りで区切っていますが、すべて開放すると100坪ほどの広さになります。そのほか、ご来賓の方々が楽しめるように、バーやビリヤードも設備してあります」

洋館を設計したジョサイア・コンドルの説明に、井上は満足げに何度もうなずいた。

「すばらしい。ここを使って、外国使節の方々を招待し、日本が文明国であることを示さねば」

明治の日本は、開国の際に諸外国と結んだ、日本にとって不平等な条約に苦しんでいた。井上は外務卿として、その条約を改正せんと動いていたが、なかなか思うようにいかず、苦悩していた。

井上はこの洋館を社交の場とし、外交に力を入れようとしていたのだ。

「この洋館の名前は何にしましょうか？」

井上は隣に立つ、中井弘《なかいひろし》外交官に尋ねた。

「もう決めてあります。古代中国の詩篇『詩経《しきょう》』にある『鹿鳴の詩』から『鹿鳴』を取って、鹿鳴館にしようと思います」

「それには、どのような意味があるのですか？」

「来客をもてなす、という意味です」

「おお、それはすばらしい！　この建物は、これからの外交の中心となる場所です。それに、祝賀会行事や国内行事もここで行うことになりますから、まさに来賓の方々をもてなす場所にふさわしい名前ですね」

1883年11月28日。鹿鳴館の工事が無事に終わったことを祝う祝典が行われることになった。

「みなさま、本日はお越しくださり、まことにありがとうございます。鹿鳴館の完成です！」

こうして開館した鹿鳴館は、日本の文明開化、欧化政策の象徴となった。

11/29 1780年

政治手腕で国を守った「女帝」、マリア・テレジア死す

オーストリア大公、ハプスブルク家のマリア＝テレジアは、自室で頭を抱えていた。

「どうすればいいの……。このままでは、戦争に負けてしまうわ」

オーストリア・ハプスブルク家は、神聖ローマ帝国の皇帝を代々世襲してきた。しかし、先代皇帝には男児の世継ぎがなかったため、帝位を娘のテレジアに相続させた。すると、それに反対したフランスをはじめとする周辺諸国が、オーストリアに攻めてきたのである。

「ハンガリーに助けを求めましょう。じっとしているよりは、なにか行動しなくては」

テレジアは、領地であったハンガリーに赴き、女王として即位。彼女はハンガリーの議会で、幼い息子ヨーゼフを抱き、切実に訴えた。

「お願いします！　今、この子を抱いた私を助けられるのは、あなた方だけなのです。どうか資金と軍事力の援助を！」

「しかし、我がハンガリーは小さな国。我々が協力したとて、大国相手に勝てる見込みは薄いのでは……」

「ですが、わが国が負ければ、次の矛先はあなた方かもしれないのですよ？」

「そ、それは……」

口ごもった議員たちに、テレジアは畳みかけた。

「援助をしてくださるなら、行政的自治の保証や、皆さんの免税特権などをお約束します」

数ヵ月にも及ぶ交渉の末、ついにハンガリー議会はテレジアの訴えを了承した。

「わかりました。我々は我が血と命を、女王陛下に捧げます」

「ありがとうございます！」

ハンガリーの援助を受けたテレジアは、奪われていた神聖ローマ帝国の帝位を取り返し、自身の夫に継がせた。そして、大国からの侵攻に屈しなかった若き女王は、国内外から高い評価を得た。

その後1780年11月29日に亡くなるまで、彼女は教育制度や国力増強などの改革を行い、神聖ローマ帝国の実質的な「女帝」として、そして16人の子の母として生涯を送った。

北《きた》里《さと》柴《しば》三《さぶ》郎《ろう》が、福《ふく》澤《さわ》諭《ゆ》吉《きち》の後援で伝染病研究所を作る

北里柴三郎は、頭を悩ませていた。

「せっかくドイツで伝染病について学んできたというのに、日本で研究する場所がないとは」

北里は東京医学校（現在の東京大学医学部）を卒業後、内務省衛生局（現在の厚生労働省）に就職した。その後、32歳でドイツに留学すると、細菌学の第一人者であったコッホに師事した。北里はコッホのもとで、破傷風菌の純粋培養に成功し、さらに毒素に対する免疫と抗体を発見。そして血清療法を確立させた。

この世界的偉業を成し遂げた北里を招こうと、各国の研究所や大学から声がかかったが、北里はそれらをすべて断った。

「私は、日本の医療の発展のために学んできたのだ。私は日本に帰らねば」

こうして39歳の時に帰国した北里だったが、日本の医学界で、彼は居場所を失っていた。脚気の原因をめぐって、北里が上司と対立する意見を表明したことで、母校の東大医学部から「恩知らず」だと非難されたからだ。この事件は、やがて周囲の人を巻き込み、派閥争いにまで発展してしまった。

東大医学部との対立は、北里の日本での伝染病研究を大きく妨げた。北里は落胆した。

「こうしている間にも、世界で新たな伝染病が生まれているかもしれない。伝染病を広めないためにも、研究を止めるわけにはいかないのに……」

そんな北里に手を差し伸べたのが、福澤諭吉だった。

福澤は、慶應義塾（現・慶應義塾大学）を作り、実学と個人の自由を推奨した『学問のすゝめ』を書いた教育者である。福澤は北里の功績を知っており、北里が研究に専念できないことを残念に思っていた。

「きみの研究は、まさに日本の宝だ。これを無くしてしまうのは、実に惜しい。私が全面的に援助しよう！」

「ありがとうございます！」

こうして北里は、福澤の支援を受けて、１８９２年11月30日に伝染病研究所を設立した。その後も北里は伝染病研究に生涯を捧げ、日本の医学研究の礎を築いたのだった。

1日1話

教養と感動のショートストーリー365

12月の物語

12/1 1521年

「甲斐の虎」と呼ばれた、戦国武将・武田信玄《たけだしんげん》が誕生

旧暦大永元年11月3日

甲斐の戦国大名、武田信玄の父・信虎《のぶとら》が家督を継いだのは、13歳の時だった。

当時、甲斐国は、内乱に次ぐ内乱でまとまりがなく、信虎が家督を継いでからも、一族の間での対立がなくなることはなかった。

——自分以外に信じられる者はいない。

度重なる骨肉の争いに、信虎はそんな思いを強めていった。内乱を収め、名実ともに甲斐国を支配するようになっても、信虎の他人に対する不信感が和らぐことはなかった。

「父上、民の声にも耳をお傾けください」

そんな父に、息子の晴信《はるのぶ》（のちの信玄）は、何度も訴えた。だが、信虎は自分だけを信じた。それが、この戦国の世で生き残る唯一の方法だからだ。

国内をまとめた信虎は信濃を侵略し、1日で36もの城を落とした。そして晴信とともにいったん甲斐に戻り、今川義元《いまがわよしもと》を訪ねるために、晴信を残し、駿河へと赴いた。

甲斐に残った晴信は、これを好機とみて、温めてきた計画を実行に移した。

駿河から戻った信虎が、甲斐国へ入ろうとすると、国境に足軽たちが立ち並んでいる。信虎が「何の真似じゃ」とすごんでも、兵たちが動く様子はない。

「ここをお通しするわけにはいきません」

信虎の胸を、なぜか清々しい思いが通り抜けた。

「そうか……晴信め。わしを追放するとは思い切ったのう。ふふふ……よかろう。あとは任せたぞ」

そのまま、信虎が甲斐国の土を踏むことは二度となかった。

信虎は馬上で考えていた。

「あの日、わしがこうなる運命が決まったのだな……」

1521年12月1日。晴信（信玄）が誕生したその日に、信虎の運命は決まっていたのかもしれない。

信玄はその後、治水事業や法の制定など、民のための国内統治に尽力した。その信玄の姿は、数々の武勇伝とともに今も語り継がれている。

12/2 1804年

英雄ナポレオン、皇帝としてノートルダム大聖堂で戴冠式

「12ヵ月に1ダースの勝利を飾る」

「6日間で6戦連勝！」

フランス軍の指揮官ナポレオン・ボナパルトは、フランスを侵略しようとするヨーロッパ各国軍に連戦連勝し、世界中にその勇名を馳せていた。作曲家のベートーヴェンも、彼に魅せられた1人である。

「ナポレオンこそ、自由・平等・友愛というフランス革命の理念をヨーロッパ中に浸透させる、正真正銘の英雄だ！」

ベートーヴェンは、ナポレオンのために曲を書きはじめる。タイトルは、「ボナパルト」。

ナポレオンは、戦争や外交によって他国をコントロールしながら、内政改革にも着手。税制を整備し、産業振興にも力を注いだ。さらに、中央銀行であるフランス銀行を創立し、経済を活性化させた。

卓越したリーダシップによって、フランス革命後の混乱を収束させ、内政も外政も安定させたナポレオン。すべてがうまくいっているかに見えた。

だが、マルタ島をめぐり、イギリスとの関係が悪化。また、植民地のハイチでは革命が起き、フランス軍は大敗を喫してしまう。さらに国内では、ナポレオンの独裁への反発が強まり、暗殺計画がたびたび実行された。いつ殺されるかわからないという事態に、ナポレオンは、自ら皇帝になることを決意する。絶対的な権力によって、フランスをさらにまとめ上げようとしたのだ。

1804年12月2日、パリのノートルダム大聖堂で戴冠式が行われ、ナポレオンは皇帝となった。

だが、「民衆の英雄」が絶対君主となったことへの反発は強く、その後、ナポレオンは転落する。

「なんてことだ、見損なったぞ！」

ナポレオンに失望し、反発したのはベートーヴェンも同じだった。彼は激怒して、楽譜から「ボナパルト」の名を削除。「シンフォニア・エロイカ（英雄交響曲）」に題を改め、表紙にこう言葉を添えた。

「ある英雄との思い出のために」

12/3 1989年

マルタ会談で、冷戦終結が宣言される

第二次世界大戦後、世界は、アメリカを中心とする資本主義陣営の西側諸国と、ソ連を中心とする社会主義陣営の東側諸国が対立し、一触即発の状態にあった。そんな中、ある出来事によって、世界は緊張に包まれる。

「ソ連がキューバに、攻撃用ミサイルを配備しています！」

1962年、アメリカ空軍の偵察機がキューバ上空から撮影した写真を見れば、その事実は明らかだ。だが、ソ連からすれば、先にキューバへの侵攻を行ったのはアメリカであり、警戒を強めたに過ぎない。

カストロのキューバ革命によって、キューバが社会主義国家となり、アメリカ資本が追放されると、キューバをめぐってソ連とアメリカの対立は決定的となった。

「このままでは核戦争に突入することになる……」

アメリカのケネディ大統領は、国内の強硬派を抑えつつも、ソ連のフルシチョフ第一書記と交渉し、核配備を撤退させることに成功。ケネディは冷戦終結を呼びかけ、こう宣言した。

「他の国が核実験をしない限り、アメリカも再開することはない」

そもそも、アメリカとソ連の冷戦構造が決定づけられたのは、第二次世界大戦終了後の1945年に行われた「ヤルタ会談」からである。会談では、朝鮮半島が米ソによって分割統治されることとなり、これが冷戦のきっかけとなった。

そこから実に40年以上にわたって続いた冷戦だったが、キューバ危機をピークに、両国が関係修復のために歩み寄りを見せはじめる。

そして、1989年12月3日。

アメリカのブッシュ大統領とソ連のゴルバチョフ書記長がマルタで会談を行い、冷戦は終結する。

「私たちは、世界が冷戦という一つの時代を離れ、新たな時代に入ると語り合った」

ゴルバチョフの言葉に、ブッシュも応えた。

「われわれは永続的な平和と持続的な協力を実現できる」

ヤルタからマルタへ——。この2年後にソ連は崩壊。しかしその後、世界は、予想だにしなかった地域紛争の時代へと突入することになる。

12/ 1642年

4 ルイ13世を支えたリシュリュー枢機卿《すうききょう》没す

「リシュリュー枢機卿の言いなりでよいのですか？　今すぐ枢機卿を罷免しなさい！」

　１６３０年11月11日の朝、マリ・ド・メディシスは、敵対するリシュリューを宮廷から追い払うため、今日こそは息子の国王ルイ13世を説得するつもりでいた。

　そもそもリシュリューを宮廷に迎えたのは、マリ自身だった。しかし、リシュリューが枢機卿と宰相の地位をえて、聖俗両面において大きすぎる権限を手に入れたことが気に食わなかった。しかも、神聖ローマ帝国内の宗派争いからはじまった三十年戦争に対し、マリは同じカトリックのスペインの陣営につくよう主張したが、リシュリューは反対していた。

　国王は、病身をおして必死に訴える母后に圧倒された。

「母上、承知し…」

　そう言いかけた瞬間、部屋の中にリシュリューが現れた。国王は自分の相棒の姿が目に入ると、狼狽して口籠《くちごも》ってしまった。マリは、そんな国王を律するように迫った。

「私と枢機卿、どちらを選ぶのですか！」

　リシュリューは辞職を覚悟した。国王が母后にかなうはずがない。ところがその日、事態は急転する。ヴェルサイユの小城に呼び出されたリシュリューは、国王に告げられた。

「母后一派を宮廷から追放する。リシュリュー、お前だけが頼りだ。これからも私を支えてくれたまえ」

　リシュリューは深々と首を垂れた。国王がどれほど自分を頼っているのかを痛感した。

　その後、リシュリューの進言通り、三十年戦争ではスペイン陣営につかず、プロテスタント側で参戦した。それは、フランスを挟み込むスペインとオーストリアのハプスブルク帝国の弱体化を狙った戦略だった。リシュリューの狙い通り、フランスはこの戦いを通して、大陸最強国へ発展していく。

　その後、宰相リシュリューは、国家の利益を守るためルイ13世を支えつづけた。しかし１６４２年12月、熱病に倒れ、三十年戦争の終結を見ることなく病死。その6か月後、後を追うようにルイ13世も亡くなった。

　アレクサンドル・デュマの『三銃士』では、リシュリューの存在感は国王をも圧倒している。しかし実際には、国王と宰相は協働して絶対王政の基礎を確立していったのである。

原爆ドームが世界遺産に

1945年8月6日8時15分、アメリカ軍が日本の広島市に原子爆弾「リトルボーイ」を投下した。これが、世界で初めて核兵器が使用された例となった。

市の統計では、原爆による死亡者数は約14万人とされているが、被害の甚大さから、正確な数字はいまだにわかっていない。被爆者は56万人ともいわれている。

また、原爆の影響は自然環境全体におよび、投下直後の広島では、放射性物質や火災によるすすを含んだ、黒い雨が降り注いだ。

建物という建物が吹き飛ばされるなかで、奇跡的に一部倒壊を免れた建物があった。チェコの建築家、ヤン・レツルが設計した、広島県物産陳列館である。

原爆の投下地があまりに近かったがゆえに、爆風がほとんど上から真っ直ぐ下に吹き、外壁とドーム部分が残ったのだ。

鉄骨部がむき出しとなったこの建物は、いつしか「原爆ドーム」と呼ばれるようになる。

二度と同じ悲劇が起こらないようにするため、原爆ドームを世界遺産にしよう――。

日本が1992年に世界遺産条約に加盟すると、そんな声が湧き上がった。

広島市議会では「原爆ドームを世界遺産リストに登録することを求める意見書」が採択され、広島市は国に要望書を提出。翌年には、世界遺産化を求める国会請願のための全国的な署名運動が展開された。

そして、1996年12月5日。

ユネスコ第20回世界遺産委員会がメキシコのメリダ市で開催された。ここで原爆ドームの登録審議が行われ、世界遺産へと加えられることが決定された。

第二次世界大戦にかかわる戦争遺跡が世界遺産になるのは、ポーランドの「アウシュビッツ強制収容所」に次いで、2番目のことだ。

原爆ドームのような、平和を訴える記念碑は、「負の世界遺産」とも呼ばれる。

尊い命、そして美しい風景を一瞬で奪ってしまう核兵器の恐ろしさを、原爆ドームは今も私たちに伝えている。

12／ 1877年

6

エジソンが、発明した蓄音機で初めて人の声を録音する

「また先を越されてしまった……」

1877年、発明王トーマス・エジソンは、電話の改良に取り組んでいた。

特許取得はベルに先を越されてしまったものの、ベルの発明した機械で送信される音は、わずかに聞こえる程度。とても会話に使えるような機械ではなかった。

そこでエジソンは助手のバチェラーと実験を重ねて、ゴムと炭素で小さなディスクを作り、電話機に組み込むことで、音声が明瞭になることを発見した。

だが、この炭素電話の特許も、わずかの差で別の発明家のものとなってしまった。こうなっては、もはやエジソンの電話の研究に出資してくれる支援者はいなかった。

「これまでの音の研究を、何かほかのものに生かせないだろうか……。そうだ、人間の話を記録できるようにしたらどうだろう。ビジネスに役立つと思ってもらえれば、また支援者たちから出資を得られるはずだ」

エジソンは、電話の実験を通じて、音波に反応する振動板を作る方法を編み出していた。これを応用して1877年12月6日、エジソンは音による振動を円筒に巻いた錫箔《すずはく》に凹凸で記録し再生する、錫箔式蓄音機を発明した。

助手たちが見守るなか、エジソンは送話口から振動板に向かって、「メリーさんの羊」を歌った。

録音を終えると、円筒を開始点まで戻した。これで、理論上は音が記録されているはずだ。エジソンは、もう一方の針を錫箔に刻まれた溝へそっと落とした。

そしてレバーを回すと、驚くべきことに、エジソンの声で、「メリーさんの羊」が再生されたのである。

「聞こえる、聞こえるぞ！」

そこからエジソンと研究員たちは夜を徹して、改良を加えながら、話したり、歌ったりして、この画期的な発明品を楽しんだ。

エジソンが蓄音機を発明して、自分の声を録音したとされる12月6日は、日本オーディオ協会によって「音の日」に定められている。

12/7 B.C.43年

ローマの哲学者、キケロが処刑される

自分を探す者たちの足音が近づき、キケロは覚悟を決めた。いや、あきらめに近い脱力感に、身体が支配されていたといったほうがよいだろう。

「まだ、カエサルのほうがずっとよかった」

まもなく自分は処刑される。死を目前にして、親友に吐露したそんな言葉をキケロは思い返していた。

「ブルータス、お前もか！」

ローマの独裁官カエサルは、殺されるときに、相手が腹心の1人であったブルータスであることに落胆して、こう叫んだという。

キケロはこの暗殺に直接的には関わっていないが、共和主義者として、その暗殺には反対していなかった。それどころか、カエサル暗殺を、「独裁者による悪政から国家を救った行為」だと、賞賛さえしていた。

カエサルさえ亡き者にすれば、共和政を維持することができるはず――。

キケロはそう考えていたが、現実はそうはならなかった。カエサルの右腕だったアントニウスが台頭すると、キケロは公然と無視された。カエサル暗殺を支持したキケロに対して、アントニウスが強烈な恨みを抱いていたからだ。先の親友への愚痴は、そんな状態のなかで発せられたものだった。

だが、時計の針を戻すことはできない。

キケロはアントニウスに対抗するために、カエサルの養子オクタウィアヌスを味方に引き入れる。自分の政治的勢力を保つために、キケロはオクタウィアヌスを利用したのだ。

だが、キケロの庇護のもと、政界でのし上がったオクタウィアヌスは、あろうことかアントニウスと手を組む。利用されたのは、キケロのほうだった。

「最後までお守りします。戦いましょう！」

周りの者たちはそう言ってくれたが、もはやキケロは生きる気力を失くしていた。

「私はただ、社会をよくしたかっただけなのだ……」

紀元前43年12月7日、キケロは処刑される。彼の首は、演壇の上にさらされたという。

元ビートルズのジョン・レノンが凶弾に倒れる

1980年12月8日、世界的に人気を誇る、1人のミュージシャンが射殺された。

音楽の歴史を変えたロックバンド「ビートルズ」のジョン・レノンである。ビートルズ解散後に発表した「イマジン」などの名曲は、多くの人を魅了している。

反戦メッセージを掲げ、妻のオノ・ヨーコとともに平和活動を行っていたジョン。

なぜ、彼が殺されたのだろうか？

その日、ジョンの自宅では、雑誌「ローリング・ストーン」の表紙を飾る写真の撮影が行われていた。15時30分に、その撮影が終わると、ジョンは音楽番組で放送される別の取材に応じた。これが、生きている間の最後のインタビューとなった。

17時40分、ジョンは、妻のヨーコと2人で、迎えの車に乗り込んだ。行き先は録音スタジオで、その道中に、サインを求めるファンたちが近づいてきた。1人の男性ファンからアルバムを無言で渡されると、ジョンはそれにサインして声をかけた。

「君がほしいのはこれだけかい？」

男は無言でうなずいた。

ジョンが録音スタジオを出て自宅に戻ったのは、22時50分。息子に「おやすみ」の挨拶をしてから、ヨーコと、近所のレストランに行こうとした時、玄関のアーチに人影が見えた。夕方、サインした男である。

ジョンは彼をちらりと見てから、その横を通り過ぎた。そのときだ。男はジョンの背中に発砲した。

「撃たれた！」と叫んで、ジョンは地面に崩れ落ちる。男はそのまま警察が来るまで、歩道に腰かけていた。

ジョンはその後、病院に運ばれるが、そのまま帰らぬ人となる。40歳の若さだった。

マスコミはこぞってこの悲劇を報じて、ジョンの死を悼んだ。世界中が犯人を非難したが、それこそが犯人の目的だった。男は殺人の動機について、こう語っている。

「有名になりたくてジョンを殺した」

12/9 1905年

『ローマの休日』を生んだダルトン・トランボ誕生

東西冷戦が深まるにつれ、アメリカで共産主義者やそのシンパと疑われる者が次々と摘発された。赤狩りである。

赤狩りの波はハリウッドにも及び、監督や脚本家、俳優たちもターゲットとなった。脚本家のダルトン・トランボもその一人に含まれていた。

「あなたの台本には共産主義思想のプロパガンダがあるのではないか?」

1947年10月23日、トランボは、ワシントンの下院非米活動委員会の「映画業界への共産主義の浸透」を審査する聴聞会に召喚されていた。

(なぜ我々、映画関係者が疑われなければいけないんだ)

トランボは証言を拒否した。結果、「アメリカ下院侮辱罪」で有罪となった。彼はこれを不服とし、法廷闘争を試みるも、最高裁で敗れ、懲役1年の実刑判決が下された。1950年6月7日から10ヶ月間服役する。

キャリア最大の危機が訪れていた——。

トランボは、1905年12月9日、アメリカ・コロラド州の貧しい家庭に生まれた。文筆家を志し、ハリウッドの脚本家となる。第2次世界大戦が始まろうかという頃、反戦小説『ジョニーは戦場へ行った』を出版。禁書の烙印を押されるが、平和を望む市民の支持を集め、戦後に復刊された。

「赤狩りに屈して、ペンを置くことはない」

反骨心の強いトランボは、今度も闘うつもりだった。

まもなく、トランボが居場所を失ったハリウッドでは、ロマンチックな名作が誕生した。オードリー・ヘップバーン主演の『ローマの休日』(1953)である。

脚本は、イアン・マクレラン・ハンター。同作はアカデミー賞で最優秀脚本賞を獲得した。

それから時は流れ、1993年のこと。『ローマの休日』最優秀脚本賞のオスカーがトランボの遺族に手渡された。

どういうことか? トランボは1976年に亡くなっているが、生前、こう語っている。

「1947年から60年の作品のクレジットはまったく当てにならないよ」

実はトランボは、服役前から偽名で脚本を書きつづけていたのだ。そのうちの1本が、『ローマの休日』だった。

田中正造《たなかしょうぞう》が、足尾銅山鉱毒事件について、明治天皇に直訴

1901年12月10日――。その日、明治天皇臨席のもと、第16回議会の開院式が日比谷の議事堂で行われていた。

午前11時、式が終わると、天皇を乗せた馬車は議事堂を出て、皇居へと向かった。

馬車が西幸門前交差点を左折したときのことだ。人垣から、黒の紋服・袴姿の男が現れて、こう叫んだ。

「お願いがござりまする。お願いがござりまする」

彼の名は田中正造。その手には直訴状が握られていた。彼には、どうしても直接伝えたいことがあったのだ。

「先生、見てください。この有様ですよ」

農家の人々と一緒に水田を見て、正造は思わず絶句した。稲がことごとく立ち枯れているのだ。

「ひどいでしょう。大洪水が起きてからなんです」

栃木県三大河川の一つ、渡良瀬川で大洪水が起きたのは、1890年。同じ年に、正造は第1回衆議院議員総選挙に栃木3区から出馬し、初当選を果たした。正造が地元の声に熱心に耳を傾けると、人々は口々に憤りを見せつつ訴えた。

「原因はわかっている！」

川の上流にある足尾銅山を指さすと、こう続けた。

「あそこから鉱毒が流れ出しているんだ。今回だけじゃない。数年前は鮎の死骸が大量に……」

鉱毒の被害を視察した正造は、その深刻な事態に愕然とする。議会では鉱毒問題に関する質問を行い、演説でも被害を訴えた。農民による反対運動は激化したが、国に危機感はなく、動きは鈍かった。その後、正造は、人生をかけてこの問題に取り組み、議員も辞職する。

「こうなったら、陛下に直接訴えるしかない！」

こうして天皇のもとへと突進した正造。しかし、警察に取り押さえられ、直訴状を渡すことはできなかった。

だが、直訴状の内容はマスコミに連日取り上げられ、初めての公害問題として広く知れわたる。国としても対応せざるを得なくなった。

天皇に直訴した日、正造は死を覚悟していたという。決死の覚悟が、社会を大きく動かしたのである。

佐藤栄作《さとうえいさく》が非核三原則を表明

「核兵器をもたず、つくらず、もちこませず」

日本が核兵器についての態度を表明した、この3つの原則を「非核三原則」と呼ぶ。打ち出したのは、当時の内閣総理大臣、佐藤栄作である。

非核三原則は、1967年12月11日の衆議院予算委員会での答弁のなかで生まれた。

中国で核兵器開発が進められているという危機感から、自民党の松野頼三《まつのらいぞう》議員が「国防上、いかなる姿勢をとるか」という意味の質問をした。

それに対して、佐藤総理は、「核は保有しない、核は製造もしない、核を持ち込ませない」という三原則を打ち出したうえで、こう続けた。

「平和憲法のもと、この核に対する三原則のもと、日本の安全はどうしたらいいのか、これが私に課せられた責任でございます」

その後の社会党の成田知巳《なりたともみ》書記長からの質問にも、「私どもは核の三原則、核を製造せず、核を持たない、持ち込みを許さない、これははっきり言っている」と明言。翌年、国会での施政方針演説でも、改めて非核三原則を宣言している。

佐藤がこの核に対する姿勢を強調したのは、アメリカの施策権下に置かれていた小笠原諸島と沖縄が返還される予定だったからだ。アメリカがすでに核を持ち込んでいる可能性を考えたのだ。

1974年、首相を退任した佐藤に、日本人で初めてとなるノーベル平和賞が授与された。非核三原則が国際的に高く評価されたのである。

だが、2009年、佐藤が沖縄返還交渉中に、「沖縄への核持ち込みに関する密約文書」をニクソン大統領と交わし、核の持ち込みを容認していたことが明らかになる。それも、施政方針演説で「非核三原則」を述べた翌日のことだった。

これに対し、「佐藤にノーベル平和賞を与えたことは失敗」と言う人もいれば、「沖縄返還を実現させるためには、アメリカとの密約はやむを得なかった」とする人もいる。

清濁併せ呑みながら、7年8ヵ月という長期政権を築いた佐藤。その評価はいまだ定まっていない。

12/ 1481年

12

旧暦文明3年11月21日

「とんち」の逸話で知られる、僧・一休宗純《いっきゅうそうじゅん》が死去

「ご用心、ご用心」

新年を迎えた京の町に、そんな声が響きわたった。「いったいなんだ、元日の朝から騒がしい」……と人々が外に出てみれば、僧の一休宗純が、ドクロを持って歩いている。

「正月からドクロなんて縁起が悪い！」

みんなそう言って、門を閉ざしてしまった。ある人は、一休のもとへつかつかとやってきて聞いた。

「せっかくめでたい正月に、なんでまた縁起でもないドクロを持ち歩くのですか」

一休はこう答えた。

「このドクロよりほかにめでたいものはない。目が出たる穴だけが残っているのだから」

そして、みなにこう呼びかけた。

「人は知らぬうちに、昨日を無事に過ごした気持ちの馴れにまかせて、今日を暮らしている。そんな人々に『ご用心』と言いたいのだ」

命に終わりが来ることに目を向けず、当然のように日々を暮らしている。一休は、その滑稽さを1年の始まりにみなに伝えようとしたのである。

こんなこともあった。人に頼まれて、如意庵《にょいあん》という寺院の住職を務めたときのことだ。

深く考えずに引き受けてはみたものの、とにかく来客が多く、ほとほと疲れてしまった。たった10日で嫌になって逃亡。こんな書き置きを残している。

「私は悟りが足りないせいか、煩悩が激しくて耐えられない。私は魚屋か酒屋に入り浸っているので、私を訪ねてきた人は、そこを探してください」

魚屋も酒屋も、戒律（仏教のルール）では禁じられている場所である。

一休は、自身のそうした奇想天外な生き方を「風狂《ふうきょう》」と呼んだ。彼は、不真面目なことをあえて大真面目に行ったのだ。

1481年12月12日、一休宗純は87年の生涯を終える。最期にどんな言葉を残したのか――。

みなが注目するなか、一休はこう言った。

「死にとうない」

12/13 1877年

松竹の創業者、大谷《おおたに》竹次郎《たけじろう》が誕生

歌舞伎を、西洋のように文化的レベルの高い演劇に改良しなければならない――。

幕末に結ばれた不平等条約の改正に向けて、明治政府はあらゆる分野で西欧化を推し進めた。その波は、演劇界にも例外なく訪れる。

「演劇改良運動」と呼ばれるムーブメントが、ジャーナリストの福地《ふくち》桜痴《おうち》（福地源一郎《げんいちろう》）を中心に巻き起こったのである。

そんな新時代にふさわしい劇場として建てられたのが「歌舞伎座」だ。１８８９年に銀座で開業され、現在にまで至っている。

だが、明治の後期からは、演劇や映画が台頭。歌舞伎人気が廃れていくなか、歌舞伎の本拠地を守るべく、歌舞伎座の経営は、ある双子の兄弟に任せられることになった。

その兄弟とは、大谷竹次郎と、兄の白井《しらい》松次郎《まつじろう》である。苗字が異なるのは、兄が養子に入ったためだ。２人の父はもともと相撲の興行師で、のちに芝居の興行も手がけた。竹次郎と兄の松次郎は、幼いころから、学校に通いながら家業を手伝い、興行の魅力に触れて育った。

１８９５年、竹次郎が京都の劇場の興行主となる。これが、松竹の始まりとなった。２人は１９０５年に、２人の名前を合わせた、松竹合名会社を設立。関東は竹次郎、関西は松次郎が担当することになる。松竹が冒頭の歌舞伎座を直営としたのは、１９１４年のことであった。

「よし、歌舞伎や人形浄瑠璃といった伝統芸能を守りながら、映画や芝居にも力を入れていこう！」

しかしそんな矢先に、大きな危機が訪れる。関東大震災である。この大災害によって、竹次郎は火災で再建途中だった歌舞伎座を含む、多くの劇場や映画館を失った。しかし、演劇を愛する人々の後押しもあり、松竹は見事復活をとげる。

彼らが生まれたのは１８７７年12月13日。この日は「正月事始め」と呼ばれ、新年の準備を始める日とされる。竹次郎の名に、縁起がよい「竹」という字が含まれているのは、そんな日に生まれたからだ。

竹次郎が兄と組んで「事始め」をした松竹。今では、創業１００年を超える日本有数のエンタテインメント企業に成長している。

12/14 1503年

謎めいた予言の数々を残した、ノストラダムスが誕生

「皇帝がイタリアの近くで生まれるだろう
彼は帝国に高い代償を支払わせる
人々は彼が手を結ぶ連中をながめていう
奴は王というより惨殺者であると」

1555年にノストラダムスが書いた著書は、「予言の書」といわれている。

この四行詩は、ナポレオンの登場を予言していたと、後世の人々を驚かせた。たしかにナポレオンは、フランスとイタリア半島の中間に位置するコルシカ島生まれであり、のちにフランス皇帝となって、数々の戦争を起こした。

そのほかにも、フランス王アンリ2世の死や、ナチスのヒトラーの台頭も予言したといわれ、後世、ノストラダムスは予言者として有名になる。

だが、ノストラダムスがまったく別の顔を持っていたことは、あまり知られていない。

1503年12月14日、ノストラダムスは南フランスで生まれた。

大学で薬学と医学を学び、医師としての道を歩み始めたノストラダムスだったが、大きな試練が彼を待ち受けていた。ヨーロッパ全人口の3分の1をも奪ったと言われる、ペストの流行だ。

当時、悪魔の仕業だと思われていたペスト。医師たちは、カラス口のようなマスクをかぶり、異様な風体で、「悪い血」を体の外に出すことで、患者を治療しようとしていた。

そんな中、ノストラダムスはペスト治療のため、ペストが流行する町へ自ら赴いた。ペスト患者は、ノストラダムスのもとへと殺到した。彼が街のあちこちでこう叫んだからだ。

「患者を暗い部屋に閉じ込めてはならない！　空気を入れ換えて、十分な栄養を与えてくれ！」

こうして、多くのペスト患者を救ったノストラダムス。だが、患者の治療に追われるなかで、妻と子の命をペストによって失ってしまった。

絶望のなかで、ノストラダムスは予言者として生きることを決意。第2の人生を歩みはじめたのだった。

12/15 1557年

毛利元就《もうりもとなり》が、息子たちへ14ヵ条の教訓を記す

旧暦弘治3年11月25日

中国地方のほぼ全域を制覇した、戦国大名の毛利元就。元就は次男を吉川家、三男を小早川家の養子とし、これらの一族の名にちなんで毛利家を「毛利両川《もうりりょうせん》」と呼ばれる一大勢力になるまで拡大させた。

トップの頭を悩ませるのは、いつの時代も後継者問題である。元就は、自分の死期が近いと悟ると、3人の息子、隆《たか》元《もと》・元春《もとはる》・隆景《たかかげ》を枕元に呼んだ。

そして、矢が1本ではすぐに折れるが、3本束ねると簡単に折れないことを示して、こう言った。

「1本ではたやすく折れる矢も、束ねれば、そう簡単に折れることはない。だから兄弟3人仲よくせよ」

元就はそう言い残してこの世を去った——という有名なエピソードがあるが、実はこの話はフィクション、つまり、作り話である。

だが、元就が息子たちに仲よくしろと説いたのは事実である。

それは「三子訓戒状《さんしくんかいじょう》」と呼ばれる書状で、元就が74歳で没する14年前、1557年12月15日に、3人の息子に宛てて書き残したものだ。三子訓戒状では、次のような教えが14ヵ条にわたって記されている。

「長男隆元は、弟元春、隆景が無理を言っても我慢せよ、元春、隆景は兄隆元に従うこと」

「3人の協力こそ、今は亡き生母、妙玖《みょうきゅう》に対する最大の弔いである」

「3人のあいだに少しでも隔たりがあれば、必ずともに滅亡するものと思え」

「三本の矢」のエピソードよりも、もっと直接的な言葉で、元就は息子たちに思いを伝えていたのだ。

兄弟で仲よくすることを元就がここまで強調したのは、戦国時代は、それだけ兄弟間で反目しあうことが多かったということだ。元就自身も、毛利家の覇権を握るために、異母弟を討っている。

兄弟で力を合わせて一家を盛り立てよ——。

それは、戦国大名として毛利家がこれからも生き抜いていくために、欠かせない生存戦略だった。

12/16 1770年

音楽界に革命をもたらした、「楽聖」ベートーヴェンが誕生

友人に何かを話しかけられたのはわかるが、うまく聞き取れない。聞こえないふりをしていると、友人がもう一度、繰り返した。

「おい、聞いているかい。これから食事でもどうだ?」

今度は聞き取れた。食事に誘われているらしい。

「ごめん、今日はちょっと用事があるんだ」

ベートーヴェンは、なるべく何気ないふうを装ってそう断ると、友人が立ち去るのを確認してから、ふーっとため息をついた。

明らかに耳が聞こえづらい。ベートーヴェンがそのことに気づいたのは、20代後半のことである。幸いにも、演奏や作曲にはほとんど支障がなかった。問題は人との会話だ。激しい耳鳴りで、相手の言葉が聞き取れない。医師には、こんな手紙を出した。

「僕はみじめに生きています。人前に出ることを避けています。みんなに《僕は耳が聞こえない》と告げることができないのです。僕の職業がほかのものならまだましですが、音楽家という私の仕事では、これはおそろしい状況です」

1770年12月16日、ドイツのボンに生まれた彼がウィーンに来てから、およそ6年が経っていた。作曲家として、ようやく成功をつかみかけているのに、ここでつまずいてしまうとは……。ベートーヴェンは激しく苦悩した。

だが、絶望のなか、ベートーヴェンは代表作となる名曲「ピアノ・ソナタ第8番〈悲愴〉」を作曲し、ほかにも数々の名曲を世に送り出した。その、繊細で迫力ある旋律は、聴く者の心を強く揺さぶり、奮い立たせるかのようだ。

まだまだ音楽家として生きたい――。

難聴への不安に打ち勝って、命を燃やすように、ベートーヴェンは作曲を続けた。

「僕は運命を相手に戦い、勝ちたい」

医師への手紙でそう宣言したベートーヴェン。

その後、完全に聴力を失ってもなお、56歳で没するまで、自分の音楽を完成させることに生涯を捧げた。その独創的で先進的な作品は、今もなお、多くの人を魅了している。

12／17 1903年

ライト兄弟が、人類初の有人動力飛行に成功

自由に大空を飛び回りたい――。

人類は、大昔から鳥たちを見上げては、そんな夢を抱いてきた。その夢を最初にかなえたのが、ライト兄弟である。

ライト兄弟はもともと自転車屋だった。初めは完成品の自転車を売るだけだったが、やがてオリジナルの自転車を開発し、それを売るようになった。そのほうが利益も大きかったし、何より楽しかった。

ある日、衝撃的なニュースが兄弟のもとに届く。

「兄さん、リリエンタールが墜落死だって！」

兄のウィルバーは、弟のオービルから手渡された新聞の見出しに驚いた。グライダーを開発したドイツ人のリリエンタールが、飛行に失敗して、死亡したという。

「彼こそが、飛行機を完成させてくれると……」

「ならば、僕たちが挑戦しようじゃないか!!」

「そうだな、オービル！」

2人は研究に研究を重ねて、グライダーの方向を変える装置を考案。だが、実験は失敗ばかりだった。

「もっと浮き上がる力がないとダメだ」

2人は200種類以上の翼の形を試し、理想のグライダーを作り上げた。彼らのグライダーは見事に大空を舞った。

あとはエンジンをどう搭載するかだ。

「飛行機に載せる、軽いエンジンを作ってください」

誰に頼んでも、「何を夢のようなことを……」と相手にしてくれない。

だが、呆れられるたびに、2人の情熱は燃え上がった。そう、自分たちは今、夢のようなことにチャレンジしているのだ。大昔から、時代を超えて受け継がれる夢に。

そしてライト兄弟は、自分たちでエンジンを作ることを決意した。

2人は自作のエンジンとプロペラをつけたフライヤー号で、飛行に挑戦。そして、1903年12月17日に、ついに人類初の有人動力飛行に成功する。

「飛んだ、飛んだよ！　兄さん！」

「おう！　やったな、オービル！」

走行距離36メートル、時間にして12秒。それが、人類の長年の夢がかなえられた瞬間だった。

12/ 1946年

18

数々のヒット作を生み出した、映画監督・スピルバーグが誕生

「ジョーズ」「ジュラシック・パーク」など、数々の世界的ヒット映画を生み出した、映画監督のスティーブン・スピルバーグ。なかでも、１９８２年に公開された「Ｅ・Ｔ」は、ＳＦ映画の金字塔であると同時に、青春映画の傑作としても、世界中のファンの心に深く刻まれている。

だが、スピルバーグ自身の青春は散々だった。

１９４６年12月18日、スピルバーグは電気技師の父とピアニストの母のもと、アメリカのアリゾナ州で育った。

スピルバーグは、背が低くやせっぽちな自分の外見にコンプレックスを持っていたという。先生がこの言葉を発すると、いつもみじめな気持ちになった。

「はい、好きな人同士でチームを組みましょう！」

クラスでチームを組むとき、スピルバーグは誰にも声をかけてもらえず、いつも残されてしまうのだった。

それでも勉強ができればまだよかったが、文字の読み書きも苦手で、周囲のペースについていくことができなかった。

のちに、スピルバーグは自身に学習障害の診断が下されたことを告白。読み書きが困難だったのは努力不足ではなく、病を抱えていたからだったが、当時はそれが原因でイジメられることもあった。

そんなスピルバーグにとって、唯一の生きがいが、映像作りだった。13歳のとき、両親から8ミリビデオカメラを手渡され、家族旅行の撮影を頼まれた。そのことをきっかけに、彼は映像制作にのめり込んでいく。

「キャンプ場で撮影した『薪を切る父』『トイレ用の穴を掘る母』『右目に刺さった釣り針を抜く妹』。これらが、ぼくの作った最初のホラー映画だよ」

その後、スピルバーグは本格的なストーリー映画を撮りはじめる。そして映像作りを通じて、友人の輪の中にも入っていくことができた。

それどころか、いじめてくる相手すらも自分の映画に出演させることで丸め込んだともいう。

好きなことがたった1つあれば、人生は変えられる——。彼の人生は、そう教えてくれている。

12/19 1915年

20世紀最高の歌姫エディット・ピアフが誕生

1915年12月19日、エディット・ピアフはパリ20区、ベルヴィル通り72番地に生まれた。母親が病院に行くまで待てず、建物の階段で生まれたという。彼女のドラマチックな人生は、出生から始まっていたのだ。

母親の愛情はほとんど受けずに育った。ストリート・シンガーの母は、娘を母親に預けて街へ消えてしまった。7歳のときから、曲芸師の父について放浪生活を送った。父が病気になると、自分が歌った。唯一知っている歌は、国歌「ラ・マルセイエーズ」。夢中で歌うと、父よりも多くのお金が集まった。自分が何者であるかを知った瞬間だった。

15歳から路上生活を余儀なくされる。プティ・ルイという配達夫の少年と恋をし、出産するが、子どもは2歳で亡くなる。プティ・ルイとも別れ、路上で一人歌いつづけた。

「私には歌しかない……」

すると20歳のとき、転機が訪れた。高級ナイトクラブ「ジャニーズ」のオーナー、ルイ・ルプレがピアフの歌声に聞き惚れ、ステージに立つチャンスをあたえてくれたのだ。

スポットライトがあたるステージではじめて歌った。歌い終えたとき、大歓声が響いていた。彼女は一夜にして成功をつかみとり、まもなくレコード・デビューも果たした。

ところが、その矢先、ルプレが殺され、ピアフは事件の容疑者に疑われてしまう。この窮地を救ってくれたのは、恋仲になった作詞家レイモン・アッソだった。アッソの支えをうけながら、彼女は着実にスターへの階段を登っていった。

その後のピアフは、俳優のポール・ムリス、歌手で俳優のイブ・モンタンなどと華麗なる恋愛遍歴を重ねる。名曲『バラ色の人生』はモンタンとの恋から生まれた。

戦後は、プロボクサーのマルセル・セルダンと愛を育むが、彼は飛行機事故で亡くなる。自らは二度の自動車事故を起こし、麻薬に溺れ、自己破産に陥り、転落の人生を歩む。

しかし、ピアフは不死鳥のごとく蘇った。アメリカ、南米ツアーを敢行し、国際的スターの座を獲得した。

47歳のときには20歳年下の青年と二度目の結婚に至った。彼女が亡くなるのは、それから1年後のことである。

ピアフは言っている。

「人生をやり直すとしても、同じ人生を望むわ」

12/20 1914年

赤レンガ造りの東京の玄関口、東京駅が開業

東京の中央に、鉄道の一大停車場を設置する——。

内務大臣から鉄道庁長官にそう伝えられたのは、1890年のことであった。

当時、官設鉄道は新橋駅を、私鉄・日本鉄道は上野駅を、それぞれ起点としていた。その2つを高架線で結んで、中間に大停留所を建設することが決まったのだ。

設計は、当時、近代化を進める日本で建築界を牽引する存在であった辰野金吾《たつのきんご》に任された。辰野はヨーロッパを視察したうえで、鉄骨赤レンガ造りの、大きなドームをもつ3階建ての駅舎のデザイン案を提示した。

鉄道院総裁の後藤新平《ごとうしんぺい》は、辰野にこんな要望を出していたという。

「日露戦争で大国ロシアに勝った日本にふさわしい、大きな停車場を作ってほしい」

辰野の設計案は、そんな後藤をも満足させるものだった。

建築にあたっては、74万人以上が動員され、6800樽のセメント、そして、762万個のレンガが用いられた。その工費は270万円。現在の価値で500億円前後が、この巨大建築物に投じられたことになる。

そして、1914年12月20日、ついに東京駅が開業する。工事開始から完成までには、実に6年半以上を要した。

開業に先立って乗車口で行われた開業式では、1500人の招待客が訪れ、総理大臣の大隈重信《おおくましげのぶ》が祝辞を述べた。

大隈は、「太陽を中心にして、光線を八方に放っているようだ」と、東京駅が日本の鉄道の中心となると高らかに宣言。東洋一の巨大ターミナルを誇る東京駅は、首都東京の象徴となった。

時は流れて、1923年。未曽有の大地震が東京の街を襲う。関東大震災である。多くの建物が被害を受けるなか、頑丈さで知られる辰野の設計による東京駅は、ビクともしなかった。しかし、太平洋戦争末期の東京大空襲で、東京駅は損壊する。

2003年には丸の内駅舎が国の重要文化財に指定され、2012年に復原工事が完成し、今なお東京のシンボルとして親しまれている。

12/ 1937年

21

世界初のカラー長編アニメ、「白雪姫」が公開される

「作業は中止だ。全部やり直して、カラーにしよう」

ウォルト・ディズニーの言葉に、現場の空気が張りつめた。兄のロイが怒りの表情で駆け寄る。

「カラーはまだ早いと言ってるだろ!」

だが、ロイがいくら言っても、無駄だった。ウォルトは現場が制作を進めていた「花と木」について、これまでの白黒アニメーションではなく、カラー作品への変更を決めたのである。現場スタッフたちのこれまでの作業は、すべて無駄になった。

独断専行も甚《はなは》だしいが、カラー作品として生まれ変わった「花と木」には、アカデミー賞短編アニメ賞受賞の栄誉が与えられた。

だが、これでもウォルトは満足しなかった。

次なるステップは、長編カラーアニメーションの制作である。題材は「白雪姫」だ。

「待ってくれ、ウォルト。長編をカラーで作るには莫大な制作費がかかる。まずは短編のカラーに専念しよう。機を見て次のステップに進もうじゃないか」

今回ばかりは兄だけではなく、ウォルトの妻も反対した。それくらい会社の経営を左右する、危険な賭けだったのだ。

だが、ウォルトは反対されればされるほど、その情熱を燃やした。彼はきっぱりとこう言い切った。

「僕は、成功するために、短編を超えなければならないことに気がついたんだ」

ウォルトは、制作スタッフの前で、「白雪姫」の全編を、あらゆる登場キャラクターを演じ分けながら実際にやってみせた。「無理だろう」と思っていたスタッフたちも、その熱意にほだされていく。

「白雪姫」の一大プロジェクトは、いざ動き出すと、当初の予算を大幅に上回る費用がかかった。ロイは頭を抱えたが、もう誰もウォルトを止められなかった。

1937年12月21日、社運をかけた「白雪姫」が公開された。83分という世界で初めての長編カラーアニメーション映画は世界中を驚かせ、莫大な利益を出した。ウォルトはまた賭けに勝ったのだ。

リスクを背負わなければ、世界は変えられない。

12/22 1854年

「近代バイオテクノロジーの父」化学者・高峰《たかみね》譲吉《じょうきち》が誕生

旧暦嘉永7年11月3日

1854年12月22日、高峰譲吉は、漢方医の長男として生まれた。当初、彼は医師を志したが、のちに化学者へと転じる。

ある日、アメリカからかかってきた1本の電話が、譲吉の運命を変える。電話に出た妻が叫んだ。

「実際に実験して、結果を見せてほしいって！」

電話の相手は、ウイスキートラスト社。譲吉は、農商務省の技術官僚としてアメリカに派遣されていたとき、ウイスキーの新しい製法を生み出した。それは、米麹が持つアルコール発酵力をウイスキー製造に生かす、というものだ。

電話は、譲吉の技術に関心を持ったアメリカの会社からのスカウトだった。

譲吉は、妻子とともにアメリカへ渡る。ただ、彼はその時、日本で肥料会社を立ち上げたばかりだった。説得されて社長となった渋沢栄一《しぶさわえいいち》は、苦言を呈した。

「事業の成功を見る前に、中心人物たる君が会社を立ち去るとは、信義に欠けるのではないか」

渋沢の言い分はもっともだ。だが、日本人の発明がアメリカで実用化されるのは、これまでになかった快挙であった。渋沢も、最終的には快く送り出してくれた。

譲吉がアメリカで実験を重ね、本格的な工業化が見えてきた、そのときだった。試験場の麹室が火事で焼けるという惨事が起きる。

「何度も失敗してたどり着いたのに、一夜にして、すべて焼失してしまった」

譲吉はそのまま疲労で倒れてしまう。

「人生のすべてが終わった……」

そんな絶望のなか、なんとか健康を取り戻した譲吉は、アルコール発酵のなかで発見した、「ジアスターゼ」を応用した胃腸薬を開発。すると、特許が認められ、欧米へと販路が拡大することになる。

さらに6年後には、世界で初めてとなるホルモン物質「アドレナリン」の発見という偉業を成しとげた。

悲劇から一転して、大成功を収めた譲吉。化学者を目指した当初の夢をかなえたのだ。

「医者は一人ひとりの患者を救う。化学はいっぺんにたくさんの人を救える」

12／23 1958年

東京のシンボル、東京タワー完成の日

1953年、日本でテレビ放送がスタートすると、駅前広場などに設置された街頭テレビの前には、人だかりができた。やがてテレビは各家庭に普及していく。

テレビブームを受けて問題となったのが、電波塔である。テレビ局が増えていく一方で、各局が1本ずつ電波塔を建てれば、街の景観を損ねてしまう。

そこで、打ち出されたのが「大きい電波塔を1本作る」という案だ。発案者は大阪の新聞王、前田久吉《まえだひさきち》。設計は、日本の「塔博士」とも称される内藤多仲《ないとうたちゅう》が担当することになった。内藤が話したプランは、まさに久吉の描いた夢と同じだった。

「ただ電波を出すだけの塔ではおもしろくない。展望台をつくり、多くの人の目を楽しませると同時に、塔自体も美しくなければならない」

工期はわずか18ヵ月。設計図の完成を待たずして、工事はスタートした。だが、前例のない巨大電波塔の建設は、困難を極めた。

なにしろ、日本は地震と台風が多い国だ。塔の脚は、地中のできるだけ深いところに打たねばならない。重要な基礎の組み立てのときに、さっそく鉄鋼が組み合わないというトラブルが起き、工事は中断。調査の結果、アーチの中央部が計算より15ミリ沈んでいることが判明した。

それを改修し、工事が再開しても、基礎の次には高所での作業が待ち受けている。そして、鉄塔の接合が終われば、塔の最上部のアンテナの取りつけ。現場では、まさに命がけの作業が日夜続けられた。

苦労の連続のなか、ついに1958年12月23日、東京タワーが完成する。翌日9時から一般公開されると、多くの人々が押し寄せ、大騒ぎとなった。

だが、これで終わりではない。東京タワーは鉄塔なので、定期的な手入れが必要だ。塗装だけでも1年は要する。完成してからもなお、東京タワーが心の中心にあった久吉は、たびたびこう口にしていた。

「うちの鉄塔を守ってくれ」

さまざまな職人の技術を結集して作られた東京タワー。電波塔としての役目を終えてもなお、東京のシンボルとして存在感を放ち続けている。

12/24 1777年

ジェームズ・クックが、クリスマス島を発見

一隻の帆船が大海原を航行していた。英国海軍のジェームズ・クック艦長は船の甲板に立ち、水平線を凝視している。

「そういえばクック艦長。今日はクリスマス・イヴですね」

隣にいた副艦長が、ふと思い出したようにそう言った。

今日は1777年12月24日――南半球を航行中の自分たちは夏の日差しの中にいるが、故郷のイギリスではどんよりと寒い冬景色が広がっていることだろう。家で待つ妻子の姿が胸によぎり、クックは切ない気持ちになった。

「こういう日は、妙に家族が恋しくなるからいけませんね」

副艦長も少し寂しげにささやく。

今日はクリスマス・イヴ。イギリスにいた頃は、教会で祈りを捧げ、家族と楽しい時間を過ごしていた。しかし、長い航海の日々にあっては、家族と会うことも叶わない。

「……仕方ないさ。だが我らには、誇り高き使命がある」

自分自身をも励ますように、クックは力強く言った。今回の航海の目的は、太平洋の探索だ。地図にない島々を発見し、新たな航路を開拓して英国のさらなる発展に貢献する――その航海は、まさに誇り高き仕事であった。

自分たちが今進んでいるのは、現地の人々でさえほとんど寄り付かない海域である。水平線の彼方まで島一つ見えないが、情報によると、この付近には孤島があるらしい。定住者はなく、サンゴ礁でできた島だというが、果たして実在するのだろうか？

未知の島に思い巡らせていた、ちょうどそのとき。

「島が見えたぞ！」

見張り台からの声を聞き、クックは望遠鏡を覗いた。

――見える！　あれが、噂に聞いた孤島に違いない！

クックはその島に到着すると、部下たちとともに上陸した。エメラルドグリーンの海に囲まれた、緑あふれる小さな島だ。奇跡のように美しいその島を、クックは発見した日にちなんで「クリスマス島」と名付けた。

「この島は、神が我々にもたらした最高のクリスマスプレゼントだ！」

クックは笑顔を浮かべて、仲間と幸せを分かち合った。

12/25 1914年

第一次世界大戦中に起きた奇跡、クリスマス休戦

凄惨な世界大戦の引き金となったのは、1つの暗殺事件だった。

1914年、オーストリアの皇太子夫妻が、セルビア人の青年に銃殺された。これを受けて、オーストリアはセルビアに宣戦布告。ロシアとフランスがセルビアを支持すると、オーストリアの同盟国であるドイツがロシアとフランスに宣戦布告を行う――。その後、世界は第一次世界大戦と呼ばれる大きな争いへと巻き込まれていく。

「なんだ、あの光は」

フランス北部で戦っていたイギリス軍の将校が、ふとドイツ軍のほうを見ると、小さな光が見えた。

「クリスマスツリー……？」

その日は、1914年12月24日。クリスマスイブだった。聞こえてきたのは、ドイツ語の「きよしこの夜」。そして、ドイツ軍の兵たちは身を隠していた穴から姿を現して、こちらに手を振ってきた。

自然とイギリス軍の将校が英語で「きよしこの夜」を歌い返すと、周りもそれに続いた。その夜、両軍からの歌声がクリスマスイブの夜空に響いた。

翌12月25日の10時、ドイツ軍の兵が、イギリス軍のほうへ近づいてくる。武器は手にしていない。イギリス軍の兵も武器を置いて、ゆっくりと近づくと、両者は握手を交わした。司令部から命令があったわけではないが、それが「クリスマス休戦」の合図となった。

両軍はそれぞれの遺体を埋葬してから、タバコやチョコレートなどのプレゼントを交換したり、一緒に歌を歌ったりした。記念撮影をする者や、トランプやサッカーを一緒にする者までいた。

だが、またその夜には戦闘が再開された。笑い、歌い合った相手と、また殺し合いをしなければならないことに、彼らは胸を痛めた。

兵士たちの心の中には、まるでクリスマスプレゼントのような、その日の奇跡のことが、ずっと刻まれていたことだろう。そして深く感じたに違いない。二度とこんなことは繰り返したくはないと。

12/26 1934年

日本初のプロ野球球団が設立される

もう後には引けない。

読売新聞運動部嘱託の鈴木惣太郎《すずきそうたろう》はそう腹をくくって、横浜出航の船に乗り込み、アメリカへと向かった。

鈴木に課せられたミッションは、ただ1つ。メジャーリーグ史上最高のスーパースターである、ベーブ・ルースを来日させることだ。

読売新聞主催の「第2回日米野球」の開催が決まったのは、１９３３年の冬。2年前の第1回日米野球では、メジャーリーグ選抜チームを招いて、各地で全17戦が開催され、大いに盛り上がりを見せた。読売新聞のＰＲとしても大成功だった。

だが、前回はベーブ・ルースを呼ぶことはかなわなかった。だからこそ、今度は必ず来日させる。それが、読売新聞社社長、正力松太郎《しょうりきまつたろう》の悲願であった。

「ベーブ・ルースが来日!」

鈴木がアメリカに行く2ヵ月前、読売新聞は大々的に報じた。だが、実際には何も決まっていなかった。鈴木はベーブ・ルースを説得して、何としてでもそれを現実にしなければならなかった。

ベーブ・ルースが理髪店にいると聞いた鈴木は、即座に足を運んだ。しかし、ベーブは不機嫌で、鈴木の説得に耳を貸そうとせず、こう言い切った。

「日本には行かない」

絶望的な状況のなか、鈴木はカバンから1枚のポスターを取り出す。それは日米野球開催のポスターで、すでにベーブ・ルースが来ることになっている。さらに似顔絵が描かれたジャンパーも取り出すと、いきなりベーブは笑い出した。

「よしわかった、日本に行くよ」

こうして１９３４年11月、第2回日米野球が開催された。そこには、ベーブ・ルースの姿もあった。大会が大いに盛り上がったことは、言うまでもない。

それをきっかけに、同年12月26日、日本初のプロ野球チームが誕生した。ベーブはある意味、日本プロ野球の生みの親と言えるかもしれない。

12/27 1831年

自然科学者・ダーウィンが、ビーグル号に乗って出発

血を見ると、とにかく怖くて、どうしようもない。

気づけば、チャールズ・ダーウィンは病室から逃げ出していた。本当は医学生として、手術を見学し、きちんと勉強しなければならなかったのだが。

「やっぱり、医者なんて向いてない」

そうため息をついたダーウィンの足は、自然と山のほうへと向かっていた。毎日のように昆虫採集をしていた昔に戻りたい。

そう思いながら、結局、あのときから何一つ成長していない自分に気づいた。そして、父から言われた言葉を思い出してしまう。

「お前は犬やネズミをとること以外、何もしない。そんなことをしていると、おまえ自身だけでなく、家族の恥になる」

父さんのことは尊敬している。医者として立派だと思う。だけれど僕はダメだ。自分の「好き」に嘘はつけないから、父さんの期待には応えられない。

ダーウィンは山の中に入ると、虫捕りに夢中になった。その後ダーウィンは、医学校を中退。父と話し合いをした結果、医師から牧師へと進路を変更し、神学を学ぶべくケンブリッジ大学に入学し直すことになる。だが、ダーウィンは専攻の神学よりも、やはり博物学への関心が高く、植物学者のヘンズローに師事する。

なかなか進路が定まらないダーウィンに転機が訪れるのは、22歳のときのことだった。ヘンズローに勧められて、海軍の調査船・ビーグル号での世界一周旅行に参加することになったのである。

ビーグル号の出航予定日が近づいてきたとき、ダーウィンは手紙でこのように綴っていた。

「私の第2の人生がこの日に始まるでしょう。この日は今後の人生の誕生日になるでしょう」

1831年12月27日、ダーウィンを乗せたビーグル号は、プリマスを出港した。ダーウィンは、帰国後、18冊の野外観察ノートと、4冊の動物学日誌、13冊の地質学日誌を書き上げた。

世界に大きな影響を与える『種の起源』の発表の、およそ20年前のことであった。

12/28 1895年

リュミエール兄弟が、初めてシネマトグラフを商業公開

真っ暗な劇場のなかで、スクリーンに映し出された物語を楽しむ――。

「総合芸術」とも言われる、映画。その誕生にかかわり、「映画の父」と呼ばれているのが、発明王エジソンである。

エジソンは、「キネトスコープ」という動画再生装置を開発。それは、のぞき箱のなかで、制作したフィルムを流すというものだった。

アメリカでは、たちまち人気となって、店先の前に置かれるようになった。観客はお金を払って、1人ずつその箱をのぞき、なかの映像を楽しんだ。

しかし、ある兄弟の発明によって、エジソンのキネトスコープの人気は1年ほどで下火となってしまう。

「兄さん、キネトスコープを観たかい？」

「ああ、実に面白かったよ」

オーギュスト・リュミエールと弟のルイ・リュミエールの2人は、フランスで写真館を営む父のもとに生まれた。2人はリヨンで、写真機材などの工場を経営。キネトスコープを知ったのは、１８９４年頃のことだった。

「そうか、お前たちも観てきたか」

一足先にパリでキネトスコープを目の当たりにしていた父のアントワーヌは、あるアイデアを、息子たちに託すことにした。

「キネトスコープは面白いが、1人しか観られないのが惜しい。みんなで観られる装置を作ってみたらどうだ？」

あの箱のなかで観た映像を大勢で鑑賞するには、どうすればよいのか――。リュミエール兄弟は研究を重ねて、スクリーンへの投影型の機械を発明する。

「よし、ルイ。うまくいきそうだな」

「うん、上映会をやろうよ！」

１８９５年12月28日。リュミエール兄弟は、パリのグランカフェで、有料の上映会を実施。日常風景を映した「工場の出口」などの作品を発表したところ、大きな反響を呼んだ。

これにちなんで、日本では12月28日を、映画が誕生した「シネマトグラフの日」としている。

12/29 1825年

フランス激動の時代を描いた、画家・ダヴィドが死去

もはや以前のように絵は描けない――。

70歳を越えた1820年頃から、フランスの画家、ジャック＝ルイ・ダヴィドは、自分の衰えを実感するようになった。

想像力は、若い頃に比べても何一つ変わりはしない。頭に浮かんだテーマから絵の構成を考えることもできる。だが、いざ描こうとすると、鉛筆を動かすことができないのだ。

「もうあの頃には戻れないのか。皇帝ナポレオンと対峙して肖像画を描いた、あの頃には……」

パリに生まれたダヴィドは、歴史画家を目指して、由緒ある絵画賞「ローマ賞」に何度も応募するも、落選ばかり。一時期は自ら命を絶とうとするほど絶望するが、それでも絵を描くことを止めることはできなかった。

転機が訪れたのは、36歳のときだ。『ローマ史』に登場するホラティス兄弟の逸話を題材にした「ホラティウス兄弟の誓い」は、最高の賛辞を持って批評家から受け入れられた。これをきっかけに、ダヴィドは歴史画家としての地位を築くことに成功する。

フランス革命を経て、50代に入ると、ダヴィドは思わぬ人物から、肖像画の依頼を受ける。のちにフランス皇帝となる、ナポレオン・ボナパルトだ。

ダヴィドは、ナポレオンからポーズをとることを拒否され、こんな言葉をかけられている。

「偉人たちの肖像が似ているかどうか、気にする者などいない。ただ偉人の精神がそこに息づいていればよいのだ」

そんなリクエストのもとに完成したのが、ナポレオンが白馬にまたがった有名な肖像画、「サン・ベルナール峠を越えるボナパルト」である。

躍動感あふれるその姿を、誰もが一度は目にしたことがあるはずだ。ナポレオンが皇帝になると、ダヴィドは、首席画家まで上り詰める。

1825年12月29日、ダヴィドは77歳で他界する。ナポレオンが権力を失った後はベルギーに亡命し、そこで歴史画家としての生涯を終えた。

12/30 1927年

日本初の地下鉄が開通。地下鉄記念日となる

一つのひらめきが、自分の生涯をかけた使命になることがある。鉄道事業に携わっていた早川徳次《はやかわのりつぐ》は、第一次世界大戦が始まって間もないロンドンで、あるものに人生を変えるほどの大きな衝撃を受けた。

それは、地下鉄である——。

ロンドン市内は、大量のバスが路上を行き交うなか、地下にも鉄道が張りめぐらされていた。まだ東京市にはバスすらなく、路面電車しかなかった時代だ。鉄道を調査するために訪れたロンドンだったが、早川の心はすっかり地下鉄に鷲づかみにされてしまった。

人口増加に伴って、これから交通混雑は激しくなるばかりだろう。地下鉄ならば、都市景観を損なうことも、地上の交通に影響を与えることもなく、鉄道を走らせることができる。「路面電車は、大都市の交通機関としては、もう古い。近代都市として東京が発展するためには、地下鉄が絶対必要だ」

早川はロンドンだけではなく、グラスゴー、パリ、ニューヨークと、世界主要都市の地下鉄を2年半かけて調査。帰国後、さまざまな専門家に相談するが、いずれも否定的な意見ばかりだった。

まず1つには、日本は地盤が弱いため、地下を掘って電車を走らせることなどできないという意見。また、採算の問題を指摘する声もあった。地下鉄を走らせるにあたっては莫大な費用がかかるが、それを回収することは難しい、というのである。

だが、そんな反対意見も、早川にとっては予想の範囲内だった。「新事業には苦心が伴うのが常だから、利口な者には手を出せない」とし、「僕は単純な頭脳の持ち主だから、一度思い込んだら、最後まで押し通すんだ」と、闘志を燃やした。

早川は丁寧に地質図を調査。地盤が軟弱なのは24メートルまでで、それより下は問題がないことを突き止めた。また、上野～銀座～新橋間の交通量を踏まえると、採算も十分取れることがわかったのだ。

早川の苦労の末、1927年12月30日、上野～浅草間に日本初の地下鉄が開業される。早川は「地下鉄の父」と呼ばれ、この日は「地下鉄記念日」に制定されている。

12/ 1935年

31

漱石《そう せき》に学んだ物理学者・文学者、寺田寅彦《てら だ とら ひこ》が他界

「天災は忘れた頃にやってくる」

自然災害は、その被害を忘れた頃にやってくるので注意しなさい——。

昭和初期に、そんな鋭い警句を発したのは、物理学者の寺田寅彦である。寅彦は科学者でありながら、エッセイや評論、随筆などを書く、名文家としても活躍した。

その下地を作ったのは、師である夏目漱石であった。

寅彦が熊本の第五高等学校に入学した年に、漱石は英語の教師として赴任。その人柄にひかれた学生の寅彦が、思いきって漱石の自宅を訪ねたのが、師弟関係の始まりとなった。

「俳句とは、どのような芸術ですか」

そんな寅彦の素朴な疑問に対して、漱石が延々と自分の俳句論を語ったこともあった。

寅彦は、漱石にとっていわば一番弟子。しかし、一般的な師匠と弟子の関係とは、やや異なっていた。

ある日、漱石の家にあまりにも多くの弟子が集まるため、漱石がこんな取り決めをした。

「毎日君たちの相手をしていては、肝心の執筆の仕事がおろそかになってしまう。週に一度にしてくれ」

以来、漱石の家に集まるのは、木曜日だけとなった。これがいわゆる「木曜会」の始まりとなる。だが、寅彦だけは例外で、別の曜日でも時折、漱石のもとを訪ねた。漱石もそれを歓待している。

寅彦は漱石から英語や俳句を学んだが、その一方で、漱石は寅彦から科学や西洋音楽を学んだ。2人は、師弟を超え、刺激を与え合う関係にあったのだ。漱石の『吾輩は猫である』に登場する水島寒月《みず しま かん げつ》という人物は、寅彦がモデルだともいわれる。

漱石は1916年、49歳の若さで没する。寅彦は自分の病をおして、人力車で急いだが、臨終には間に合わなかった。

のちに、こう文章に綴っている。

「先生がいつまでも『名もないただの学校の先生』であってくれたほうがよかった、というような気がするくらいである」

師との別れから約20年後、1935年12月31日、寅彦は病死する。57歳だった。きっと空の上で漱石と再会を果たし、2人は今でも絶えない談話を楽しんでいることだろう。

1月の物語

1/1 1863年

奴隷解放の宣言書に、リンカーンがサイン

ペンを握る手が震えていた——。

1863年1月1日、アメリカ合衆国大統領邸「ホワイトハウス」の机に向き合う彼の目の前には、5枚の用紙からなる書簡が置かれている。

「私は、ここに指定する州および州の一部において、奴隷として捕らわれるすべての人々は自由であり、今後も自由であることを命令し、宣言する」

この書類は、奴隷制度の撤廃を施行する宣言書だ。

広大な農場の多いアメリカ南部では、主にアフリカ大陸から連れてこられた人々が、まるで家畜のように過酷な労働を強いられていた。その光景を目の当たりにし衝撃を受けた、かつての少年——エイブラハム・リンカーンは、今やアメリカで最も力を持つ人物となっていた。

彼が宣言書に自分の名を書き入れれば、書面の文言は法律としての効力を持ち、あらゆる国民の生活や人生に影響を及ぼすことになる。もしかしたら、働き手を失い、苦境に陥る農場経営者が出てくるかもしれない。だがそれ以上に、人間の尊厳を守り、民主主義の礎《いしずえ》を築くことこそが、リンカーンの悲願であった。

その重みを受け止め、彼はこわばった右腕を左手でもみほぐす。筋肉が硬直しているのは緊張だけでなく、握手のし過ぎが理由でもあった。この日は、ホワイトハウスで多くの来賓を招いての新年会が開かれ、リンカーンはその一人ひとりと握手を交わしていたのだ。

思えば、大統領がこれほど多くの握手をすること自体が異例だった。それまでの大統領は、威厳を守るため、人々との接触を避けていたからだ。震える手は、リンカーンが国民に寄り添う「新時代の大統領」であることの証明でもあった。

彼の脳裏に、様々な光景が駆けめぐる。子どもの頃、聖書を読み聞かせ、「すべての人は平等なのよ」と教えてくれた母の声。奴隷市場で売買される親子の姿——。

一つ大きく深呼吸すると、彼はふたたび背筋を伸ばして椅子に座りなおし、握りしめたペンで、自らの名を書類に書き入れた。

Abraham Lincoln（エイブラハム・リンカーン）

もう、手は震えていなかった。

「永遠のチャンピオン」、大場政夫《おおばまさお》のラストファイト

「大場苦しそう、大場苦しそう、足にきてます、足にきてます、足にきてます!!」

テレビ中継のアナウンサーが、上ずった声で連呼した。

試合開始のゴングから、わずか1分足らず。タイのベテラン挑戦者、チャチャイ・チオノイの右フックをまともに食らった白いトランクスの大場政夫は、その場に腰から崩れ落ちた。

なんとか立ち上がり、ファイティングポーズをとるも、足元はふらつき、真っ直ぐ立つこともままならない。アナウンサーをはじめ、その場で試合を見ていた観客のほとんどが、大場は脳震盪《のうしんとう》で朦朧《もうろう》としていると思ったはずだ。

実は、倒れた時に大場が右足首を捻挫していたことを知る者は、ほとんどいなかった。

「リングの上では、決して10カウントを聞かない」

それが大場の口癖だった。

東京都・足立区の貧しい家庭に育った政夫少年にとって、ボクシングは閉ざされた環境を抜け出し、広大な世界へと羽ばたく切符だった。中学卒業と同時にボクシングジムに飛び込んだ政夫は、翌年にはプロデビュー戦で快勝する。長い手足と天性のスピードでKO勝利を重ね、21歳でWBA世界フライ級王者の座に駆け上がった。

その約2年半後の、1973年1月2日。大場は5度目のタイトル防衛をかけてチャチャイと対戦する。第1ラウンドで負った足の痛みに耐え、徐々にリズムを取り戻し、そして迎えた第12ラウンド——。大場の連打を浴びながら、チャチャイはマットへと座り込んだ。挑戦者は執念で立ち上がるが、大場の連打に、最後はレフェリーが割って入る。拳を振り上げ咆哮《ほうこう》を上げるチャンピオンの姿に、会場の観客も、テレビで見ていたファンたちも熱狂した。

その栄光の時から、3週間後。大場が運転する白いスポーツカーは、高速道路の中央分離帯を越えて反対車線へと飛び出し、トラックと正面衝突する。救急隊員が駆けつけた時には、すでに運転席の大場は絶命していた。

最後まで、リングの上で10カウントを聞くことのなかった大場は、「永遠のチャンピオン」となった。

1/3 1873年

関西のアイデア王、実業家・小林《こばやし》一三《いちぞう》が誕生

「休日の客足がいまいちやな……」

恩師でもある上司からのその言葉を、彼は、叱責ではなく、新たなアイデアへのヒントとしてとらえた。

後に阪急電鉄として名を馳せるも、当時はまだ小さな電鉄会社だった〝箕面《みのお》有馬電気軌道〟。そして、彼の名は、小林一三。1873年1月3日、山梨県に生まれた彼は、その誕生日にちなんで一三と名づけられた。後に阪急百貨店を開業したほか、映画制作会社の東宝を設立するなど数々の事業を起こし、関西経済界の豪傑となる人物である。だが、まだ30代だった当時の彼は、電車を通すことで人々の生活を豊かにすることを夢見た、若き実業家であった。

「休日に乗客が少ないのは、電車を使って家族で向かう娯楽施設がないからだ。ならば、それを作ればいい！」

そう思い立った一三は、温泉街として知られる宝塚に、屋内プールを備えた家族向け施設をオープンした。だが当時の日本は、男女が一緒にプールに入ることなど禁じられていた時代。思うように客は呼べず、この施設はわずか2ヵ月で閉鎖を余儀なくされる。

それでも、一三はへこたれなかった。

「この場所を使って、別の娯楽施設を作ればいい！」

そこで閃いたのが、老若男女すべてが楽しめる、劇場だ。もとより文学少年で、小説や芝居の台本を書く仕事をしたいと思っていた一三である。時は、文明開化から40年以上が経ち、欧米文化も日本に浸透してきた時代。東京では帝国劇場もオープンし、演劇も徐々に広まりつつあったが、それらの動きは、まだまだ男性が中心だった。

「だったら、女子たちによる歌劇団を作ろう。そうすれば、女性も劇場に足を運ぶはずだ！」

思い立ったが吉日、一三はアイデアをすぐに行動に移した。自らオーディションに立ち会い、歌や踊りの上手な少女たちを〝プロ〟として採用した。

かくして1914年4月、宝塚歌劇団の、記念すべき第1回公演が開かれる。場所は、屋内プールを改造しただけの簡易式劇場。だが、17人の少女たちが歌って踊った簡素なステージは、やがて人々を魅了する華やかな夢の世界へと発展したのだった。

1/ 1643年

4

世界の理を解き明かす、科学者・ニュートンが誕生

丘を駆け上がるように吹く風が、木々の枝を揺らしていた。空に雲はなく、青色が深く広がっている。

アイザック・ニュートンは丘に座り、数式がびっしりと書き込まれたノートを膝の上に広げ、視線を虚空に泳がせていた。１６４３年１月４日、イングランドに生まれたニュートンは、しばしばこうして思索にふけった。

この時、彼の頭の中に描かれていたのは、無限に広がる宇宙の姿だ。漆黒の闇の中に太陽が煌々と輝き、その周りを惑星が楕円の軌道を描き、回っている。

それが正しいことは、ニュートンが尊敬する数学者、ヨハネス・ケプラーが証明していた。ただ、惑星がなぜそのような運動をするかは、依然として謎のまま。20代半ばの天才科学者が解こうと挑んでいたのは、まさにこの謎だった。

「なぜだ、なぜだ……答えはきっとシンプルなはずだ。惑星や宇宙だけに起こる、特別なことではない。この世界を支配する法則は、常にひとつなんだ」

その唯一の真理を求め宇宙を駆けめぐっていたニュートンの意識は、ボトリと響く鈍い音で、現実に引き戻された。目の前を見ると、リンゴが地面を転がっている。

「木の枝からリンゴが落ちたのか……」

ふと頭上を見上げると、梢の間から見える空に、白い真昼の月が浮かんでいた。

その時だった。ニュートンの頭に、電撃のような鋭い感覚が走ったのは。

「リンゴが落ちるのに、なぜあの月は落ちてこないんだ？いや、実際には月も地球に引かれているのかもしれない。ただ地球の周りを回っているから、落ちてこないだけで。つまり、リンゴと地球が引き合うように、地球と月も引き合っている。ただ地球のほうが重たくて、引き寄せる力が強いから、リンゴが落ちてくるように見えるだけなのでは？」

その仮説を証明すべく、ニュートンはペンを取り、ノートに数式を書き連ねた。そして彼は、月が地球の周囲を回るのに必要な力と、引力が釣り合うことを証明する。

万物が有する、互いに引き合う力——それは「万《ばん》有《ゆう》引《いん》力《りょく》」と呼ばれ、その後の科学の発展の大きなきっかけの一つとなった。

1/5 1972年

宇宙時代を切り開く、スペースシャトル計画が正式に発進

「こんな時に、いったい何の用だろう?」

上司に呼び出された彼女の脳裏に、いくつかの可能性が浮かんでは、そのまま消えていった。

今、アメリカ航空宇宙局(NASA)は、迫る人類初の有人月面着陸に向け、神経を尖《とが》らせている。そんな時に呼び出される案件となれば、よほどの大ごとだとは思ったが、彼女に心当たりはなかった。

疑念と不安を抱きつつ、上司の部屋に入ると、数人の同僚がすでに待機していた。

互いの顔を見合わせながら、大きな何かが動きだす予感を、それぞれが感じていた。その場に集められた全員が、NASAの中でもエリートとして知られる、超一流のエンジニアや開発者だったからだ。

その時、いぶかしむ彼らの眼前を何かが浮遊し、足元にすっと滑り込んだ。その浮遊物は、紙飛行機だった。

「急な呼び出しに、みんなとまどっているかもしれないね。君たちを集めたのは、ある巨大なプロジェクトのためだ」

選りすぐりのスタッフを集めた上司が、紙飛行機を拾いながら言った。

「我々はすでに、アポロ計画で10回の有人宇宙飛行を行ってきた。だが現在の宇宙船は、一度限りしか使えない使い捨て型だ。それを、変えようと思う」

手にした紙飛行機を動かしながら、彼は続けた。

「複数の乗員を乗せて打ち上げられた宇宙船は、大気圏を抜け、無重力の宇宙空間を飛行した後、地球に帰還して、宇宙センターに着地する。そして船はメンテナンスを受け、再び宇宙へと飛び立つ。そう、飛行機のように、何度も宇宙へと飛び立つ船をつくるんだ!」

手にした紙飛行機を飛ばすと、彼は言った。

「スペースシャトル! それが、まったく新しいコンセプトの宇宙船の名だ」

それから3年後の1972年1月5日、ニクソン大統領により、スペースシャトル計画は正式に承認される。

スペースシャトル1号機の「コロンビア」が飛び立ったのは、それからさらに9年後。以降22年間で、コロンビアは28度も宇宙へと飛び立った。

1/ 1838年

6

遠くの地とつながるために……。世界初の電信実験に成功した日

ツー・トン・トン・ツー・トン——。

送信機から長さの異なる電流を送るたびに、導線でつながれた電磁石が反応する。そうして受信した〝トン〟と〝ツー〟の組み合わせを、アルファベットに変換していく。

1838年1月6日、外気が凍てつくほど寒い頃、アメリカ東部ニュージャージー州の製鉄所。その製鉄所経営者の息子であるアルフレッド・ヴェイルとともに、サミュエル・モールスは、電信システムの本格的なデモンストレーションに挑んでいた。

「ちゃんと信号は送れている。符号も読み取れているし、望んだ通りの文字に置き換えられている。

この電信システムが確立されれば、遠くにいる人にも一瞬でメッセージを送ることができる。そうすれば……」

実験の成功を確信するモールスの胸に、過去の出来事がめぐっていった。

子どもの頃からモールスが何より夢中になったのは、絵を描くことだった。絵の才能に恵まれた彼は、イギリスの美術大学に留学し、帰国後、画家となった。そして出会った美しい少女と恋に落ち、やがて2人は結婚した。

だが……13年前、肖像画を描く仕事のためワシントンDCにいた日、妻子が住むニューヘブンから、「妻が危篤《きとく》」のメッセージを携え、早馬がやってくる。モールスが急いで家に帰った時、すでに妻は亡くなり、葬儀までもが終わっていた。

その時から彼は、絵画以上に電信技術の開発に没頭した。

「もっと早く連絡が届いていれば、妻の死に立ち会えたはずだ。あれは6年前だったか……偶然船で出会った科学者との雑談の中で、電池と電磁石をつなぎ、断続的な電流を信号にする着想を得たんだったな」

長さの異なるたった2つの電信の組み合わせを、文字や数字に置き換える方式を考案したのは、パートナーのヴェイルだった。

「この電信システムが実用化されれば、かつての私のような悔しい思いをする人は減るはずだ」

目の前に描き出される〝トン〟と〝ツー〟の2種類の記号——それは〝モールス信号（符号）〟と呼ばれ、世界共通の電信符号として国際的に規定された。

1/7 1610年

天文学者・ガリレイが、木星の衛星を観測

町並みを茜色に染める太陽が山間に姿を隠すと、1月の澄んだ東の夜空に、まばゆい星が姿を現した。

1610年1月7日。イタリアの天文学者ガリレオ・ガリレイはこの夜、ふとその星――木星に、自家製の望遠鏡を向けてみた。

これまでも彼は、月に望遠鏡を向けて衝撃を受けたことがある。もしかしたら木星も、レンズを通して見れば、異なる姿が見えるのでは……そんな淡い期待が胸に広がっていた。

その期待は半分裏切られ、だが半分はかなったと言えるだろう。クレーターに覆われた月のような、鮮烈な姿が飛び込んできた訳ではない。ただ、木星の左側に2つ、右側に1つ、小さな星が並んでいるのが見えたのだ。しかも、その3つの星は、木星を挟んで一直線に並んでいる。

「これらの星は、木星と関係があるのではないか?」

そう直感したガリレオは、次の日も太陽が沈むのを待って、東の空に姿を現した木星に望遠鏡を向けた。

ガリレオの口から、「あっ!」と思わず驚きと喜びの声が漏れる。木星の近くに小さな星があるのは、昨晩と同じである。だが今度は、配置がまったく変わっていた。木星の右側に、3つの星が、やはり横一列にきれいに並んでいる。

「これは偶然ではないぞ!」

確信したガリレオは、その後も3ヵ月間にわたって木星を観察し続けた。望遠鏡をのぞく回数を重ねるにつれ、新たな事実も分かった。3つだと思っていた星は、実は4つだったこと。そして、その小さな星々は配置を変えながらも、木星に一番近い星は常に一番近く、最も遠い星は常に最も遠い位置にいることだ。

「つまりこの4つの星は、木星の周囲を同心円状に回っているんだ!」

この発見は、単に木星に衛星があることの発見に留まらなかった。

「巨大な木星の周りを小さな星が回ることは、自然の摂理《せつり》にかなっている。ならば……」

木星の周りを回る衛星の姿が、太陽を回る地球に重なる。

「そうだ……やっぱり地球は回っているんだ」

大地を踏みしめ、天を仰ぎ見ながら、彼はそうつぶやいた。

1/8 1989年

昭和から平成に改元され、新しい時代がはじまる

「画数の少ない漢字は、バランスをとるのが難しい……」

河東純一《かとうじゅんいち》は幾分苦労しながら、あらかじめ用意した色紙に、漢字2文字を書きつけていった。色紙を置く机は高く、パイプ椅子は腰が定まらない。周囲は騒がしく、集中力も乱されそうになる。

内閣総理大臣官房・人事課辞令専門職に就く書家の河東が、新年号が記されたメモを受け取ったのは、記者会見のわずか20分前のことだった。彼が用意した色紙は4枚。そのすべてに同じ2文字を書いた末に、彼は最後の1枚を額縁に収め、風呂敷に包んだ。

その風呂敷の向かう先は、到着を今や遅しと待ちかねる、小渕恵三《おぶちけいぞう》内閣官房長官の元である。それからほどなくして、小渕は資料の入った封書を手に、報道陣のカメラが待ち構える会見へと臨んだ。

「新しい元号は、ヘイセイであります」

小渕が、机の上に伏せてあった額縁を立てる。

平成——。1989年1月7日。昭和天皇が崩御《ほうぎょ》したその日、昭和に次ぐ新元号が発表された。実際に改元が成されたのは、その翌日である。

新たな元号の候補は、事前に「修文」「正化」、そして「平成」の3つに絞り込まれていた。

1月7日の午後、最終決定を下すための会議が開かれた。その時、参席者の1人がこう言った。

「明治以降の元号をアルファベット表記すると、頭文字はM（明治）、T（大正）、S（昭和）となります。『修文』と『正化』は昭和と同じSなので、後々不都合が生じるのではないでしょうか」

この発言が決定打となり、満場一致で新元号が決定した。

小渕は記者会見で、年号とは「長い歴史の中で日本人の心情に溶け込み、日本国民の心理的一体感の支えにもなるものだ」と述べた。「平成」の由来は、『史記』および『書経《しょきょう》』という漢籍内の記述にある。

「内平かに外成る（史記）」

「地平かに天成る（書経）」

「平成」の元号には、国境や天地を問わず、平和の成就を祈願する思いが込められていた。

1/9 1968年

悲劇の長距離ランナー、円谷《つぶらや》幸吉《こうきち》が自ら命を絶つ

「もう走れない……」

円谷幸吉はそう言うと、走る足を止め、伴走する車へと乗り込んだ。

「いったい、どうしたんだろう？」

車を運転していた幸吉の兄の幸造《こうぞう》は、心配そうに首をかしげる。幸吉が「走れない」などと音をあげることなど、それまでになかったからだ。1968年、正月のことである――。

この時からさかのぼること、約4年。幸吉は、風を切って大地を駆けていた。自衛隊の隊員である幸吉は、長距離走の能力を買われて、自衛隊体育学校に入学した。東京オリンピックが開催される1964年には、マラソンにも初挑戦。そこで好記録を出して、東京オリンピック代表にも選ばれたのだった。

「これは調子がいいぞ、なんとかいけそうだ！」

東京オリンピックのマラソン当日……走りはじめてほどなく、幸吉は自分の調子のよさを実感していた。

「がんばれば、3位以内に入れる！」

その自信はゴールが近づくにつれ確信となり、そして彼は、3位でゴールテープを切る。日本中が、銅メダルの快挙に沸き立った。故郷の福島県に帰れば、パレードと祝勝会が彼を待っていた。誰もが幸吉に「次のオリンピックでもメダルを！」と期待するなか、この4年間をマラソンに費やして過ごしてきたのだ。

福島の実家で正月を過ごし、走りに出るも、「もう走れない」と中断した時から、約1週間後――。

高まる期待と、自身の調子がかけ離れていく中、1968年1月9日、彼は重圧に押しつぶされたかのように、自ら命を絶つ。机の上には、家族に宛てた遺書が残されていた。

「父上様母上様三日とろろ美味しうございました。干し柿、もちも美味しうございました」から始まる便箋3枚の遺書は、以降も、兄の幸造を含む親族への礼に費やされ、最後は次の文で締めくくられていた。

「父上様母上様幸吉はもうすっかり疲れ切ってしまって走れません。何卒お許し下さい。気が休まることもなく御苦労、御心配をお掛け致し申し訳ありません。

幸吉は父母上様の側で暮しとうございました」

1/10 1835年

『学問のすゝめ』の著者、福《ふく》澤《ざわ》諭《ゆ》吉《きち》が誕生

旧暦天保5年12月12日

「名は体を表す」という言葉があるが、彼の名もまた、彼の人生を象徴するかのような名前であった。

諭吉――1835年1月10日、下級藩士の次男として生まれた男児にこの名を与えたのは、儒学者《じゅがくしゃ》でもある父の百助《ひゃくすけ》である。その日、百助は清（現在の中国）の法律書である『上諭条例』を注文し、届くのを今や遅しと待っていた。

64冊からなるその漢書が届き喜ぶ百助の元に、今度は、次男誕生の知らせも届く。2つの喜びが重なった百助は、書物の名から「諭＝人を教え導くの意」の漢字をとり、そこに「良いこと」を意味する「吉」を組み合わせて息子の名とした。時は1835年。幕末の気配はまだそこまで濃くはないが、百助には、これからの世を築くのは学問だとの思いが強くあったのだ。

実際に諭吉は、父の願いと名を体現する青年に育っていく。剣術の稽古は好きだったが、基本的には身体を動かすことより学問を好んだ。特に諭吉が没頭したのが、蘭学だった。やがて蘭学の講師として江戸に出た諭吉は、築地に小さな蘭学塾を開いた。

「これからは、アメリカやヨーロッパの政治や哲学を学んでいかなければ」

諭吉は、そう確信していたのだ。

その知識と語学力を活かす機会が、江戸に移り住んだ翌年に訪れる。開港した横浜に、海外からの船が着いたのだ。

「外国人と話すチャンスだ！」

意気込んで、港に出向いた諭吉。だが話しかけても、まったく通じている気配がない。それもそのはず。アメリカの船の乗員たちが話していたのは英語で、諭吉が話していたのは、オランダ語だったのだから……。

「そうか、世界で多くの人が話している言語は英語なのか！」

その時から諭吉の心はアメリカに向き、翌年にはサンフランシスコへと渡る。そして帰国後は、自らが開いた蘭学塾を、英語など一層広い分野を学べる場と変えた。

その新たな学問の場こそが、現在の慶應義塾大学の始まりとなった。「諭吉」の名の通り、多くの若者を諭《さと》し導いた彼の理念は、今も学問を通じて息づいている。

1/11 604年

聖徳太子《しょうとくたいし》が、冠位十二階を制定

旧暦推古天皇11年12月5日

時代が、動こうとしていた——。

長く病に臥せていた用明天皇《ようめい》が、即位のわずか2年後に世を去った。その報は瞬く間に飛鳥の大地を駆け、時の権力者や、台頭の機会をうかがう豪族たちの心を波立てた。天皇空位による世のゆらぎが、新たな勢力争いを引き起こすことは確実だったからだ。

勢力を増しつつある豪族の物部《もののべ》一族は、古くから大和の神々を信仰し、仏教を認めようとしない旧体制派。対して、皇族とそれを支える蘇我《そが》氏は、天皇を中心とし、仏の教えで民を導く治世を求めていた。

「争いは望むところではありません。ですが物部氏の増長を許せば、我が国に繁栄の未来はありません。今こそ決断の時です！」

蘇我馬子《そがのうまこ》にそう強く訴えたのは、用明天皇の妹の額田部《ぬかたべの》皇女《ひめみこ》だ。その言葉通り、蘇我とともに物部氏を破り、亡き兄の遺志を継いで即位した彼女こそが、日本初の女性天皇として知られる推古《すいこ》天皇である。

仏の教えに基づく統治を目指した推古天皇は、即位直後から、一つの方策を思い描いていた。

「仏教に詳しく、政を理解し、建築や薬学など大陸から渡ってくる学問にも明るい、新しい視点と柔軟な思想を持った若者が片腕に欲しい」

そのような人材を求めた時、彼女の脳裏に浮かんだのは、一人の若者の顔だった。

「用明天皇の息子の、厩戸皇子《うまやとのみこ》……彼以上の適任者はいない」

時に聖徳太子（厩戸皇子）、弱冠19歳。彼は、用明天皇が抱いた理想を、誰よりも深く理解した人物でもあった。

推古天皇から新たな国造りを任された厩戸皇子が着手したのは、朝廷の人事システムの整備だった。

「家柄にとらわれず、有能な人材が正しい地位や役職を得られる制度を設けるべきだ」

そこで、従来の姓（一族の世襲《せしゅう》の地位を表す称号）とは別に、能力に応じた位を個人に与えることにした。位は12段階あり、かぶる冠の色で、誰の目にも役職を明らかにした。

こうして、604年1月11日、革新的な役職システム「冠位十二階」が制定されたのである。

1/12 1964年

アマゾン社の創業者、ジェフ・ベゾス誕生

「ウソだろ！　2300%だって!?」

それは衝撃的な数字だった。1990年代半ば、インターネットの使用が1年に2300%というペースで急増していたのだ。当時はまだインターネットといえば、電子メールの送受信や、会社や個人の簡単なホームページがある程度だった。しかし、その数字に驚いた人物は、これから数年以内にインターネットビジネスが爆発的に成長することを確信した。

「やるなら、インターネット書店だ……」

1964年1月12日に誕生したのが、その人物――ジェフ・ベゾスだった。

このときベゾスは20代後半。株式売買の意思決定にコンピュータプログラムを使ったD・E・ショー社に勤め、最年少で上級副社長となった。年俸は100万ドル以上。それでも彼は、この新事業には、現在の地位と報酬を投げ打って人生をかけるだけの価値があると思った。

ベゾスから退社の意向を知らされた同社の創設者デイビッド・ショーは、もう一度考え直すよう促したが、ベゾスの決心が揺らぐことはなかった。

「僕が歳をとって人生を振り返ったとき、たとえ失敗しても、この事業にチャレンジしたことを後悔しないはずです」

ベゾスはニューヨークを離れ、ワシントン州シアトル郊外に小さな一軒家を借りた。彼には夢があった。マイクロソフト社やアップル社のように、家のガレージからビジネスが始まったというサクセスストーリーを描きたかったのだ。

創業メンバーは、ベゾスと妻のマッケンジー、それに2人のプログラマー。自宅のガレージで、世界初のインターネット書店が産声をあげた。社名はamazon.com――。

6か月の準備期間をへて、1995年7月16日、いよいよ本番のウェブサイトが動き出す。サイトに記された「地球上で最大の書店」というキャッチフレーズの通り、すでに100万タイトルの本が並んでいた。

すぐに、アメリカのみならず、世界中から注文が入り、次々と本が出荷されていった。

ガレージはすぐに手狭となり、ビルに移転した。取扱商品の種類も増えていった。ほどなくアマゾン社は、「世界で最も影響力のある企業」と呼ばれるまでに急成長した。

1/13 1001年

清少納言《せいしょうなごん》が仕えた皇后、藤原定子《ふじわらのていし》が没す

旧暦長保2年12月16日

藤原道隆《みちたか》の娘・定子は、時の天皇、一条《いちじょう》天皇の妻となった。間もなく道隆は公家の最高位である「関白」となり、ますますその立場を盤石なものとした。定子もまた、美しく聡明で明るい性格から天皇に愛され、幸せな日々を過ごしていた。

その定子に仕えたのが、清少納言である。天皇の正妻である「中宮」には、身の回りの世話をするため、大勢の付き人が仕えていた。中でも定子は、才気あふれる清少納言を人一倍愛していた。清少納言もまた、定子の優しさ、気品に満ちた美しさにひかれていた。

しかし天皇家に嫁いで約5年が過ぎた頃、定子の父・道隆が急死。これに乗じて権力を掌握《しょうあく》したのが、道隆の弟・道長《みちなが》だ。さらに道長は自分の娘・彰子《しょうし》を、強引に一条天皇の正妻にしてしまう。平安時代の天皇とはいえ、同時に2人の正妻を持つことは異例の事態であった。

「清少納言も、道長の側に寝返ったのではないか」

同僚たちから疑いの目で見られるようになった清少納言は宮中を出て実家に帰るが、そんな彼女のもとに定子から贈り物が届いた。当時としては大変貴重な上質の紙20枚と、模様の入った敷物だ。清少納言は、ある日の定子との会話を思い出した。

「真っ白な紙を前にして、何を書こうかしら」

「定子さま、それでは紙を枕元に置き、その日に起こった楽しい出来事を書いてはいかがでしょう」

自らの言葉を実践するかのように、清少納言はもらった紙に、定子と過ごした楽しかった日々の思い出を記しはじめ、これを『枕草子』と名づけた。父を亡くし、新たな妻が現れ、居場所を失いつつある定子を元気づけたい。枕草子には、そんな思いが込められていた。そして紙を贈ってくれた定子の思いに応えるべく、清少納言はふたたび宮中に戻った。

「あら、新しい付き人さんかしら」

笑いながら、定子は清少納言を迎え入れた。しかし、この時天皇の子を身ごもっていた定子は、出産で命を落としてしまう。１００１年1月13日のことだ。

清少納言は定子が亡くなった後も、鎮魂《ちんこん》の願いを込め、『枕草子』を書き続けたのだった。

1/14 1875年

“密林の聖者”こと、シュバイツァー博士が誕生

木々の間から立ちのぼる草いきれが、辺り一帯を湿度と高温で覆っていた。10月に入り、母国ドイツなら冬の気配も漂う頃だが、赤道直下のガボン共和国は常夏の地だ。

病院内の書斎の灯りに、数匹の蚊が羽音を響かせまとわりつく。蚊は、マラリアを広める危険な存在だが、その侵入を防ぐ網は穴だらけだった。

「より多くの患者を救うには、病院の環境を整える必要があるな。地下水を汲み上げるポンプのモーターも止まりがちだし、老朽化した壁を塗るセメントも購入するとなると……」

注文書を書きながら、アルベルト・シュバイツァー博士は頭をかいた。１８７５年1月14日、アルザス゠ロレーヌ地方の牧師の家庭に生まれたシュヴァイツァーは、当時医療《いりょう》の整っていなかったこの場所で、医療活動に取り組んでいた。

そんな主の心痛を察したか、足元で寝ていた愛犬が、クゥーンと優しく鼻を鳴らす。

「心配するな。お金が足りなければ、またパイプオルガンを演奏してお金を集めよう」

シュバイツァーが愛犬の頭を軽くなでたその時、病院で働く助手が、つむじ風のように部屋に飛び込んできた。

「おめでとうございます、ドクトル！」

「おお！　ついに、黒猫が子どもを産んだんだね？」

その嬉しそうな返事を聞いた助手は、一瞬キョトンとした後、慌てて言葉を重ねた。

「違いますよ、聞いてないんですか？　今ラジオで、ドクトルがノーベル平和賞を受賞したと言ってましたよ！」

今度は、シュバイツァーがキョトンとする番だった。

「おいおい、年寄りをからかうものじゃないよ」

ところが翌日、シュバイツァーのもとに大量の祝電が届く。送り主の中には、ドイツ首相の名まであった。

「まさか、本当に受賞したのか……!?」

呆然としたシュバイツァーは、足元で嬉しそうに吠える愛犬の声に、はたと我に返った。

「そうだ、ノーベル賞受賞者には賞金が出ると聞く。そのお金で病院の設備を直せるぞ！」

その笑みを見た愛犬は、しっぽをふりながら、主の周りをグルグルと走った。

1/15 1971年

ナイルの氾濫を防ぐ、アスワン・ハイ・ダムが完成

母なるナイル川を制御する、巨大なダムを築造する——。それは、共和制エジプトの大統領に就任したガマール・アブドゥル＝ナセルの悲願であった。

腐敗した王政を破り、大統領に就任したナセルが目の当たりにしたのは、愛する母国の残酷な現実だった。広大な国土の95％が砂漠に侵食され、草木の育たぬ不毛の地と化している。そのため国民の大半が飢え、平均寿命は、なんと40歳代に留まっていた。

民を苦しめているのは、飢えだけではない。エジプトを流れる世界最長級のナイル川は毎年のように大氾濫し、そのたびに疫病が蔓延した。それにもかかわらず一部の富裕層は、カイロなどの大都市に豪邸を構え、貴族のように豪奢な暮らしをしている。国民の間に、不満がたまっていた。

「ナイル川の上流にダムを築き、貯水池を作れば、広大な農地をうるおすことができる。氾濫を防げるし、水力発電装置を設置すれば、エジプト中の家庭に電力を供給することもできる！」

ナセルは、その願いを実現するためには、大胆な施策もいとわなかった。ダム建築に必要な莫大な資金を得るため、インド洋と地中海を結ぶスエズ運河を国有化し、通行料を取ることにしたのだ。これが、運河を頻繁に用いるフランスとイギリスの怒りを買い、戦争にまで発展する。

それでもナセルは、世界的な世論を味方につけ、スエズ運河の国有化に成功。この一件でナセルは、エジプト国民の絶大な信頼と人気を勝ち取ったのだった。

その後、ダム建設は資金難により頓挫《とんざ》しかかるが、ナセルは、当時のソビエト連邦の助力も得ながら計画を推し進める。

工事が本格的に始まってから10年後の１９７０年——ダムはほぼ完成した。だがそれと前後し、ナセルは心臓発作のため亡くなった。そのあまりに急な別れに、国中が悲しみに包まれた。

アスワン・ハイ・ダムの正式な完成日と定められ、記念式典が行われたのは、翌年、１９７１年の1月15日。その日は生きていれば、ナセルの53回目の誕生日だった。

ダムの建設により生まれた世界最大級の貯水池を、エジプト国民は敬意を込め、ナセル湖と呼んでいる。

1/16 1605年

ミゲル・セルバンテスが名著『ドン・キホーテ』を刊行

「なんだこれは……ふざけるな！　誰がこんな贋作《がんさく》を……」

セルバンテスは、怒りに声を荒らげた。『ドン・キホーテ』は1605年1月16日に刊行された、彼の渾身の名作だ。その続編なるものを、何者かが無許可で刊行したというのである。

スペインの下級貴族の家に生まれたセルバンテスは、苦難の人生を送ってきた。戦争で片腕の自由を失ったり、捕虜として囚われたり、銀行の破産に巻き込まれて投獄されたり……。そんな自身の苦労体験などを盛り込んで、彼は小説『ドン・キホーテ』を書き上げたのだった。

騎士道物語の読みすぎで空想と現実の区別がつかなくなってしまった主人公が、自身を騎士ドン・キホーテと名乗って冒険の旅をするという物語は、あっという間に大ヒット作品となった。理想と現実の間で葛藤する主人公や風刺的なストーリーなどが、人々の心を掴んだのだ。

しかし、その人気に便乗して勝手に『ドン・キホーテ』の続編と銘打った小説を発表する不届き者が現れた……。

「まさか、贋作が出回るだなんて……」

自分が心血を注いで書いた作品を、横取りするような卑怯なマネは許せない！

怒りで呼吸が浅くなり、セルバンテスは床にしゃがみこんでいた。だがやがて、ハッとした顔をして文机に向かう。

「こんなつまらない贋作には、私は絶対に屈しないぞ！」

とびきりすばらしいアイデアを思いついたセルバンテスは、原稿用紙にペンを走らせた――。

セルバンテスのアイデアとは、彼自身が本物の『続編』を書き、贋作を非難することだ。贋作が出た翌年、彼は『ドン・キホーテ後編』を発表した。後編の中で贋作の内容に触れ、「ドン・キホーテの名を騙《かた》るニセモノが旅をしている」という展開を取り入れることで、贋作の存在さえも自著を彩る要素に組み込んでみせたのだ。

贋作に屈せず、自著をさらなる名作へと昇華させたセルバンテス。そんな彼の『ドン・キホーテ』は不朽の名作となり、今なお人々を魅了している。

1/17 1912年

スコット率いる探検隊が南極点に到達

1911年、南極大陸。凍てつく寒さと視界の悪さに加え、思いがけないトラブルが、イギリスからやって来たロバート・スコット探検隊の足を鈍らせていた。

本来なら、隊員を乗せ南極点へと疾走するはずのエンジン付きソリは、今や人の手によって引かれている。だが、ソリを置いていく訳にはいかない。ソリには、南極大陸で採取した、学術的に重要な化石や動植物の標本が載っているからだ。こうした科学的調査は、スコット隊にとって、南極点到達と並ぶ大きな目的だった。

エンジン付きソリの故障により、南極点への足取りは予定より大幅に遅れ、33人いた隊員も、スコットを含む5名のみとなってしまった。

残り少なくなっていく食料と燃油に不安を覚えつつ、5名はひたすらに、世界の南の果てを目指す。だがこの時、世界初の南極点到達という栄誉を狙っていたのは、彼らだけではなかった。同じ頃、ノルウェーのロアール・アムンセン隊も南極点に向かっていたのだ。そのことも、スコットらの焦りに拍車を掛けた。

南極大陸に上陸してから2ヵ月半後の、1912年1月17日――。ついにスコット隊は、南極点へと到達する。

だが、英国国旗を立てようとしたスコットの目に飛び込んできたのは……風にはためくノルウェーの国旗だった。スコットたちより1ヵ月早く、アムンセン隊が南極点に到達していたのだ。

そこには、ノルウェー国旗と共に、アムンセンたちが立てたテントが残されていた。

「中には……私たちへの手紙？　これを持ち帰れということか……。たとえこれが敗北の証だとしても、すべてを持ち帰ることが、我々の成功だ」

スコットらは、悔しさをこらえて、生還という次の目標に向かって進み始めた。

だが南極点到達の約2ヵ月後、吹雪に閉じ込められ、スコットの命の灯もついに尽きる。彼の荷物には、最期の瞬間まで書かれた日記、そしてアムンセンからの手紙も残っていた。

1/18 1882年

「世界一有名なクマ」を生んだ、童話作家・ミルンが誕生

ブーン、ブーン、ブーン――。

森で虫の羽音を聞くと、心臓が縮み上がり、呼吸が浅くなった。汗が額からにじみ出て、手足は硬直したように動かなくなる。その音は、アランが従軍した戦場で、命を落とした仲間に群がるハエを思い出させた。

「パパ、ミツバチがいるね。はちみつを作ってるのかな?」

手を握っていた息子の声に、ハッとアランは我に返る。

「ああ……きっとそうだね」

息子、クリストファーの頭をなで、アランは深呼吸した。

アラン・アレクサンダー・ミルンは、1882年1月18日、イギリスに生まれた。幼い頃から作家を志し執筆活動に取り組んでいたが、戦争が始まり、アランも従軍する。戦争から帰還して作家となった後も、大きな物音や喧騒《けんそう》は、アランを恐怖の記憶の闇へと引きずり込んだ。

彼は都会を離れて、田舎暮らしを選んだ。草原に立つ一軒家の裏には広大な森があり、森には多くの虫や小動物がいた。

森で自然とたわむれる我が子に、アランは、色んな動物のぬいぐるみを買い与えた。なかでもクリストファーのお気に入りは、大きなクマのぬいぐるみだ。

「ウィニー、僕のウィニー」

クリストファーはクマのぬいぐるみを、そう呼んでいる。〝ウィニー〟は、家族で遊びにいったロンドン動物園にいるクマの名だ。そして今では〝ウィニー〟は、少年が愛するぬいぐるみの名前となった。

我が子が森でウィニーと遊ぶ様子を見ながら、アランは、心の傷が少しずつ癒えていくのを感じていた。手をつなぐようにクマのぬいぐるみを連れ、ミツバチの後をつけて巣を探すクリストファーの姿が、心を温かくしてくれる。

その時アランは、直感した。これまでの自分は、戦場での体験を書くことで戦争の悲惨さを伝えようと思っていた。だが今、世界が求めているのは、この温かさなのだと。

それからアランは、息子とウィニーをモデルにした、児童向け小説の執筆に取りかかる。

タイトルは『ウィニー・ザ・プー』。日本では『クマのプーさん』と訳されたこの小説の主人公は、今では「世界一有名なクマ」と呼ばれている。

1/19 1809年

推理小説の生みの親が誕生

「ちくしょう！ オレが使おうと思っていたトリックを……」

刊行されたばかりの雑誌「ハンフリー親方の時計」を手にした時、彼の胸には、どす黒い感情が込み上がってきた。

1809年1月19日、アメリカに生まれた彼は、陸軍士官学校を経て、作家として執筆活動に取り組んでいた。

彼が読んでいたのは、『バーナビー・ラッジ』という新連載小説。筆者はチャールズ・ディケンズという、彼よりも3歳若いイギリスの人気作家である。

同世代の作家として、彼が以前からディケンズを意識していたのは確かだ。だがそれ以上に腹立たしいのは、『バーナビー・ラッジ』である。「1780年の騒乱《そうらん》の物語」の副題がつけられたこの作品は、謎めいた殺人事件で幕を開ける。果たして被害者は、誰に殺されたのか……？ 読者の多くは犯人探しを求心力として、作品を読み進めていくのだろう。

だが彼には、読みはじめてすぐに犯人が分かった。

「被害者は別人で、殺されたと思われた人物こそが犯人なんだ」

それは彼自身が、いつか小説で使おうと思って温めていたアイデアだった。それを先に使われたことに、こみ上げる憤りを抑え難かったのだ。

そのどす黒い感情を、彼はペンにぶつけた。定期的に書評を寄稿していた雑誌で、まだ連載開始してまもない『バーナビー・ラッジ』を取り上げ、トリックと犯人をあっさりと明かしてしまったのだ。

そして彼は、「これが真の推理小説だ！ これこそが真のトリックだ!!」とばかりに、一本の小説を書き始めた。

舞台はパリ。とあるアパートの一室で、母娘の惨殺死体が発見される。部屋は荒らされているが、奇妙なことに扉は内側から施錠され、窓も閉ざされていた——つまりは完全な密室の中で、殺人が起きるという筋書きだ。

『モルグ街の殺人』と題されたこの作品は、舞台となったフランスでも翻訳されて人気を博したが、しばらくの間、作者の名が明かされることはなかった。

後に「推理小説の生みの親」と称賛され、日本の著名推理作家もペンネームの由来にしたその人物は、名を、エドガー・アラン・ポーという。

1/20 1936年

「王冠を賭けた恋」のイギリス国王エドワード8世が即位

1936年12月。イギリス王室公邸の執務室は、重苦しい空気で満ちていた。同年の1月20日、エドワード8世が即位したときには、まさかこんな事態になるとは誰も思っていなかった。大臣は険しい表情で、王に進言する。

「陛下、どうか賢明《けんめい》なご決断を。陛下はウォリス・シンプソン夫人との結婚を、ご自身の意志で取りやめるべきです」

エドワード8世は唇を引き結び、大臣に鋭い視線を向けた。彼は今、重大な問題に直面している。最愛の女性ウォリスとの結婚を切望しているのに、政治・宗教など様々な事情に阻まれ、実現する見込みがないのだ。

大臣は、さらに言った。

「ウォリス夫人はアメリカ人で、しかも離婚歴があります。彼女を王妃にすれば、歴史と伝統を重んずる王室の威信を損なうこととなります。国民も反発するでしょう」

大臣の言葉に、エドワード8世の胸がずきりと痛む。本当は自分でも分かっているのだ……恋愛感情よりも、国家の安定を優先すべきだと。なぜなら、自分は国王なのだから。

――国王である私がウォリスと結婚すれば、政治的な混乱は避けられない。分かっている。分かっているんだ……！

エドワード8世は深くうつむき、拳を震わせた。

「陛下は王としての責務を、十分にご理解なさっているはずです。何卒、懸命なご決断を」

……どれほどの沈黙が流れただろう？

「君の言葉で、目が覚めた。ようやく私も覚悟ができたよ」

どこか吹っ切れた様子でそう言った王を見て、大臣は安堵の色を浮かべた。――しかし、それも束の間のこと。

「私は王位を捨てる。ただの男になって、彼女と結婚する」

「……陛下!?」

エドワード8世の決意は揺るがなかった。数日内に退位の手続きを済ませ、ラジオ放送で国民への退位演説を行った。

「愛する女性の助けと支えがなければ、私には国王の義務を果たすことなどできない」

そして彼はイギリスを去ってウォリスと結婚し、生涯を添い遂げた。325日という非常に短い在位期間となったが、この一連の騒動は「王冠を賭けた恋」として、今なお語り継がれている。

1/21 1793年

フランス国王ルイ16世、ギロチン台の露となって消える

フランス国王ルイ16世は、王妃マリ・アントワネット、そして子どもらとともに、テュイルリー宮殿に軟禁されていた。

「やはり、パリを脱出しようなどと考えるべきではなかったのだ。私はこの国の王なのだから……」

彼が若くして王位を継いだとき、すでにフランスの財政は破綻《はたん》をきたしていた。民衆は重い税を課され、貧しい暮らしを強いられており、彼らの我慢は限界に近づいていた。

ルイ16世は、決してその状態を放置していたわけではなかった。彼は経済に詳しい者を登用し、財政の建て直しを試みたほか、拷問を禁止するなど、人権を重んじる政策もとっていた。また、王自身の生活も、決して華美を好むものではなかった。しかし、そんな中、ついに民衆が革命を起こした。

「私が、もっと早くこの国の状況に気づくべきだったのです。私腹を肥やし、民を苦しめていたのは、私や貴族たちだったのですから」

そう言ってうつむく王妃の手を、ルイ16世は優しくとった。

そのとき、国王一家のもとに、革命派の男たちが現れた。

「ルイ・カペー、あなたの王権は停止された」

男たちはルイ16世の腕を乱暴につかんで連行した。「ルイ・カペー」という呼び名は、もう王ではない、ということを示していた。

ルイ16世は、家族と引き離され、タンプル塔に幽閉される。かつての国王の処遇をめぐって、人々は激しく意見を戦わせた。その議論は半年以上続き、4度の投票で処遇が決定されることになった。そして投票の結果、国民を苦しめたという理由で、ルイ16世の処刑が決まる。

1793年1月21日、処刑のため革命広場へと連行された国王は、2万人の群衆が取り囲む断頭台への階段を登りきった時、民衆に向かって言った。

「私は、すべての人を許す。私が流す血が、フランス国民のためにならんことを」

執行人の合図とともにギロチンの刃が急降下し、歴史に翻弄された青年の、38年の人生に幕が引かれた。

皮肉なことに、彼の命を奪ったギロチンは、人権派のルイ16世自身が、「苦しまずに死に至るから人道的だ」として推奨していた処刑道具であった。

1/22 1905年

労働者を虐殺――血の日曜日事件が勃発

「解雇された人を守りぬくため、立ち上がらなければ」

ゲオルギー・ガポンは唇をかみしめた。

ロシア帝国の首都ペテルブルグ――。ガポンはこの街で伝道活動を行う青年司祭だった。

首都に多く立ち並ぶ工場では、過酷な労働が強いられていた。労働者には、労働組合の結成やストライキの実施も認められず、声を上げることさえできない。するとガポンは、労働者の権利を守るためガポン組合を組織した。

1904年、日露戦争がはじまると、軍需工場を中心に労働強化が図られた。そんななか、同年12月、プチーロフ工場でガポン組合の組合員4人が解雇された。

ガポンたちはこれに反発し、ストライキを起こした。この運動は首都の多くの工場にまたたくまに広がった。

そして1905年1月9日（ロシア旧暦の1月22日）の日曜日、ガポンらはツァーリ（ロシア皇帝）の冬宮へのデモ行進を計画する。

その日、雪に覆われた首都は、朝から雲一つない快晴だった。ガポンは、ツァーリへの誓願書を手に握り、デモを指揮する。10万人に及ぶ人々の中には労働者だけでなく、その家族の姿もあった。教会の旗やイコン、そしてツァーリの肖像画を掲げ、ツァーリに「正義と庇護《ひご》」を求める。武器を持たない、いたって平和的なデモだった。

しかし、ガポンには不穏な予感があった。

「なにが起きるかわからない。警戒しなければ」

デモが冬宮前の広場にさしかかるころ、警備のために配備された兵士が叫んだ。

「直ちに解散せよ！」

しかし、人々は進み続け、ついに銃声が響いた。悲鳴が飛び交う。さらに発砲が続く。広場の雪が真っ赤に染まった。市民を虐殺するという大惨事となった。死傷者は1000人以上。そのなかには、女性や子供たちも含まれていた。

この「血の日曜日事件」以降、事件を抗議するストが全国に広まった。労働者の声を暴力で拒絶した皇帝に対する不信が深まった。やがてロシア帝国は崩壊へ向かうことになる。

ガポン自身は事件の翌年、当局のスパイと疑われ、革命派に殺害された。現在では彼のスパイ容疑は晴れている。

1/23 1783年

激動のフランスを描いた、作家・スタンダールが誕生

フランスの南東部。学問と神学の街としても知られるグルノーブルの教会で、衝撃的な事件が起こった。ベルテという名の青年が、既婚女性に向かって発砲したのだ。この犯行により、ベルテはグルノーブル市内広場で、ギロチンにかけられ処刑された。不倫と逆恨みの末に及んだ、実に身勝手な凶行と判断されたためだ。

後に、この事件の訴訟記録を読んだ作家のスタンダールは、心のざわめきを覚える。1783年1月23日、グルノーブルの名士の家に生まれたスタンダールにとって、この事件は他人事とは思えなかった。

加えて、ベルテがそのような凶行に走った理由が、彼には分かる気がした。

ベルテは職人の息子で身体が弱かったが、頭脳は明晰だった。そこで神学校に入学し、裕福な家の家庭教師として生計を立てるようになる。だが、出入りした家の婦人や娘に恋をしてしまい、結局は破滅の道をたどることになったのだ。

スタンダールはベルテとは対照的に、グルノーブルの「裕福な家」に属する側の人間である。だが当時は、フランス大革命からナポレオン帝政、王政復古と、社会がめまぐるしく変化した時代。スタンダールも、時代錯誤な貴族たちに対して批判的な立場をとっていた。かつてナポレオンに心酔し、自らもその軍に加わったことのあるスタンダールは、いわば、激動の時代の当事者だ。

だから彼は、ナポレオン失脚後に作家となり、今の時代を生きる人々の心——主に愛情を、文学という形で表現することを志した。

ベルテの事件を知った当時、すでに作家、そしてジャーナリストとして評価を得ていたスタンダールは、ある大作の構想を練っていた。そのアイデアに、彼の郷里で起きた事件は、一貫したテーマと明瞭な輪郭を与えることになった。

ベルテが、グルノーブルの広場でギロチンにかけられたときからおよそ2年後の1830年。同じ町の名士の子であるスタンダールが、ベルテを主人公のモデルとした作品を世に送り出した。

『赤と黒』——そう題されたこの小説は、「世界の十大小説」に数えられる、不朽の名作となった。

1/24 1780年

異端の天才・平賀《ひらが》源内《げんない》が、獄中で非業の死をとげる

旧暦安永8年12月18日

「あぁ、なんてことをしてしまったんだ！」
「修理計画書」を握りしめ、その男・平賀源内は、自身の早まった行為を絶望的に悔いていた。

　ことの始まりは、とある武家屋敷の改修をめぐるいざこざである。屋敷の改修は、もとは久五郎という名の職人が請け負うことになっていた。だが「エレキテル」など多くの発明で知られ、建築にも興味と自信のあった源内は、「オレなら、もっと安い値段でよい改修ができるぜ」とばかりに、自分でも計画書と見積もりを書いたのだ。

　面目をつぶされた久五郎は激怒して、源内の元に怒鳴り込んでくる。だが職人気質の久五郎は、源内が書いた計画書を見ると「これは見事だ」と思わずうなってしまった。そうして改修のアイデアや技術について話すうち、2人はすっかり意気投合。酒を酌み交わしつつ、ともに改修工事をしようと盛り上がったのである。

　ところが翌朝……酒が抜けきらぬまま目を覚ました源内は、計画書がなくなっていることに気づいて、飛び起きた。
「久五郎め、盗んだな！」

　激高した源内は、隣で寝ている久五郎を揺さぶり起こし、「やい、盗んだ計画書を返しやがれ！」と怒鳴りつけた。

　すると久五郎は寝ぼけ眼で、「なんの話だ、だいたい盗んだとしても、お前に言うものか」と言い返した。
「やはり、お前の仕業か！」

　カッと頭に血が上った源内、刀を抜くや、相手の脳天めがけて振り下ろしてしまったのだった——。

　盗まれたと思った計画書を部屋の隅で見つけたのは、それから間もなくのこと。
「もはや生きる資格なし！」と切腹を覚悟した源内だが、友人たちの説得もあり、素直に投獄される道を選んだ。

　破傷風《はしょうふう》を患い、牢獄で命を落としたのは、そのわずか１ヵ月後の１７８０年1月24日のことだった。

　源内の遺体を引き取り弔ったのは、親友の杉田玄白《すぎたげんぱく》であった。当代一の蘭学医として名を馳せた杉田は、破天荒な友人の死を悼み、墓石に自ら碑銘《ひめい》を刻んだ。
「ああ非常の人、非常の事を好み、行いこれ非常、なんぞ非常の死なるか」……と。

1/25 1214年

平《たいらの》徳《とく》子《こ》の死とともに、平家の物語が幕を閉じる

旧暦建保元年12月13日

「祇園精舎の鐘の声、諸行無常の響きあり」

琵琶法師の、哀切にじむ声音で語られる『平家物語』。強大な権力を掌握するも、源氏に敗れ滅びた平家の物語は、運命に翻弄《ほんろう》された1人の女性の死をもって幕を閉じる。

京の都から北東に離れた山中にひっそりと建つ寺に、足を運ぶ1人の翁の姿があった。身をやつしてはいるが、ただよう高貴さは隠しようもない。山門をくぐり、本殿へと向かうその翁を出迎えたのは、質素な身なりをしてはいるが、こちらも気品をたたえた、1人の女僧である。

「後白河《ごしらかわ》法皇様……」

建礼門院《けんれいもんいん》の院号を持つ女僧は、お忍びで寺を訪れた後白河法皇の姿を見ると、はらはらと涙をこぼした。その女僧こそが、栄華を誇った平家の象徴である平清盛《たいらのきよもり》の娘であり、後白河法皇の息子・高倉《たかくら》天皇の后となった平徳子であった。

壇ノ浦の戦いで平家が源氏に敗れた時、一族の終焉を悟った徳子は、海に身を投げた。だが源氏の兵たちは、潮にのまれそうになる徳子の艶やかな黒髪を熊手で引き上げ、その身を助ける。先帝の母である徳子のことは、生かしておいたほうが得だと踏んだのだろう。その後、徳子は入寺し、人質のようにしてこの寺で生かされてきた。

「思えば、わが子が安徳《あんとく》天皇として即位した時が、私の人生の最も幸せなときでした。しかし、今となっては、それもはかなく過ぎた思い出です」

涙を流し、かつての華やかな生活を懐かしむ徳子は、思い出を語り始める。

我が子を失った苦しみ。平家の中で1人生き残った罪悪感。そして夫や子どもたちの菩提《ぼだい》を弔うため、毎日お経を読み上げ、この寺で孤独な毎日を送っていることを……。

後白河法皇は、同情を禁じえず、ポツリとこぼした。

「あなたは生きながらにして、六道《りくどう》を見たのですね」……と。

六道とは、天国から人間界、そして地獄までを指す言葉である。

後白河法皇の訪問から28年後の、1214年1月25日。徳子の死とともに「平家の物語」は幕を閉じる。六道のすべてを駆け抜けた、59年の生涯だった。

“Made in Japan”で世界に乗り込んだ男、盛《もり》田《た》昭《あき》夫《お》が誕生

ある暑い日、ドイツの金融および産業の中核を担う大都市・デュッセルドルフ。そこで盛田昭夫は、自社が開発した電気機器を売り込むため、足を棒にして歩きまわっていた。

１９２１年１月26日、愛知県に生まれた盛田は、友人の井《い》深《ぶか》大《まさる》とともに、現在のソニー株式会社を立ち上げた。彼らは、日本初のテープレコーダーを発売するなど、自社の技術力に自信を持っていた。

だが盛田は、ドイツにおける“Made in Japan”の評価の低さを痛感していた。

「日本製の製品は、品質が悪いからね」

どこに行っても、耳にするのは、そのような言葉だった。

その日も盛田は、町を歩きまわった末に、カフェに立ち寄りアイスクリームを注文した。ウェイターが運んできたアイスには、紙と木で作られた、小さな番傘の飾りがのっている。

「これはまた、随分と粗末でへんてこな……」

傘を眺め、いぶかしがる盛田に、ウェイターは言った。

「これは日本製なんですよ」

この時のウェイターは、異国の地で汗だくになる日本人に、母国と関係する何かを見せてあげたいと思ったのかもしれない。しかし盛田が覚えたのは、ネガティブな色を帯びた、衝撃だった。

「これが日本のイメージなんだ。この小さく粗末な傘が、ヨーロッパにおける“Made in Japan”の象徴なんだ……」

彼はショックを受けつつも、胸の奥から熱い思いがこみ上げてくるのを感じた。

「日本の本当の力は、こんなものではない。我々が創設した会社が開発する製品は、世界でも有数の質と革新性を持っているんだ！」

その事実を広く知ってもらうため、盛田は戦略を考えた。彼は優れた技術者であり、同時に、時代の嗅覚に長けた営業マンでもあった。１９７０年代には、歩きながら音楽が聴ける小型音楽再生機〝ウォークマン〟を開発し、新たなトレンドで世界を席巻《せっけん》した。

彼らのたゆまぬ努力と時代の流れをつかむアイデアが、世界における“Made in Japan”の立ち位置をひっくり返したのだった。

1/27 1756年

時代を先取りした天才、作曲家・モーツァルトが誕生

「今回も、我が子の才能を正しく評価してくれる主には出会えなかったか……」

落胆する父の横で、6歳になる息子は旅行用のバッグに、バイオリンや小型の鍵盤楽器、筆記用具や薬などをせっせと詰め込んでいた。慣れた手つきは、このような荷造りをすでに幾度も繰り返してきたことを物語る。

「さあ行くぞ、ヴォルフガング。ウィーンならきっと、お前の才能を認めてくれるご主人様に出会えるさ！」

父子は、次なる目的地に向かうため馬車へと乗り込んだ。

自らも音楽家である父親は、いち早く息子の音楽の才能に気づき、その才能を伸ばすことこそが自分の使命だと信じた。だからこそ、一日も早く息子の支援をしてくれる貴族を見つけ、世間に認めさせたいと思っていた。そのためならば、1週間以上の馬車での長旅も苦にしない。

「旅は人の視野を広げる。音楽以外にも、多くのことを学ぶんだぞ！」

それが父の口癖だ。

父の名は、レオポルド。少年の名は、ヴォルフガング・アマデウス。そして、彼らの姓はモーツァルト――後にその名を世界中に知らしめる、不世出の音楽家である。1756年1月27日、ザルツブルク（現在のオーストリアにある都市）に生まれたモーツァルトは、幼い頃から類《たぐい》まれな音楽の才能を見せていた。

モーツァルト親子の旅は約10年続き、その間に訪れた町も、ウィーン、パリ、ロンドン、そしてイタリア各地に及んだ。

その後、モーツァルトは20歳にして故郷ザルツブルクの宮廷作曲家に採用されるが、5年後には安定した身分を捨て、自分の作りたい曲を創ったり、依頼を受けて作曲するようになる。これまでの、王族や貴族のために曲を作り演奏する宮廷音楽という枠組みを飛び越え、「フリーランス」の音楽家として働き、音楽の新しい可能性を模索することを望んだのだ。幼少期に、父との旅を通して育まれた自由を愛する気質は、彼の中に生きつづけたのだろう。

モーツァルトは、35年という短い生涯を音楽に捧げた。彼の残した900曲以上の作品は、今もなお、多くの人に愛されている。

1/28 935年

紀《き》貫《つら》之《ゆき》が、日本最古の日記文学、『土佐日記』の旅に出発

旧暦承平4年12月21日

「男もすなる日記といふものを、女もしてみむとてするなり（男の人が書くという日記というものを、女の私も書いてみようっと！）」

柔らかな「ひらがな」で記された一文は、行間からも、書いた人物の胸の高鳴りが立ち上ってくるようである。

この序文を書いたのは、当代きっての和歌の名人として知られる、紀貫之。文学の才能に長ける彼は、同時に、朝廷に仕える役人でもあった。貫之は、国司として赴任した土佐国から京都に帰るまでのできごとを、日記として書き残そうと思いついたのだ。

「かな文字で、日記形式の文学作品を書いてみよう！」

そんなアイデアに貫之が夢中になったのは、彼が漢文を読み書きする役人と、かな文字でみずみずしい感性を言葉にする歌人という、2つの顔を持っていたからかもしれない。

斬新なスタイルを築きたいと望むのは、芸術家としての本能だ。だが役人でもある彼が、「女性の文字」とされているひらがなを使うのは、世間体的によろしくない。

そこで貫之が思いついたのが、「女性のふりをして書く」こと。奇想天外な発想ではあるが、もとより貫之は、ダジャレや冗談を愛する、おちゃめな人物でもあった。

ちなみに貫之、この時、60代。つまり、老人男性が「若い女子」になりすます、ということである。

ひとたび心が決まれば、もう迷うことはない。女性のふりをして序文を書き記すと、筆はスルスルと和紙の上を走っていく。まずは京都に帰る前日に、土佐で行われた送別会の様子を、次のように書き表した。

「藤原のときざね、船路なれど、馬のはなむけす」

「藤原のときざね」は、送別会を開いてくれた友人。「はなむけ」とは餞別《せんべつ》の意味だが、馬の鼻を旅先へと向けることが語源である。つまりは「船で帰るのに、馬の鼻向けするなんて、おかしいの」という内容だ。

いきなりの冗談で始まる『土佐日記』。まさに、紀貫之の本領発揮である。935年1月28日から始まった旅の中で書かれた、そのユーモアに満ちた軽快な文章は、多くの人の心をつかみ、のちの『和泉式部日記』や『更級日記』などの女流文学にも影響を与えたといわれている。

1/29 1948年

日本人で初めてスペースシャトルに搭乗した、毛利《もうり》衛《まもる》が誕生

それは、色としての黒ではなく、あらゆる光を閉ざす闇だった。自分の存在すら吸い込まれてしまいそうなほどに、深く暗い空間。

だがその漆黒を見て彼は、恐怖や冷たさではなく、「あたたかさ」を覚えたという。それは、遠い幼少期の記憶……故郷の北海道で見た〝煤《すす》〟に重なったからだった。

冬に石炭ストーブを使うと、煙突の内側が煤で真っ黒になる。だから黒という色が、ストーブが生み出す暖気の記憶と強く結びついていたのだ。

「宇宙とは、子どもの頃に見た煙突の内側の空間のようだ……」

日本人として2人目の宇宙飛行士となった毛利衛は、スペースシャトルの窓から外を見ながら、そんなことを思っていた。

毛利にとって宇宙への憧憬《しょうけい》は、少年時代から続く、感動の記憶の連鎖である。

1948年1月29日、北海道に生まれた毛利は、13歳の時に、その後を決定づける運命の体験をする。

1961年、ソビエト連邦のボストーク1号により人類で初めて宇宙に行ったユーリイ・ガガーリンは、「地球は青かった」という言葉を残した。

「自分も宇宙に行ってみたい！」

毛利の胸に宇宙への憧れが生まれたのは、この時だった。

「この世界には、まだまだ自分の知らないことが多い。未知なる自然の神秘を知るために、科学者になろう！」

初めて皆既日食を見たとき、月の陰に侵食されゆく太陽の光を浴びて芽生えた夢は、彼を科学の道へと突き動かした。

29年後――夢をかなえたかつての少年は、スペースシャトルミッション搭乗者の日本人第1号として宇宙へと旅立った。

窓の外に広がるのは、懐かしさとあたたかさを覚える無限の闇。その〝黒〟の中に、たしかに地球は、存在していた。

「地球は、本当にあるんだ。子どもの頃に観察した昆虫や、顕微鏡で見た葉脈と同じように、こうして1つの星として存在しているんだ」

そして、地球に帰還した毛利は、こうコメントした。

「宇宙からは、国境線は見えなかった」

1/30 1703年

主の無念を晴らすために！旧赤穂藩士が討ち入り

旧暦元禄15年12月14日

「火事だー!!」

1703年1月30日、雄々しい叫び声とともに、黒い火事装束に身を包んだ47人の男たちが、方々から吉良邸へと雪崩れ込んだ。

火消しの役人に扮した彼らは、実は播磨赤穂藩の浪士たちである（浪士は、主君を失った武士のこと）。

遡ること約1年9ヵ月――赤穂藩の藩主、浅野内匠頭《あさのたくみのかみ》は、刀を抜くことなど許されない江戸城内で吉良上野介《きらこうずけのすけ》を切りつけ、その罪により切腹を命じられた。だが浅野の家臣たちは、納得がいかなかった。

「喧嘩両成敗が武士の道理。原因を作った吉良もまた、命をもってその罪をあがなうべきだ」

そう信じた忠臣たちは、大石内蔵助《おおいしくらのすけ》を筆頭に、亡き主の仇を討つべく吉良邸に押し入ったのである。

赤穂浪士たちは、討ち入りの後には切腹すると心に決め、主の無念を晴らしに来たのだ。その覚悟の前に、吉良邸の家臣が太刀打ちできるはずもない。赤穂浪士たちは瞬く間に、吉良上野介の寝室へと踏み入った。

ところがいざ寝室に着くと、上野介の姿がない。布団はまだ温かく、つい先ほどまで寝ていたことがうかがえた。

「まだ遠くには逃げてないはずだ！　屋敷内を探せ！」

その声を合図に、浪士たちは屋敷内に散らばり、上野介を探し始めた。そして浪士の1人である間十次郎《はざまじゅうじろう》は、台所脇の物置にいた白小袖姿の老人を見た時、彼こそが討つべき仇だと直感した。

「吉良上野介殿か!?」

問うても返事はなく、代わりに老人を取り巻く家臣たちが切りかかる。それらを退け、逃げる老人の襟を摑んだ時、十次郎は老人の背中に、新しい切り傷を見た。十次郎には、それが自分の主君、浅野内匠頭によるものだとピンときた。

「やはり、こやつこそが、我らが討つべき相手だ！」

そう思った次の瞬間には、十次郎が手にした槍《やり》は、吉良上野介の身体を貫いていた。

かくして、47人の忠臣たちによる命を賭した仇討ちは成就する。

雪のちらつく、寒い早朝のことであった。

1/31 1543年

不遇の幼少期を送った、天下人が誕生

旧暦天文11年12月26日

9年ぶりに足を踏み入れた岡崎城は、記憶の中のそれと、幾分様子が異なっていた。

「石垣も、天守閣を支える柱も、もっと大きかったのでは？」

一瞬そう思ったが、それは単に自分が小さかったからだと気がつき、思わず苦笑いを漏らす。何しろ元信《もとのぶ》がこの城で過ごしたのは、4歳までのことである。

1543年1月31日、元信はこの城で生まれた。その後、織田家の人質として名古屋に移り、そこで2年を過ごした。それから今川家に身柄を譲り渡され、やはり人質として7年余りを過ごしてきた。

岡崎城の城主である父・松平広忠《まつだいらひろただ》が他界したのも、もうずいぶん前のことだ。

元信が、今川家当主の義元《よしもと》から岡崎城訪問を許されたのは、13歳の時である。人質とはいえ、長い時間を今川家で過ごした聡明な少年を、義元は信頼していたのだろう。なにしろ自らの名から、「元」の一文字を与えたほどだから。

元信にしても、今川家を慕う気持ちがない訳ではない。だが9年ぶりに岡崎城を訪れた時、彼の胸に芽生えたのは、一族の無念を晴らしたいとの想いだった。

その元信の胸中を察したのか、長く松平家に仕える老兵が、「若にお見せしたいものがございます」と城内へと歩みを進める。老兵が向かった先は蔵だ。そして中にあったのは……大量の米や金銭であった。

「若が城に戻る日に備え、松平家の家臣が密かにたくわえたものです。どうぞいつの日か、ご帰還ください」

城は今川家に統治されているにもかかわらず、自分を慕ってくれる家臣たちがいる……その事実に、元信の決意は、いっそう固いものとなった。

4年後、桶狭間の戦いで今川義元が討ち死にしたのを機に、元信は今川家と決別。織田家と同盟を結び、岡崎城への帰還を果たすのだった。

その2年前に「元康《もとやす》」と改名していた岡崎城の新城主は、今川家とのつながりを断つかのように「元」の字を捨て、新たな名を名乗る。

家康――即ち彼こそが、後に戦乱の世を治め江戸幕府を開く、徳川家康であった。

2月の物語

2/1 1894年

映画監督ジョン・フォード誕生

1894年2月1日――。それはアメリカ合衆国メイン州に暮らすアイルランド系の夫婦の間に、13人目の子どもが生まれた日だった。同時にその日は、130本を超える映画作品誕生の起源でもある。彼が親から授かった名は、ジョン・マーティン・フィーニー。彼こそが、後に「怒りの葡萄」などの名作を世に残し、史上最多の6度のアカデミー作品賞を受賞する、映画監督のジョン・フォードである。

俳優、大道具、俳優、果てはスタントマン――。ありとあらゆる映画関連の仕事を経験した彼は、メガホンを取る時、ストーリーボードを必要としなかった。すべてのシーンは、彼の頭の中で即興的に組み上げられるからだ。

映画「モガンボ」を撮影中に、プロデューサーからスケジュールが遅れていることを問われると、台本から3ページをビリビリと破り取り「これでスケジュール通りだ!」と叫んだ。型破りで横紙破り。そんな彼の下には、映画の世界で働きたいと望む若者たちが多く集った。

ある日、フォードが朝まで飲み明かしてオフィスに帰ると、青白い顔の小柄な青年が、彼の戻りを待っていた。

「僕、映画を撮りたいんです、ミスター・フォード!」

震える声で必死に訴えるその青年に、フォードはオフィスに飾られている絵の一枚を指して、聞いた。

「その絵には、何が描かれている?」

「えっと……男性と、馬と……」

「違う違う、違う!」

フォードが叫ぶ。

「水平線はどこにある!?」

「えっ!? えっと…男性の頭の少し上です」

「よし、では次の絵だ。そこには何がある?」

「これは、ゴルゴダの丘の……」

「違う違う! 水平線は、どこだ!」

「すす、すみません! しっ、下のほうです!!」

「水平線がどこにあるのが良いか分かるようになったら、良い映画を作れるかもな。分かったら、とっとと出ていけ!」

部屋を飛び出した後、希望に目を輝かせ小躍りしたその青年の名は、スティーブン・スピルバーグ。フォードは、数多の名作のみならず、新たな映画監督をも生んだのだった。

終戦から27年――グアム島から横井庄一《よこいしょういち》が日本に帰国

1972年2月2日。羽田空港に着陸した飛行機のタラップを、両脇を支えられながらゆっくりと、しかし、たしかな足取りで降りる男性の姿に、日本中の視線が集まっていた。

男の名は横井庄一、当時56歳。太平洋戦争中の29歳の時に、歩兵第38連隊の一員としてグアム島に渡った彼は、この日、実に28年ぶりに母国の土を踏んだのだった。

この時から遡《さかのぼ》ること、26年と6ヵ月――。日本軍とアメリカ軍の交戦地となっていたグアム島に、大量のビラがまかれた。内容は「日本は敗戦した。兵は武器を捨てて投降するように」と呼びかけたものである。

しかし、横井は信じなかった。

「これは、アメリカ軍の罠に違いない！」

かたくなに投降を拒んだ横井は、思いを同じくした2人の仲間とともに潜伏を決意する。深さ2メートルの穴を掘り、地下壕を作って生活拠点とした。主な食料は、カエルやネズミ。竹を使って動物をとらえる罠を作り、割れたガラスのコップを虫眼鏡代わりにして火を起こす。さらには、仕立て屋だった経験と技術を生かし、木の繊維を使って履物や服まで仕立てるようになった。

そのような生活を19年続けたある日、3人は仲違いをし、別々に暮らすようになる。

しかしその後、別れた2人を心配して様子を見に行った横井が目にしたのは、すでに絶命していたかつての仲間の姿だった……。

悲しみと絶望に、打ちのめされそうになる横井。だが同時に、新たな決意の火が彼の心に宿った。

「2人の骨は、絶対に日本に持ち帰ってやるからな」

その日を生きる希望とし、彼はまた1人、孤独な戦いを続ける決心をした。

それから8年後……食料を捕獲するため少し遠出した横井は、猟をしていた地元の住民と遭遇。日本の敗戦と、太平洋戦争の終結が真実だったことを知るのだった。

生存兵発見の知らせに日本中が大騒ぎになるなか、帰国した横井が記者会見で発した第一声は、「恥ずかしながら、生きながらえておりました」であった。

8年前に絶命した、仲間の遺骨を伴っての帰国だった。

ディアス率いる艦隊が、アフリカ大陸最南端に到達

暗闇の中で荒れ狂う波が、船を激しく揺さぶった。

「帆をたため！」

必死な船員たちの声が飛び交う。

それから何日経っただろうか。嵐は過ぎたものの、もはや船が大海原のどこにいるか定かではない。

この先、どうなってしまうのだろう……。

そんな沈んだ空気を払うように、快活な声が飛んだ。

「東に向かおう！」

声の主は、遠征隊長のバルトロメウ・ディアス。ディアスはポルトガル王の命を受け、アジアへの航路を見つける旅の途中だった。アジアに行くには南回りで、アフリカ大陸を越える必要がある。そこでまずは東に進み、アフリカ大陸沿いに南下しようと思ったのだ。

先日の嵐が嘘のように穏やかな海を、船は東へと進む。だが何日経っても、陸影は見えてこない。

「おかしいぞ。船が嵐で流されたとはいえ、そんなに西に行ってはいないはず。ということは、もしかして……!?」

経験と勘が、ディアスに一つの可能性を告げた。

「90度回頭、北に進め！」

ディアスの号令で、船は北に進路をとった。すると探し求めたアフリカ大陸の影が、西に見えてくるではないか！

「やはりそうか。漂流している間に、船はアフリカ大陸を越えていたんだ！」

こうして、１４８８年2月3日、一行はアフリカ大陸のモッセル湾に上陸し、ヨーロッパ人初のアフリカ南端到達が達成された。

「このまま進めば、きっとインドに着くだろう。だが船員は疲れはて、食料も尽きてきた。残念だが、引き返そう」

その帰り道、船は岬を見つけ、寄港する。近海で嵐に遭遇した記憶から、ディアスはその地を「嵐の岬」と名づけた。

出港から16ヵ月後、帰国したディアスが「嵐の岬」について報告すると、国王は「そこを中継地点とすれば、インドとの貿易が可能ではないか！」と、跳び上がらんばかりに喜んだ。

新航路を指し示すその岬に、国王は別の名を与えた。

「喜望峰《きぼうほう》」という、ポルトガルの未来を託した名を。

2/4 1835年

郵便制度の父、前島《まえしま》密《ひそか》が誕生

旧暦天保6年1月7日

1円切手の肖像画の人物を見たことがあるだろうか？

その人物の名は、前島密。彼は、開国間もない日本の近代化に尽力し、「切手」や「はがき」の制度を日本に根づかせた、「日本郵便制度の父」と呼ばれる人物である。

海外の船が日本に頻繁に来航し、異国の知識や文化が流入し始めた江戸時代末期。新しい時代の息吹が、日本全土に広がりはじめていた。革新の機運に敏い者は、その匂いを嗅ぎ取っていただろう。前島密の母も、その1人だった。

1835年2月4日、密は、新潟県の農家の息子として生まれた。藩士の娘である母は、これからの時代、勉学が必要になると考え、密に読み書きを教えた。

その甲斐あって、密は聡明な少年に育つ。7歳の時には地元の俳句会で詠んだ句が、大人たちを差し置いて賞に選ばれたこともあった。密は大喜びしたが、母は、浮かれる我が子の目をじっと見つめて言った。

「幼い頃、人に褒められ自分の才能におぼれてしまい、大成しなかった人が多い。あなたも、うぬぼれてはいけないよ」

その母の言葉を深く胸に刻んだ密は、10歳で家を出て、遠方の塾へ通い始める。12歳の時には、「医学を学ぶために江戸に行きたい」と思い立ち、母親に相談した。

「いったん心を決めたなら、がんばって前進しなさい」

母からの心強い言葉を背に、密は江戸へと旅立った。

密が江戸に着いてからの20年ほどは、日本にとって激動の時代であった。黒船の来航とともに開国への動きは加速し、江戸幕府が倒れ、明治政府が発足。その間に密は、英語を学び、イギリスの社会制度の知見を深めていった。

「日本近代化のためには、通信や郵便の整備が不可欠だ」

常々そう訴えていた密は、明治政府に招聘《しょうへい》され、郵便や鉄道システムの確立を任されるようになる。

密の指揮で郵便制度が整備され始めた1870年、密は1通の手紙を送っている。宛先は、新潟に住む母親だった。

「東京で一緒に暮らしましょう。東京へは、お籠を迎えに出し、お供をつけて案内させます」

自分を教え導いてくれた母の存在は、密にとって、かけがえのないものだったのだろう。

時代に翻弄されつつも、自らの使命に生きた篤姫《あつひめ》が誕生

旧暦天保6年12月19日

「忍耐力があり、怒ったことがない。温和で広い心の持ち主で、人と接するのが上手い」

幕末の動乱を生きたひとりの女性、篤姫。彼女は１８３６年2月5日、薩摩国（現在の鹿児島県）の藩主島津家の親戚筋に生まれた。

冒頭の賛辞は、篤姫の従兄にあたる薩摩藩主・島津斉彬《なりあきら》によるものだ。「将軍家の世継ぎを産む健康な姫を、島津家から迎えたい」という幕府の意向を受けて、１８５３年、斉彬は養女とした篤姫に幕府の未来を託し、13代将軍徳川家定《とくがわいえさだ》の待つ江戸へと送り出した。

しかし、江戸で彼女を待っていたのは、国を揺るがす大事件だった。アメリカのペリー提督が黒船を率いてやってきて、幕府に開国を迫っていたのだ。その2年後には安政の大地震が発生。篤姫の輿入れは先送りされ続け、初めて縁談が持ち上がってから実に6年後、2人はようやく夫婦になった。

しかし、それからわずか1年半後、家定は34歳という若さで死去。養子に迎えた14代将軍家茂《いえもち》もまた、20歳で急死。続いて慶喜《よしのぶ》が15代将軍になった頃には、幕府の威信は地に落ちていた。

ついに幕府は、政権を朝廷に返上することを決める。しかし、旧幕府の勢力の掃討を目指す新政府軍は、１８６８年春、江戸城総攻撃を掲げて迫りきた。

「このままでは、戦で江戸の町が火の海になってしまう。なんとかしなくては……」

家定の没後、天璋院《てんしょういん》と号して大奥を取り仕切っていた篤姫は、新政府の重要人物である、同じ薩摩出身の西郷隆盛《さいごうたかもり》に手紙を書いた。

「私の命に代えてもぜひおたのみ申し上げます。徳川は大切な家柄ゆえ、どうにか存続が許されるよう朝廷にとりなして下さい。この難儀《なんぎ》をお察しいただけるのであれば、私は徳川の先祖、そして父・斉彬への孝行を果たせます」

この手紙の甲斐もあって、西郷は攻撃を中止。江戸の町が火の海になることはなく、江戸城は平和裏に新政府軍へと明け渡された。

江戸城無血開城――その陰には、徳川を守りたいと誰よりも強く願う、篤姫の思いがあった。

2/6 1958年

マンチェスター・ユナイテッドを悲劇が襲う

ミュンヘンの凍てつく滑走路を、44人の乗員乗客を乗せたチャーター機が、滑るように走っていた。

1958年2月6日――ヨーロッパ全土を襲った寒波のため、気温は零下を記録していた。小型のプロペラ機が飛行するには厳しい状況だったが、乗客たちには、急いでイギリスに帰らなくてはならない事情があった。

乗客の大半は、英国サッカーリーグの強豪、マンチェスター・ユナイテッドの選手や関係者たち。彼らは、ベオグラードで行われたヨーロピアンカップの対レッドスター戦を終え、準決勝進出を決めたばかりだった。ただ3日後には、国内リーグ戦が控えている。そのため、勝利の翌朝にはチャーター機でベオグラードを発ち、ミュンヘンには給油のために立ち寄ったのだ。

給油を終え、急ぎ飛び立とうとする機体。だが、凍る滑走路が加速を阻み、速度が上がらない。滑走路が尽きても浮かび上がらぬ機体は、フェンスを突き破り、300メートル先の空き家に突っ込むと、たちまち炎に包まれた。

乗客44名のうち、23人が死亡。そのうち8名が、キャプテンのダンカン・エドワーズを含む選手たちであった……。

この悲劇から10年後の、1968年――。

マンチェスター・ユナイテッドは、悲願のヨーロッパ最強クラブの座を懸け、ウェンブリー・スタジアムのピッチに立っていた。

チームを率いる主将は、30歳のボビー・チャールトン。10年前の飛行機事故で一命を取り留め、ピッチに戻りチームを立て直した人物である。

決勝戦で先制点を叩き込んだのは、チャールトンだった。だが終盤に追いつかれ、試合は延長線に突入する。選手の足を疲労が襲う消耗《しょうもう》戦。それでも、大声援に背中を押されたマンチェスターは、たちまち2点を奪ってみせた。そして勝利を決定づける3点目を決めたのは、またしてもチャールトン。直後に試合終了を告げるホイッスルが、ウェンブリーの空に鳴り響いた。

その時、常に沈着冷静で知られるチャールトンが、ピッチに崩れ号泣した。10年前の悲しみを乗り越え、マンチェスター・ユナイテッドは不死鳥のごとく蘇ったのだ。

長野五輪開会式が行われる

１９９１年、英国バーミンガム。

国際オリンピック連盟の重鎮たちが顔をそろえるなか、あでやかな振り袖姿の小柄な女性が、「スケートは私の人生です」と英語でスピーチを切り出した。

その場に集った人々に、彼女を知らない者はいなかっただろう。89年世界選手権の金メダリストであり、女性初のトリプルアクセル成功者。「ジャンプの申し子」の異名をとる伊《い》藤《とう》みどりは、欧米中心のフィギュアスケート界に地殻変動を起こした、革命児でもあった。

その伊藤が、98年の冬季オリンピック開催地を決める総会で、現役アスリートならではの情熱を込めて長野での開催を訴える。

「オリンピックで競技することは、スケート選手みんなの夢です。私はオリンピックで、世界のトップレベルの選手たちと競い合う喜びを知りました」

「長野冬季五輪に参加するすべての選手が、理想的な環境の中で、ベストを尽くせることを約束します」

そう伊藤がスピーチを締めくくると、会場からは温かい拍手が沸き起こった。

長野を含む開催候補５都市の代表者たちのスピーチが終わると、いよいよ、開催地決定の投票が行われる。

同日、午後７時28分。約１０００人の招致団が固唾《かたず》を呑んで見守るなか、サマランチＩＯＣ会長が封筒を開き、開催地が書かれた紙を取り出した。一呼吸置き、「シティー・オブ・ナガノ」の名が読み上げられると、日本招致団から歓喜の叫びが立ち上った。

それから６年半後の、１９９８年２月７日——。

善光寺の鐘とともに始まった長野オリンピック開会式は、世界的指揮者・小澤征爾《おざわせいじ》のタクトで奏でられる、ベートーヴェンの交響曲第９番「歓喜の歌」の大合唱で、フィナーレへと駆け上がった。

オリンピアの火を灯し、多くの人々の手をつないで運ばれてきたトーチが、「かがり火」をモチーフにした聖火台へと近づいていく。

最後にトーチを受け取り聖火台に火を灯したのは、荘厳な衣装を身にまとった、伊藤みどりであった。

2/8 1865年

遺伝の謎を解き明かす、「メンデルの法則」が発表される

「修道院の院長になってしまった。この先、これまでのように植物の研究に時間を費やせるか心配だ」

高名なブルノ修道院の最高位に就いた日、彼は友人に宛てた手紙に、そう記した。行間からにじむのは、出世の喜びよりも、激化するだろう職務への不安。彼はまだ、植物や遺伝の研究を続けたかったのだ。

貧しい小作農の家庭に育ったグレゴール・ヨハン・メンデルは、その聡明さゆえに修道院に引き取られ、国内最高レベルの教育を受けることが許された。

学問に理解の深い司教の支援もあり、彼は植物の品種改良の研究にも着手する。フィールドワークの場は、修道院の裏庭に作った長さ35メートル、幅7メートルの畑。研究材料に選んだのは、エンドウマメだった。

やや小太りの身体をゆすりながら畑を耕し、メンデルは8年かけて、エンドウマメの遺伝形質には顕性（優性）と潜性（劣性）があることなどを発見する。

その研究の成果である、「優性の法則」「分離の法則」「独立の法則」を学会に発表したのが、1865年2月8日。ところが研究をさらに深めようとしていた3年後に、彼は修道院長に任命された。それは、植物研究の道が絶たれてしまうことを意味していた。

だが同時に、彼はこうも思った。

「今まで私が自由に研究できたのは、修道院の理解と支援があったからだ。これからは、得てきた知識を、修道院と人々のために生かそう」

その誓い通り、残りの人生を修道院と人々のために費やした彼の最期は、自室のソファーに座ったまま眠るように迎える、穏やかなものだった。

その死から16年後。遺伝学者たちは、自分たちの研究を世に出すに際し、過去に似た研究がなかったか調査して愕然とした。彼らが新発見だと思った法則は、35年も前に発見されていたにもかかわらず、顧みられることなく忘れ去られていたのである。

「メンデルの法則」は、遺伝学の基礎を築く重要な発見として、広く知られるようになった。メンデルは「遺伝学の祖」として、科学史にその名を刻んでいる。

2/9 1867年

旧暦慶応3年1月5日

信念の文豪、夏目漱石《なつめそうせき》が誕生

文部省からの「博士号を授与する」との報を受けた時、彼の額には、怒りの青筋が浮かび上がった。

彼とは、1867年2月9日、現在の東京都新宿区に生まれ、日本の文学史に輝く名作を数多く残した文豪の夏目漱石である。報を受けたときの漱石は44歳、すでに人気作家としての地位を確立していた。

「事前の相談もなく勝手に決め、しかも、博士にしてやるから授与式に来いとは何ごとだ！」

憤まんやるかたない漱石は、胃の痛みも忘れペンを取ると、文部省宛てに手紙を書きはじめた。

「昨日の夜に私の自宅に、学位の授与式に出頭せよとの連絡があったそうです。

しかし私は今日まで、ただの〝夏目なにがし〟として世を渡って参りましたし、これから先もやはり、ただの〝夏目なにがし〟で暮らしたい希望を持っております。従って私は博士の学位を頂きたくないのであります」

言い方は丁寧だが、きっぱりはっきり「要らない」と言っているのだ。

ところが、文部省からは「一度決めたものは断れない」と返事がきた。漱石はそれに対してふたたび手紙を書き、その最後に、「現在の日本の博士制度は、よいことが少なく弊害ばかりだ」とまで言い放ったのである。

権力を嫌い、身分や地位にあぐらをかく者にはとことん反発する漱石の気骨は、彼の代表作『坊っちゃん』の精神そのものだ。

最初の手紙で漱石は、「ただの夏目なにがしとして暮らしたい」と書いているが、この一文にこそ、「先生」や「博士」などの肩書きにとらわれぬ彼のプライドが込められている。

ちなみに「漱石」というペンネームは、「漱石枕流《そうせきちんりゅう》」という故事成語に由来する。「石に枕し流れに漱《くちすす》ぐ」と言うべきところを、「石に漱ぎ流れに枕す」と言い間違えた人が、「これで合っているんだ！」と言い張ったという話。そこから発生し、強情や見栄っ張りの意味に使われる。

自ら好んでこの言葉をペンネームに選んだ漱石は、その名の通り、強情なまでに自分の信念を貫く人物であった。

2/10 1886年

女性解放運動を進めた、平塚《ひら》《つか》らいてうが生まれる

松本盆地から仰ぎ見る北アルプスの銀雪に、朝の日差しが輝いていた。

目を差すまばゆい光に思わず瞼を閉じ、彼女は、澄んだ空気を胸いっぱいに吸い込んだ――。

彼女が、信州の山間に身を隠すように滞在している訳は、世間を騒がせた一つの「事件」にある。

彼女が生まれたのは、1886年2月10日。政府の高官を父に持ち、大学で文学に魅せられた彼女は、若き小説家と恋に落ちた。そして恋人と連れ立って、まだ寒さと雪の残る、3月の日光へと旅に出たのだ。

だが日光へと続く山道で、2人は警官に救助される。

「2人で、死に場所を求めていた」

警察に話したその一言は、マスコミにも伝わり、瞬く間に世間の耳目を集めた。新聞には、「心中未遂」と書き立てられ、2人の写真まで掲載された。今よりもさらに女性に対する抑圧が強かった当時、スキャンダルを起こした彼女に対する世間の目は厳しかった。

それらの騒ぎから身を隠すように、彼女は信州へと逃れ、そこで本などを読んで生活する。あるとき、本を読みながらうたた寝をし――彼女は幻を見た。

その夢の中で、彼女はアルプスの上を飛んでいた。

「私の魂は今、肉体を離れ、空に放たれたのね……」

そこで彼女が目にしたのは、じっと雪の中からこちらを見る、1羽の雷鳥だった。

「今の私は、厳しい寒さに耐え、春を待つあの雷鳥のようだ。でも、春が来れば……」

夢から覚めた彼女の目からは、とめどなく涙があふれていた。今の彼女には、恋愛や女性に対する世間の先入観や偏見、古い価値観に縛られた社会制度が、とてつもなく小さなことに感じられた。

それから3年後、彼女は女性解放を訴える月刊誌「青鞜《せいとう》」を創刊する。

彼女の名は、平塚明《はる》。

「青鞜」の創刊号には「元始、女性は太陽であった」と題する所信表明を執筆し、その筆者名には、こう記した。

「平塚らいてう（雷鳥）」と。

日本人の信仰を研究した、民俗学者・折口《おりくち》信夫《しのぶ》が誕生

「マレビト」——漢字では「客人」あるいは「稀人」と書くこの言葉は、文字通り異国から訪れた客人であり、存在そのものが稀な人を意味する。

　この言葉を民俗学の分野で用い、「他所の世界から訪れる霊的な存在、つまりは神」だと定義した人物がいた。

　折口信夫。民俗学者であり国文学者であり、そして歌人でもある、知の巨人だ。

　一冊の本との出会いが、人の生き方を決めることがある。折口にとっては、民俗学者の柳田国男《やなぎたくにお》の名著『遠野物語』が、人生の道標になった。

　1887年2月11日、大阪の医師の息子として生まれた折口は、家族から、父の後を継ぐことを望まれて育った。だが折口は理系分野には関心を示さず、代わりに短歌を詠むことを好んだ。学生の頃から投稿した短歌が文芸誌に掲載され、才能を開花させた。歌人としては、「釈迢空《しゃくちょうくう》」の号で活躍する。

　その彼が、『遠野物語』に出会ったのは、中学校の教師を務めていた27歳の頃。

「なんて面白い本なんだ……！」

　東北地方の伝承をまとめた説話集を、折口は歩きながらもページをめくり、心躍らせ読み進めた。その数年後には、折口は柳田と会う機会を得て、2人は師弟関係を築くまでの付き合いになる。

　それまで進むべき道のはっきりしなかった折口が、民俗学や民間伝承にのめり込んでいったのも、この時から。柳田に感銘を受けて熊野古道を探訪し、地元のお地蔵様に頭を下げ、日本人にとっての信仰や神道とは何かを解明しようと試みた。

　その末に折口は、「日本人にとっての神は、年に一度、異世界から訪れる存在だ」と確信するに至る。ただ、「日本の神の信仰は、先祖の御霊を敬う精神だ」と考える柳田は、折口の考えを認めはしなかった。

　だが折口にとって、マレビトの概念や神の定義は、師に逆らってでも貫きたいほど大切なものだった。自らを異質な存在だと感じていた折口だからこそ、日本人の信仰を探るための手がかりとして、「マレビト」という概念を見出したのかもしれない。彼の残したこれらの概念や言葉は、今も民俗学の重要なテーマとして、研究が続けられている。

永遠の探検家、植村《うえ》村《むら》直《なお》己《み》の最後の冒険

「南極横断が終わったら、ここに野外学校を作りたいんだ」

帯広の広大な大地を見渡しながら、彼が妻の公子に将来を語ったのは、南極に旅立つ少し前のことだった。

南極大陸横断は、冒険家・植村直己の長年の夢であった。日本人初のエベレスト登頂や、世界初の犬ぞり北極点単独行到達など数々の偉業を成し遂げた彼にとって、最後の目標。その長年の夢をかなえたら、冒険三昧だった日々に終止符を打ち、北海道に落ち着くつもりだった。

しかし、満を持して南極大陸に渡った彼の夢は、あっけなくついえてしまう。紛争の影響で、予定していた支援を受けられなくなってしまったからだ。

南極大陸横断をあきらめ帰国した植村は、同年の年末に渡米する。もうひとつの夢である野外学校設立に向け、ノウハウを学ぶためだった。

だがアメリカの広大な大地を見た時、植村の中の抑えがたい冒険への情熱が燃え盛った。

「マッキンリー山に登ろうと思っている。なんとなく、若い頃のような山登りしてみたくなって……ちょうど誕生日くらいに頂上に立つつもりで行きます」

植村はアメリカから、日本にいる妻に電話をかけていた。マッキンリー山はアラスカにそびえる、標高６１９４メートルの北米大陸の最高峰。この雄峰の冬季単独登頂に、植村は2月12日の誕生日を重ね、挑むことを思い立つ。

春くらいには、そっちに帰るつもりでいます――妻にそう伝え、彼は挑戦を開始した。

彼が登頂に成功したのは、１９８４年2月12日。計画通り、彼の43歳の誕生日であった。

「昨日の午後7時10分前に、頂上に立ちました」

植村から登頂成功の無線連絡が入ったのは、その翌日のことであった。そしてこれを最後に、彼からの通信は途絶えた。およそ2週間に及ぶ懸命の捜索も、「生存確率ゼロ」として打ち切られる。

植村は生前、「冒険とは生きて帰ること」だとよく口にしていた。最後の冒険から帰ることはできなかったが、彼が夢見た野外学校設立は、彼の夢を引き継いだ人々によって実現された。

2/13 1995年

ワイルズによる〝フェルマーの最終定理の証明〟が認められる

それは、過去の偉人から送られた挑戦状かイタズラか、あるいは〝呪い〟のようですらあった。

「フェルマーの最終定理」は、驚くほどにシンプルだ。

「$X^n+Y^n=Z^n$の時、nが3以上の自然数で、0でない自然数（X、Y、Z）は存在しない」

「数論の父」と呼ばれたピエール・ド・フェルマーが残したこの定理は、果たして正しいのか、否か？　その謎に、多くの優れた数学者たちが挑んでは挫折した。

「私は証明したが、それを書く余白がない」

フェルマーが書き残した挑発的な一言も、後世の学者たちのチャレンジ精神をかき立てた。だが長い年月が流れても、謎を解き明かす者は現れない。やがて数学の世界では「あの定理には手を出すな」と恐れられるまでになっていた。

その数学界の謎に、10歳で魅入られた少年がいた。少年の名は、アンドリュー・ワイルズ。大学都市として知られるイギリスのケンブリッジに生まれた彼は、図書館でフェルマーの定理の本を読み、「絶対に証明してみせる！」と誓った。

そうして数学者となったワイルズだが、教授や学友にすら、真の目的は明かさなかった。表向きは「楕円曲線」を研究テーマに選び、1人密かに、フェルマーの最終定理の証明に取り組んだのだ。

1993年、ワイルズは「モジュラー形式、楕円曲線およびガロワ表現」と題された講演をケンブリッジ大学で開く。3日間の予定で始まったその講演は、進むにつれ、参加者の間でこんな声が聞かれるようになった。

「これは、フェルマーの最終定理の証明なのでは!?」

噂はたちまち広がり、最終講演には200人もの学生や学者が詰めかけた。その注目の視線を浴びながら、長い数式を書き終えたワイルズは、一呼吸置いて言った。

「よって、フェルマーの最終定理は証明されました」

その瞬間、講義室は割れんばかりの拍手に包まれた。

その後、修正と査読を経て、1995年2月13日、ワイルズの証明に誤りがないことが確認された。フェルマーの残した数学史における最大の謎の1つが、ついに360年の時を経て解き明かされたのである。

2/14 1876年

電話の特許は誰の手に!? ベルとグレイが特許を同時申請

1876年2月14日——。この日の米国特許庁は、かつてなく、そして恐らくはこの先にも存在しえないほど、歴史的な日であった。

午前11時、1人の弁護士が特許の申請書を手に事務所に飛び込んできた。彼が申請したのは、「多重電信装置」。それは、複数の音階を1本の電線で同時に送信できるという、当時の電信システムの最先端を行く技術であった。

その数時間後に、今度は別の弁護士が特許庁を訪れる。彼が届け出たのは「液体送信機」と呼ばれる発明。

わずか数時間差で提出された2つの装置は、ほぼ同じ技術を用いたもので、「通話に応用できる」という点でも酷似《こくじ》していた。

先に申請された装置の発明者は、英国出身のボストン大学教授、グラハム・ベル。数時間後に提出された装置の申請者は、米国人電気技術者のエリシャ・グレイ。

2人が発明した装置は、後に「テレフォン＝電話」の名で、人々の生活に深く浸透していくことになる。

偶然だとすればあまりに劇的なこの同日申請だが、神様はそこまでイタズラ好きではない。両者は面識こそないが、互いの研究は意識していた。先に申請の動きを見せたのは、グレイ。それを察知したベルの代理人が、先を越されまいと、迅速に手続きを進めた結果だった。

2人の申請者のどちらに特許権を与えるかという問題は、審査官たちを悩ませた。だが最終的には、わずか数時間ながら早かったベルを採用するとの判断が下される。

これに対しグレイは訴訟も考えたが、「多重電信の性能向上に力を入れるべきだ」と判断し、引き下がった。

運命の日から3ヵ月後——。アメリカ建国100年を祝う万国博覧会で、ベルは「電話機」を出展する。そのデモンストレーションで、ベルは自ら「生か死か、それが問題だ」で始まる、『ハムレット』の有名な一節を読み上げた。

受話器から響く明瞭なその声に、博覧会の審査官たちは衝撃を受ける。その審査官の中には、あのグレイもいた。

ベルの発明した電話機は、その後、より長距離間で、よりはっきりと会話ができるよう改良され、私たちの生活に欠かせない道具の一つとなった。

2/15 1883年

藤岡市助《ふじおかいちすけ》、日本初の電力会社「東京電燈」を設立

目の奥を刺激する眩い光が、彼の心まで照らした。

光の正体は、工部大学（現在の東京大学工学部）のホールで、イギリス人講師が灯した「アーク灯」だ。その日本で初めて放たれた電灯の光は、彼の心を強くとらえた。

「これからは電気の時代。日本が発展していくためにも、電灯が必要だ！」

工部大学の学生である藤岡市助は、目の前で輝く光こそが、日本の未来を照らす希望の灯だと確信した。彼が同志とともに国に掛け合い、日本初の電力会社「東京電燈」を設立したのは、それから5年後、1883年2月15日のことだった。

ただ、会社を作ったはいいが、実用に移す技術はまだない。何しろ当時は世界的に見ても、白熱電球が発明されたばかりで、日本で電力を実用化するのは不可能だった。そこで藤岡は国の支援を得て、科学大国アメリカに渡った。最大の目的は、発明王トーマス・エジソンに会い、電球の技術を学ぶことであった。

ニューヨークの研究室を訪ねた藤岡を、エジソンは温かく迎えてくれた。実はエジソンが発明した白熱電球は、その要となる「フィラメント」という部分に日本の竹を使っていたのである。そのような縁もあり、エジソンは、日本から訪れた若き研究者に親近感を覚えたのだろう。

「電球を自分の国で作ろうという気概がなければ、国は滅ぶ」

尊敬する発明王からのその言葉は、藤岡の情熱の炎に、さらなる燃料をくべた。

「よし、そのためにも、全てをここで学んでいこう！」

決意も新たに藤岡は、白熱電球のみならず、様々な最先端の電気技術を見学。知識と技術を身につけて、後ろ髪を引かれつつニューヨークを去った。

帰国後、藤岡は自ら白熱電球の製造に取り組んだ。大学の教授職を辞してまで、電球の開発にすべてを捧げた藤岡の情熱は、「東京電燈」の開業に伴い、やがて日本中を照らしたのだった。

2/16 1959年

キューバ独立の英雄、カストロが首相に就任

獄中で出される食事のトレーから、彼はレモンをつかむと、そっと服の下にしのばせた。フォークやナイフがなくなると、看守たちは大騒ぎする。囚人が武器にするため盗んだと思うからだ。だがレモンなら、誰も大して気に留めはしない。

しかしフィデル・カストロにとっては、レモンこそが牢獄と外の世界をつなぐ鍵であり、現政権を倒すための最大の武器であった。

大学で法律を学び弁護士となったカストロは、憤りを感じていた。彼は弁護士として貧しい人々のために働いていたが、1人の力では限界がある。当時のキューバは軍事政権で、バチスタ大統領の独裁下にあった。政治は腐敗し、国民の大半が貧困にあえぐ一方で、一部の高官が富を独占している。

その状況を変えるべく、カストロは130人の市民とともに武装蜂起し、兵営を襲撃した。しかし蜂起は失敗し、カストロも牢獄に捕らえられてしまったのである。

だが投獄されてなお、カストロの闘争は終わらなかった。

裁判では〝自分で自分の弁護士を務める〟という手法を用いて、自らの考えを法定の場で訴えた。

さらに彼は、レモン果汁をインク代わりにし、激しい思いを手紙にしたためた。果汁の文字は書いただけでは透明で読めないが、火で炙《あぶ》れば、筆跡が浮かび上がる。

その秘密の手紙を受け取ったカストロの同志は、内容をまとめ、本として出版した。

「多くの失業中の人々は、国外へ移住することもなく、ただ日々のパンを手にしたいと願っている」

「10万人の貧農は、彼らのものではない土地で働きながら生き、そして死んでいく」

悲痛な嘆きを綴ったカストロは、手紙をこう結んでいた。

「私は無罪を求めない。私を断罪せよ。それは問題ではない。歴史が私に、無罪を宣告するであろう」

蜂起の翌年に刊行されたこの書は多くの人々に読まれ、国民に立ち上がる勇気を与えた。

1959年、バチスタ政権はカストロ率いる革命軍に倒される。そして同年2月16日、カストロはキューバ共和国の首相に就任した。彼の言葉が国民を勇気づけ、キューバを独裁から解放したのである。

2/17 1862年

旧暦文久2年1月19日

近代日本文学を代表する、作家・森《もり》鷗《おう》外《がい》が誕生

1862年2月17日、江戸から明治へと時代が移りゆく転換期に、森鷗外は、津和野藩（現在の島根県津和野町）で代々医師を務める森家の長男として生まれた。

幼い頃から頭がよく、聡明だった鷗外は、10歳でドイツ語を学びはじめ、年を偽って東京医学校（現在の東京大学医学部）予科を受験。実年齢わずか12歳で合格した。

当時はまだ、江戸時代から続く価値観が色濃く残り、国や家のために生きることが重んじられていた。一方で、近代国家として歩みはじめたばかりの日本は、欧米に肩を並べようと、国を担う人材を次々に先進諸国へ留学させていた。

鷗外もまた、その1人として、ドイツに留学することになる。出発前には明治天皇に拝謁《はいえつ》するという輝かしい船出であり、医師一家のエリートとしての道を歩んでいた。

しかし鷗外は、ドイツでエリーゼという女性と恋に落ちる。

「私は国費で留学させてもらっている身だ。このようなことは許されない……」

鷗外は苦悩する。それは、国を選ぶか恋を選ぶかといった単純なものではなく、自らの価値観や生き方の問題だった。すでに個人主義が確立していた海外で過ごすことで、鷗外は新しい価値観「近代的自我」に目覚めたのである。

日本は近代国家になった。自分たちはその中で、様々な自由を得られるはずだ。しかし一方で、家や国家にも未だ強く縛られていることにも気がついていた。それは鷗外のみならず、当時の知識層の若者や多くの文学者が、必然的に向き合うことになった葛藤であった。

留学を終え帰国した鷗外を追って、エリーゼは日本にやってくるが、結局、鷗外は家族の猛反対もあり、彼女を帰国させる。

そして、自らのこの体験をもとにした小説『舞姫』を発表した。その後は周囲に勧められるままに日本人女性と結婚し、軍医として働きながら、小説家としても大成していくのだった。

60歳で亡くなるまでに、軍人、医師、作家として数多くの肩書と栄誉を得た鷗外であったが、その遺言によって墓には一切の称号を入れず、本名である「森林太郎《もりりんたろう》ノ墓」の文字だけが刻まれた。

中国戦乱の世を統一した、始皇帝《しこうてい》が誕生

果たして、いつからだろうか？　彼が、人の抱く憎悪や殺意を、敏感に感じ取れるようになったのは——。

長平の戦いで秦国が趙国を破り、20万人とも40万人とも言われる捕虜を虐殺したのは、彼が生まれる前年のことだ。

その少年・政《せい》は、本来は秦の王の孫である。だが、政の父親が人質として趙国に差し出されたため、紀元前２５９年２月18日、政は趙で生まれた。

そして政が6歳の時、父は政とその母を残して、ひとり趙を抜け出し秦へと帰ってしまった。その日以来、政は命の危機と隣り合わせで生きてきた。身分を隠し、母と２人で民家や村に身を潜めながら、なんとか生きながらえたのだ。

その逃亡生活は何も持たぬ苦しい日々だったが、政にある物をもたらした。それは、人の本質を見抜く洞察力。

笑顔の裏で損得勘定をする人がいる。親切に見せかけ、腹の中で裏切りの算段を講じている者もいる。ごく稀ではあるが、ぶっきらぼうだが裏表なく、義に厚い人もいる。その頃から政は、声色や顔の筋肉の動かし方から、その人の真意を見抜く力を体得したのだ。

そのような生活を数年続けた今、政は、牢獄のような部屋に食事を差し入れた者の目に、いつもと違う光が宿っていることを見逃さなかった。食事を置いた給仕が、しばらく部屋の前から去ろうとしなかったことも……。

給仕が去ったことを確認し、政は部屋の隅を這いずり回るネズミに、器に雑に盛られた食事を差し出した。ネズミは器の前で鼻をヒクヒクさせ、飛びつくように一口食べ、二口食べ……そしてキュッと喉を鳴らしたかと思うと、その場で踊るように足踏みし、パタリと腹を見せて倒れた。

政はその様子を、表情を変えることもなく、ただ暗い瞳でじっと見つめていた。

それから約30年後の紀元前２２１年2月18日——。

秦の王となった政は、周辺諸国を次々に滅ぼし、中国の天下統一を成し遂げる。それは政が、中国史上初の皇帝……即ち、始皇帝となった日でもあった。

しかし、強力な皇帝の権力と法による統制でまとめられた秦は、始皇帝の死後、わずか数年で滅びることになる。

2/19 1473年

地動説を提唱した、数学者・コペルニクスが誕生

刷り上がったばかりの本を手にし、彼は、飛び上がらんばかりに興奮していた。

1473年2月19日にポーランドで生まれ、イタリアの大学で天文学を学んでいたニコラウス・コペルニクスは、この本を手にする日を心待ちにしていた。

天球儀が描かれた表紙は、荘厳さすら感じさせる。全13巻で構成される『アルマゲスト』は、なんと1400年ほど前に、天文学者クラウディオス・プトレマイオスによって書かれたものだ。目を輝かせ、コペルニクスが大切そうにぎゅっと抱きしめているのは、その翻訳本である。

『アルマゲスト』でプトレマイオスが説いていたのは、世界の中心には地球があり、その周辺を月や太陽が回っている宇宙の構図。特に細かく説明されていたのが「惑星の逆行現象」についてだ。「惑星」はその名の通り、惑っているかのように動く天体である。すべての星は東から西に進むのに、惑星は時々、逆に進むことがあるのだ。

その現象についてプトレマイオスは、「惑星は他の天体よりも、複雑な構図で公転しているからだ」と説明していた。

だがコペルニクスは、研究を重ねるうちに、プトレマイオスの説に違和感を覚えるようになっていた。コペルニクスは、新たな仮説を立てては、検証を重ねていった。聖職者であり医師でもある彼は多忙だったが、空き時間を捻出しては、宇宙の真理の解明に努めた。

その日も彼はいつものように、『アルマゲスト』を傍《かたわ》らに、ノートに幾つもの数式を書きこんでいた。そして、ある一つの説を検証したとき、思わず息をのんだ。

地球の代わりに、太陽を中心に据える——。

するとこれまで抱いた疑問が、宇宙の闇に溶けるように、次々と消えていくではないか。

「これほどまで美しく確かな、地球と惑星、そして太陽の関係性を見たことがない」

それは、1000年以上信じられてきた常識が、まさに足元から動いた瞬間だった。しかしそれは、当時、社会を支配していたキリスト教の教えに背く可能性もあった。

コペルニクスの著書が発表されたのは、彼の死後のことであったという。

2/20 1933年

プロレタリア文学の旗手 小林《こばやし》多喜二《たきじ》が拷問死

「おい、地獄さ行ぐんだで！」

こんな恐ろしいセリフからはじまる、小林多喜二の『蟹工《かにこう》船《せん》』。この物語は実際の事件を題材にしている。

1920年代半ば、拓殖銀行《たくしょくぎんこう》の小樽支店に勤めていた多喜二は、当時、新聞で報じられていた、蟹工船の惨たらしい事件に心を痛めていた。

蟹工船とは、蟹をとりながら、同時にそこで加工して蟹の缶詰をつくっていた海上の工場である。ソ連との領海の境界であるカムチャツカで操業した蟹工船では、労働者がほとんど虫けら同然に扱われていた。収穫がないからと、見せしめに漁獲した蟹をつり上げるウインチでつり上げられたり、蟹の甲羅をはがす樫棒《かしのぼう》で強打された。船上だから逃げ場がない。暴行・虐待による死傷事件は年に数件発生していた。

「誰かが告発しなければ、労働者たちは虐げられる一方だ」

多喜二は、ペンをとる覚悟を決めた。

そうして書き上げたのが『蟹工船』である。多喜二は、暴力によって支配されていた労働者たちが、やがて団結し、立ち上がる過程を描いた。

1929年、『蟹工船』はプロレタリア文学の雑誌「戦旗」に掲載された後、単行本化された。発行と発禁を繰り返しながらも話題をよび、英語やロシア語に翻訳され海外にも広まった。多喜二は、同作一つで日本を代表するプロレタリア文学の騎手として国際的な評価を得たのである。

ところが、作品の評価とは対照的に、多喜二の人生は厳しさを増した。銀行は解雇され、共産党に資金援助をした疑いで検挙された。いったんは釈放されるものの、再び検挙され、『蟹工船』の問題で不敬罪の追起訴をうけた。

1931年1月に保釈出獄後、当時非合法とされていた日本共産党に入党。身を隠しながら執筆をつづけた。

「弾圧に負けてたまるか……」

しかし、当局の包囲網は迫っていた。1933年1月、麻布の隠れ家を捜索され、2月20日、築地署特高に逮捕された。その日の夕方、多喜二は死んだ。30歳だった。

新聞では、「逃亡生活による衰弱はなはだしいところから取り調べに耐ええず、病院に運ばれ〈心臓麻痺〉で死亡」と報じられたが、遺体写真は拷問の痕跡《こんせき》を示している。

2/21 1953年

生命の神秘を紐解く鍵、DNAの二重らせん構造が判明

「間違いない！　やっぱりDNA（遺伝子）は、二重らせん構造なんだ！」

高まる胸の鼓動を静めながら、ジェームズ・ワトソンは、今しがた見た写真に写っていたものを忘れまいと、必死に頭の中で反芻した。駅の売店で新聞を買うと、その隅の余白に、思いついたことを書きつけていく。

ワトソンが見た写真……それはロンドン大学のキングス・カレッジで撮影された、DNAのX線回折写真である。撮影者はロザリンド・フランクリン。フランクリンは独自にDNAの構造を解明すべく研究を進めていたが、彼女と同じ研究室で働くモーリス・ウィルキンスは、友人であるワトソンに、密かにそれを見せたのである。

その写真自体は、黒い画面に白い線がぼんやり浮かび上がっているだけで、普通の人が見れば何も写っていないに等しい。だが優れた生物学者であるワトソンにとって、それは「DNAは二重らせん構造である」という仮説を裏付けるに十分な根拠だった。

写真を見た翌日、籍を置くケンブリッジ大学の研究室に飛び込んだワトソンは、共同研究者であるフランシス・クリックに、前夜の出来事を興奮して話しはじめた。最新のX線回折写真を見たこと。そしてDNAは、ほぼ間違いなく二重らせん構造だということを……。

物理学者であるクリックは、ワトソンのアイデアを聞きながら、DNAの設計図を描いていく。それを見ながらワトソンは、実際に模型を組み立てた。模型が完成すると今度はクリックが、構造的に正しいかどうかを隅々までチェックする。

ただその確認作業にも、さして時間は要さなかった。組み上がった模型はすでに、生物学的にも物理学的にも、完璧に近い美しさを誇っていたからだ。

すべての検証が終わったとき、2人の目の前には、塩基《えんき》の〝腕〟によってつながれた2本の紐が、らせん状にねじれる模型がそびえ立っていた。

それは、40億年前から今に連なる生命の神秘の根源が、人類の前に姿を現した瞬間でもあった。

1953年2月21日、彼らの成しとげた発見は、生物学研究を大きく前進させた。

2/22 1810年

ポーランドの天才音楽家、ショパンが誕生

当時、世界最高のピアニストとして知られていたリストは、手元に届いた楽譜を見て驚嘆した。「練習曲」と題されてはいるが、畳みかけるような旋律は情熱的で、聴く者の感情を掻き立てる。ただ演奏するには高度な技巧を要し、「どんな曲も初見で弾く」と言われたリストですら、一発で弾きこなすことはできなかった。

鍵盤を叩くリストの胸に、この曲を作った友人の気持ちが痛いほどに迫ってくる。異国の地で母国の悲劇を知った、フレデリック・ショパンの悲しみや怒り、そして嘆きが……。

１８１０年2月22日、ワルシャワ公国（現在のポーランド首都ワルシャワ）の音楽一家に生まれたショパンは、幼い頃から音楽の才能を発揮した。音楽院での学びを終えたショパンは、さらなる実績と名声を求め、１８３０年、祖国の土が入った銀の杯を携えて、音楽の都ウィーンへと旅立った。

ポーランドの若き陸軍士官たちが、ロシア帝国の支配に反旗を翻《ひるがえ》し決起したのは、その直後のことであった。

愛する祖国の大地が戦火に包まれることを嘆き、家族や友人の無事とポーランドの独立を心から祈りながら、彼は音楽活動に勤しんだ。だが、問題が生じているポーランド出身の若き作曲家を起用する者はいない。

「この町で仕事を続けるのは無理か……」

挫折感を抱えつつ、１８３１年、ショパンは新たな活躍の場を求めて、ウィーンを離れパリへと向かった。彼の元に、祖国敗戦の悲報が届いたのは、まさにその旅の途中だった。

「神よ、あなたはロシア人だったのか！」

あまりの胸の痛みに叫んだショパンは、渦巻く激情のすべてを音に込め、一心不乱に楽譜に起こした。そして彼はその楽譜を、「ピアノの魔術師」の異名を取る友人リストへと送ったのである。

友人からの楽譜を受け取ったリストは、この曲を完璧に弾きこなせたと感じたとき、友人の想いも正しく受け止めたと確信した。そしてリストは、楽譜の冒頭に「曲名」と書き入れると、続きにこう記した。

「革命のエチュード」――と。

旧暦正保3年1月8日

命の尊さを知る将軍、徳《とく》川《がわ》綱《つな》吉《よし》が誕生

「町中では未だ武士たちが町民に暴力を振るい、町民たちは食料が足りず、生まれたばかりの子を殺めていると聞く。これでは人々の心は荒み、世は乱れてしまう」

江戸幕府5代将軍・徳川綱吉は、江戸の現状に心を痛めていた。武術よりも学術を、争いより平穏を愛する彼の性格は、出自によるところが大きかったのかもしれない。綱吉の父は、名君と謳われた3代将軍の徳川家光《いえみつ》。だが彼の母は、京都の商人の娘だった。

1646年2月23日、家光の四男として生まれた綱吉は、継承権はあるとはいえ、もとより将軍となることなど、期待されていなかった。

だが、家光の後を継いだ兄・家綱《いえつな》に男子がなく、その家綱が38歳の若さで亡くなったため、綱吉に将軍の地位が回ってくる。時に綱吉、34歳であった。

無闇に刀を抜いてはいけない、人はもちろん、犬や馬などの動物にも刀を振るってはならない——綱吉が推し進める政策は、刀こそ武士の魂と信じる家臣たちから、反発にあうことも多かった。中には「将軍は、犬や馬の命を、人間の尊厳より重んじる愚か者だ」とあからさまに揶揄《やゆ》する者もいた。

それでも綱吉は、人も含めたすべての動物の命を重んじることこそが、太平の世につながると信じた。自分の母親が町民であり、いわば武士に虐げられる立場であったことも、無関係ではなかっただろう。

武士の世で命の尊さを浸透させることの難しさに直面し、迷いを感じていた彼の信念は、時を重ねるにしたがって、半ば意固地になっていた。それは、一度発令した「生類《しょうるい》憐《あわれ》みの令」を、約20年の間に100回以上も改定したことにも表れているだろう。だが発令の背後にあったのは、一貫して、命の重視と平和への想いであった。

彼は「犬公方」と蔑《さげす》まれることもあったが、その政策をよく見ると、捨て子の禁止、囚人の境遇改善、動物遺棄の禁止……。「生類憐みの令」には、後世で重要視される倫理観や、動物愛護精神の礎《いしずえ》となる条文も多く盛り込まれている。

果たして綱吉は、本当に愚か者だったのか？

もしかしたら彼の思想に、時代が追いつかなかっただけなのかもしれない。

2/24 1304年

世界初の紀行作家、イブン・バットゥータが誕生

紀元前4世紀にアレクサンダー大王により建設され、知と文化の集積地として栄えたアレクサンドリア市は、東西貿易の中継地として栄華を極めていた。

イブン・バットゥータが、その喧噪と華やぎに心奪われこの地に留まってから、しばらくの時が過ぎていた。

イブン・バットゥータは、1304年2月24日、モロッコのイスラム法学者の家に生まれた。彼は法学の道へ進み、巡礼のためにメッカを目指して旅立ったのだった。母国モロッコを離れてから、もう半年以上が経つ。本来なら今頃は目的地のメッカに着いているはずだが、道中目にした異国の文化や出会った人々が、彼の心をとらえ、旅の予定を遅らせた。

「これまで私は様々な学問を学んで知った気になっていたが、実際に目にする世界は知らないことだらけだ。この旅で見聞したすべてを記録し、後世に残そう」

そう誓い、この日も心の赴くままに市場を歩いていたバットゥータは、見知らぬ2人の男に声をかけられた。

「旅のお方よ、どこに行かれるのかな？」

「メッカへの巡礼の旅の途中で、それが終われば、国に帰ります」

答えたバットゥータに、男は言った。

「お見受けしたところ、あなたは旅を愛する人物のようだ。私には、インドとシンド（現在のパキスタン南部）、そして中国にそれぞれ門弟がいる。あなたはいずれ彼らの元を訪れるだろうから、よろしく伝えて頂きたい」

驚いたバットゥータは、「そのことと関係しているか分かりませんが、私は先日、空を飛ぶ夢を見ました」と応じる。するともう1人の男が言った。

「それはあなたが、世界中を旅することを暗示しているのですよ」

ポカンとするバットゥータを残し、2人の男は煙のように雑踏の中へと消えていった。

その予言から約30年後――。アフリカ全土に東欧やアラブ諸国、そしてアジアのほぼ全域を旅した彼は、若き日の誓い通り、見聞したことを書にまとめた。その本は『大旅行記』と呼ばれ、当時の人々の生活や文化、そして旅のロマンを、今に伝えている。

2/25 1964年

モハメド・アリが、ボクシング世界王者に

長身のその男は、トーチを右手で掲げると、観衆たちに示すように……あるいは掲げた炎で観衆の姿を照らすかのように、ゆっくり左右を見渡した。鳶色《とびいろ》の瞳は、誇りと悲しみを湛えた深い光を放つ。身体が小刻みに揺れるのは、10年以上患うパーキンソン病のためだ。その震える手で彼は、聖火台に火を灯した。

モハメド・アリ、当時54歳。１９９６年アトランタオリンピックの開会式で、聖火リレーの最終灯火者を務めたのは、「ザ・グレイテスト」など、数々の異名をもつ、偉大なる元ボクシングヘビー級王者であった。

１９６０年——ローマオリンピックのボクシング競技で、18歳の黒人の若者が金メダルを獲得した。彼の名は、カシアス・クレイ。自らの功名心や承認欲求を満たしてくれるそのメダルを、彼はどこに行くにも持ち歩いた。

だがある日、友人とともに地元のレストランに行ったクレイは、「ここは白人専用だ」と入店を拒否される。

「こんな物に、いったい何の意味があるんだ！」

レストランからの帰り道、彼は首からメダルをむしり取ると、橋の上から川に投げ捨てた。

それから3年半後の１９６４年2月25日、クレイは初の世界タイトルマッチを迎える。試合前の予想では王者ソニー・リストンの圧倒的有利だったが、蓋を開けてみれば、22歳のクレイがリストンを圧倒。第7ラウンドが始まる時、力尽きた王者は、コーナーから立ち上がらなかった。

「俺が、史上最強だ！」

ビッグマウスで知られた若者は、この時から「ザ・グレイテスト」の道を歩み始め、リング名もモハメド・アリへと改めた。しかし、ベトナム戦争への徴兵拒否などで、政府との争いになり、また、ボクシングのタイトルを剥奪されるなどもした。その後、病との戦いもあり、彼の人生は、必ずしも順風満帆ではなかった。

しかし、初のタイトル戦から約30年後、アリはアトランタオリンピックの会場で、ローマ大会での業績を称えられ、ふたたび金メダルを授与される。

首にかけられた栄誉の証を愛おしむように手に取ったアリは、その輝きをしばらく眺めた後に、優しく口づけした。

2/26 1936年

「国家改造」を要求したクーデタ 二・二六事件が起きる

1936年2月26日、夜更けから降り始めた雪は、その勢いを弱めることなく、東京の町を白く覆い始めていた。陸軍青年将校率いる一兵団の足音も、機関銃が軍服とこすれる音も、つもる雪が吸い込み、幾分か和らげているようだった。

それでも300人を超える兵の動きは、朝と夜の境目の静寂を破り、官邸の人々を眠りから覚醒させる。

「なにごとだ!? 誰の命で動いている!」

警備にあたる者たちの叫び声や悲鳴が、侍従長《じじゅうちょう》の鈴木《すずき》貫太《かんた》郎《ろう》の耳にも届いた。「陸軍に武装蜂起をもくろむ動きあり」との情報を予め耳にしていた鈴木には、襲撃者が誰か想像がつく。部屋に置いていた刀を探したが、見当たらない。

「そうだ、妻のたかが、『こんな見えやすいところに置いていては、泥棒が入った時に逆に不用心ですよ』と言って、片づけたのであったな……」

こんな時だというのに、妻とのやりとりが微笑ましく思い出される。

「しかたないな……」

誰に言うでもなくつぶやくと、彼は床から起きたままの姿で、怒声の飛び交うほうへと向かっていった。土色の軍服に身を包んだ兵たちが、たちまち幾重にも鈴木を囲む。

「閣下でありますか?」

出で立ちから察するに、下士官だろう一人が尋ねた。

「そうだ、私が鈴木だ。なぜこんな騒ぎをしているのだ。話せば良いではないか」

一瞬、下士官の表情に狼狽《ろうばい》の色が走る。重く垂れこめる沈黙を振り払うように、一人が言った。

「閣下、時間がありません。昭和維新のため、一命を頂戴いたします」

乾いた発砲音が数発響き、鈴木はその場に崩れ落ちた。その鈴木にさらに銃口が向けられた時、「それだけはおやめください!」と女性の声が響く。妻の、たかだった。

「どうしても、とどめをさすというのなら、それは私がいたします!」

静寂の後、青年将校の「任務完了、行くぞ」の声が低く響いた。鈴木は一命をとりとめたが、この日、元内閣総理大臣の高橋是清《たかはしこれきよ》らをはじめ、4名の要人が命を奪われた。

2/27 1936年

「パブロフの犬」の生理学者、イワン・パブロフが亡くなる

1900年代初頭。ロシアの生理学者イワン・パブロフは、自身の研究室内に何十頭もの犬を飼っていた。

ある朝、研究室に入ってきたパブロフを見て、1頭の大型犬が檻の中から「わん！」と元気な鳴き声を上げた。その犬の頬には、細い管がぶら下がっている。パブロフは唾液分泌の研究をするために、犬たちの口内で分泌された唾液の量を測定できるように管を取りつけていた。

パブロフがいつものように犬の体調をチェックしていると、廊下から足音が聞こえてきた。飼育員の足音に違いない。毎朝、彼が犬のエサをこの部屋に運んでくるのだ。

「さて、そろそろエサの時間だな」

ふと数頭の犬を見て、パブロフは違和感を覚えた。

「おや？　なぜお前たちは、もう唾液を流しているんだい？」

唾液分泌は本来、食物が口腔粘膜に触れると起こる反射反応だ。しかし、なぜか目の前の犬たちは、食物を口にする前から唾液を分泌し始めていた。まるで、飼育員の足音に反応しているかのように……。

パブロフは、ハッとして目を見開いた。

「……『足音』の後で『エサ』がもらえる。もしかして、これら2つの刺激が経験的に結びついて、足音を聞くだけで唾液が出るようになったのか!?」

パブロフはこの現象を「条件反射」と名づけて、研究を始めた。その過程で発見された「古典的条件付け」と呼ばれる学習メカニズムは、後に学習や記憶の仕組みを解明するうえで重要な役割を果たすこととなる。

条件反射の研究を始めた数年後、パブロフはロシア人初のノーベル生理学・医学賞受賞という栄光に輝いた。その後も1936年2月27日に86歳で亡くなるまで、生涯に渡って条件反射や消化などの研究を続けたのだった。

現代における動物愛護の立場からすると、パブロフの研究は実験動物への配慮《はいりょ》が足りなかったとする声も聞こえる。しかし彼の発見が、生理学や心理学の発展に大きく貢献したのは間違いないことだ。現代においても、パブロフの研究は行動療法や教育、マーケティングなど、様々な分野で応用されている。

2/28 772年

善行の真意を探求した、詩人・官僚の白居易《はくきょい》が誕生

毎日、松の木の上で坐禅を組んでいる禅僧がいる――そんな突拍子もない噂を白居易が耳にしたのは、杭州《こうしゅう》（現在の中国・浙江省杭州市）に長官として赴任した頃である。

白居易は、772年2月28日、地方官の家系に生まれた。幼少期から頭脳明晰だった白居易は、28歳にして科挙に合格。経理から軍の統括、法の整備など様々な政策に携わり、常に出世街道の真ん中を歩んできたエリートだった。さらには優れた詩を何百と創り、文学的才能も発揮した。

ところが43歳の時、唐の宰相を暗殺した犯人の処置について上官に進言したところ、越権行為とみなされ、地方に左遷されてしまう。やがて、出世争いに疲れた彼は、自ら望んで杭州に渡ったのだった。

鳥窠道林《ちょうかどうりん》と呼ばれる「木の上で瞑想する僧」の話を聞いたのは、最近のこと。不思議な僧の噂に強く興味を引かれた彼は、僧が座禅を組んでいるという松の木を目指した。

木漏れ日が地面にまだら模様を描く林道を進むと、噂通り、一際高い松の木がある。見上げると、本当に、枝の上で僧が座禅を組んでいるではないか。

驚きつつも白居易は、冷静を装って尋ねた。

「なぜ、そんな危険な所にいるのですか？」

「お主の胸の内では、薪を燃やすように煩悩《ぼんのう》の炎が燃えあがっておる。そちらのほうが、私には危険に見えるのだが」

この僧は、真の偉人だ――！

そう確信した白居易は、姿勢を正してさらに問うた。

「仏の教えの要とは、何ですか？」

「諸々の悪を行わず、善を行うこと」

この返答を聞いた白居易は、思わず「そんなことは3歳の子どもでも知っている」と言葉をこぼした。すると座禅の僧は、閉じていた目を開き、白居易を見下ろしてこう続けた。

「たしかに、3歳の子どもでも知っている。しかし、80歳の老人でもできはしない」

白居易ははっとして息をのむと、僧に深く頭を下げてその場を去った。

その後、僧の言葉に自分のなすべき善を見出した白居易は、70歳で退官するまで、街道の開通など、人々のために尽力したという。

2/29 1940年

女優、ハティ・マクダニエルがアカデミー賞を受賞

「お客様は、こちらのテーブルにご着席ください」

1940年2月29日、格式を誇るロサンゼルス・アンバサダーホテルのドアマンは、丁寧ながらどこか無礼さを宿す物腰で、女優と彼女をエスコートする男性を案内した。2人が連れて来られた席は、レストランの隅に設置された小さなもの。他の女優たちが座るきらびやかなテーブルとは、まったくの別物だった。

その女優――ハティ・マクダニエルが片隅の席に案内されたのは、彼女がアフリカ系アメリカ人だという、ただそれだけの理由でだった。時は1940年。南北戦争時代(1861〜1865年)のアメリカを舞台にした映画「風と共に去りぬ」に、マクダニエルは農場で働く奴隷役として出演していた。

彼女がアンバサダーホテルを訪れたのは、その演技が認められ、アカデミー賞の最優秀助演女優賞にノミネートされたので、その授賞式に出席するためである。ところが皮肉なことに、映画の舞台となった時代から80年経ったにもかかわらず、未だアメリカ全土には人種差別が色濃く残っていた。

それでもマクダニエルは、背筋を伸ばし与えられたテーブルへと向かうと、胸を張って悠然と椅子に腰かけた。

授賞式が進み、いよいよ助演女優賞の発表が近づく。受賞者へのプレゼンターは、「歴史的な瞬間に居合わせられたことを幸運に思う」と述べた後、一息に受賞者の名前を読み上げた。

「ハティ・マクダニエル」――と。

ターコイズブルーのドレスを身にまとったマクダニエルは、ステージへと向かい金色のトロフィーを受け取ると、マイクの前に立ち、震える声でスピーチをはじめた。

「私は常に、自分の人種、そして映画界に感謝しています。今の感情を言葉にするには、あまりに胸がいっぱいすぎて……ありがとうございます。皆様に神の御加護《ごかご》がありますように」

スピーチを終えると同時に、想いがこみ上げ、彼女の両目からは涙があふれ出た。

それはアカデミー賞の歴史の中で、アフリカ系アメリカ人が、はじめて主要賞に輝いた瞬間だった。

3月の物語

3/1 1896年

物理学者・ベクレルが、放射線を発見

ある日、蛍光物質の研究をしていたフランスの物理学者、アンリ・ベクレルのもとに、一つのニュースが届いた。ドイツの物理学者レントゲンが、X線を発見したというのだ。

一緒に研究していた同僚が言った。

「X線が蛍光を生じるなら、蛍光からも何らかの放射線が発生するかもしれない」

「たしかに。研究してみよう」

それから、ベクレルの放射線研究は始まった。

「まずは、この写真乾板《かんぱん》を黒い厚紙で覆って、光を遮断しよう。それの上に蛍光を出すウラン塩を置いて、太陽の光をあててみるか」

蛍光は日光の刺激で発生する。蛍光そのものは黒い厚紙を通さないが、透過力の強いX線が出れば、蛍光物質が乾板に写るはずだと考えたのである。

実験の結果、予想通り写真乾板にはウラン鉱石が写った。

「おぉ、成功だ！ よし、実験を続けよう」

しかしベクレルは、ある問題にぶつかった。

「うーむ。天気がよくない日が続くな……」

ベクレルの実験には、太陽光が必要だった。曇り空では、実験ができない。

「天気ばかりは仕方ないな」

ベクレルは実験に使うはずだったウラン塩を、黒い厚紙で覆った写真乾板と一緒に、机の引き出しにしまった。

数日後、ようやく晴天となったある日、ベクレルは実験を再開しようと、引き出しを開けてセットを取り出した。

「そうだ。もしかしたら、なにか変化が起きているかもしれない。現像してみよう」

そしてベクレルは、大きな発見をする。

「ん？ これは……ウラン塩が写っている⁉ 太陽光は関係なかったのか。だが、これで蛍光が放射線を発していることが証明できたぞ！」

こうして、1896年3月1日、ベクレルは偶然に放射線を発見した。彼の見つけた放射線は、様々な技術に応用され、人類の歴史に大きな変化をもたらすこととなる。

3/2 1657年

明暦の大火が発生。石出帯刀《いしでたてわき》が英断を下す

旧暦明暦3年1月18日

1657年3月2日。江戸の町を火事が襲った。この火事によって数万もの犠牲者がでて、また江戸城の天守も焼失し、その後、再建されることはなかった。後に明暦の大火と呼ばれるこの火事は、江戸三大火事の一つとして語り継がれることになる。

江戸を焼き尽くしたこの火事が起きた時、牢屋敷の長官、石出帯刀は独断で、ある決断を下す。

「このままでは、収監者たちは焼け死んでしまう。罪人とはいえ、それはあまりにも哀れだ。切り放ちを行おう」

切り放ちとは、期間限定の囚人の解放のこと。本来なら、簡単にはできないことだが、火が目前に迫る中、石出は実行に踏みきった。

石出は解放した数百人の囚人に、こう言った。

「いいか、お前たち。この大火から逃げおおせた暁には、必ずここに戻って来るように。そうすれば死罪の者も含め、私の命に替えても、必ずやその義理に報いてみせよう」

「本当か？　本当に、逃がしてくれるのか？」

「お前たちとて、焼け死にたくはないだろう。私も、お前たちがここで苦しみながら死んだとは、聞きたくない。だが、いいか。もし、この機に乗じて姿を隠す者がいれば、私自らが雲の果てまで追い詰めて、その者のみならず、一族郎党すべて成敗するからな」

「ありがてぇ！　ありがてぇ！」

「必ず、この火事から逃げ延びて、戻って来る！」

囚人たちは涙を流して感謝し、火事から逃れるために散り散りになった。

数日後、火はようやく鎮火し、石出は仕事場である牢屋敷に戻ってきた。石出が門の前に立っていると、1人また1人と、見覚えのある顔が近づいてくる。

「戻ってきたぜ」

「あんたのおかげで、死なずに済んだ。義理を返しにきたぞ」

火事の際、解放された囚人たちが全員、石出に義理を返すべく、戻ってきたのだ。

「信じていたぞ！」

石出は約束通り、老中に減刑を嘆願《たんがん》。老中も彼らの義理堅さを評価し、減刑が実行されたという。

功績を消された科学者、ロバート・フックが死去

1703年3月3日、ロバート・フックが67歳で亡くなった後、イギリスの王立協会（世界最古の科学機関）のトップに立ったのは、アイザック・ニュートンであった。

その数年後、協会の本拠地を移転するにあたり、ニュートンはフックに関連するすべてのものを破棄するよう命じた。かつてフックが愛用していた実験機器や、フックの肖像画なども、すべてを。そうして、生前フックが残した様々な功績は、人々の記憶から徐々に薄れていった……。

幼い頃から機械が好きで絵が得意だったフックは、本格的に絵画を学んだ後、オックスフォードの大学へ進学。自然哲学、建築、博物学など、多方面でその才能を発揮し、バネに関する考察「フックの法則」を発見する。

そして、王立協会の実験主任になると、顕微鏡を使って身の回りの生物や鉱物の観察を行い、小さな生物を精密に描写した『ミクログラフィア』を出版する。

同書には、コルクの組織を観察した図も掲載された。無数の小部屋がそこにあることを描き、「細胞」を記録する。さらに、この本には、ミクロの世界の観察記録だけではなく、さまざまな科学的論考も含まれていた。

一方、フックより7歳年下のニュートンも、同時期に科学者として頭角を現すようになる。そしてニュートンが「光は粒子だ」という説を発表すると、フックは「光は波動である」という説を展開。また、ニュートンが唱えた万有引力の発見について、フックは、「自分が先に思いついたものだ」と主張した。

ことあるごとに2人は対立し、フックが亡くなるまで意見を戦わせた。フックの生前、科学者としてゆるぎない地位を築き上げつつあったニュートンは、フックに送った手紙に、こう書いていたという。

「私が遠くまで見られたのは、巨人の肩に乗って遠くまで見渡すことができたからです」

巨人、つまり偉大な先人たちがいたおかげで、自分はさまざまな発見ができたという意味だ。しかし、これは、小柄な体型をしていたフックへの皮肉でもあり、「巨人」の中にフックは含まれていない。そしてフックの功績は、歴史の中にうもれていったのだ。

4

平清盛《たいらのきよもり》が太政大臣に就任

旧暦仁安2年2月11日

平安末期。朝廷は皇位継承権問題や、摂関家の内紛により、天皇側と上皇側で分裂が起きていた。

平清盛は、その戦いである保元の乱で、当時の天皇であった後白河《ごしらかわ》天皇に味方し、信頼を得た。

「これからの時代は、貴族ではなく、武士が動かしていくだろう。我々が時代の中心となるのだ」

そして、武家の地位が高まりつつある中で起きた戦、平治の乱で勝利を収めた清盛は、平家の地位を盤石なものとした。

ある時、清盛は天皇の地位を退き、上皇となった後白河に呼ばれ、謁見《えっけん》していた。

「よくぞ参った。実はおぬしに相談があってな」

上皇は深くため息をついた。

「二条《にじょう》天皇が崩御し、その息子・六条《ろくじょう》天皇が即位したが、天皇はまだ０歳。とても政治はできん。おぬしならどうする?」

「六条天皇が成人なさるまで、上皇さまが後見として、代わりに政治をなさるのはいかがですか」

清盛の言葉に、上皇は満足そうにうなずいた。

「そうか！ おぬしもそう思うか。では、わたしの地位をより強固なものにするには、どうすればよい？」

「私の義妹、滋子《しげこ》と上皇さまの間にお生まれになった憲仁《のりひと》さまを、皇太子になさるのがよろしいかと存じます。我が一族が後ろ盾となって、お守りすることができますから」

上皇は考え込む。清盛は、こっそり様子を窺《うかが》った。

——平家の血を引く子が次の天皇となれば、我々の地位も必然的に高まるぞ。

「よし。清盛、おぬしにはこれからも天皇家を支えてもらうため、太政大臣の地位を授けよう」

こうして、１１６７年３月４日、平清盛は、朝廷最高官位である太政大臣の地位を賜った。

そしてこれが、この後長く続く武士の時代の幕開けとなったのである。

3/5 1910年

インスタントラーメンの生みの親、安藤百福《あんどうももふく》が誕生

1910年3月5日に生まれ、日清食品の創業者として知られる安藤百福は、自宅の裏庭に建てた小屋で、日々研究に励んでいた。

彼が作ろうとしていたのは、お湯さえあれば家庭でもすぐに食べられる即席ラーメンだ。終戦後、闇市で1杯のラーメンを求めて行列を作る人々の姿を見て、彼は「ラーメン」の可能性に懸け、寝る間もなく研究を続けた。

「最大の壁は、長期の保存性と、どうやったらすぐに食べられるか、だな……」

ある時、妻が天ぷらを揚げる姿を見て、彼はひらめいた。

「そうだ、天ぷらの原理だ！　それを応用して、麺の水分をなくせば、長期保存できるはず！」

見事、このひらめきをもとにした製法で、安藤は麺の長期保存を可能にした。またこの製法ならば、麺にお湯を注ぐだけで柔らかくなり、すぐに食べられることがわかった。

こうして、魔法のラーメンと言われた「チキンラーメン」が誕生した。手軽で保存性も高いチキンラーメンは、当時高度成長期にあった日本で強い支持を得た。

「よし、次は欧米進出だ！」

視察のため欧米に赴《おもむ》いた安藤は、そこで人々がチキンラーメンを食べる姿を見て、さらなるアイデアを思いつく。

「カップに麺を入れた状態で販売し、どこでも食べられるようにするのはどうだろうか？」

帰国した安藤は、早速開発に着手し、「カップヌードル」を作り上げることに成功した。しかし、発売当初の売れ行きは芳《かんば》しくなかった。

「高価なうえに、こういう食べ方の習慣がない……」

しかし、意外な事件がカップヌードルの人気に火をつける。テロ組織が人質をとって立て籠もったあさま山荘事件で、現場を包囲する機動隊がカップヌードルを食べている様子がテレビで中継されたのだ。これが思いがけない宣伝効果を生み、爆発的な人気となったのだった。

世界中にカップヌードルが進出しても、安藤の開発意欲が衰えることはなく、その後も新しいアイデアを続々と実現する。安藤の生み出した製品は、今や世界のみならず宇宙でも、人々の空腹を満たしている。

3/6 1619年

騎士道精神の代名詞、シラノ・ド・ベルジュラックが誕生

1619年3月6日、シラノ・ド・ベルジュラックは、フランスのパリで生まれた。

「シラノ、俺と一緒に、軍に入らないか？」

「いいとも。ル・ブレが一緒なら心強いよ」

親友のル・ブレに誘われて、シラノは軍隊に入隊するも、出世はできなかった。そんな中、彼は三十年戦争で重傷を負ってしまう。

シラノは軍隊を退き、パリへと戻った。

シラノはパリに戻ってからも剣術の稽古に励み、ル・ブレにしばしば手紙を送っていた。

「今日は、剣術の稽古で大勢を相手にして、7人を倒した。元気でやっているから、心配するな」

彼は、剣術以外にも科学や哲学の研究、そして小説の執筆にも取り組んだ。

しかし、彼の名前は、彼自身の人生によってというよりは、むしろ彼を題材にした戯曲や映画によって知られている。

シラノの没後200年以上が経ってから、フランスの劇作家エドモン・ロスタンによって作られた戯曲『シラノ・ド・ベルジュラック』は、上演初日から大評判となった。

この作品の主人公シラノは、詩と剣術にすぐれ、多才だが非常に大きな鼻を持つ、醜《みにく》い人物として描かれている。

彼はロクサーヌという美しい女性に恋をしているが、自分の容姿に自信がなく、思いを伝えることができない。やがてシラノは、美青年の友人クリスチャンがロクサーヌに一目ぼれしたことを知る。シラノはクリスチャンの代わりに恋文を書き、ロクサーヌはその美しい言葉に恋をするが——、という筋書きだ。

シラノの純粋な愛は人々の心をとらえ、この作品は、フランスだけでなく、世界各地で再演を重ねる大人気作品となった。日本でも舞台、ミュージカル、ドラマなどの題材として、今でも繰り返し取り上げられている。

3/7　1918年

「経営の神様」、松下《まつした》幸《こう》之《の》助《すけ》が松下電気器具製作所を創業

「これが路面電車か！　すごい！」

松下幸之助は、少年時代に大阪で見た路面電車に感動し、将来は電気に関わる仕事をしようと心に決めた。

松下は16歳で大阪電灯（現在の関西電力）に入社。先輩や上司たちの指導の下、確実に力をつけていった。

「お前、物覚えがいいな！」

「ありがとうございます！」

憧れだった「検査員」という地位にも、最年少で昇格した。しかし、どこか物足りなさもあった。

「夢がかなったからだろうか？　仕事にやりがいが感じられなくなってきたなぁ……」

松下は悩んだ。このままここで働き続けていてよいのだろうか。新たな挑戦をしてみるのもいいのではないか、と。

「いっそのこと、独立して妻と一緒に別の商売を始めようか……。そういえば、前に、電球について思いついたことがあったな」

この頃、電球は各家庭に直接電線を引いて取りつけられており、電球の取り外しも、専門の知識が必要な危険な作業だった。松下は、誰でも電球の取り換えができる、新しい電球ソケットのアイデアを温めていた。

そして、７年勤めた会社を辞め、妻と義弟と友人２人の計５人で、電球ソケットの製造販売を始める。しかし、その売り上げは芳しくなかった。

「俺たちも生活があるから」

「悪いな。頑張れよ」

友人たちが去ってしまっても、松下は研究開発を続けた。

「俺はあきらめないぞ。あきらめてはいけないんだ」

やがて松下の地道な努力が実り、電灯と電化製品を同時に使用できるようにする二股ソケットがヒット。商売が軌道に乗る。

「従業員も増えたし、会社を設立しよう」

こうして松下は１９１８年3月7日、松下電気器具製作所を創業。その後も、人々の暮らしをより便利に、より豊かにする製品を次々と世に送り出した。この会社は、今でも日本を代表する電機メーカーのパナソニックとして、世界中の人々の暮らしを支えている。

3/8 1935年

主人を待つハチ公、渋谷で衰弱死

東京の渋谷駅前に一匹の犬の像がある。この犬の名前はハチ。東京大学の農学博士、上野英三郎《うえのえいざぶろう》が大切にした秋田犬である。幼い頃、ハチは体が弱かった。

「ハチ、頑張れ。私がそばにいるから大丈夫だ」

上野博士の献身的な世話により、ハチは広い庭を駆け回れるほど、元気な犬に成長した。

「この子の名前は『ハチ』というんだ。みんな、仲よくしてくれ」

ある花見の日、学生たちを家に招いた博士は、ハチを紹介した。

「先生のワンちゃんを、呼び捨てになんて出来ませんよ！先生がこんなに可愛がっているなら、『ハチ公』なんてどうです？」

成長したハチは、毎日大学へ出勤する博士について渋谷駅まで見送りに行き、帰宅時間が近くなると、駅まで迎えに行った。ハチが博士を待つその姿を、町の人々は優しく見守った。

「今日もお迎えかい？　ハチ」

「ワン！」

だがある日、何時まで経っても、上野博士が駅の改札から出てくることはなかった。博士は大学で倒れ、そのまま帰らぬ人になってしまったのだ。

ハチは、浅草にある上野博士の妻の親戚の家に預けられた。しかし、しばらくして家の人は、毎日ある時間になるとハチがいなくなることに気づく。なんとハチは、浅草から渋谷まで、通っていたのだ。帰ってくることのない上野博士を待つために。

「どうかハチをお願いします」

浅草から渋谷までは、約20キロの距離がある。ハチの負担を減らすため、妻はハチを渋谷の知人に預けた。そして、多くの人に可愛がられながら、ハチは10年間、博士が改札から出てくるのを待ち続け、１９３５年3月8日、その生涯に幕を閉じた。

ハチは現在、「ハチ公」像として、改札から出て来る人たちを優しく見守り続けている。その中にはきっと博士の姿もあり、こう言っているだろう。

「ただいま、ハチ」

3/9 1934年

人類初の宇宙飛行士、ユーリイ・ガガーリンが誕生

人類史上初の宇宙飛行士として知られるユーリイ・ガガーリンは、１９３４年3月9日、ロシアのモスクワ郊外の村に生まれた。彼は幼い頃から勉強家で、社交的な性格だった。

やがて金属工場の見習いとして働き始めたガガーリンは、その腕を買われ、工業学校へと進学させてもらえることになった。

「ガガーリン、おまえは優秀だ。学校で、技術をしっかり学んでこい」

彼はそこでエアロクラブに入り、軽飛行機を操縦したことで、だんだんと空を飛ぶ楽しさにとりつかれるようになった。

「空を飛ぶって、こんなにも気持ちがいいのか。俺はパイロットになりたい！」

卒業後、彼はソ連の空軍士官学校へ進んだ。

そしてパイロットになったガガーリンは、ソ連の宇宙開発が本格化するにあたり、宇宙飛行士の候補生に選ばれた。

「宇宙には、どんな光景が広がっているんだろう」

その好奇心を胸に、厳しい訓練とテストを乗り越えたガガーリンは、候補生の中から、宇宙飛行士に選ばれた。

「俺は、人類初の宇宙飛行士になるんだ！」

打ち上げの日。多くの観衆が見守る中、ガガーリンを乗せた宇宙船は、無事に地球の周回軌道に乗る。

ガガーリンは宇宙へと旅立った。

「これが無重力……。ふわふわとして、踏ん張るのも難しい。だが、とてもいい気分だ！」

ガガーリンは、宇宙船の窓をのぞき込んだ。暗い宇宙空間には、青みがかった地球が浮かんでいた。彼は、自分の目で地球を見た最初の人間になった。

「素晴らしい……。地球はこんなにも青く、美しいものなのか……」

こうしてガガーリンは約2時間をかけて、大気圏外を周回し、無事に地球へと帰還した。

帰還後、彼は記者たちに、宇宙での体験について語った。宇宙から見た地球の美しさを表す言葉――、「地球は青かった」というフレーズは、多くの人に知られている。

3/10 1876年

グラハム・ベルが初めて電話での通話に成功

〝ワトソン君〟はその時、血相を変えて、隣の部屋から飛び込んできた！

「聞こえましたよ！　はっきりと、あなたの言うすべての言葉を聞き取ることができましたよ!!」

普段は冷静な彼が、飛びあがらんばかりに興奮している。

「本当に？　ちゃんと聞こえたのかい？？」

「もちろんですよ！　だから僕は、ここに来たんですから」

興奮気味に語る研究助手のトーマス・ワトソンの口からは、白い息ももれている。まだ外気は寒い、1876年3月10日のアメリカ・ボストン市。その研究室の一室で、グラハム・ベルは〝音〟の波形から電流を生成し、電信線で送信する機器……すなわち、〝電話〟の実験を繰り返していた。

そしてこの日、送信機を手にするベルの隣の部屋で、ワトソンは受信機を片手に、耳に全神経を集中させていた。受信機からは、〝ブッ、ブブブブッ〟というノイズだけが聞こえている。

――これがグラハムの声か？　これしか聞こえないのか？　失望しかけた次の瞬間、彼は受信機の奥から響く、聞きなれた師の声を聞いた。

「ワトソン君、こっちに来てくれないかな。用があるんだ」

ワーっと言葉にならぬ声を発し、ワトソンは隣の部屋に飛び込んだ。

「今度は私が受信機のほうに行くよ、君が話してくれ！」

そう言うが早いか、ベルは隣の部屋に駆け込み、受信機を握りしめ、耳に押し当てた。

〝ブッ、ブブブブッ〟と小さく鳴るノイズに交じり、聞こえてきたのは……、「ラーラー♪」、なんと彼の歌声だった！

「君は科学者としては一流だが、歌はからっきしだな！」

隣の部屋に聞こえるくらい大声で叫ぶと、ベルは笑いだした。その自分の笑い声に、幼少期の記憶が呼び起こされる。

ベルが幼い頃、聴覚を失った母。その母にも言葉が伝わるように、弁論術研究者である父の教えも請《こ》いながら、兄とともに、母にも言葉が……何より自分たちの想いが伝わるよう、口の動きや発話方法を工夫した少年時代。

「お母さん、兄さん、やったよ」

彼は小さくつぶやいた。天国の母と兄に届くことを願って。

3/11 1862年

皇女和宮《かずのみや》が降嫁、徳川家茂《とくがわいえもち》との婚儀が行われる

旧暦文久2年2月11日

朝廷に仕える近衛忠熙《このえただひろ》は、幕臣の酒井忠義《さかいただあき》から示された案に、苦い表情を浮かべた。

「和宮さまを、公方さまに降嫁させると?」

「さよう。開国を迫られている今、朝廷と幕府の結びつきを強め、国内情勢を安定させる必要があります」

酒井の言葉にうなる近衛。「降嫁」とは、皇女が皇族以外の男性に嫁ぐことである。

「しかし、和宮さまはすでに有栖川宮熾仁《ありすがわのみやたるひと》親王さまとご婚約を交わされている。無理な話だろう」

後日、和宮の降嫁について打診された孝明《こうめい》天皇は、難色を示した。

「和宮には、すでに婚約者がいるのだぞ?」

「わかっております。しかし、今の日本の状況をよくするためには、これしか方法がありません」

「だが、和宮は先帝の娘だ。私の意志のままにはできない。なにより、幼いあの子は外国人の多い江戸に行くのを怖がっているのだ」

天皇は、侍従の岩倉具視《いわくらともみ》に相談した。

「では、幕府に鎖国状態に戻すことを約束させましょう。幕府が承知したら、和宮さまを説得し、降嫁していただくのがよろしいかと」

「……そうだな。そうしよう」

話を持ちかけられた和宮は、降嫁を受け入れた。

「……わかりました。今までと同じ御所風の暮らしを続けることを約束してくださるのなら、江戸へ参ります」

和宮は多くの従者を連れて、江戸へと赴《おもむ》いた。

「お初にお目にかかります、和宮さま。徳川家茂と申します。生涯、あなたを大切にします」

「ありがとうございます。よろしくお願いします、家茂さま」

家茂が優しく微笑みかけると、緊張していた和宮の顔に、笑顔が浮かんだ。

1862年3月11日。和宮は徳川家茂と婚儀を交わした。政治的な思惑のもとに成った結婚であったが、家茂が20歳という若さで世を去るまで2人は互いをいたわり、仲むつまじく暮らした。そして、およそ10年後、和宮も、31歳という若さでこの世を去った。

3/12 1936年

中《なか》谷《や》宇《う》吉《きち》郎《ろう》が、世界で初めて雪の結晶の作成に成功

物理学者の中谷宇吉郎は、北海道帝国大学（現在の北海道大学）理学部の教授に着任した。彼は雪の多い土地である北海道で、雪がどのように暮らしと関わっているのか研究しようと考えていた。

そんな折、中谷は、出版されて間もない、雪の結晶の写真集を目にする。

「なんて美しいんだ……雪の結晶とは、こんなに美しい造形だったのか。よし、この結晶の研究をしよう！」

中谷はまず、雪の結晶の顕微鏡写真を撮ることにした。綺麗な形だけでなく、少し不格好なものまで、とにかくたくさんの写真を撮った。

「雪の結晶に、こんなにも種類があるとは思わなかったな。今度は、これを細かく分類していこう」

中谷は今まで、雪に対して自分がいかに無関心であったのかを悟った。だからこそ、よりいっそう研究に熱が入る。

中谷は写真を細かく分類し、気象状態によって、結晶の形にどのような違いが生まれるのかを調査した。

「ある程度の仮説も立った。これを応用して人工雪を作ることができれば、仮説が実証できるぞ」

中谷は低温実験室を作り、さらに人工雪を作る装置まで完成させた。

「雪の結晶を作るには、核が必要だ。どんな素材を使えばいいか、いろいろ試してみよう」

さまざまな材料を用いて研究を重ねていたある日、中谷は実験室で着ていたウサギの毛皮のコートに、雪の結晶ができていることに気づいた。

「これだ！　これこそ私の追い求めている形に近い！」

中谷はこの偶然の出来事をヒントにして、人工雪の核としてウサギの毛を使うことを思いつく。

そして、中谷が雪の結晶の研究を始めてから4年後の、１９３６年3月12日。ついに彼は世界で初めて、人工雪を作ることに成功した。

その後も中谷は雪の研究を続け、温度と水蒸気量の値を変えれば、結晶の形が変わることも証明。

中谷は、雪の研究の意味をこう表現した。

「雪は天から送られた手紙である」と。

3/13 1988年

海底で北海道と本州を結ぶ世紀の大事業、青函トンネル開通

「函館と青森をつなぐ青函連絡航路の安全が脅かされている。なんとかならないものだろうか……」

「そうですな。誤った気象情報によって、出航した船が転覆してしまった事故もありましたし」

1950年代当時、北海道と青森に挟まれた津軽海峡、そして、その間を運航する青函連絡航路では、大きな船の転覆事故が起き、問題になっていた。

「今の航路ではない、別のルートを考えてもいいかもしれない」

国会では、その対策会議が開かれていた。

「そういえば、昔、トンネルを作ってはどうか、という提案をした議員がいなかったか?」

「ああ! もう何十年も前ですが、ありました。当時は実現できませんでしたが、今こそ、実現するときかもしれません」

「よし! さっそく取りかかろうじゃないか!」

こうして、函館~青森間を結ぶ海底トンネルが作られることになった。

「津軽海峡の海底にトンネルを作る。今までにない取り組みだ。利用する人たちのためにも、安全第一で進めよう」

こうして建設が開始され、北海道側と本州側から同時に工事が進められていった。

この一大事業は、その巨額の工費と工事期間の長さから、事業自体を問題視されることも多かったが、26年もの歳月をかけて、ついに完成の時を迎えた。

「長い道のりだった……ようやく完成したぞ!」

工事関係者たちは、喜びに胸を震わせた。

トンネル完成翌年の、1988年3月13日。無事、青函トンネルが開通。それと同時に、トンネル内に作られた吉岡海底駅と竜飛《たっぴ》海底駅が開業し、今まで使われていた青函連絡船は廃止された。

「船よりも多くの人々の行き来が可能になった。それに、天候に左右されることなく、より安全かつ確実に、貨物を輸送することができる」

こうして、海底下に作られた青函トンネルは、現在も東洋で最も海底部分の長いトンネルとして、人々の生活を支えている。

3/14 2018年

車椅子の天才科学者、スティーブン・ホーキング死去

スティーブン・ホーキングは、イギリスの理論物理学者だ。１９６３年に、ブラックホールの特異点定理を発表したことで、一躍世界にその名を知られることになった。

「宇宙はとても興味深い。まだまだ解明できないことも、たくさんある。だから、少しでも多くの人に興味をもって知ってほしいんだ」

ホーキングは、そんな思いから、一般の人にもわかりやすく宇宙の魅力を伝える本を書いた。

「多くの国で翻訳され、多くの人に知ってもらえる。これほど嬉しいことはない」

ホーキングは、学生時代に、筋肉が徐々に動かなくなる筋《きん》萎《い》縮《しゅく》性《せい》側《そく》索《さく》硬《こう》化《か》症《しょう》（ＡＳＬ）を発症した。この病気を発症すると、だんだんと体が動かなくなり、自力で呼吸することもできなくなってしまう。しかし、頭脳や意識は正常のままなのだ。発症から5年程度で死に至ることもある病気だが、彼の症状は途中から進行が弱まったため、発症から50年もの間、研究を続けることができた。

彼は、体の自由や声を失いながらも、決して研究をやめることなく、様々な機器を駆使して人々に語りかけ続けた。

「たとえ、どんなに人生が難しく感じられたとしても、必ずできることがあり、成功できることがあるんです」

ホーキングは、インタビュアーにそう語った。

「私は物理学の分野で成功しましたが、人によってなにが成功か異なると思います。とにかく、あきらめないことが肝心です」

ホーキングの言葉を書きとめていた記者は、ふと手をとめて、恐る恐る尋ねた。

「あの、失礼を承知で聞きますが、博士は障害者であることを、負い目に感じたことはありますか？」

「私は、自分が障害者だと思ったことはありません。障害がある人へアドバイスをするなら、自分ができることに集中し、できなかったことを後悔する必要はないということ。体だけでなく、心まで無力になってはいけません」

世界中の人々に勇気を与え、宇宙の面白さを教えてくれたスティーブン・ホーキングは、２０１８年3月14日、静かに息を引き取った。

3/15 1717年

江戸時代を代表する名奉行、大岡《おお》忠相《おかただすけ》が江戸南町奉行に

旧暦享保2年2月3日

1717年3月15日。大岡忠相は第8代将軍・徳川吉宗《よしむね》に呼ばれ、謁見《えっけん》していた。

「私が町奉行に？」

「そうだ。そなたの話は、私がまだ将軍になるより以前から、聞き及んでおる。実に優秀だとな」

「はっ。恐れ入ります」

「町奉行は、町の行政や司法を取り仕切る大切な役目。そなただから任せられるのだ」

大岡はこうして、吉宗から江戸の町奉行の任を命じられることとなった。吉宗は、推し進めていた改革政策の右腕としても、大岡に期待を寄せていた。

「江戸は火事が多い。家と家が密集しているせいで、火の広がりも早い。これは、早急に対策を立てる必要があるな」

大岡は火事対策として、町火消し組合を作り、火事が起こった際に迅速に対処できる仕組みを整えた。

また、吉宗が設置した目安箱に寄せられた民衆の声をもとに、医療体制の整備にも取り組んだ。

「貧しい民たちは、医者にかかることもままならないようだ。すぐに無償の医療施設を作ろう」

こうして作られたのが、小石川養生所である（現在、その跡地は、小石川植物園となっている）。

彼は吉宗とともに、江戸の町に暮らす人々がよりよい暮らしを送れるようにするため、多くの改革に取り組んだ。

だが、彼の名が今日でも「正義の味方」として伝わっているのは、「大岡政談」のエピソードによるところも大きい。

彼の裁判での見事な手腕は、当時から落語や講談に脚色され、大岡は庶民の間でヒーロー的存在になった。現在でも、彼はテレビドラマや小説の主人公として、人々に親しまれている。

鈴木《すず き》梅太郎《うめ た ろう》が、ビタミンB_1（オリザニン）の抽出に成功

農芸化学者の鈴木梅太郎は、「国民病」とも言われた、脚《かっ》気《け》の治療法を探していた。

「いったい、なにが原因なんだ……」

脚気とは、ビタミン欠乏症の一つ。重度かつ慢性的なビタミンB_1の欠乏によって、心不全や末梢神経の障害をもたらす疾患で、最悪の場合は死に至るという恐ろしい病気だ。しかし、当時は原因がわからず、治療法もなかった。

「脚気は主に江戸時代から流行り出した病気……当時は江戸の町で流行り、地方に行くと治ると言われていたのか」

当時の資料を見ながら、鈴木はブツブツとつぶやく。

「それに、そばを食べると治るとも言われていたようだ。となると、食事が関係しているということか……地方と江戸の町の違いは何だろう？」

鈴木は資料をめくる。そこには、江戸の食事風景の絵が載っていた。

「そうか！　違いは米だ！　江戸の町では、白米におかず一品だけという食事が当たり前だった。地方で食べられていたのは玄米だったから、玄米にあって白米にない栄養素が関係しているはずだ」

鈴木は、この発見をヒントに、地道な研究を重ねた。そしてついに、とある結果にたどり着いた。

「ようやくわかったぞ！　白米に足りないのは、ビタミンだ！　白米はもともと玄米を精米《せいまい》したもの。ならば、米ぬかの中に、治療に必要な成分があるかもしれない！」

鈴木は、試行錯誤を繰り返し、1910年3月16日、米ぬかの中から脚気治療に有効なビタミンB_1を抽出することに成功した。

「よし！　これで脚気治療に一歩近づいたぞ」

鈴木の地道な研究が実を結び、ビタミンB_1抽出に成功したことで、長年人々が苦しんだ脚気の治療は大きな前進をとげたのだった。

1025年

源《みなもとの》頼《より》光《みつ》(らいこう)の四天王の一人、渡《わた》辺《なべの》綱《つな》が死去

旧暦万寿2年2月15日

時は平安。貴族、そして武将として名を馳せた源頼光には多くの部下がいたが、「四天王」と呼ばれる4人は別格の存在であった。

その名は、渡辺綱、坂《さか》田《たの》金《きん》時《とき》、碓《うす》井《い》貞《さだ》光《みつ》、卜《うら》部《べ》季《すえ》武《たけ》。

中でも、後に昔話「金太郎」のモデルになった坂田金時は有名であったが、筆頭格である渡辺綱も、特に剛勇の者としてその名を馳せていた。彼は、京都の一条戻橋で、鬼女を退治した逸話でも知られている。

ある時、京都では若く美しい貴族の姫が、何者かによってさらわれるという事件が続いていた。陰陽師・安《あ》倍《べの》晴《せい》明《めい》が占ったところ、犯人は大江山に住む酒《しゅ》呑《てん》童《どう》子《じ》という鬼であることが判明する。そこで天皇の命を受け、酒呑童子退治に向かったのが、源頼光と四天王たちであった。

「鬼を退治するとなれば、一筋縄ではいくまい」

一行は覚悟を決めて大江山に向かうが、鬼の住処はなかなか見つからない。すると、どこからか年老いた僧たちがやってきて言った。

「鬼たちは強い。真正面から戦いを挑むのではなく、山伏《やまぶし》のふりをして近づき、この酒を飲ませるといい」

それは人が飲めば薬に、鬼が飲めば毒になる「神《じん》便《べん》鬼《き》毒《どく》酒《しゅ》」という特別な酒で、老僧たちは実は神々であった。こうして山伏姿になった頼光一行は、ついに酒呑童子の根城へとたどり着く。

「俺たちも、鬼の仲間に入れてくれないか」

頼光の言葉に、はじめは怪しんでいた酒呑童子であったが、みやげに持ってきたという酒を見ると、喜んで彼らを城内へと招き入れた。そして宴が始まり、例の酒をたらふく飲むと、酔いつぶれて眠ってしまった。

「よし、今だ!」

渡辺綱らは酒呑童子の首をはね、手下の鬼たちも討ち果たすことに成功。都に、再び平和が戻ったのであった。

その後も、羅《ら》生《しょう》門《もん》で鬼の腕を一刀両断に切り落とし退治するなど、数多くの武勇伝を作った渡辺綱であったが、1025年3月17日、その生涯を閉じた。

「維新の十傑」の一人、江藤《えとう》新平《しんぺい》が誕生

旧暦天保5年2月9日

倒幕および明治維新に尽力した江藤新平は、1834年3月18日、肥前国《ひぜんのくに》（現在の佐賀県）に生まれた。

幕末に起きた戊辰戦争で彼は、新政府軍司令官として旧幕臣たちの彰義隊を壊滅させるなど、目覚ましい活躍を見せた。

やがて江藤は明治新政府の役人となり、新たな制度の制定に携わることとなる。

「幕府が国を治める時代は終わった。天子様も、京から江戸へと、お移りになられた。時代が変わったのだから、いつまでも江戸という地名を使わなくともよいのではないか？」

「では、どのような名前に変えますか？」

「江戸は、京から見て東の位置にある。東の京と書いて、東京という地名はどうだろうか」

江藤の進言で、江戸は東京と名を改めた。また江藤は、これから世界と渡り合っていくために、まずは行政や司法の制度を整える必要があると感じていた。

発足したばかりの新政府は、行政、法制度、警察制度など、整えるべき課題が山積みだった。

「まずは、様々な制度の基礎となる、法律を整えることから始めよう。だが、一からすべて作るのは大変だ。どこかの国の法律を参考にしたいな」

「そうですね……どの国がよいでしょうか？」

部下が尋ねると、江藤は少し考えて言った。

「そうだな……。フランスを参考にしよう」

「フランスですか？」

「そうだ。フランス民法は非常によくできている。我々の目指す行政の形にも近い」

「ですが、日本には合わない内容もあるのでは？」

「難しく考える必要はない。ひとまず『フランス民法』と書いてある部分を、『日本民法』に変えて訳せばいい。我が国にそぐわない部分は、その後で整えよう。まずは元となる民法を作ることが重要だ」

こうして、江藤の踏み出した一歩により、法治国家の礎となる諸制度が整備され、日本の司法秩序が組み立てられていったのだ。

トヨタグループ創業者、豊《と》田《よ》佐《だ》吉《さ》が誕生

旧暦慶応3年2月14日

1867年3月19日、のちに世界的企業となるトヨタグループの創始者、豊田佐吉が誕生した。彼は、学校を卒業したあと、大工の父親の仕事を手伝いながら、将来について考えていた。

「人の役に立つことがしたい。でも、なにをすればいいんだろうか……?」

仕事の合間をぬって、独学で勉強をしていても、気ばかりが急いて、やるべきことが見つからない。

そんなとき、豊田は国が「専売特許条例」という法律を発布したことを知った。

専売特許条例とは、発明に関わる商品などの独占販売権を政府が許可するということ。

「これだ! 僕は発明の道へ進むぞ!」

豊田が目をつけたのは、手織り機だった。

「これは能率が悪いから、改良すればより効率的に仕事ができるだろう」

豊田は納屋にこもり、作っては壊しを繰り返して、研究を重ねた。そんなある時、彼は見物に訪れた内国勧業博覧会で、衝撃を受ける。

「な、なんだこれは……すごい!」

この博覧会には、国内外の最新機械が集まっていた。その中には、豊田が研究していた紡績のための機械もあった。豊田は、1ヵ月にわたって博覧会場に通いつめ、構造を目に焼きつけた。

そして、改良に改良を重ね、ついに「豊田式木製人力織機」を完成し、特許を取得する。

豊田は自分で作った織機を使って、小さな工場を設立した。最初の頃は経営に失敗することもあったが、それでも豊田が発明をあきらめることはなかった。

その「あきらめない」精神が、豊田の会社を、どんどん成長させていく。

彼の作った小さな工場は、やがて自動車や部品も手がけるようになり、世界的企業に成長。豊田の発明への情熱は、現在に至るまで受け継がれている。

3/20 1184年

旧暦寿永3年2月7日

若き美貌の武将、平《たいらの》敦《あつ》盛《もり》が、一ノ谷の戦いで討たれる

1184年3月20日、平家の武士・平敦盛は、源平の戦いである、一ノ谷の合戦の最中、16歳の若さで討ち死にする。

「私がしたことは、果たして正しかったのだろうか。息子と同じくらいの年齢の彼を殺す必要があったのだろうか。あのとき、あのまま彼を逃がすべきだった……」

若い敦盛を討ったことで、武士の非情を悟った源氏の武士・熊《くま》谷《がい》直《なお》実《ざね》は出家をし、名前を蓮《れん》生《せい》と改め、彼を弔《とむら》おうと考えた。

蓮生が摂津国須磨の浦へと赴《おもむ》いた時、どこからか笛の音が聞こえてきた。辺りを見回すと、笛を吹く1人の若い男が目に入った。

「あなたが笛を吹いておられたのか?」

「ええ、そうです。あなた様は、お坊様とお見受けいたします。よろしければ、念仏を唱えていただけませんか?」

「なぜです?」

「私が、平敦盛だからです」

そう言うと、男は、すっと姿を消した。

「今のは何だったのだろう……そういえば、私が彼を討ち取ったあの時も、彼は笛を持っていた。まさか本当に敦盛殿だったのでは……」

その夜、蓮生が読経をしていると、鎧姿の武士が現れた。武士の顔を見て、蓮生は驚きを隠せなかった。その武士の顔は、まぎれもなく、いつか戦場で見た、敦盛の顔だったからだ。敦盛はおもむろに刀を抜く。

「私はずっと、仇をとりたいと願っていた。そして、ようやくそれがかなうときがきた。そう思っていたのに……」

敦盛は構えていた刀を下ろした。

「私を斬らぬのですか?」

「出家をし、私の弔いをしてくれるあなたは、もはや敵ではありません。極楽浄土では、ともに同じ蓮に生まれる身になりましょうぞ」

そう言って、敦盛は姿を消した。

蓮生は、敦盛の霊がいたところに手を合わせ、若き武将の冥福を祈った。

敦盛と直実の物語は、「敦盛」という題目で、能の人気演目にもなっている。

3/21 1967年

金栗四三《かなくりしそう》が55年というタイムでマラソンのゴールテープを切る

日本マラソン界の発展に大きく貢献したことから、「日本のマラソンの父」と呼ばれる金栗四三のもとに、一本の電話が入った。

「えっ？　ストックホルムオリンピック開催55周年記念の式典に、私を招待？」

「はい、金栗さん。あなたはオリンピックの競技中、行方不明になっておられたそうですね。ゴールテープを切らないまま帰国されたと……当時の資料にそれが残っていまして」

「あのときは大変でした。慣れない環境でコースを外れたうえ、まさか熱中症で倒れるとは」

1912年、スウェーデンの首都ストックホルムで行われたオリンピック。金栗は日本人初のオリンピック選手として、大会に参加していた。

しかし、当時はまだ選手のサポートがうまく行き届いていなかったことに加え、環境変化に耐えられず、金栗は競技の途中で倒れてしまう。ところが、そのことが当時の委員会に伝わっておらず、行方不明扱いとなっていた。

その約半世紀後――。

「今度の式典で、ぜひともゴールテープを切っていただけませんか？」

「とても光栄です。ぜひ、行かせてください」

金栗はスウェーデンへ飛んだ。

1967年3月21日。式典にて、金栗はあふれる思いとともに、会場に用意されたゴールテープを切った。

「日本の金栗、ただいまゴールイン！　タイム、54年と8ヵ月6日5時間32分20秒3！　これをもって第5回ストックホルムオリンピック大会の全日程を終了します」

「金栗選手、今のお気持ちをどうぞ！」

記者にマイクを向けられた金栗は、照れたように笑った。

「長い道のりでした。この間に、6人の子どもと10人の孫に恵まれました」

金栗の幸せな笑顔に、会場には大きな歓声が響きわたった。

3/22 1832年

『若きウェルテルの悩み』で知られる文豪、ゲーテが死去

ドイツの文豪ゲーテは、彼の代表作である『若きウェルテルの悩み』の主人公同様、「悩める人」だった。

その作品は、青年ウェルテルが婚約者のいる女性ロッテへの叶わぬ思いに絶望して自ら命を絶つまでを、手紙の形式で描いた小説だ。これはゲーテ自身の失恋をもとにした、半自伝的小説だといわれている。

学生時代のゲーテは、ある舞踏会で出会ったシャルロッテという女性に恋をするが、彼女はすでにほかの男性と婚約中の身だった。

「これがかなわぬ恋だとしても、僕は彼女をあきらめることはできない……」

ゲーテは、シャルロッテへの想いを断ち切れず、彼女に想いをつづった手紙や詩を贈り続けた。彼女を忘れようと、生まれ故郷に戻ったりもしたが、彼女への想いを捨てることはできなかった。

そんな苦しい日々を送るゲーテのもとに、衝撃的な知らせが飛び込んでくる。

ゲーテは絶叫した。

「イェルーザレムが亡くなった⁉」

友人が、失恋のために自ら命を絶ったのだった。

ゲーテは、自身の失恋と友人の死という2つの体験をもとに、『若きウェルテルの悩み』を書き上げたといわれている。

ゲーテが自身の体験を投影した『若きウェルテルの悩み』は、たちまちヨーロッパ中の青年たちを虜《とりこ》にした。彼らは作中のウェルテルの服装や話し方を真似たり、登場人物のモデルとなった人物の墓を訪れたりしただけでなく、ウェルテルにならって死を選ぶ者までいた。

「ウェルテル」ブームは社会現象になり、青年期ならではの葛藤を抱える若者たちに、大きな影響を与えた。

ゲーテは、その生涯を通して、詩、戯曲、小説などの執筆に精力的に取り組んだ。そして、1832年3月22日、執筆中だった『ファウスト　第2部』を書き終えた次の日に息を引き取る。

彼の最期の言葉は、「もっと光を！」だったと伝えられている。

3/23 1190年

西行《さいぎょう》、自身の詠んだ歌のとおり、桜の季節に亡くなる

旧暦文治6年2月16日

平安末期から鎌倉初期に活躍した、歌人で僧侶の西行。しかし、それは出家したあとの名前である。

元の名は、佐藤義清《さとうのりきよ》。鳥羽《とば》法皇を守る武士のなかでも、位を持った北面の武士という地位についていた。

彼は、武士として日々弓や馬の稽古に励んではいたが、何より彼の心をとらえたのは和歌であった。歌人としての評価も得つつ、朝廷でも十分な立場にあった彼は、ある時思い切った行動に出る。武士の身分を捨て、出家したのだ。

「あの義清殿がなぜ……？」

北面の武士という名誉ある地位を捨て、彼が突然出家したのは23歳のときだった。その理由は、親しい友人の死で無常を感じたからとも、許されない恋に破れたからとも言われる。

義清は名前を「西行」と改め、歌を詠みながら諸国を旅する。彼は特に桜の花を好んでいたのか、出家後、桜の名所として、そして歌枕の地としても広く知られる吉野山に庵《いおり》を構えている。

彼が詠んだ桜の歌に、こんなものがある。

「願はくは 花の下にて 春死なむ その如月の 望月のころ（願わくば、2月の満月の頃に、満開の桜の下で死にたい）」

西行は、この歌のとおり、１１９０年3月23日（旧暦の2月16日）、桜の咲く中、73歳でこの世を去った。

西行の作った和歌は『山家集』に収録されているが、四季にまつわる歌が集められた上巻には、１００首以上の桜に関する歌があるという。

彼の歌、そしてその生涯は、和歌を交えた物語『西行物語』（作者不詳）としても伝わっている。

脚色や史実と異なる部分もあるが、歌と修行道に生きた西行の姿を人々に伝えている。西行の生涯と彼の残した多くの歌は、後世に大きな影響を与えた。旅をしながら、そこで実際に見聞きしたものを歌に詠む作風は、のちの松尾芭蕉《まつおばしょう》などにも受け継がれている。

3/24 1882年

コッホが、学会で、結核菌の発見を発表

ドイツの細菌学者ロベルト・コッホは、「近代細菌学の開祖」として知られている。炭疽菌《たんそきん》を発見し、細菌が動物の病原体であることを突きとめた彼の目下の課題は、結核の原因解明であった。

結核とは、多くは肺に炎症が起きる感染症で、病気が進行すると血を吐いたり、呼吸困難で死に至ることもある。かつては「不治の病」とも言われたこの病気の原因を、コッホは細菌ではないかと考えていた。

「炭疽（野生動物の感染症。人にも感染する）にも、炭疽菌という細菌があった。私が考えた原則が当てはまるなら、きっと結核も細菌が原因であるはずだ」

コッホは幾日も研究を重ねたが、なかなか成果が出せずにいた。

「あきらめてなるものか。もし結核の病原体である細菌があるとすれば、治療方法が確立する。格段に治る可能性が高くなる。この病気に打ち勝つ方法を見つけなければ！」

彼は、その後も研究に明け暮れた。学者として、医者として、病気に苦しむ人たちを救うために。

「これだ！　見つけたぞ！」

そしてついに、コッホは結核菌を発見する。

「よし、これを培養して、病原性を証明するぞ」

コッホは、以前自分が発見した炭疽菌と同様に、結核菌の純粋培養を成功させた。

「やはり、結核の原因は細菌だったのか！」

1882年3月24日、コッホが研究成果を学会で発表すると、この発見は世界中に大きな衝撃を与えることになった。

やがて、コッホの発見がきっかけとなって研究が進み、治療法が確立されたことで、結核は以前のような「不治の病」ではなくなった。

コッホが結核菌を発見、発表した3月24日は、後に「世界結核デー」に制定され、結核の症状や感染予防について知識を深める活動の日となっている。

3/25 1837年

民衆のために立ち上がった、大《おお》塩《しお》平《へい》八《はち》郎《ろう》の乱

旧暦天保8年2月19日

大塩平八郎は、胸を痛めていた。4年ほど前から続く天保の大飢饉で、大坂はひどい米不足に陥っていたにもかかわらず、大坂の町奉行所（町の行政・司法・警察の役割を担うところ）が、何も手を打とうとしないからだ。

「先生、このままでは俺たち、餓死しちまいます」

「先生、お願いです！　助けてください！」

「わかった。私が掛け合ってみよう」

大塩はかつて奉行所で働いていた。民衆のため、大塩は奉行所に赴いた。

「跡部《あとべ》殿はおられるか？」

「これはこれは、大塩殿。この忙しいときに、なんの御用ですかな？」

奥から出てきたのは、奉行所の最高責任者である、跡部良《よし》弼《すけ》であった。

「この飢饉で、人々が飢えに苦しんでいることはご存じのはず。彼らを救援するために、何か手を打つべきではありませんか？」

「我々も、できることはやっているのですよ。私も忙しい身なので、用事がそれだけなら、お引き取り願えますか」

「跡部殿！」

跡部は、ろくに大塩の話を聞くこともせず、その場を立ち去ってしまった。

ところがその後、跡部が幕府への機嫌取りのために、米を江戸に送っていることが判明。そして、豪商が自らの利益のために米を買い占めている状況を、黙認していたこともわかった。

大塩は、激しい怒りを抑えることができなかった。

「許せん！　大坂の民がこんなにも苦しんでいるというのに！　皆のために、私は、立ち上がるぞ！」

「おおーっ！」

大塩は私財をなげうって戦の準備を整え、近隣の農民や町人たちに、仲間を募る檄《げき》文《ぶん》を回した。

そうして1837年3月25日、大塩はついに挙兵する。後に「大塩平八郎の乱」と呼ばれるこの反乱は、鎮圧され失敗に終わったが、元役人の大塩が幕府に対して蜂起したことは、日本中に衝撃を与えた。

3/26 1959年

ハードボイルド小説の第一人者、チャンドラーが死去

「はぁー……」

アメリカ・ロサンゼルスの街角で、レイモンド・チャンドラーは、深いため息をついた。

「自業自得とはいえ、まさかこの年になって仕事を失うとは。これからどうすればいいんだ……」

チャンドラーは遊び好きの性格がたたり、職を失ってしまったのだった。当時、世界は大恐慌のまっただ中。新しい仕事など、すぐに見つかるわけもない。

しばらく絶望にうちひしがれていたチャンドラーだったが、ふとこんなことを思いつく。

「そうだ。今こそ、小説家になるという、かつての夢を叶えるチャンスじゃないか?」

こうしてチャンドラーは、自分の状況を逆手にとって、探偵小説を書き始めた。

彼の初めて書いた中編小説は、大衆向けの雑誌に掲載され、無事に作家デビューを果たす。

「次は長編を書いてみるか。主人公が探偵であることは外せない。それに何より、カッコよくないとな!」

そうして生み出されたのが、私立探偵・フィリップ・マーロウだ。チャンドラーの作品は、アメリカの読者をあっという間に夢中にさせ、次々と映画化された。それほど彼の作品も、マーロウも人気だったのだ。そして、チャンドラーは、ハードボイルド小説の第一人者になっていく。ハードボイルドの探偵小説では、主人公の探偵は、「思考力」よりも「行動力」が重視される。

「マーロウがこれほど愛されるキャラクターになるとは、私もうれしいかぎりだ。やはり、小説家になってよかった」

チャンドラーの作品は、アメリカの大衆文学に大きな影響を与えた。1959年3月26日、国民的作家となったレイモンド・チャンドラーは、多くの人に惜しまれながら、その生涯に幕を閉じた。

マーロウの台詞に、こんな言葉がある。

「強くなければ生きていけない。優しくなければ生きる資格はない」

今なお、マーロウの生き方に憧れ、それにならおうとする人々は多い。

3/27 1886年

近代建築の巨匠、ミース・ファン・デル・ローエ誕生

1928年秋、ドイツの建築家ミース・ファン・デル・ローエは頭を悩ませていた。翌年に迫るバルセロナ万博のドイツの展示スペースの設計に加え、厄介な仕事が入ったのだ。

「パビリオンも建設してほしいんだ。スペイン国王アルフォンソ13世夫妻の開会レセプションのためのね」

ドイツ政府の高官は、そう言って電話を切った。

パビリオン？　国王夫妻が訪れるのなら、格式高く優雅な空間にしなければならない。ミースはそう思った。

1886年3月27日、ミースはドイツのアーヘンの石工の息子として生まれた。10代半ばから室内装飾事務所や建築事務所、家具デザイナーの事務所で働き、建築のイロハを身につけ、27歳で独立。鉄やガラスを駆使《くし》し、シンプルで美しい建築を次々に設計した。現代のビル建築の原形ともいわれる「ガラスのオフィスビル」などを計画する。

「十字型の鉄柱をアクセントに構成しよう」

ミースは、パビリオンに鉄骨造を採用することにした。一定間隔で配置した鉄柱で水平に伸びる屋根を支え、それにより壁の配置を自由にし、優雅な空間を生み出す。

家具も手がけるミースは、この空間に国王夫妻用の椅子2脚を用意した。X字に交差させたクロームスチールの脚と白の山羊革を特徴とした印象的な椅子である。

1929年5月26日の万博開催の日、国王夫妻はミースが設計したパビリオンを訪れた。しかし、椅子に座ることはなく建物をあとにした。博覧会終了後、パビリオンは取り壊され、椅子も失われた。

その後のミースは、総合芸術学校バウハウスの3代目校長を務め、亡命先のアメリカでは「ファーンズワース邸」「シーグラム・ビル」などの名建築を生み出した。

「最小は最大なり（Less is More）」

徹底的に無駄を排したシンプルなデザインが豊かさを生むというミースの哲学は、その後の近代建築の手本となる。

ところで、あの取り壊されたパビリオンは、1986年、バルセロナのモンジュイックの丘の麓《ふもと》に「ミース・ファン・デル・ローエ記念館」として再建された。また、国王夫妻が座らずに終わった椅子は1948年に復刻され、「バルセロナチェア」として今も世界中で愛されている。

3/28　1920年

平塚《ひらつか》らいてう・市川房枝《いちかわふさえ》らが設立した、新婦人協会発会式

1920年3月28日、平塚らいてうは、そっと胸に手を当て、深呼吸をした。

「緊張しているの？　平塚さん」

「あっ、市川さん」

声をかけてきたのは、一緒に新婦人協会を立ち上げた、女性解放運動家の市川房枝だった。

「ええ、少し……。私たちの活動に、女性の未来がかかっていると思うと」

「そうね。でも、まだ始まったばかりよ」

現代では、男女ともに政治に参加する権利が認められているが、平塚らいてうたちが生きていた明治時代では、女性は選挙権がないばかりか、政治演説会に参加したり、政党に加入することすら禁止されていた。

そこで2人が中心となり、男女が平等に政治参加できるようにするための法改正を求める活動を開始した。まず訴えたのは、女性の政党加入と集会の自由であった。この訴えは多くの人々の支持を得て、署名や法改正案の提出などが行われてきたが、実現には至っていなかった。

「さぁ、みんなが集まっています。壇上へ」

そううながされ、平塚らいてうが壇上に立つと、会場に集まっていた女性たちの視線が、一斉に向けられた。

「みなさん！　私たちは、今こそ団結しなければなりません。今、私たちが行動しなければ、未来の社会もまた、女性を排除した社会になるに違いありません」

平塚の言葉に、女性たちはじっと聞き入る。

「能力のある女性はたくさんいます。私たち女性も、社会の一員として認められるべきです。自らの能力を発揮し、活躍できる社会を勝ちとるため、ともに立ち上がる時がきたのです！」

聴衆の女性たちが、みな力強くうなずく。

「だから私は、この新婦人協会を立ち上げました。みなさん、これからの未来のために戦いましょう！」

「未来のために!!」

会場は拍手に包まれ、女性たちは力強く復唱した。

こうして、日本における女性解放運動のさきがけとして、新婦人協会は発足した。

3/29 1867年

伝説的メジャーリーガー、サイ・ヤングが誕生

「おめでとうございます！　ヤング選手」

「ありがとう」

サイ・ヤングこと、デントン・トゥルー・ヤングは、差し出された花束を笑顔で受け取った。

彼は1867年3月29日、アメリカのオハイオ州に生まれた。幼い頃から野球に親しんでいた彼は、プロ入りして2年目でさっそく頭角を現し、一躍スター選手となったのだった。

「歴代最多の通算511勝。本当にすごいですね！」

「あの剛速球、俺も見習いたいです！」

「さすがは『サイクロン』！」

「あははは。やめてくれ」

188センチの長身から放たれる剛速球をたとえて、ファンは彼のことを、「サイクロン（暴風）」と呼ぶようになった。やがて、それを略して「サイ」となり、今では本名よりも、この愛称で呼ばれることが多くなった。

「俺は通算勝利も多いが、通算敗戦も多いからな」

「でも通算先発とか、投球回も多いじゃないですか。それだけ、頼りにされていたってことですよ」

「そうだな。大きなケガもなく、20年以上第一線で野球ができた。いい野球人生だった」

長年ともに戦ってきたチームメイトや、自分を慕ってくれる後輩に、ヤングはそう言って笑いかけた。

「努力をしても報《むく》われないという者もいるが、何事もあきらめずに続けていけば、おのずといい方向に進むんだ。だから、みんなも頑張れよ」

「はいっ！」

ヤングの言葉に、後輩たちは涙を浮かべつつ、元気よく返事をした。

44歳で引退するまで、彼は数々の記録を樹立し、歴史に名を刻んだ。多くのファンからも、チームメイトからも愛されたサイ・ヤング。数々のメジャー記録を保持する彼の名誉をたたえ、メジャーリーグベースボールの賞にその名が残されている。

「サイ・ヤング賞」は、メジャーリーグで、その年に活躍した投手を表彰する、もっとも名誉ある賞の1つである。

3/30 1853年

色彩表現を追い求めた「炎の画家」――ゴッホが誕生

ポスト印象派の画家、フィンセント・ファン・ゴッホは、1853年3月30日、オランダに生まれた。今でこそ世界中で知られる彼だが、生前に売れた彼の作品は1点だけであったという。彼の人生は、苦悩に満ちていた。

「テオ、私はもう今の仕事を続けるのは無理だ。仕事をやめて、聖職者になりたい」

昔から孤立することの多かったゴッホにとって、弟のテオは唯一の支えだった。

「兄さんがそうしたいなら、僕は応援するよ」

「ありがとう。私の味方はテオだけだ」

しかし、ゴッホは聖職者の道も挫折してしまう。両親と不仲で実家に帰ることもできず、彼は途方に暮れた。

「あぁテオ！　私はどうすればいい！」

「兄さん、画家を目指したらどうだい？　もともと絵が好きだったじゃないか。生活費なら、僕が援助するから」

テオの後押しもあり、ゴッホは本格的に画家を目指して、フランスのパリに渡った。

やがて彼は、明るい色彩を求めて、南フランスのアルルに移る。彼の代表作「ひまわり」や「夜のカフェテラス」は、ここで描かれた。

しかし、ゴッホはしだいに精神を病むようになる。病状が悪化し、長い療養所生活が始まっても、彼が絵筆を置くことはなかった。彼は熱心に制作を続けたが、彼の絵はなかなか評価されなかった。

「私には、才能がないのだろうな……」

「あきらめないで、兄さん。兄さんは、なにかを伝えたくて、絵を描いているんだろう？」

「そうだな。……ありがとう、テオ」

だが、ゴッホの作品が評価されるようになったのは、彼が亡くなってからのことだった。

大胆な色彩や筆づかいは後世の画家たちに大きな影響を与え、またその劇的な人生も相まって、ゴッホはその名を広く知られるようになった。苦しみの中で彼が描いた作品は、今も私たちに、新鮮な感動を与え続けている。

3/31 1596年

「我思う、ゆえに我あり」——哲学者・デカルトが誕生

「近世哲学の祖」と呼ばれる哲学者、ルネ・デカルトは、1596年3月31日、フランスで生まれた。

学生時代から幅広い学問に取り組み、優秀な成績を修めていたデカルトは、大学を卒業後も、数学や哲学を中心に研究を続けた。

デカルトは、哲学研究を進めるにあたって、いったんすべてのものを疑う「方法的懐疑《かいぎ》」という考え方を編み出した。その考えを経て、彼は「それでも、これだけは絶対に正しい」といえることを発見する。

「我思う、ゆえに我あり……」

「どういう意味ですか?」

弟子が、首を傾げながら問いかける。

「私は、すべてのものを疑ってみた。そして、気づいたんですよ。『こうして私が考えている間、私が存在していることだけは疑うことのできない、たしかなことだ』と」

「なるほど……」

「『神の存在証明』についても考察を深めなくてはね」

そう言って机に向かおうとしたデカルトに、遠慮がちに弟子が尋ねた。

「先生、相談に乗って頂いてもいいですか?」

「いいですよ。なんでも言ってください」

「1日は、あっという間に過ぎてしまいますよね。何もできないまま終わってしまう。だから、自分のしていることに意味はあるのだろうかと思えてきて……」

デカルトは、弟子に向かって言った。

「意味がないことなんて、ありません。いいですか? 1日1日を軽く扱ってはいけません。毎日のわずかな差が大きな差となって、人生に現れてくるのです」

弟子は真剣なまなざしでうなずく。

「あなたは、毎日学問を頑張っている。その学問は必ず将来、あなたの役に立ちます。ただ、どれほど知性を持っていたとしても、それだけでは不十分です。大事なのは、それをいかに使うかということです」

「はい! ありがとうございます、先生!」

弟子の笑顔に、デカルトは優しく微笑んだ。

1日1話
教養と感動のショートストーリー365

2025年3月25日 第1刷発行

編者 木平木綿

発行人 川畑勝

編集人 芳賀靖彦

企画・編集 目黒哲也

発行所 株式会社Gakken
〒141-8416 東京都品川区西五反田 2-11-8

印刷所 中央精版印刷株式会社